"十二五"职业教育国家规划教材
经全国职业教育教材审定委员会审定

政府与非营利组织会计

ZHENGFU YU FEIYINGLI ZUZHI KUAIJI

（第2版）

主　编　丁增稳　王　炜

中国财经出版传媒集团
中国财政经济出版社

图书在版编目（CIP）数据

政府与非营利组织会计／丁增稳，王炜主编．－－2版．－－北京：中国财政经济出版社，2021.2
"十二五"职业教育国家规划教材
ISBN 978－7－5095－9458－2

Ⅰ.①政… Ⅱ.①丁…②王… Ⅲ.①单位预算会计－高等职业教育－教材 Ⅳ.①F810.6

中国版本图书馆CIP数据核字（2019）第288810号

责任编辑：王 芳 赵天天　　　责任校对：李 丽
封面设计：陈宇琰

中国财政经济出版社 出版
URL：http：//www.cfeph.cn
E－mail：cfeph@cfeph.cn
（版权所有　翻印必究）
社址：北京市海淀区阜成路甲28号　邮政编码：100142
营销中心电话：010－88191522
天猫网店：中国财政经济出版社旗舰店
网址：https：//zgczjjcbs.tmall.com
北京中兴印刷有限公司印刷　各地新华书店经销
成品尺寸：185mm×260mm　16开　29印张　712 000字
2021年2月第2版　2021年2月北京第1次印刷
定价：59.00元
ISBN 978－7－5095－9458－2
（图书出现印装问题，本社负责调换，电话：010－88190548）
本社质量投诉电话：010－88190744
打击盗版举报热线：010－88191661　QQ：2242791300

再版前言

本教材的第1版为"十二·五"职业教育国家规划教材，由中国财政经济出版社于2015年出版发行。自出版以来，不仅弥补了我国高等职业教育此类教材的空白，也成为众多高职院校的会计专业教材，至今销量不减。

自2017年1月1日起，《政府会计准则——基本准则》《政府会计准则第1号——存货》等一系列具体会计准则相继出台，标志着我国政府会计制度正在建立和完善。2017年10月24日，财政部印发《政府会计制度——行政事业单位会计科目和报表》，自2019年1月1日起施行，且鼓励行政事业单位提前执行。《政府会计制度》的颁布，意味着原先的预算会计将退出历史舞台，政府会计应运而生。因此，借本次修订再版的机会，我们根据财政部新颁布的《政府会计准则——基本准则》《政府会计准则第1号——存货》等会计制度，结合高等职业教育的最新理念和专业标准，在保留原有教材特色和主要内容的基础上，采纳了广大读者的意见和建议，对教材部分内容进行了修订和完善。同时，教材中增加了微课等资料，学习者可以通过扫描书中的二维码就可以自主学习，使得教材资源更加丰富，学习更加方便。各项目后的"习题与实训"参考答案可登录教育分社网站 edu.cfeph.cn 或中财资源库微信公众号查阅。

本教材修订再版工作由安徽商贸职业技术学院丁增稳教授负责，由丁增稳、王炜担任主编。具体分工如下：丁增稳编写第一篇、第二篇和第三篇，王炜编写第四篇。全书由丁增稳总纂和定稿。

教材编写和修订是一项严肃和细致的工作。随着我国市场经济的蓬勃发展和《政府会计准则》国际化进程的加快，会计法规制度正在不断创新和完善，对原有教材的不断充实、完善和提高也是教材建设的重要组成部分。由于作者水平有限，书中难免会有疏漏和错误，敬请广大读者批评指正，以便不断修改完善。

主　编

2019年12月

目 录

第一篇 绪论

项目一 政府会计的认知 ······ 3
 任务一 政府会计的变革 ······ 3
 任务二 政府会计标准体系的构建 ······ 8

第二篇 政府财务会计

项目二 资产的核算 ······ 29
 任务一 货币资金的核算 ······ 29
 任务二 应收及预付款项的核算 ······ 40
 任务三 存货的核算 ······ 51
 任务四 投资的核算 ······ 59
 任务五 固定资产的核算 ······ 70
 任务六 在建工程的核算 ······ 82
 任务七 无形资产的核算 ······ 89
 任务八 公共基础设施的核算 ······ 99
 任务九 政府储备物资的核算 ······ 106
 任务十 保障性住房的核算 ······ 112
 任务十一 其他资产的核算 ······ 117

项目三 负债的核算 ······ 142
 任务一 流动负债的核算 ······ 142
 任务二 非流动负债的核算 ······ 165

项目四	**收入的核算** …………………………………………………… 176
	任务一　财政拨款收入的核算 ………………………………… 176
	任务二　事业收入的核算 ……………………………………… 179
	任务三　上级补助收入和附属单位上缴收入的核算 ………… 182
	任务四　经营收入和投资收益的核算 ………………………… 185
	任务五　其他相关收入的核算 ………………………………… 189

项目五	**费用的核算** …………………………………………………… 201
	任务一　业务活动费用的核算 ………………………………… 201
	任务二　单位管理费用的核算 ………………………………… 205
	任务三　经营费用的核算 ……………………………………… 208
	任务四　资产处置费用的核算 ………………………………… 211
	任务五　上缴上级费用和对附属单位补助费用的核算 ……… 214
	任务六　所得税费用和其他费用的核算 ……………………… 216

项目六	**净资产的核算** ………………………………………………… 225
	任务一　本期盈余及分配的核算 ……………………………… 225
	任务二　无偿调拨净资产的核算 ……………………………… 229
	任务三　以前年度盈余调整的核算 …………………………… 231
	任务四　累计盈余的核算 ……………………………………… 233
	任务五　专用基金的核算 ……………………………………… 235
	任务六　权益法调整的核算 …………………………………… 237

项目七	**财务会计报告的编制** ………………………………………… 244
	任务一　财务会计报告的认知 ………………………………… 244
	任务二　财务会计报告的编制 ………………………………… 247

第三篇　政府预算会计

项目八	**预算收入的核算** ……………………………………………… 287
	任务一　财政拨款预算收入的核算 …………………………… 287
	任务二　事业预算收入的核算 ………………………………… 292
	任务三　上级补助预算收入和附属单位上缴预算收入的 　　　　核算 …………………………………………………… 294
	任务四　经营预算收入和投资预算收益的核算 ……………… 297
	任务五　其他相关预算收入的核算 …………………………… 300

项目九	**预算支出的核算** ……………………………………………… 312
	任务一　行政支出的核算 ……………………………………… 312

	任务二　事业支出的核算	319
	任务三　经营支出的核算	324
	任务四　上缴上级支出和对附属单位补助支出的核算	328
	任务五　其他相关预算支出的核算	330

项目十　结转和结余的核算 ································ 343
　　任务一　资金结存的核算 ································ 343
　　任务二　财政拨款结转和结余的核算 ···················· 349
　　任务三　非财政拨款结转和结余的核算 ·················· 357

项目十一　预算会计报告的编制 ·························· 376
　　任务一　预算会计报告的认知 ··························· 376
　　任务二　预算会计报告的编制 ··························· 377

第四篇　民间非营利组织会计

项目十二　认知民间非营利组织会计 ····················· 395
　　任务一　认知民间非营利组织会计制度 ·················· 395
　　任务二　认知民间非营利组织会计科目和报表 ············ 400

项目十三　民间非营利组织资产的核算 ··················· 404
　　任务一　流动资产的核算 ······························· 404
　　任务二　长期投资的核算 ······························· 410
　　任务三　固定资产的核算 ······························· 414
　　任务四　无形资产的核算 ······························· 419
　　任务五　受托代理的核算 ······························· 420

项目十四　民间非营利组织负债和净资产的核算 ············ 425
　　任务一　民间非营利组织负债的核算 ···················· 425
　　任务二　民间非营利组织净资产的核算 ·················· 428

项目十五　民间非营利组织收入和费用的核算 ·············· 435
　　任务一　民间非营利组织收入的核算 ···················· 435
　　任务二　民间非营利组织费用的核算 ···················· 443

项目十六　民间非营利组织会计报告的编制 ················ 448
　　任务一　民间非营利组织资产负债表的编制 ·············· 448
　　任务二　民间非营利组织业务活动表的编制 ·············· 451

主要参考法规与文献 ······································ 456

第一篇
绪　论

　　政府会计是会计体系的重要分支，它是运用会计专门方法对政府及其组成主体（包括政府所属的行政事业单位等）的财务状况、运行情况（含运行成本，下同）、现金流量、预算执行等情况进行全面核算、监督和报告。

　　民间非营利组织的会计核算应当以民间非营利组织的交易或者事项为对象，记录和反映该组织本身的各项业务活动。

　　长期以来，我国政府领域实施的主要是以收付实现制为基础的预算会计，主要涵盖财政总预算会计、行政单位会计与事业单位会计。预算会计要求预算单位财务报告制度以收付实现制作为会计基础，并编制决算报告。但随着经济社会发展，仅实行决算报告制度，无法科学、全面、准确反映政府资产负债和成本费用，不利于强化政府资产管理、降低行政成本、提升运行效率、有效防范财政风险，难以满足建立现代财政制度、促进财政长期可持续发展和推进国家治理现代化的要求。因此，必须推进政府会计改革，建立全面反映政府资产负债、收入费用、运行成本、现金流量等财务信息的权责发生制政府综合财务报告制度。

　　2014年国务院批转了财政部《权责发生制政府综合财务报告制度改革方案》，正式确立了我国权责发生制政府综合财务报告制度改革的指导思想、总体目标、基本原则、主要任务、具体内容、配套措施、实施步骤和组织保障。自2015年起陆续发布的《政府会计准则——基本准则》、政府会计具体准则及应用指南以及政府会计制度，标志着我国政府会计制度基本建立。

　　新的政府会计制度是政府会计领域的一次重要制度创新，表现在：①构建了政府预算会计和财务会计两大体系；②确立了"3＋5要素"的会计核算模式；③科学界定了会计要素的定义和确认标准；④明确了资产和负债的计量属性及其应用原则；⑤构建了政府财务报告体系。

项目一 政府会计的认知

职业能力目标

通过本项目的学习,熟悉社会组织分类,掌握政府会计的概念,熟悉我国政府会计历史演变和改革方向,明确政府会计的特点,掌握政府会计的概念、会计核算前提、会计核算一般要求、会计要素及会计等式,为全面学习政府会计奠定理论基础。

典型工作任务

政府会计概念;我国政府会计历史演变和改革方向;政府会计的特点;会计核算前提与会计核算一般要求;会计要素及会计等式。

任务一 政府会计的变革

一、政府会计的概念

(一)政府与非营利组织

根据社会结构理论,现代社会的社会组织分为政府组织、营利组织和非营利组织三大类型,它们分别是政治领域、经济领域和社会领域的主要组织形式。一般而言,一个组织的资金主要依靠政府的资助则是政府部门,如各级人民政府、财政部门、公安部门等;一个组织的大部分收入不是来自于以市场价格出售的商品和劳务,而是来自其成员缴纳的会费和支持者的捐赠,那么这个组织就是非营利组织,如学校、医院、社会团体、基金会等;如果一个组织的一半以上收入来自以市场价格销售的收入,就是营利组织,如工厂、商店、餐馆、旅行社等。

但在我国,人们通常将政府组织和非营利组织称为预算单位,包括行政单位和事业单位。行政单位是指进行国家行政管理,组织经济建设和文化建设,维护社会公共秩序的单位,包括国家权力机关、行政机关、司法机关、检察机关以及各级党政和人民团体。事业单位是指不直接从事物质资料的生产和流通，不具有国家管理职能，直接或间接地为上层建筑、生产建设和人民生活服务的单位，包括：科学、教育、文化、广播电视、信息、卫生、体育等科学文化单位，气象、水利、环保、计划生育、社会福利等公益事业单位；公证、法律服务等中介机构。

民间非营利组织是依照国家法律、行政法规登记的社会团体、基金会、民办非企业单位和寺院、宫观、清真寺、教堂等。也就是说，我国非营利组织实际存在公立和私立两种。公立非营利组织通常被视为是政府的组成部门，是一种特殊的事业单位，如公立学校、公立医院等。私立非营利组织则被视为是一种民间组织，如民间团体、民办非企业单位等。

（二）政府会计

国际会计师联合会于2000年5月24日发布了8份国际公共部门会计准则公告，涉及政府会计确认基础、政府会计主体、政府财务报告等相关内容，并对政府会计进行了定义。即根据政府政治经济的活动情况及其在资金上的反映，以货币为计量单位，对其资金筹集、使用和结存进行连续、系统、及时地记账、算账和报告的过程称为政府会计。根据国际会计准则委员会的规定，政府会计是指用于确认、计量、记录和报告政府和事业单位财务收支活动及其受托责任的履行情况的会计体系。由于各个国家的政治经济体制和管理体制不同，政府会计的内涵也有一定差别。本书将政府会计界定为是一门用于确认、计量、记录政府受人民委托管理国家公共事务和国家资源、国有资产的情况，报告政府公共财务资源管理的业绩及履行受托责任情况的专门会计。

多年来，我国在政府会计领域实行的是以收付实现制为核算基础的预算会计标准体系，主要包括财政总预算会计制度、行政单位会计制度和事业单位会计准则制度等。这一体系是适应财政预算管理的要求建立和逐步发展起来的，为财政资金的运行管理和宏观经济决策发挥了重要的基础性作用。然而，随着经济社会发展，预算会计标准体系难以适应新形势新情况的需要，主要表现为：一是不能如实反映政府"家底"，不利于政府加强资产负债管理；二是不能客观反映政府运行成本，不利于科学评价政府的运营绩效；三是缺乏统一、规范的政府会计标准体系，不能提供信息准确完整的政府财务报告。近年来，全国人大代表、有关专家等纷纷呼吁，要求加快推进政府会计改革，建立能够真实反映政府"家底"、绩效及预算执行情况的政府会计体系，审计署也提出了相关建议。与此同时，国际上一些发达国家都不同程度地进行了权责发生制政府会计改革，取得了较好的效果。

党的十八届三中全会决定提出了"建立权责发生制的政府综合财务报告制度"的重要战略部署，新《预算法》也对各级政府财政部门按年度编制以权责发生制为基础的政府综合财务报告提出了明确要求。2014年12月，国务院批转了财政部制定的《权责发生制政府综合财务报告制度改革方案》（国发［2014］63号，以下称《改革方案》），确立了政府会计改革的指导思想、总体目标、基本原则、主要任务、具体内容、配套措施、实施步骤和组织保障。《改革方案》提出，权责发生制政府综合财务报告制度改革是基于政府会计规则的重大改革，其前提和基础就是要构建统一、科学、规范的政府会计准则体系，包括制定政府会计基本准则、具体准则及应用指南和健全完善政府会计制度。基本准则主要对政府会计目标、会计主体、会计信息质量要求、会计核算基础，以及会计要素定义、确认和计量原则、列报要求等作出规定。具体准则主要规定政府发生的经济业务或事项的会计处理原则，具体规定经济业务或事项引起的会计要素变动的确认、计量和报告。应用指南主要对具体准则的实际应用作出操作性规定。政府会计制度主要规定政府会计科目及其使用说明、会计报表格式及其编制说明等，便于会计人员进行日常核算。《基本准则》作为政府会计的"概念框架"，统驭政府会计具体准则和政府会计制度的制定，并为政府会计实务问题提供处理原则，为编制政府财务报告提供基础标准。

政府会计是会计体系的重要分支，它是运用会计专门方法对政府及其组成主体（包括政府所属的行政事业单位等）的财务状况、运行情况（含运行成本，下同）、现金流量、预算执行等情况进行全面核算、监督和报告。

二、我国政府会计改革的背景和目标

（一）我国政府会计制度的历史演变

1. 我国古代的政府会计

政府会计在我国古代称为官厅会计。官厅会计是国家会计事务机关和国家会计工作的合称。我国有文献记录的最早官厅会计是在公元前 11 世纪的西周时代。据《周礼》记载，当时周王设了天、地、春、夏、秋、冬六官，统称六卿。其中，天官（亦称大宰）居百官之首，主管财政会计。天官下设小宰和司会，分别掌管财物保管和记录政府的财物收支情况。此外，周代还有"岁会""月要""日成"的规定，要求天官大宰向国王呈送年报、月报和旬报。

在之后的一些朝代中，官厅会计制度不断地完善，机构也相应地有所变化。例如，秦、汉两朝实行丞相、太尉和御史大夫的三卿制。御史大夫掌管国家的财政经济大权，御史大夫下又有"治粟内史"负责国家的财物保管和会计核算等工作。隋唐时期，中央政府开始实行三省六部制，由户部负责国家财政收支和会计管理。到了宋代，中央政府又尝试设置了单独以会计命名的官厅会计机构——会计司，以总考天下财赋出入等，同时发明创立了用于会计结算的平衡公式"四柱清册"，并在此基础上创造了"收付记账法"。

2. 近现代的政府会计

近代中国，中央和地方各级政府机关的会计称为政府会计。最初的政府会计由财政部下设的会计司负责管理；1931 年 4 月国民政府主计处成立，下辖会计、岁计、统计三局，其中会计局负责掌管政府会计组织的制度设计、人员任命以及核算监督、报表汇总等事务；岁计局负责编制审核政府组织的预决算。

中华人民共和国成立后，我国以苏联预算会计制度为蓝本建立了计划经济体制下的预算会计。1997 年财政部根据社会主义市场经济的要求，对预算会计制度进行了较为全面的改革，先后制定并颁布了《财政总预算会计制度》《行政单位会计制度》《事业单位会计准则》和《事业单位会计制度》。2012 年财政部又陆续发布了《行政单位财务规则》《行政单位会计制度》《事业单位财务规则》《事业单位会计制度》，各项制度自 2013 年 1 月 1 日起执行。

（二）我国政府会计制度改革的背景

长期以来，我国政府领域实施的主要是以收付实现制为基础的预算会计，主要涵盖财政总预算会计、行政单位会计与事业单位会计，包括《财政总预算会计制度》《行政单位会计制度》《事业单位会计准则》《事业单位会计制度》，以及医院、基层医疗卫生机构、高等学校、中小学校、科学事业单位、彩票机构等行业事业单位会计制度和《国有建设单位会计制度》等有关专项会计制度等。随着公共财政体制的建立和完善，为了适应财政改革需要，财政部于 2010 年率先从医疗卫生行业入手，修订发布了《基层医疗卫生机构会计制度》《医院会计制度》；2012 年为配合事业单位财务管理改革的需要，适时修订发布了《事业单位会计准则》《事业单位会计制度》；在此基础上，又于 2013 年修订发布了《行政单位会计制度》《高等学校会计制度》《中小学校会计制度》《科学事业单位会计制度》，制定发布了《彩票机构会计制度》，于 2015 年修订发布了《财政总预算会计制度》。我国目前的政府财政报告制度实行以收付实现制政府会计核算为基础的决算报告制度，包括财政总决算和部门决算，主要反映政府年度预算执行情况的结果，对准确反映预算收支情况、加强预算管理和监督发挥了重要作用。但随着经济社会发展，仅实行决算报告制度，无法科学、全面、准确反映政府资产负债和成本费用，不利于强化政府资产管理、降低行政成本、提升运行效率、有效防范财政风险，难以满足建立现代财政制度、促进财政长期可持续发展和推进国家治理现代化的要求。因此，必须推进政府会计改革，建立全面反映政府资产负债、收入费用、运行成本、现金流量等财务信息的权责发生制政府综合财务报告制度。2013 年 11 月，党的十八届三中全会通过的《中共中央关于全面深化改革若干重大问题的决定》作出了"建立权责发生制的政府综合财务报告制度"的重要战略部署，2014 年 8 月，新修正的《预算法》要求"各级政府财政部门应当按年度编制以权责发生制为基础的政府综合财务报告，报告政府整体财务状况、运行情况和财政中长期可持续性，报本级人民代表大会常务委员会备案"。

（三）我国政府会计制度改革的目标

2014 年 12 月，国务院批转了财政部《权责发生制政府综合财务报告制度改革方案》（国发〔2014〕63 号，以下简称《改革方案》），正式确立了我国权责发生制政府综合财务报告制度改革的指导思想、总体目标、基本原则、主要任务、具体内容、配套措施、实施步骤和组织保障。《改革方案》提出，要认真贯彻落实党的十八届二中、三中、四中全会精神，高举中国特色社会主义伟大旗帜，以邓小平理论、"三个代表"重要思想、科学发展观为指导，按照党中央、国务院决策部署，加快推进政府会计改革，逐步建立以权责发生制政府会计核算为基础，以编制和报告政府资产负债表、收入费用表等报表为核心的权责发生制政府综合财务报告制度，提升政府财务管理水平，促进政府会计信息公开，推进国家治理体系和治理能力现代化。权责发生制政府综合财务报告制度改革是基于政府会计规则的重大改革，总体目标是通过构建统一、科学、规范的政府会计准则体系，建立健全政府财务报告编制办法适度分离政府财务会计与预算会计、政府财务报告与决算报告功能，全面、清晰反映政府财务信息和预算执行信息，为开展政府信用评级、加强资产负债管理、改进政府绩效监督考核、防范财政风险等提供支持，促进政府财务管理水平提高和财政经济可持续发展。

三、政府会计改革的基本原则

《改革方案》确立了权责发生制政府综合财务报告改革的基本原则，也即新时期我国政府会计改革的基本原则，具体包括以下四项原则：

1. 立足中国国情，借鉴国际经验

在充分考虑我国政府财政财务管理特点的基础上，积极借鉴我国企业会计改革的成功做法，吸收国际公共部门会计准则、有关国家政府财务报告制度改革的有益经验，构建具有中国特色的政府综合财务报告制度。

2. 坚持继承发展，注重改革创新

积极吸收近年来完善现行政府会计制度、行政事业单位会计改革以及政府综合财务报告试编中取得的经验，注重制度创新，强化信息技术支撑，准确反映政府资产负债状况和运行成本，促进政府规范管理和有效监督。

3. 坚持公开透明，便于社会监督

按照政府信息公开要求，规范公开内容和程序，促进公开常态化、规范化和法制化，满足各有关方面对政府财务状况信息的需求，进一步增强政府透明度。

4. 做好总体规划，稳妥有序推进

科学合理设计改革总体框架和目标，指导改革有序推进。充分考虑改革的复杂性和艰巨性，先行试点，由易到难，分步实施，积极稳妥地推进改革。

四、政府会计改革的任务

《改革方案》布置了新时期我国政府会计改革的主要任务，具体包括以下四项任务：

1. 建立健全政府会计核算体系

推进财务会计与预算会计适度分离并相互衔接，在完善预算会计功能的基础上，增强政府财务会计功能，夯实政府财务报告核算基础，为中长期财政发展、宏观调控和政府信用评级服务。为此，要建立政府会计准则体系，健全完善政府会计制度。

2. 建立健全政府财务报告体系

政府财务报告主要包括政府部门财务报告和政府综合财务报告。政府部门编制部门财务报告，反映本部门的财务状况和运行情况；财政部门编制政府综合财务报告，反映政府整体的财务状况、运行情况和财政中长期可持续性。为此，要制定政府财务报告编制办法和操作指南。政府财务报告编制办法应当对政府财务报告的主要内容、编制要求、报送流程、数据质量审查、职责分工等作出规定。政府财务报告编制操作指南应当对政府财务报告编制和财务信息分析的具体方法等作出规定。

3. 建立健全政府财务报告审计和公开机制

政府综合财务报告和部门财务报告按规定接受审计。审计后的政府综合财务报告与审计报告依法报本级人民代表大会常务委员会备案，并按规定向社会公开。为此，要建立健全政府财务报告审计和公开制度。政府财务报告审计制度应当对审计的主体、对象、内容、权限、程序、法律责任等作出规定。政府财务报告公开制度应当对政府财务报告公开的主体、对象、内容、形式、程序、时间要求、法律责任等作出规定。

4. 建立健全政府财务报告分析应用体系

以政府财务报告反映的信息为基础，采用科学方法，系统分析政府的财务状况、运行成本和财政中长期可持续发展水平。充分利用政府财务报告反映的信息，识别和管理财政风险，更好地加强政府预算、资产和绩效管理，并将政府财务状况作为评价政府受托责任履行情况的重要指标。

这四项改革任务相辅相成。建立健全政府会计核算体系是前提和基础，在会计核算环节引入权责发生制，完善政府财务会计功能，为政府财务报告编制提供坚实的数据支撑；建立健全政府财务报告体系是关键，各级政府和部门需要编制资产负债表、收入费用表等财务报表，分别反映一级政府整体财务状况及各部门的财务状况；建立健全政府财务报告审计和公开机制是保障，政府综合财务报告和部门财务报告编制后，都要按规定接受审计，审计后的政府综合财务报告与审计报告依法报本级人民代表大会常务委员会备案，并按规定向社会公开，以保证财务信息的真实可靠、公开透明；加强政府财务报告分析应用是目的，以政府财务报告反映的信息为基础，系统分析政府的财务状况、运行成本和财政中长期可持续发展水平，促进政府预算、资产、负债和绩效管理加强，尤其是为地方政府发债提供一套可靠的信用评级依据，有利于地方债市场的持续健康发展。

任务二　政府会计标准体系的构建

一、政府会计标准体系

政府会计准则制度是编制政府财务报告的重要依据，是规范政府经济业务和事项的会计确认、计量、记录和报告的标准体系，在权责发生制政府综合财务报告制度改革中具有重要的基础作用。

政府会计标准体系由政府会计基本准则、具体准则及应用指南和政府会计制度等组成。

1. 政府会计基本准则

政府会计基本准则用于规范政府会计目标、政府会计主体、政府会计信息质量要求、政府会计核算基础，以及政府会计要素定义、确认和计量原则、列报要求等原则事项。

基本准则指导具体准则和制度的制定，并为政府会计实务问题提供处理原则。2015年10月，财政部印发了《政府会计准则——基本准则》（以下简称《基本准则》），自2017年1月1日起施行。

2. 政府会计具体准则及应用指南

政府会计具体准则依据基本准则制定，用于规范政府发生的经济业务或事项的会计处理原则，详细规定经济业务或事项引起的会计要素变动的确认、计量和报告。应用指南是对具体准则的实际应用作出的操作性规定。2016年以来，财政部相继出台了存货、投资、固定资产、无形资产、公共基础设施、政府储备物资等6项政府会计具体准则和固定资产准则应用指南。

3. 政府会计制度

政府会计制度依据基本准则制定，主要规定政府会计科目及账务处理、报表体系及编制说明等，与政府会计具体准则及应用指南相互协调、相互补充。《改革方案》指出，政府会计科目设置要实现预算会计和财务会计双重功能。预算会计科目应准确完整反映政府预算收入、预算支出和预算结余等预算执行信息，财务会计科目应全面准确反映政府的资产、负债、净资产、收入、费用等财务信息。条件成熟时，推行政府成本会计，规定政府运行成本归集和分摊方法等，反映政府向社会提供公共服务支出和机关运行成本等财务信息。

二、政府会计基本准则

在会计标准体系中，基本准则是"顶层设计"，重点在于明确基本原则和方法，构建会计核算的框架体系。针对当前政府会计领域标准、规范不一，制度、办法繁多，部门、行业差异较大的问题，《基本准则》从政府会计主体、会计目标、核算体系、核算基础、会计信息质量、会计要素的确认、计量和报告等多个角度，明确了政府会计标准体系中需要解决的基本问题、基本原则和方法，构建起了统一、科学、规范的政府会计概念体系，为建立国家统一的政府会计标准体系奠定了基础。从会计规则角度而言，《基本准则》为在政府会计具体准则和政府会计制度层面规范政府发生的经济业务或事项的会计处理提供了基本原则，保证了政府会计标准体系的内在一致性。从会计主体而言，《基本准则》适用于各级政府、各部门、各单位（以下统称政府会计主体），有利于消除各级政府、部门、行业和单位执行不同会计规范所导致的信息差异，打破不同部门、行业的藩篱，各政府会计主体都以统一规范的会计概念体系处理会计事务、参与政府治理，提高了政府会计信息的可比性和有用性。

（一）政府会计主体

《基本准则》适用于各级政府、各部门、各单位（即政府会计主体）。各级政府指各级政府财政部门，具体负责财政总（预算）会计的核算。各部门、各单位是指与本级政府财政部门直接或者间接发生预算拨款关系的国家机关、军队、政党组织、社会团体、事业单位和其他单位。

需要说明的是，军队、已纳入企业财务管理体系的单位和执行《民间非营利组织会计制度》的社会团体，不适用《基本准则》。

（二）政府会计核算体系及目标

为了体现《改革方案》提出的"政府财务会计和预算会计适度分离并相互衔接"的要求，《基本准则》确立了"双功能""双基础""双报告"的政府会计核算体系。

1. "双功能"

政府会计由预算会计和财务会计构成。预算会计通过预算收入、预算支出与预算结余三个要素，对政府会计主体预算执行过程中发生的全部预算收入和全部预算支出进行会计核算，主要反映和监督预算收支执行情况。财务会计通过资产、负债、净资产、收入和费用五个要素，对政府会计主体发生的各项经济业务或者事项进行会计核算，主要反映和监督政府会计主体财务状况、运行情况和现金流量等。

2. "双基础"

预算会计实行收付实现制，国务院另有规定的，从其规定；财务会计实行权责发生制。这是兼顾了当前实际情况和长远改革方向的制度安排，使得政府会计核算既能反映预算收支等流量信息，又能反映资产、负债等存量信息。

所谓收付实现制，是指以现金的实际收付为标志来确定本期收入和支出的会计核算基础。凡在当期实际收到的现金收入和支出，均应作为当期的收入和支出；凡是不属于当期的现金收入和支出，均不应当作为当期的收入和支出。

所谓权责发生制,是指以取得收取款项的权利或支付款项的义务为标志来确定本期收入和费用的会计核算基础。凡是当期已经实现的收入和已经发生的或应当负担的费用,不论款项是否收付,都应当作为当期的收入和费用;凡是不属于当期的收入和费用,即使款项已在当期收付,也不应当作为当期的收入和费用。

3. "双报告"

政府会计主体应当编制决算报告和财务报告。政府决算报告的编制主要以收付实现制为基础,以预算会计核算生成的数据为准。政府财务报告的编制主要以权责发生制为基础,以财务会计核算生成的数据为准。

决算报告的目标是向决算报告使用者提供与政府预算执行情况有关的信息,综合反映政府会计主体预算收支的年度执行结果,有助于决算报告使用者进行监督和管理,并为编制后续年度预算提供参考和依据。政府决算报告使用者包括各级人民代表大会及其常务委员会、各级政府及其有关部门、政府会计主体自身、社会公众和其他利益相关者。

财务报告的目标是向财务报告使用者提供与政府财务状况、运行情况和现金流量等有关的信息,反映政府会计主体公共受托责任履行情况,有助于财务报告使用者作出决策或者进行监督和管理。政府财务报告使用者包括各级人民代表大会常务委员会、债权人、各级政府及其有关部门、政府会计主体自身和其他利益相关者通过"双功能""双基础""双报告"的政府会计核算体系,使公共资金管理中预算管理、财务管理和绩效管理相互联结、融合,全面提高管理水平和资金使用效率,对于规范政府会计行为,夯实政府会计主体预算和财务管理基础,强化政府绩效管理具有深远的影响。

三、政府会计的会计核算前提

会计核算前提也称会计假设,它是组织会计核算工作必须具备的前提条件。政府会计的会计核算前提包括会计主体、持续运行、会计分期和货币计量。

(一) 会计主体

会计主体是指会计为之服务的特定单位或组织,它决定了会计核算和监督的空间范围,也界定了会计信息的主体范围。因此,各项会计工作,不论是日常的会计确认、记录、计量和计算,还是定期编制的财务报告,都应当对其自身发生的经济业务或者事项进行会计核算。

(二) 持续运行

持续运行是指会计主体的经济业务活动将无限期地持续下去,是针对由于某些因素可能导致会计主体终止经济业务活动的非正常情况而言的。它要求会计人员以会计主体持续、正常的经济业务活动为前提进行会计核算。

(三) 会计分期

会计分期,是将会计主体的持续运行的经济业务活动,划分为一系列相互联系的间隔相等的期间,以便分期结算账目,编制会计报表,向有关方面提供会计信息。会计期间的划分,界定了组织会计核算、提供会计报表的时间范围,对会计实务和会计理论都有着重要的影响。

按照会计惯例，会计期间通常以年度为单位。我国政府会计制度规定会计期间分为年度和月度。年度、月度的起讫日期均采用公历日期，与国家计划年度、财政年度相一致。

会计分期前提与持续运行前提一样，都是为政府会计的正常活动作出了时间上的规定。会计分期前提依赖于持续运行前提，持续运行前提需要会计分期前提，两者互相补充，不可分离。

（四）货币计量

货币计量是指会计主体的会计核算应采用统一的货币单位作为计量标准，以便综合、全面、系统、完整地反映会计主体的经济活动。

货币计量前提是假定币值是稳定不变的，除非在发生恶性通货膨胀时，才对这一假定作某些修正。

政府会计核算应当以人民币作为记账本位币。如果发生外币收支，应当将有关外币金额折算为人民币金额计量，同时登记外币金额。但在编制会计报表时，应当按照编表当日的人民币外汇汇率折算为人民币予以反映。

四、政府会计信息质量要求

《基本准则》规定，政府会计信息质量要求包括可靠性、全面性、相关性、及时性、可比性、可理解性和实质重于形式。

（一）可靠性

政府会计主体应当以实际发生的经济业务或者事项为依据进行会计核算，如实反映各项会计要素的情况和结果，保证会计信息真实可靠。可靠性是高质量会计信息的重要基础和关键所在，要求政府会计主体应当以实际发生的经济业务或者事项为依据进行确认、计量和报告，如实反映符合确认和计量要求的各项会计要素及其他相关信息，保证会计信息真实可靠、内容完整。如果会计主体以虚假的业务或事项进行确认、计量、报告，属于违法行为，不仅会严重损害会计信息质量，而且会误导报告使用者，导致会计秩序混乱。

（二）全面性

政府会计主体应当将发生的各项经济业务或者事项统一纳入会计核算，确保会计信息能够全面反映政府会计主体预算执行情况和财务状况、运行情况、现金流量等。例如按照全面性要求，单位会计核算的资产不仅要包括单位占有、使用的资产，还要包括受托管理的资产，以及负责经管责任的公共基础设施、政府储备物资、文物文化资产、保障性住房和自然资源资产等。另外，对于单位的基本建设投资业务，应统一纳入单位会计核算。在符合重要性和成本效益原则的前提下，政府会计主体应保证会计信息的完整性，其中包括应当编报的报表及其附注内容等应当保持完整，不能随意遗漏或者减少应予披露的信息，与报告使用者决策相关的有用信息都应当充分披露。

(三) 相关性

政府会计主体提供的会计信息，应当与反映政府会计主体公共受托责任履行情况以及报告使用者决策或者监督、管理的需要相关，有助于报告使用者对政府会计主体过去现在或者未来的情况作出评价或者预测。会计信息是否有用，是否具有价值，关键是看其与报告使用者的决策需要是否相关，是否有助于决策或者提高决策水平。相关的会计信息应当能够有助于报告使用者评价政府会计主体过去的决策，证实或者修正过去的有关预测，因而具有反馈价值。相关的会计信息还应当具有预测价值，有助于报告使用者根据财务报告所提供的会计信息预测政府会计主体未来的财务状况、运行情况和现金流量。

(四) 及时性

政府会计主体对已经发生的经济业务或者事项，应当及时进行会计核算，不得提前或者延后。会计信息的价值在于帮助报告使用者作出经济决策，具有时效性。即使是可靠的、全面的、相关的会计信息，如果不及时提供，就失去了时效性，对于使用者的效用就大大降低，甚至不再具有实际意义。在会计确认、计量和报告过程中贯彻及时性，是要求及时收集会计信息，即在经济业务或者事项发生后，及时收集整理各种原始单据或者凭证；二是要求及时处理会计信息，即按照国家统一的会计制度的规定，及时对经济业务或者事项进行确认或者计量，并编制报告；三是要求及时传递会计信息，即按照国家规定的有关时限，及时地将编制的报告传递给报告使用者，便于其及时使用和决策。

(五) 可比性

政府会计主体提供的会计信息应当具有可比性。同一政府会计主体不同时期发生的相同或者相似的经济业务或者事项，应当采用一致的会计政策，不得随意变更。确需变更的，应当将变更的内容、理由及其影响在附注中予以说明。不同政府会计主体发生的相同或者相似的经济业务或者事项，应当采用一致的会计政策，确保政府会计信息口径一致，相互可比。

(六) 可理解性

政府会计主体提供的会计信息应当清晰明了，便于报告使用者理解和使用。政府会计主体编制决算报告和财务报告、提供会计信息的目的在于使用，而要使报告使用者有效使用会计信息，应当能让其了解会计信息的内涵，弄懂会计信息的内容，这就要求决算报告和财务报告所提供的会计信息应当清晰明了，易于理解。只有这样，才能提高会计信息的有用性，实现决算报告和财务报告的目标，满足向报告使用者提供决策有用信息的要求。

(七) 实质重于形式

政府会计主体应当按照经济业务或者事项的经济实质进行会计核算，不限于以经济业务或者事项的法律形式为依据。政府会计主体发生的经济业务或事项在多数情况下其经济实质和法律形式是一致的，但在有些情况下也会出现不一致。例如，单位通过融资租赁取得一项设备，尽管从法律上讲该项设备的所有权不属于本单位，但从经济实质讲已经将与该设备所有权有关的全部或绝大部分风险和报酬转移给单位，因此应当将该设备确认为本单位的资产。

在上述七个信息质量要求中，可靠性、全面性、相关性是对会计信息质量的实质性要求，是会计信息应具备的基本质量特征，及时性、可比性、可理解性是对会计信息质量的形式性要求，是对可靠性、全面性、相关性等首要质量要求的补充和完善，实质重于形式是对会计信息的约束性要求，在对某些特殊经济业务或者事项进行处理时，需要根据这一质量要求来把握其会计处理原则。尽管上述七个信息质量要求中的每一项都是整体不可或缺的一部分，并相互配合共同帮助实现会计核算的目标，但是在实践中，并非所有的会计信息质量要求都能够完全达到，可能需要在一些要求之间达成平衡或作出权衡。

五、政府财务会计要素

政府财务会计要素包括资产、负债、净资产、收入和费用。

1. 资产

（1）资产的定义。资产是指政府会计主体过去的经济业务或者事项形成的，由政府会计主体控制的，预期能够产生服务潜力或者带来经济利益流入的经济资源。服务潜力是指政府会计主体利用资产提供公共产品和服务以履行政府职能的潜在能力。经济利益流入表现为现金及现金等价物的流入，或者现金及现金等价物流出的减少。

（2）资产类别。政府会计主体的资产按照流动性，分为流动资产和非流动资产。

流动资产是指预计在1年内（含1年）耗用或者可以变现的资产，包括货币资金、短期投资、应收及预付款项、存货等。

非流动资产是指流动资产以外的资产，包括固定资产、在建工程、无形资产、长期投资、公共基础设施、政府储备资产、文物文化资产、保障性住房和自然资源资产等。

（3）资产的确认条件。符合政府资产定义的经济资源，在同时满足以下条件时，确认为资产：一是与该经济资源相关的服务潜力很可能实现或者经济利益很可能流入政府会计主体；二是该经济资源的成本或者价值能够可靠地计量。

（4）资产的计量属性。政府资产的计量属性主要包括历史成本、重置成本、现值、公允价值和名义金额。

在历史成本计量下，资产按照取得时支付的现金金额或者支付对价的公允价值计量。在重置成本计量下，资产按照现在购买相同或者相似资产所需支付的现金金额计量。在现值计量下，资产按照预计从其持续使用和最终处置中所产生的未来净现金流入量的折现金额计量。在公允价值计量下，资产按照市场参与者在计量日发生的有序交易中，出售资产所能收到的价格计量。无法采用历史成本、重置成本、现值和公允价值计量属性的，采用名义金额（即人民币1元）计量。

政府会计主体在对资产进行计量时，一般应当采用历史成本。采用重置成本、现值、公允价值计量的，应当保证所确定的资产金额能够持续、可靠计量。

2. 负债

（1）负债的定义。负债是指政府会计主体过去的经济业务或者事项形成的，预期会导致经济资源流出政府会计主体的现时义务。现时义务是指政府会计主体在现行条件下已承担的义务。未来发生的经济业务或者事项形成的义务不属于现时义务，不应当确认为负债。

（2）负债的分类。政府会计主体的负债按照流动性，分为流动负债和非流动负债。

流动负债是指预计在1年内（含1年）偿还的负债，包括应付及预收款项、应付职工薪酬、应缴款项等。

非流动负债是指流动负债以外的负债，包括长期应付款、应付政府债券和政府依法担保形成的债务（例如，预计负债）等。

（3）负债的确认条件。符合政府负债定义的义务，在同时满足以下条件时，确认为负债：一是履行该义务很可能导致含有服务潜力或者经济利益的经济资源流出政府会计主体；二是该义务的金额能够可靠地计量。

（4）负债的计量属性。政府负债的计量属性主要包括历史成本、现值和公允价值。

在历史成本计量下，负债按照因承担现时义务而实际收到的款项或者资产的金额，或者承担现时义务的合同金额，或者按照为偿还负债预期需要支付的现金计量。在现值计量下，负债按照预计期限内需要偿还的未来净现金流出量的折现金额计量。在公允价值计量下，负债按照市场参与者在计量日发生的有序交易中，转移负债所需支付的价格计量。

政府会计主体在对负债进行计量时，一般应当采用历史成本。采用现值、公允价值计量的，应当保证所确定的负债金额能够持续、可靠计量。

3. 净资产

净资产是指政府会计主体资产扣除负债后的净额，其金额取决于资产和负债的计量。净资产包括累计盈余、专用基金、权益法调整、本期盈余、本年盈余分配、无偿调拨净资产、以前年度损益调整等。

4. 收入

（1）收入的定义。收入是指报告期内导致政府会计主体净资产增加的、含有服务潜力或者经济利益的经济资源的流入。

（2）收入的确认条件。收入的确认应当同时满足以下条件：一是与收入相关的含有服务潜力或者经济利益的经济资源很可能流入政府会计主体；二是含有服务潜力或者经济利益的经济资源流入会导致政府会计主体资产增加或者负债减少；三是流入金额能够可靠地计量。

5. 费用

（1）费用的定义。费用是指报告期内导致政府会计主体净资产减少的、含有服务潜力或者经济利益的经济资源的流出。

（2）费用的确认条件。费用的确认应当同时满足以下条件：一是与费用相关的含有服务潜力或者经济利益的经济资源很可能流出政府会计主体；二是含有服务潜力或者经济利益的经济资源流出会导致政府会计主体资产减少或者负债增加；三是流出金额能够可靠地计量。

六、政府预算会计要素

政府预算会计要素包括预算收入、预算支出与预算结余。

1. 预算收入

预算收入是指政府会计主体在预算年度内依法取得的并纳入预算管理的现金流入。

预算收入一般在实际收到时予以确认，以实际收到的金额计量。

2. 预算支出

预算支出是指政府会计主体在预算年度内依法发生并纳入预算管理的现金流出。预算支出一般在实际支付时予以确认，以实际支付的金额计量。

3. 预算结余

预算结余是指政府会计主体预算年度内预算收入扣除预算支出后的资金余额，以及历年滚存的资金余额。预算结余包括结余资金和结转资金。

（1）结余资金是指年度预算执行终了，预算收入实际完成数扣除预算支出和结转资金后剩余的资金。

（2）结转资金是指预算安排项目的支出年终尚未执行完毕或者因故未执行，且下年需要按原用途继续使用的资金。

七、政府会计报告

政府会计报告包括政府决算报告和政府财务报告两部分。

1. 政府决算报告的构成和内容

政府决算报告（也称预算会计报告），是综合反映政府会计主体年度预算收支执行结果的文件。政府决算报告应当包括决算报表和其他应当在决算报告中反映的相关信息和资料。政府决算报告包括预算收入支出表、预算结转结余变动表和财政拨款预算收入支出表等。

2. 政府财务报告的构成和内容

政府财务报告（也称财务会计报告）是反映政府会计主体某一特定日期的财务状况和某一会计期间的运行情况和现金流量等信息的文件。

从内容上讲，政府财务报告应当包括财务报表和其他应当在财务报告中披露的相关信息和资料。

财务报表是对政府会计主体财务状况、运行情况和现金流量等信息的结构性表述。财务报表包括会计报表和附注。会计报表至少应当包括资产负债表、收入费用表、净资产变动表和现金流量表。资产负债表是反映政府会计主体在某一特定日期的财务状况的报表。收入费用表是反映政府会计主体在一定会计期间运行情况的报表。净资产变动表是反映政府会计主体在某一会计年度内净资产项目的变动情况。现金流量表是反映政府会计主体在一定会计期间现金及现金等价物流入和流出情况的报表。附注是对在资产负债表、收入费用表、净资产变动表和现金流量表等报表中列示项目所作的进一步说明，以及对未能在这些报表中列示项目的说明。

八、政府会计科目及内容

（一）财务会计科目及内容

《基本准则》继承了多年来我国行政、事业单位和财政总预算会计改革的有益经验，并进行了一次重要制度创新，即构建了政府预算会计和财务会计适度分离并相互衔接的政府会计核算体系。

政府财务会计科目类分为资产类、负债类、净资产类、收入类和费用类共5类，77个科目，其中资产类35个，负债类16个，净资产类7个，收入类11个和费用类8个。具体科目如表1-1所示。

表 1-1　　　政府会计——财务会计科目代码、名称及内容

序号	科目代码	会计科目名称	会计科目内容说明
		1. 资产类	
1	1001	库存现金	核算单位的库存现金
2	1002	银行存款	核算单位存入银行或者其他金融机构的各种存款
3	1011	零余额账户用款额度	核算实行国库集中支付的单位根据财政部门批复的用款计划收到和支用的零余额账户用款额度
4	1021	其他货币资金	核算单位的外埠存款、银行本票存款、银行汇票存款、信用卡存款等各种其他货币资金
5	1101	短期投资	核算事业单位按照规定取得的，持有时间不超过1年（含1年）的投资
6	1201	财政应返还额度	核算实行国库集中支付的单位应收财政返还的资金额度，包括可以使用的以前年度财政直接支付资金额度和财政应返还的财政授权支付资金额
7	1211	应收票据	核算事业单位因开展经营活动销售产品、提供有偿服务等而收到的商业汇票，包括银行承兑汇票和商业承兑汇票
8	1212	应收账款	核算事业单位提供服务、销售产品等应收取的款项以及单位因出租资产、出售物资等应收取的款项
9	1214	预付账款	核算单位按照购货、服务合同或协议规定预付给供应单位（或个人）的款项，以及按照合同规定向承包工程的施工企业预付的备料款和工程款
10	1215	应收股利	核算事业单位持有长期股权投资应当收取的现金股利或应当分得的利润
11	1216	应收利息	核算事业单位长期债券投资应当收取的利息
12	1218	其他应收款	核算单位除财政应返还额度、应收票据、应收账款、预付账款、应收股利、应收利息以外的其他各项应收及暂付款项，如职工预借的差旅费、已经偿还银行尚未报销的本单位公务卡欠款、拨付给内部有关部门的备用金、应向职工收取的各种垫付款项、支付的可以收回的订金或押金、应收的上级补助和附属单位上缴款项等
13	1219	坏账准备	核算事业单位对收回后不需上缴财政的应收账款和其他应收款提取的坏账准备
14	1301	在途物品	核算单位采购材料等物资时货款已付或已开出商业汇票但尚未验收入库的在途物品的采购成本
15	1302	库存物品	核算单位在开展业务活动及其他活动中为耗用或出售而储存的各种材料、产品、包装物、低值易耗品，以及达不到固定资产标准的用具、装具、动植物等的成本
16	1303	加工物品	核算单位自制或委托外单位加工的各种物品的实际成本
17	1401	待摊费用	核算单位已经支付、但应当由本期和以后各期分别负担的分摊期在1年以内（含1年）的各项费用，如预付航空保险费、预付租金等

续表

序号	科目代码	会计科目名称	会计科目内容说明
		1. 资产类	
18	1501	长期股权投资	核算事业单位按照规定取得的，持有时间超过1年（不含1年）的股权性质的投资
19	1502	长期债券投资	核算事业单位按照规定取得的，持有时间超过1年（不含1年）的债券投资
20	1601	固定资产	核算单位固定资产的原值
21	1602	固定资产累计折旧	核算单位计提的固定资产累计折旧
22	1611	工程物资	核算单位为在建工程准备的各种物资的成本，包括工程用材料、设备等
23	1613	在建工程	核算单位在建的建设项目工程的实际成本
24	1701	无形资产	核算单位无形资产的原值
25	1702	无形资产累计摊销	核算单位对使用年限有限的无形资产计提的累计摊销
26	1703	研发支出	核算单位自行研究开发项目研究阶段和开发阶段发生的各项支出
27	1801	公共基础设施	核算单位控制的公共基础设施的原值
28	1802	公共基础设施累计折旧（摊销）	核算单位计提的公共基础设施累计折旧或公共基础设施累计摊销
29	1811	政府储备物资	核算单位控制的政府储备物资的成本
30	1821	文物文化资产	核算单位为满足社会公共需求而控制的文物文化资产的成本
31	1831	保障性住房	核算单位为满足社会公共需求而控制的保障性住房的原值
32	1832	保障性住房累计折旧	核算单位计提的保障性住房的累计折旧
33	1891	受托代理资产	核算单位接受委托方委托管理的各项资产，包括受托指定转赠的物资、受托存储保管的物资等的成本
34	1901	长期待摊费用	核算单位已经支出，但应由本期和以后各期负担的分摊期限在1年以上（不含1年）的各项费用，如以经营租赁方式租入的固定资产发生的改良支出等
35	1902	待处理财产损溢	核算单位在资产清查过程中查明的各种资产盘盈、盘亏和报废、毁损的价值
		2. 负债类	
36	2001	短期借款	核算事业单位经批准向银行或其他金融机构等借入的期限在1年内（含1年）的各种借款
37	2101	应交增值税	核算单位按税法规定计算应交纳的增值税
38	2102	其他应交税费	核算单位按照税法等规定计算应交纳的除增值税以外的各种税费，包括城市维护建设税、教育费附加、地方教育费附加、车船税、房产税、城镇土地使用税和企业所得税等
39	2103	应缴财政款	核算单位取得或应收的按照规定应当上缴财政的款项，包括应缴国库的款项和应缴财政专户的款项

续表

序号	科目代码	会计科目名称	会计科目内容说明
		2. 负债类	
40	2201	应付职工薪酬	核算单位按照有关规定应付给职工（含长期聘用人员）及为职工支付的各种薪酬，包括基本工资、国家统一规定的津贴补贴、规范津贴补贴（绩效工资）、改革性补贴、社会保险费（如职工基本养老保险费、职业年金、基本医疗保险费等）、住房公积金等
41	2301	应付票据	核算事业单位因购买材料、物资等而开出、承兑的商业汇票，包括银行承兑汇票和商业承兑汇票
42	2302	应付账款	核算单位因购买物资、接受服务、开展工程建设等而应付的偿还期限在1年以内（含1年）的款项
43	2303	应付政府补贴款	核算负责发放政府补贴的行政单位，按照规定应当支付给政府补贴接受者的各种政府补贴款
44	2304	应付利息	核算事业单位按照合同约定应支付的借款利息，包括短期借款、分期付息到期还本的长期借款等应支付的利息
45	2305	预收账款	核算事业单位预先收取但尚未结算的款项
46	2307	其他应付款	核算单位除应交增值税、其他应交税费、应缴财政款、应付职工薪酬、应付票据、应付账款、应付政府补贴款、应付利息、预收账款以外，其他各项偿还期限在1年内（含1年）的应付及暂收款项，如收取的押金、存入保证金、已经报销但尚未偿还银行的本单位公务卡欠款等
47	2401	预提费用	核算单位预先提取的已经发生但尚未支付的费用，如预提租金费用等
48	2501	长期借款	核算事业单位经批准向银行或其他金融机构等借入的期限超过1年（不含1年）的各种借款本息
49	2502	长期应付款	核算单位发生的偿还期限超过1年（不含1年）的应付款项，如以融资租赁方式取得固定资产应付的租赁费等
50	2601	预计负债	核算单位对因或有事项所产生的现时义务而确认的负债，如对未决诉讼等确认的负债
51	2901	受托代理负债	核算单位接受委托取得受托代理资产时形成的负债
		3. 净资产类	
52	3001	累计盈余	核算单位历年实现的盈余扣除盈余分配后滚存的金额，以及因无偿调入、调出资产产生的净资产变动额
53	3101	专用基金	核算事业单位按照规定提取或设置的具有专门用途的净资产，主要包括职工福利基金、科技成果转换基金等
54	3201	权益法调整	核算事业单位持有的长期股权投资采用权益法核算时，按照被投资单位除净损益和利润分配以外的所有者权益变动份额调整长期股权投资账面余额而计入净资产的金额
55	3301	本期盈余	核算单位本期各项收入、费用相抵后的余额

续表

序号	科目代码	会计科目名称	会计科目内容说明
		3. 净资产类	
56	3302	本年盈余分配	核算单位本年度盈余分配的情况和结果
57	3401	无偿调拨净资产	核算单位无偿调入或调出非现金资产所引起的净资产变动金额
58	3501	以前年度盈余调整	核算单位本年度发生的调整以前年度盈余的事项，包括本年度发生的重要前期差错更正涉及调整以前年度盈余的事项
		4. 收入类	
59	4001	财政补助收入	核算单位从同级政府财政部门取得的各类财政拨款
60	4101	事业收入	核算事业单位开展专业业务活动及其辅助活动实现的收入，不包括从同级政府财政部门取得的各类财政拨款
61	4201	上级补助收入	核算事业单位从主管部门和上级单位取得的非财政拨款收入
62	4301	附属单位上缴收入	核算事业单位取得的附属独立核算单位按照有关规定上缴的收入
63	4401	经营收入	核算事业单位在专业业务活动及其辅助活动之外开展非独立核算经营活动取得的收入
64	4601	非同级财政拨款收入	核算单位从非同级政府财政部门取得的经费拨款，包括从同级政府其他部门取得的横向转拨财政款、从上级或下级政府财政部门取得的经费拨款等
65	4602	投资收益	核算事业单位股权投资和债券投资所实现的收益或发生的损失
66	4603	捐赠收入	核算单位接受其他单位或者个人捐赠取得的收入
67	4604	利息收入	核算单位取得的银行存款利息收入
68	4605	租金收入	核算单位经批准利用国有资产出租取得并按照规定纳入本单位预算管理的租金收入
69	4609	其他收入	核算单位取得的除财政拨款收入、事业收入、上级补助收入、附属单位上缴收入、经营收入、非同级财政拨款收入、投资收益、捐赠收入、利息收入、租金收入以外的各项收入，包括现金盘盈收入、按照规定纳入单位预算管理的科技成果转化收入、行政单位收回的已核销的其他应收款、无法偿付的应付及预收款项、置换换出资产评估增值等
		5. 费用类	
70	5001	业务活动费用	核算单位为实现其职能目标，依法履职或开展专业业务活动及其辅助活动所发生的各项费用
71	5101	单位管理费用	核算事业单位本级行政及后勤管理部门开展管理活动发生的各项费用，包括单位行政及后勤管理部门发生的人员经费、公用经费、资产折旧（摊销）等费用，以及由单位统一负担的离退休人员经费、工会经费、诉讼费、中介费等
72	5201	经营费用	核算事业单位在专业业务活动及其辅助活动之外开展非独立核算经营活动发生的各项费用
73	5301	资产处置费用	核算单位经批准处置资产时发生的费用，包括转销的被处置资产价值，以及在处置过程中发生的相关费用或者处置收入小于相关费用形成的净支出

续表

序号	科目代码	会计科目名称	会计科目内容说明
		5. 费用类	
74	5401	上缴上级费用	核算事业单位按照财政部门和主管部门的规定上缴上级单位款项发生的费用
75	5501	对附属单位补助费用	核算事业单位用财政拨款收入之外的收入对附属单位补助发生的费用
76	5801	所得税费用	核算有企业所得税缴纳义务的事业单位按规定缴纳企业所得税所形成的费用
77	5901	其他费用	核算单位发生的除业务活动费用、单位管理费用、经营费用、资产处置费用、上缴上级费用、附属单位补助费用、所得税费用以外的各项费用，包括利息费用、坏账损失、罚没支出、现金资产捐赠支出以及相关税费、运输费等

（二）预算会计科目及内容

政府预算会计科目类分为预算收入类、预算支出类和预算结余类共三类，26个科目，其中预算收入类9个，预算支出类8个，预算结余类9个，其具体科目如表1-2所示。

表1-2　　　　　　政府会计——预算会计科目代码、名称及内容

序号	科目代码	会计科目名称	会计科目内容说明
		1. 预算收入类	
1	6001	财政拨款预算收入	核算单位从同级政府财政部门取得的各类财政拨款
2	6101	事业预算收入	核算事业单位开展专业业务活动及其辅助活动取得的现金流入
3	6201	上级补助预算收入	核算事业单位从主管部门和上级单位取得的非财政补助现金流入
4	6301	附属单位上缴预算收入	核算事业单位取得附属独立核算单位根据有关规定上缴的现金流入
5	6401	经营预算收入	核算事业单位在专业业务活动及其辅助活动之外开展非独立核算经营活动取得的现金流入
6	6501	债务预算收入	核算事业单位按照规定从银行和其他金融机构等借入的、纳入部门预算管理的、不以财政资金作为偿还来源的债务本金
7	6601	非同级财政拨款预算收入	核算单位从非同级政府财政部门取得的财政拨款，包括本级横向转拨财政款和非本级财政拨款
8	6602	投资预算收益	核算事业单位取得的按照规定纳入部门预算管理的属于投资收益性质的现金流入，包括股权投资收益、出售或收回债券投资所取得的收益和债券投资利息收入
9	6609	其他预算收入	核算单位除财政拨款预算收入、事业预算收入、上级补助预算收入、附属单位上缴预算收入、经营预算收入、债务预算收入、非同级财政拨款预算收入、投资预算收益之外的纳入部门预算管理的现金流入，包括捐赠预算收入、利息预算收入、租金预算收入、现金盘盈收入等

续表

序号	科目代码	会计科目名称	会计科目内容说明
		2. 预算支出类	
10	7101	行政支出	核算行政单位履行其职责实际发生的各项现金流出
11	7201	事业支出	核算事业单位开展专业业务活动及其辅助活动实际发生的各项现金流出
12	7301	经营支出	核算事业单位在专业业务活动及其辅助活动之外开展非独立核算经营活动实际发生的各项现金流出
13	7401	上缴上级支出	核算事业单位按照财政部门和主管部门的规定上缴上级单位款项发生的现金流出
14	7501	对附属单位补助支出	核算事业单位用财政拨款预算收入之外的收入对附属单位补助发生的现金流出
15	7601	投资支出	核算事业单位以货币资金对外投资发生的现金流出
16	7701	债务还本支出	核算事业单位偿还自身承担的纳入预算管理的从金融机构举借的债务本金的现金流出
17	7901	其他支出	核算单位除行政支出、事业支出、经营支出、上缴上级支出、对附属单位补助支出、投资支出、债务还本支出以外的各项现金流出，包括利息支出、对外捐赠现金支出、现金盘亏损失、接受捐赠（调入）和对外捐赠（调出）非现金资产发生的税费支出、资产置换过程中发生的相关税费支出、罚没支出等
		3. 预算结余类	
18	8001	资金结余	核算单位纳入部门预算管理的资金的流入、流出、调整和滚存等情况
19	8101	财政拨款结转	核算单位取得的同级财政拨款结转资金的调整、结转和滚存情况
20	8102	财政拨款结余	核算单位取得的同级财政拨款项目支出结余资金的调整、结转和滚存情况
21	8201	非财政拨款结转	核算单位除财政拨款收支、经营收支以外各非同级财政拨款专项资金的调整、结转和滚存情况
22	8202	非财政拨款结余	核算单位历年滚存的非限定用途的非同级财政拨款结余资金，主要为非财政拨款结余扣除结余分配后滚存的金额
23	8301	专用结余	核算事业单位按照规定从非财政拨款结余中提取的具有专门用途的资金的变动和滚存情况
24	8401	经营结余	核算事业单位本年度经营活动收支相抵后余额弥补以前年度经营亏损后的余额
25	8501	其他结余	核算单位本年度除财政拨款收支、非同级财政专项资金收支和经营收支以外各项收支相抵后的余额
26	8701	非财政拨款结余分配	核算事业单位本年度非财政拨款结余分配的情况和结果

项目小结

政府会计是会计体系的重要分支，它是运用会计专门方法对政府及其组成主体（包括政府所属的行政事业单位等）的财务状况、运行情况、现金流量、预算执行等情况进行全面核算、监督和报告。民间非营利组织的会计核算应当以民间非营利组织的交易或者事项为对象，记录和反映该组织本身的各项业务活动。

长期以来，我国政府领域实施的主要是以收付实现制为基础的预算会计，主要涵盖财政总预算会计、行政单位会计与事业单位会计。2013年党的十八届三中全会通过的《中共中央关于全面深化改革若干重大问题的决定》作出了"建立权责发生制的政府综合财务报告制度"的重要战略部署；2014年国务院批转了财政部《权责发生制政府综合财务报告制度改革方案》正式确立了我国权责发生制政府综合财务报告制度改革的指导思想、总体目标、基本原则、主要任务、具体内容、配套措施、实施步骤和组织保障。

政府会计准则制度是编制政府财务报告的重要依据，是规范政府经济业务和事项的会计确认、计量、记录和报告的标准体系，在权责发生制政府综合财务报告制度改革中具有重要的基础作用。政府会计标准体系由政府会计基本准则、具体准则及应用指南和政府会计制度等组成。

《政府会计准则——基本准则》继承了多年来我国行政、事业单位和财政总预算会计改革的有益经验，并进行了一次重要制度创新，即构建了政府预算会计和财务会计适度分离并相互衔接的政府会计核算体系。政府财务会计要素包括资产、负债、净资产、收入和费用。政府预算会计要素包括预算收入、预算支出与预算结余。

政府财务报告是反映政府会计主体某一特定日期的财务状况和某一会计期间的运行情况和现金流量等信息的文件。财务报表是对政府会计主体财务状况、运行情况和现金流量等信息的结构性表述。财务报表包括会计报表和附注。

复习思考题

1. 政府组织和非营利组织有何区别？
2. 按照西方会计的划分，政府会计应由哪些部门会计组成？
3. 我国政府会计改革的目标是什么？
4. 我国政府会计改革的基本原则是什么？
5. 我国政府会计标准体系由哪些内容组成？
6. 政府会计信息质量要求包括哪些内容？
7. 政府会计的会计要素包括哪些？
8. 企业会计的会计等式与政府会计的会计等式是否存在差异？
9. 为什么我国政府会计分为预算会计和财务会计两个部分？
10. 政府会计《基本准则》的重大制度理论创新表现在哪些方面？

习题与实训

一、单项选择题

1. 下列单位中，属于非营利组织的是（　　）。
   A. 会计师事务所　　　　　　　　B. 学校
   C. 公司　　　　　　　　　　　　D. 旅行社
2. 下列单位中，属于事业单位的是（　　）。
   A. 财政部　　　　　　　　　　　B. 公安局
   C. 医院　　　　　　　　　　　　D. 软件公司
3. 下列单位中，属于行政单位的是（　　）。
   A. 研究设计院　　　　　　　　　B. 高职院校
   C. 交通局　　　　　　　　　　　D. 软件公司
4. 我国预算会计主要采用的会计基础是（　　）。
   A. 权责发生制　　　　　　　　　B. 收付实现制
   C. 永续盘存制　　　　　　　　　D. 实地盘存制
5. 下列项目中，不属于预算会计的会计要素是（　　）。
   A. 资产　　　　　　　　　　　　B. 负债
   C. 所有者权益　　　　　　　　　D. 利润
6. 2015年10月，财政部印发了《政府会计准则——基本准则》应自（　　）起施行。
   A. 2015年10月1日　　　　　　　 B. 2016年1月1日
   C. 2017年1月1日　　　　　　　　D. 2018年1月1日
7. 我国出台的最早的政府会计具体准则是（　　）。
   A. 存货准则　　　　　　　　　　B. 固定资产准则
   C. 政府储备物资准则　　　　　　D. 无形资产准则
8. 下列项目中，不属于政府会计会计信息质量要求的是（　　）。
   A. 可靠性原则　　　　　　　　　B. 可理解性原则
   C. 实质重于形式原则　　　　　　D. 谨慎性原则
9. 在政府会计会计信息质量要求中，属于对会计信息的约束性要求的是（　　）。
   A. 可靠性原则　　　　　　　　　B. 可理解性原则
   C. 及时性原则　　　　　　　　　D. 实质重于形式原则
10. 资产是指政府会计主体过去的经济业务或者事项形成的，由政府会计主体控制的，预期能够产生（　　）的经济资源。
    A. 服务潜力　　　　　　　　　　B. 带来经济利益流入
    C. 管理服务　　　　　　　　　　D. 服务潜力或者带来经济利益流入
11. 下列项目中，不属于政府资产的计量属性的是（　　）。
    A. 历史成本　　　　　　　　　　B. 重置成本
    C. 可变现净值　　　　　　　　　D. 名义金额

12. 如某项资产无法采用历史成本、重置成本、现值和公允价值计量属性的，应采用的计量属性是（　　）。
    A. 实际金额 B. 暂估金额
    C. 可变现净值 D. 名义金额
13. 下列项目中，不属于政府决算报告的是（　　）。
    A. 预算收入支出表 B. 预算结转结余变动表
    C. 收入费用表 D. 财政拨款预算收入支出表
14. 下列项目中，不属于政府财务会计报告的是（　　）。
    A. 预算收入支出表 B. 资产负债表
    C. 收入费用表 D. 现金流量表
15. 核算实行国库集中支付的单位应收财政返还的资金额度，包括可以使用的以前年度财政直接支付资金额度和财政应返还的财政授权支付资金额会计科目称为（　　）。
    A. 应收账款 B. 应收票据
    C. 其他应收款 D. 财政应返还额度
16. 下列会计科目中，属于政府财务会计使用的会计科目的是（　　）。
    A. 行政支出 B. 财务费用
    C. 单位管理费用 D. 专用结余
17. 下列会计科目中，属于政府会计主体财务会计"收入"类型科目中的是（　　）。
    A. 财政拨款预算收入 B. 事业收入
    C. 其他预算收入 D. 债务预算收入
18. 下列项目中，属于专属于行政单位使用，而事业单位不能使用的会计科目是（　　）。
    A. 行政支出 B. 事业支出
    C. 经营支出 D. 上缴上级支出
19. 下列项目中，属于专属于事业单位使用，而行政单位不能使用的会计科目是（　　）。
    A. 业务活动费用 B. 单位管理费用
    C. 资产处置费用 D. 其他费用
20. 下列项目中，属于行政单位和事业单位均可使用的会计科目是（　　）。
    A. 业务活动费用 B. 单位管理费用
    C. 经营费用 D. 所得税费用

二、多项选择题

1. 下列单位中，属于行政单位的有（　　）。
    A. 财政局 B. 公安局
    C. 卫生局 D. 剧院
2. 下列单位中，属于事业单位的有（　　）。
    A. 医院 B. 基金会
    C. 高职院校 D. 省教育厅
3. 按照我国目前的预算管理体制，预算会计包括（　　）。
    A. 财政总预算会计 B. 行政单位会计

C. 事业单位会计 D. 非营利组织会计

4. 下列项目中，属于政府流动资产的有（　　）。
   A. 应缴财政款 B. 财政应返还额度
   C. 保障性住房 D. 库存物品

5. 新时期我国政府会计改革的基本原则包括（　　）。
   A. 立足中国国情，借鉴国际经验 B. 坚持继承发展，注重改革创新
   C. 坚持公开透明，便于社会监督 D. 做好总体规划，稳妥有序推进

6. 下列项目中，属于政府会计信息质量要求的形式性要求的有（　　）。
   A. 及时性 B. 可理解性
   C. 可比性 D. 相关性

7. 下列项目中，属于政府会计信息质量要求的基本质量特征的有（　　）。
   A. 可靠性 B. 可理解性
   C. 全面性 D. 相关性

8. 我国《政府会计基本准则》确立的政府会计核算体系有（　　）。
   A. 双功能 B. 双基础
   C. 双报告 D. 双制度

9. 我国政府会计标准体系组成包括（　　）。
   A. 政府会计基本准则 B. 政府会计具体准则
   C. 政府会计准则应用指南 D. 政府会计制度

10. 政府资产的计量属性主要包括（　　）。
    A. 历史成本 B. 重置成本
    C. 现值 D. 名义金额

11. 政府负债的计量属性主要包括（　　）。
    A. 历史成本 B. 重置成本
    C. 现值 D. 名义金额

12. 政府预算会计要素包括（　　）。
    A. 预算收入 B. 预算支出重置成本
    C. 预算结余 D. 净资产

13. 下列项目中，属于行政单位和事业单位均可使用的会计科目有（　　）。
    A. 业务活动费用 B. 其他费用
    C. 资产处置费用 D. 所得税费用

14. 下列会计科目中，属于行政单位使用的会计科目的有（　　）。
    A. 行政支出 B. 保障性住房
    C. 固定资产 D. 短期借款

15. 下列会计科目中，属于事业单位使用的会计科目的有（　　）。
    A. 短期投资 B. 长期借款
    C. 单位管理费用 D. 债务预算收入

三、判断题

1. 营利组织和盈利组织是一个概念。（　　）
2. 教育厅、大学、职业院校、中学等都属于事业单位。（　　）
3. 政府会计实际就是预算会计，只是换个名词而已。（　　）
4. 事业单位属于非营利组织。（　　）
5. 我国现行的预算会计都使用"收付实现制"会计基础。（　　）
6. 政府会计制度依据基本准则制定的。（　　）
7. 我国政府会计的财务会计要素包括资产、负债、净资产、收入和支出。（　　）
8. 政府财务报告是反映政府会计主体某一会计期间的运行情况和现金流量等信息的文件。（　　）
9. 预算结余是指政府会计主体预算年度内预算收入扣除预算支出后的资金余额，以及历年滚存的资金余额。（　　）
10. 在实践中，并非所有的会计质量要求都能够完全达到，可能需要在一些要求之间达成平衡或作出权衡。（　　）

第二篇 政府财务会计

2015年10月23日财政部印发的《政府会计准则——基本准则》(财政部令第78号)明确规定：政府会计由预算会计和财务会计构成。政府财务会计是指以权责发生制为基础对政府会计主体发生的各项经济业务或者事项进行会计核算，主要反映和监督政府会计主体财务状况、运行情况和现金流量等的会计。

政府财务会计要素包括资产、负债、净资产、收入和费用五大要素。

资产是指政府会计主体过去的经济业务或者事项形成的，由政府会计主体控制的，预期能够产生服务潜力或者带来经济利益流入的经济资源，包括流动资产和非流动资产。

负债是指政府会计主体过去的经济业务或者事项形成的，预期会导致经济资源流出政府会计主体的现时义务，包括流动负债和非流动负债。

净资产是指政府会计主体资产扣除负债后的净额。

收入是指报告期内导致政府会计主体净资产增加的、含有服务潜力或者经济利益的经济资源的流入。

费用是指报告期内导致政府会计主体净资产减少的、含有服务潜力或者经济利益的经济资源的流出。

政府财务报告是反映政府会计主体某一特定日期的财务状况和某一会计期间的运行情况和现金流量等信息的文件。政府财务报告应当包括财务报表和其他应当在财务报告中披露的相关信息和资料。财务报表至少应当包括资产负债表、收入费用表、净资产变动表和现金流量表。

项目二 资产的核算

 职业能力目标

通过本项目的学习,熟悉政府会计主体资产的核算范围,能够正确地进行货币资金、应收及预付款项、存货、长期债券投资、长期股权投资、固定资产、无形资产、公共基础设施、政府储备物资、文物文化资产、保障性住房等资产的核算,提供资产核算信息。

 **典型工作任务**

货币资金的核算;短期投资的核算;应收及预付款项的核算;存货的核算;固定资产的核算;无形资产的核算;公共基础设施的核算;政府储备物资的核算;文物文化资产的核算;保障性住房的核算;其他相关资产的核算。

任务一 货币资金的核算

一、库存现金的核算

(一) 库存现金的概念和账户

库存现金是指存放于单位财会部门、由出纳人员经管的货币资金。库存现金是流动性最强的资产,单位应当严格按照国家有关现金管理的规定收支现金,并按照政府会计制度的规定核算现金的各项收支业务。

为了核算单位库存现金的增减结存情况,设置"库存现金"科目。借方反映增加数,贷方反映减少数,本科目期末借方余额,反映单位实有库存现金数额。

对于单位受托代理代管的现金,应当设置"受托代理资产"明细科目进行核算。

如有外币现金的单位,要分设人民币、外币种类设置"库存现金日记账"进行明细核算。

(二) 库存现金的会计处理

库存现金的主要账务处理如下：

(1) 从银行等金融机构提取现金，按照实际提取的金额，借记"库存现金"科目，贷记"银行存款"科目；将现金存入银行等金融机构，按照实际存入金额，借记"银行存款"科目，贷记"库存现金"科目；根据规定从单位零余额账户提取现金，按照实际提取的金额，借记"库存现金"科目，贷记"零余额账户用款额度"科目；将现金退回单位余额账户，按照实际退回的金额，借记"零余额账户用款额度"科目，贷记"库存现金"科目。

(2) 因内部职工出差等原因借出的现金，按照实际借出的现金金额，借记"其他应收款"科目，贷记"库存现金"科目。出差人报销差旅费时，按照实际报销的金额，借记"业务活动费用""单位管理费用"等科目，按照实际借出的现金金额，贷记"其他应收款"科目，按照其差额，借记或贷记"库存现金"科目。

(3) 因提供服务、物品或者其他事项收到现金，按照实际收到的金额，借记"库存现金"科目，贷记"事业收入""应收账款"等相关科目。涉及增值税业务的，相关账务处理参见"应交增值税"科目。

(4) 因购买服务、物品或其他事项支付现金，按照实际支付的金额，借记"业务活动费用""单位管理费用""库存物品"等相关科目，贷记"库存现金"科目。涉及增值税业务的，相关账务处理参见"应交增值税"科目。

(5) 以库存现金对外捐赠，按照实际捐出的金额，借记"其他费用"科目，贷记"库存现金"科目。

(6) 收到受托代理、代管的现金，按照实际收到的金额，借记"库存现金——受托代理资产"科目，贷记"受托代理负债"科目；支付受托代理代管的现金，按照实际支付的金额，借记"受托代理负债"科目，贷记"库存现金——受托代理资产"科目。

(三) 库存现金的清查

单位应设置"库存现金日记账"，由出纳人员根据原始凭证逐笔登记。每日终了，计算出当日现金收入合计数、支出合计数和结余数，并将结余数与实际库存数核对，做到账款相符。

每日账款核对中发现有待查明原因的现金短缺或溢余的，应当通过"待处理财产损溢"科目核算，属于现金溢余，应当按照实际溢余的金额，贷记"待处理财产损溢"科目；属于现金短缺，应当按照实际短缺的金额，借记"待处理财产损溢"科目，待查明原因后及时进行账务处理。属于无法查明原因的溢余，报经批准后列入"其他收入"科目；属于无法查明原因的短少，报经批准后列入"资产处置费用"科目。

现金收入业务繁多、单独设有收款部门的单位，收款部门的收款员应当每天将所收现金连同收款凭据一并交财务部门核收记账，或者将每天所收现金直接送存开户银行后，将收款凭据及向银行送存现金的凭证等一并交财务部门核收记账。

"库存现金"主要业务和事项账务处理如表2-1所示。

表 2–1　　　　　　　　　　　"库存现金"的账务处理

序号	业务和事项内容		账务处理
（1）	提取现金		借：库存现金 　　贷：零余额账户用款额度
（2）	差旅费	职工出差借出现金	借：其他应收款 　　贷：库存现金
		出差人员报销差旅费	借：业务活动费用/单位管理费用等（实际报销金额） 借（或贷）：库存现金 　　贷：其他应收款
（3）	其他涉及现金的业务	因开展业务等其他事项收到现金	借：库存现金 　　贷：事业收入/应收账款等
		因购买商品、服务或其他事项支出现金	借：业务活动费用/单位管理费用/其他费用/应付账款/库存商品等 　　贷：库存现金
（4）	受托代理、代管的现金	收到受托代理、代管的现金	借：库存现金——受托代理资产 　　贷：受托代理负债
		实际支付受托代理代管的现金	借：受托代理负债 　　贷：库存现金——受托代理资产
（5）	对外捐赠	对外捐赠现金资产	借：其他费用 　　贷：库存现金
（6）	现金溢余	发现溢余现金时	借：待处理财产损溢 　　贷：库存现金
		属于应支付给有关人员或单位的部分	借：待处理财产损溢 　　贷：其他应付款 借：其他应付款 　　贷：库存现金
		属于无法查明原因的部分，报经批准后	借：待处理财产损溢 　　贷：其他收入
（7）	现金短缺	发现短少现金时	借：库存现金 　　贷：待处理财产损溢
		属于应责任人赔偿的部分	借：其他应收款 　　贷：待处理财产损溢 借：库存现金 　　贷：其他应收款
		属于无法查明原因的部分，报经批准后	借：资产处置费用 　　贷：待处理财产损溢

【工作实例 2–1】某单位发生与现金有关的经济业务如下：

(1) 从单位零余额账户提取现金 5 000 元。
(2) 变卖废品收入现金 200 元。
(3) 用现金 560 元购买办公用品。
(4) 某日发现库存现金溢余 30 元，原因待查。
(5) 查明原因，属于某职工领款错发，待有关人员领取。
(6) 假定无法查明盘盈现金查明原因，经批准列入收入。

任务处理如下：

(1) 从单位零余额账户提取现金时

借：库存现金　　　　　　　　　　　　　　　　　　　5 000
　　贷：零余额账户用款额度　　　　　　　　　　　　　　　5 000

(2) 变卖废品收入现金 200 元时

借：库存现金　　　　　　　　　　　　　　　　　　　　200
　　贷：其他收入　　　　　　　　　　　　　　　　　　　　200

(3) 用现金购买办公用品时

借：业务活动费用　　　　　　　　　　　　　　　　　　560
　　贷：库存现金　　　　　　　　　　　　　　　　　　　　560

(4) 查明前，根据出纳现金长款报告时

借：库存现金　　　　　　　　　　　　　　　　　　　　 30
　　贷：待处理财产损溢　　　　　　　　　　　　　　　　　 30

(5) 查明原因，应支付给有关人员时

借：待处理财产损溢　　　　　　　　　　　　　　　　　 30
　　贷：其他应付款　　　　　　　　　　　　　　　　　　　 30

借：其他应付款　　　　　　　　　　　　　　　　　　　 30
　　贷：库存现金　　　　　　　　　　　　　　　　　　　　 30

(6) 无法查明，作其他收入时

借：待处理财产损溢　　　　　　　　　　　　　　　　　 30
　　贷：其他收入　　　　　　　　　　　　　　　　　　　　 30

【小思考 2-1】如果在现金盘点过程中发生无法查明原因的现金短缺，会计上应如何处理？

二、银行存款的核算

(一) 银行存款的管理

银行存款是单位存入银行和其他金融机构的款项。包括人民币存款和外币存款两种。

为充分发挥银行对经济往来的沟通和监督作用，国家现金管理制度规定，单位的各项资金往来必须在当地的银行机构办理结算，除必要的库存备用金外，在银行开立银行存款账户，通过银行办理转账结算。

单位办理银行开户时，由单位填写银行印发的一式两份的开户申请书，送上级单位或同级财政部门审批后，连同盖有单位公章和主管部门负责人印章的印鉴卡送银行审查同意后方可开户。禁止多头开户和自行转移资金。预算经费应在指定的国家银行开户。

单位应当严格按照国家有关支付结算办法的规定办理银行存款收支业务,并按照本制度规定核算银行存款的各收支业务。对于单位受托代理代管的银行存款,应当设置"受托代理资产"明细科目进行核算。

(二)银行存款的会计处理

银行存款的主要账务处理如下:

(1)将款项存入银行或者其他金融机构,按照实际存入的金额,借记"银行存款"科目,贷记"库存现金""应收账款""事业收入""经营收入""其他收入"等相关科目。涉及增值税业务的,相关账务处理参见"应交增值税"科目。

收到银行存款利息,按照实际收到的金额,借记"银行存款"科目,贷记"利息收入"科目。

(2)从银行等金融机构提取现金,按照实际提取的金额,借记"库存现金"科目,贷记"银行存款"科目。

(3)以银行存款支付相关费用,按照实际支付的金额,借记"业务活动费""单位管理费用""其他费用"等相关科目,贷记"银行存款"科目,涉及增值税业务的,相关账务处理见"应交增值税"科目。

以银行存款对外捐赠,按照实际捐出的金额,借记"其他费用"科目,贷记"银行存款"科目。

(4)收到受托代理、代管的银行存款,按实际收到的金额,借记"银行存款——受托代理资产"科目,贷记"受托代理负债"科目;支付银行存款,按照实际支付的金额借记"受托代理负债"科目,贷记"银行存款——受托代理资产"科目。

(5)单位发生外币业务的,应当按照业务发生当日的即期汇率将外币金额折算为人民币金额记账,并登记外币金额和汇率。期末,各种外币账户的期末余额,应当按照期末的即期汇率折算为人民币,作为外币账户期末人民币余额。调整后的各种外币账户人民币余额与原账面余额的差额,作为汇兑损益计入当期费用。具体业务处理如下:

①以外币购买物资、设备等,按照购入当日的即期汇率将支付的外币或应支付的外币折算为人民币金额,借记"库存物品"等科目,贷记"银行存款"科目、"应付账款"等科目的外币账户。涉及增值税业务的相关账务处理参见"应交增值税"科目。

②销售物品、提供服务以外币收取相关款项等,按照收入确认当日的即期汇率将收取的外币或应收取的外币折算为人民币金额,借记"银行存款"科目、"应收账款"等科目的外币账户,贷记"事业收入"等相关科目。

③期末,根据各外币银行存款账户按照期末汇率调整后的人民币余额与原账面人民币余额的差额,作为汇兑损益,借记或贷记"银行存款"科目,贷记或借记"业务活动费用""单位管理费用"等科目。

单位应当按照开户银行或其他金融机构、存款种类及币种等分别设置"银行存款日记账",由出纳人员根据收付款记账凭证,按照业务发生的先后顺序逐笔登记,每日终了应结出余额。"银行存款日记账"应定期与"银行对账单"核对,至少每月核对一次。月度终了,单位银行存款日记账账面余额与银行对账单余额之间如有差额,应当逐笔查明原因并进行处理，按月编制"银行存款余额调节表"，调节相符。如果属于记账差错，按规定方法更正。

"银行存款"主要业务和事项账务处理如表2-2所示。

表2-2　　　　　　　　　　　"银行存款"的账务处理

序号	业务和事项内容		账务处理
(1)	提取现金		借：库存现金 　贷：银行存款
(2)	将款项存入银行或其他金融机构		借：银行存款 　贷：库存现金/应收账款/事业收入/经营收入/其他收入等
(3)	受托代理、代管的银行存款	收到受托代理、代管的银行存款	借：银行存款——受托代理资产 　贷：受托代理负债
		实际支付受托代理代管的银行存款	借：受托代理负债 　贷：银行存款——受托代理资产
(4)	支付款项		借：业务活动费用/单位管理费用等/其他费用等 　贷：银行存款
(5)	对外捐赠	对外捐赠现金资产	借：其他费用 　贷：银行存款
(6)	银行存款账户	收到银行存款利息	借：银行存款 　贷：利息收入
		支付银行手续费	借：业务活动费用/单位管理费用等 　贷：银行存款
(7)	外币业务核算	以外币购买物资、劳务	借：在途物品/库存物品等 　贷：银行存款
		以外币收取相关款项等	借：银行存款 　贷：事业收入等
		期末调整外币折算差额时	借：银行存款 　贷：业务活动费用/单位管理费用等 或作相反的会计分录

【工作实例2-2】新华职业技术学院发生与银行存款有关的经济业务如下：

（1）本年收到学生缴纳的学杂费5 000 000元存入银行。按规定，该款项全额上缴财政。

（2）将收到的款项全部上缴财政专户。

（3）收到从财政专户返还的学费3 800 000元作为事业收入。

（4）以银行存款支付专家劳务费30 000元。

（5）从银行存款提取现金8 000元。

（6）以银行存款支付水电费239 000元。

任务处理如下：

（1）收到应缴财政的学杂费时

借：银行存款　　　　　　　　　　　　　　　　　　　　　　　　　5 000 000
　　贷：应缴财政款　　　　　　　　　　　　　　　　　　　　　　　　5 000 000

（2）将收到的款项全部上缴财政专户时

借：应缴财政款　　　　　　　　　　　　　　　　　　　　　　　　　5 000 000
　　贷：银行存款　　　　　　　　　　　　　　　　　　　　　　　　　5 000 000

（3）收到从财政专户返还的学费时

借：银行存款　　　　　　　　　　　　　　　　　　　　　　　　　　3 800 000
　　贷：事业收入　　　　　　　　　　　　　　　　　　　　　　　　　3 800 000

（4）以银行存款支付专家劳务费时

借：业务活动费用　　　　　　　　　　　　　　　　　　　　　　　　　　4 000
　　贷：银行存款　　　　　　　　　　　　　　　　　　　　　　　　　　　4 000

（5）从银行存款提取现金时

借：库存现金　　　　　　　　　　　　　　　　　　　　　　　　　　　　8 000
　　贷：银行存款　　　　　　　　　　　　　　　　　　　　　　　　　　　8 000

（6）以银行存款支付水电费时

借：业务活动费用　　　　　　　　　　　　　　　　　　　　　　　　2 390 000
　　贷：银行存款　　　　　　　　　　　　　　　　　　　　　　　　　2 390 000

三、零余额账户用款额度的核算

（一）零余额账户用款额度的管理

执行国库集中支付程序的行政事业单位，由财政部门通过国库单一账户体系为行政事业单位在商业银行开设单位零余额账户，用于行政事业单位财政授权支付，与国库单一账户、备用金账户进行清算。行政事业单位在财政国库支付执行机构下达的授权支付额度内，开具《财政授权支付凭证》送代理银行，代理银行根据《财政授权支付凭证》，在财政部门批准的用款额度内，通过该行政单位零余额账户将资金支付到收款人或用款单位账户。代理银行于当日通过行政单位零余额账户与财政国库单一账户进行资金清算。随后，行政事业单位零余额账户为零。

（二）零余额账户用款额度的核算

根据政府会计核算的特点和要求，在资产中设置"零余额账户用款额度"总账科目。"零余额账户用款额度"科目用于核算实行国库集中支付的单位根据财政部门批复的用款计划收到和支用的零余额账户用款额度。

零余额账户用款额度的主要账务处理如下：

（1）额度单位收到"财政授权支付到账通知书"时，根据通知书所列金额，借记"零余额账户用款额度"科目，贷记"财政拨款收入"科目。

（2）支用额度：

①支付日常活动费用时，按照支付的金额，借记"业务活动费用""单位管理费用"等科目，贷记"零余额账户用款额度"科目。

②购买库存物品或购建固定资产，按照实际发生的成本，借记"库存物品""固定资产""在建工程"等科目，按照实际支付或应付的金额，贷记"零余额账户用款额度"科目、"应付账款"等科目。涉及增值税业务的，相关账务处理参见"应交增值税"科目。

③从零余额账户提取现金时，按照实际提取的金额，借记"库存现金"科目，贷记"零余额账户用款额度"科目。

（3）因购货退回等发生财政授权支付额度退回的，按照退回的金额，借记"零余额账户用款额度"科目，贷记"库存物品"等科目。

（4）年末，根据代理银行提供的对账单作注销额度的相关账务处理，借记"财政应返还额度——财政授权支付"科目，贷记"零余额账户用款额度"科目。

年末，单位本年度财政授权支付预算指标数大于零余额账户用款额度下达数的，根据未下达的用款额度，借记"财政应返还额度""财政授权支付"科目，贷记"财政拨款收入"科目。

下年初，单位根据代理银行提供的上年度注销额度恢复到账通知书作恢复额度的相关账务处理，借记"零余额账户用款额度"科目，贷记"财政应返还额度""财政授权支付"科目。单位收到财政部门批复的上年未下达零余额账户用款额度，借记"零余额账户用款额度"科目，贷记"财政应返还额度——财政授权支付"科目。

"零余额账户用款额度"主要业务和事项账务处理如表2-3所示。

表2-3　　　　　　　　"零余额账户用款额度"的账务处理

序号	业务和事项内容		账务处理
（1）	收到额度	收到"授权支付到账通知书"	借：零余额账户用款额度 贷：财政拨款收入
（2）	按照规定支付额度	支付日常活动费用	借：业务活动费用/单位管理费用等 贷：零余额账户用款额度
		购买存货、固定资产等	借：库存物品/固定资产/在建工程等 贷：零余额账户用款额度
（3）	提取现金	从零余额账户用款额度提取现金	借：库存现金 贷：零余额账户用款额度
		将现金退回单位零余额账户	借：零余额账户用款额度 贷：库存现金
（4）	因购货退回等发生国库授权支付额度退回	本年度授权支付的款项	借：零余额账户用款额度 贷：库存物品等
		以前年度授权支付的款项	借：零余额账户用款额度 贷：库存物品/以前年度盈余调整等
（5）	年末，注销额度	根据代理银行提供的对账单注销财政授权支付额度	借：财政应返还额度——财政授权支付 贷：零余额账户用款额度
		本年度财政授权支付预算指标数大于零余额账户用款额度下达数的，根据未下达的用款额度	借：财政应返还额度——财政授权支付 贷：财政拨款收入

续表

序号	业务和事项内容	账务处理
(6) 下年初，恢复额度	根据代理银行提供的额度恢复到账通知书恢复财政授权支付额度	借：零余额账户用款额度 　　贷：财政应返还额度——财政授权支付
	收到财政部门批复的上年末未下达数零余额账户用款额度	借：零余额账户用款额度 　　贷：财政应返还额度——财政授权支付

【工作实例2-3】某行政单位零余额账户用款额度业务如下：

（1）月初根据"财政授权支付额度到账通知书"登记本月获得的财政授权支付额度300 000元。

（2）从零余额账户支用资金购买日常办公用品5 000元。

（3）从零余额账户支取现金2 000元。

（4）购买办公设备40 000元，从零余额账户用款额度支付。

任务处理如下：

（1）收到"财政授权支付额度到账通知书"时

　　借：零余额账户用款额度　　　　　　　　　　　　　　300 000
　　　　贷：财政拨款收入　　　　　　　　　　　　　　　　　　300 000

（2）支付日常活动费用时

　　借：业务活动费用　　　　　　　　　　　　　　　　　　5 000
　　　　贷：零余额账户用款额度　　　　　　　　　　　　　　　5 000

（3）从零余额账户支取现金时

　　借：库存现金　　　　　　　　　　　　　　　　　　　　2 000
　　　　贷：零余额账户用款额度　　　　　　　　　　　　　　　2 000

（4）购买固定资产时

　　借：固定资产　　　　　　　　　　　　　　　　　　　　40 000
　　　　贷：零余额账户用款额度　　　　　　　　　　　　　　　40 000

【小思考2-2】零余额账户用款额度是银行存款吗？

四、其他货币资金的核算

（一）其他货币资金的概念和内容

其他货币资金是指单位除库存现金、银行存款、零余额账户用款额度以外的各种货币资金，主要包括外埠存款、银行汇票存款、银行本票存款、信用卡存款等。

1. 外埠存款

外埠存款是单位为了到外地进行临时或零星采购，而汇往采购地银行开立采购专户的款项。该账户的存款不计利息、支付不收、付完清户，除了采购人员可以从中提取少量现金外，一律采用转账结算。

2. 银行汇票存款

银行汇票存款是指由出票银行签发的,由其在见票时按照实际结算金额无条件支付给收款人或持票人的票据。银行汇票的出票银行为银行汇票的付款人。单位和个人各种款项的结算,均可使用银行汇票。银行汇票可以用于转账,填明"现金"字样的银行汇票也可以用于支取现金。

3. 银行本票存款

银行本票是指银行签发的,承诺自己在见票时无条件支付确定的金额给收款人或持票人的票据。单位和个人在同一票据交换区域需要支付的各种款项,均可使用银行本票。银行本票可以用于转账,注明"现金"字样的银行本票可以用于支取现金。

4. 信用卡存款

信用卡存款是指单位为取得信用卡而存入银行信用卡专户的款项。信用卡是银行卡的一种。信用卡按照使用对象分为单位卡和个人卡;按照信用等级分为金卡和普通卡;按照是否向发卡银行交存备用金分为贷记卡和准贷记卡。

(二) 其他货币资金的会计处理

为了反映和监督其他货币资金的收支和结存情况,单位应当设置"其他货币资金"科目,借方登记其他货币资金的增加数,贷方登记其他货币资金的减少数,期末余额在借方,反映单位实际持有的其他货币资金。本科目应设置"外埠存款""银行本票存款""银行汇票存款""信用卡存款"等明细科目,进行明细核算。

其他货币资金的主要账务处理如下:

(1) 单位按照有关规定需要在异地开立银行账户,将款项委托本地银行汇往异地开立账户时,借记"其他货币资金"科目,贷记"银行存款"科目,收到采购员交来供应单位发票账单等报销凭证时,借记"库存物品"等科目,贷记"其他货币资金"科目。将多余的外埠存款转回本地银行时,根据银行的收账通知,借记"银行存款"科目,贷记"其他货币资金"科目。

(2) 将款项交存银行取得银行本票、银行汇票,按照取得的银行本票、银行汇票金额,借记"其他货币资金"科目,贷记"银行存款"科目。使用银行本票、银行汇票购买库存物品等资产时,按照实际支付金额,借记"库存物品"等科目,贷记"其他货币资金"科目。如有余款或因本票、汇票超过付款期等原因而退回款项,按照退款金额,借记"银行存款"科目,贷记"其他货币资金"科目。

(3) 将款项交存银行取得信用卡,按照交存金额,借记"其他货币资金"科目,贷记"银行存款"科目。用信用卡购物或支付有关费用,按照实际支付金额,借记"单位管理费用""库存物品"等科目,贷记"其他货币资金"科目。

(4) 单位信用卡在使用过程中,需向其账户续存资金的,按照续存金额,借记"其他货币资金"科目,贷记"银行存款"科目。

单位应当加强对其他货币资金的管理,及时办理结算,对于逾期尚未办理结算的银行汇票、银行本票等,应当按照规定及时转回,并按照规定进行相应账务处理。

"其他货币资金"主要业务和事项账务处理如表 2-4 所示。

表 2-4 　　　　　　　　　　　　　"其他货币资金"账务处理

序号	业务和事项内容		账务处理
(1)	形成其他货币资金	取得银行本票、银行汇票、信用卡时	借：其他货币资金——银行本票存款/银行汇票存款/信用卡存款等 　贷：银行存款
(2)	发生支付时	用银行本票、银行汇票、信用卡支付时	借：在途物品、库存物品等 　贷：其他货币资金
(3)	余款退回时	银行本票、银行汇票、信用卡的余款退回时	借：银行存款 　贷：其他货币资金——银行本票存款/银行汇票存款/信用卡存款

【工作实例 2-4】某事业单位采用银行汇票结算方式采购商品物资，有关业务如下：

（1）5月10日，向银行提交"银行汇票申请书"并将款项 200 000 元交存开户银行，要求银行办理银行汇票并已取得汇票。

（2）5月19日，单位持银行汇票去异地采购材料，取得的增值税普通发票上注明材料价款 150 000 元，增值税 19 500 元。

（3）5月22日，单位收到银行转来的银行汇票多余款收账通知，银行汇票多余款项 30 500 元已退回单位开户银行。

任务处理如下：

（1）单位根据银行盖章退回的申请书存根联时
借：其他货币资金——银行汇票存款　　　　　　　　　　　　200 000
　　贷：银行存款　　　　　　　　　　　　　　　　　　　　　200 000

（2）单位根据取得的增值税专用发票及有关凭证时
借：库存物品　　　　　　　　　　　　　　　　　　　　　　169 500
　　贷：其他货币资金——银行汇票存款　　　　　　　　　　169 500

（3）单位收到银行汇票多余款收账通知时
借：银行存款　　　　　　　　　　　　　　　　　　　　　　30 500
　　贷：其他货币资金——银行汇票存款　　　　　　　　　　30 500

【学中做 2-1】假定上例中，单位采用信用卡结算方式采购商品物资，其他条件不变，请你编制相应的会计分录，并比较两者的异同。

任务二 应收及预付款项的核算

一、财政应返还额度的核算

(一) 财政应返还额度的概念

财政应返还额度,是指实行国库集中支付的行政事业单位应收财政返还的资金额度,包括可以使用的以前年度财政直接支付资金额度和财政应返还的财政授权支付资金额度。

在国库单一账户制度下,行政事业单位的年度预算支出经批准后,财政支付年度用款额度或预算指标即已确定。年度终了,单位全年实际财政支出数小于年度用款额度时,其差额就属于单位尚未使用的财政支付用款额度。财政部门对单位尚未使用的财政支付用款额度,采用经批准在下年度可继续使用的预算管理办法。单位在年终尚未使用的用款额度,应作为一项债权进行处理。

(二) 财政应返还额度的核算

单位应设置"财政应返还额度"科目,用来核算实行国库集中支付的行政事业单位应收财政返还的资金额度。本科目应当设置"财政直接支付""财政授权支付"两个明细科目进行明细核算。

1. "财政应返还额度——财政直接支付"科目

年末,单位根据本年度财政直接支付预算指标数大于当年财政直接支付实际发生数的差额,借记"财政应返还额度——财政直接支付"科目,贷记"财政拨款收入"科目。

单位使用以前年度财政直接支付额度支付款项时,借记"业务活动费用""单位管理费用"等科目,贷记"财政应返还额度"科目(财政直接支付)。

2. "财政应返还额度——财政授权支付"科目

年末,根据代理银行提供的对账单作注销额度的相关账务处理,借记"财政应返还额度——财政授权支付"科目,贷记"零余额账户用款额度"科目。

年末,单位本年度财政授权支付预算指标数大于零余额账户用款额度下达数的,根据未下达的用款额度,借记"财政应返还额度——财政授权支付"科目,贷记"财政拨款收入"科目。

下年初,单位根据代理银行提供的上年度注销额度恢复到账通知书作恢复额度的相关账务处理,借记"零余额账户用款额度"科目,贷记"财政应返还额度——财政授权支付"科目。单位收到财政部门批复的上年未下达零余额账户用款额度,借记"零余额账户用款额度"科目,贷记"财政应返还额度——财政授权支付"科目。

"财政应返还额度"主要业务和事项账务处理如表2-5所示。

【工作实例2-5】某行政单位本年度财政直接支付用款额度6 000 000元,本年实际支付5 700 000元。经批准,财政应返还额度300 000元。次年初,该单位使用恢复的财政直接支付额度支付日常业务活动支出80 000元。会计分录如下:

表 2-5　　　　　　　　　　　"财政应返还额度"的账务处理

序号	业务和事项内容		账务处理
(1)	财政直接支付方式下，确认财政应返还额度	年末本年度预算指标数大于当年实际支付数的差额	借：财政应返还额度——财政直接支付 　　贷：财政拨款收入
		下年度使用以前年度财政直接支付额度支付款项时	借：业务活动费用/单位管理费用/库存物品等 　　贷：财政应返还额度——财政直接支付
(2)	财政授权支付方式下，确认财政应返还额度	年末本年度预算指标数大于额度下达数的，根据未下达的用款额度	借：财政应返还额度——财政授权支付 　　贷：财政拨款收入
		年末根据代理银行提供的对账单作注销额度处理	借：财政应返还额度——财政授权支付 　　贷：零余额账户用款额度
		下年初额度恢复和下年初收到财政部门批复的上年末未下达零余额账户用款额度	借：零余额账户用款额度 　　贷：财政应返还额度——财政授权支付

(1) 根据本年度财政直接支付预算指标数大于财政直接支付实际支出数的差额

借：财政应返还额度——财政直接支付　　　　　　　　　　　　300 000
　　贷：财政拨款收入　　　　　　　　　　　　　　　　　　　　300 000

(2) 单位使用以前年度财政直接支付额度支付日常业务活动支出时

借：业务活动费用　　　　　　　　　　　　　　　　　　　　　80 000
　　贷：财政应返还额度——财政直接支付　　　　　　　　　　　80 000

【工作实例 2-6】某事业单位本年度财政授权支付预算指标数 90 000 元，本年已下达用款额度 86 000 元，实际支付 75 000 元，注销额度 11 000 元。会计分录如下：

(1) 单位收到"财政授权支付到账通知书"时

借：零余额账户用款额度　　　　　　　　　　　　　　　　　　86 000
　　贷：财政拨款收入　　　　　　　　　　　　　　　　　　　　86 000

(2) 年末，单位根据代理银行提供的对账单作注销额度时

借：财政应返还额度——财政授权支付　　　　　　　　　　　　11 000
　　贷：零余额账户用款额度　　　　　　　　　　　　　　　　　11 000

(3) 年末，确认未下达的用款额度

借：财政应返还额度——财政授权支付　　　　　　　　　　　　4 000
　　贷：财政拨款收入　　　　　　　　　　　　　　　　　　　　4 000

(4) 下年初，恢复用款额度并收到下达额度时

借：零余额账户用款额度　　　　　　　　　　　　　　　　　　15 000
　　贷：财政应返还额度——财政授权支付　　　　　　　　　　　15 000

二、应收票据的核算

应收票据是指事业单位因从事经营活动销售产品、提供有偿服务等而收到的商业汇票，包括商业承兑汇票和银行承兑汇票。

为核算事业单位因销售产品、提供有偿服务而收到的商业汇票，应设置"应收票据"科目。该科目借方登记收到的经承兑的商业汇票金额，贷方登记到期收回、已贴现或已背书转让的商业汇票金额，期末借方余额反映尚未到期的应收票据金额。

应收票据的主要账务处理如下：

（1）因销售产品、提供服务等收到商业汇票，按照商业汇票的票面金额，借记"应收票据"科目，按照确认的收入金额，贷记"经营收入"等科目。涉及增值税业务的，相关账务处理参见"应交增值税"科目。

（2）持未到期的商业汇票向银行贴现，按照实际收到的金额（即扣除贴现息后的净额），借记"银行存款"科目，按照贴现息金额，借记"经营费用"等科目，按照商业汇票的票面金额，贷记"应收票据"科目（无追索权）或"短期借款"科目（有追索权）。附追索权的商业汇票到期未发生追索事项的，按照商业汇票的票面金额，借记"短期借款"科目，贷记"应收票据"科目。

（3）将持有的商业汇票背书转让以取得所需物资时，按照取得物资的成本，借记"库存物品"等科目，按照商业汇票的票面金额，贷记"应收票据"科目，如有差额，借记或贷记"银行存款"等科目。涉及增值税业务的，相关账务处理参见"应交增值税"科目。

（4）商业汇票到期时，应当分别以下列情况处理：

①收回票款时，按照实际收到的商业汇票票面金额，借记"银行存款"科目，贷记"应收票据"科目。

②因付款人无力支付票款，收到银行退回的商业承兑汇票、委托收款凭证、未付票款通知书或拒付款证明等，按照商业汇票的票面金额，借记"应收账款"科目，贷记"应收票据"科目。

事业单位应当设置"应收票据备查簿"，逐笔登记每一应收票据的种类、号数、出票日期、到期日、票面金额、交易合同号和付款人、承兑人、背书人姓名或单位名称、背书转让日、贴现日期、贴现率和贴现净额、收款日期、收回金额和退票情况等。应收票据到期结清票款或退票后，应当在备查簿内逐笔注销。

"应收票据"主要业务和事项账务处理如表2-6所示。

表2-6　　　　　　　　　　　　"应收票据"账务处理

序号	业务和事项内容		账务处理
（1）	收到商业汇票	销售产品、提供劳务等收到的商业汇票	借：应收票据 　　贷：经营收入等
（2）	商业汇票向银行贴现	持未到期的商业汇票向银行贴现	借：银行存款（贴现净额） 　　经营费用等（贴现利息） 　　贷：应收票据（不附追索权）/短期借款（附追索权）
		附追索权的商业汇票到期未发生追索事项	借：短期借款 　　贷：应收票据
（3）	商业汇票背书转让	将持有的商业汇票背书转让以取得所需物资	借：库存物品等 　　贷：应收票据 　　　　银行存款（差额）

续表

序号	业务和事项内容		账务处理
（4）	商业汇票到期	商业汇票到期，收回票据款	借：银行存款 　贷：应收票据
		商业汇票到期，付款人无力支付票据款	借：应收账款 　贷：应收票据

【工作实例2-7】某事业单位（属于增值税小规模纳税人）向宏达科技有限公司提供有偿服务，价款10 000元，增值税300元，收到6个月期的不带息商业汇票一张，该商业汇票面值11 700元。任务处理如下：

（1）收到承兑的商业汇票时

借：应收票据　　　　　　　　　　　　　　　　　　　　　10 300
　　贷：经营收入　　　　　　　　　　　　　　　　　　　　10 000
　　　　应交增值税　　　　　　　　　　　　　　　　　　　　 300

（2）到期收回款项时

借：银行存款　　　　　　　　　　　　　　　　　　　　　　10 300
　　贷：应收票据　　　　　　　　　　　　　　　　　　　　10 300

【学中做2-2】假定上例中，单位提前4个月将商业承兑汇票贴现，贴现率为9%。请你计算贴现息、贴现净额，并编制相应的会计分录。

三、应收账款的核算

应收账款是指事业单位提供服务、销售产品等应收取的款项以及单位因出租资产、出售物资等应收取的款项。

应收账款的主要账务处理如下：

1. 应收账款收回后不需上缴财政

单位发生应收账款时，按照应收未收金额，借记"应收账款"科目，贷记"事业收入""经营收入""租金收入""其他收入"等科目。涉及增值税业务的，相关账务处理参见"应交增值税"科目。收回应收账款时，按照实际收到的金额，借记"银行存款"等科目，贷记"应收账款"科目。

2. 应收账款收回后需上缴财政

（1）单位出租资产发生应收未收租金款项时，按照应收未收金额，借记"应收账款"科目，贷记"应缴财政款"科目；收回应收账款时，按照实际收到的金额，借记"银行存款"等科目，贷记"应收账款"科目。

（2）单位出售物资发生应收未收款项时，按照应收未收金额，借记"应收账款"科目，贷记"应缴财政款"科目。

收回应收账款时，按照实际收到的金额，借记"银行存款"等科目，贷记"应收账款"科目。涉及增值税业务的，相关账务处理参见"应交增值税"科目。

3. 应收账款的坏账准备

事业单位发生的不需要上缴财政的应收账款可能发生坏账损失。事业单位应当于每年年末，对应收账款进行全面检查，如发生不能收回的迹象，应当计提坏账准备。规定如下：

（1）对于账龄超过规定年限、确认无法收回的应收账款，按照规定报经批准后予以核销。核销的应收账款应在备查簿中保留登记，简称"账销债留"。

（2）已核销的应收账款在以后期间又收回的，按照实际收回金额，计入"坏账准备"，同时将收到的款项计入银行存款。

"应收账款"主要业务和事项账务处理如表2–7所示。

表 2–7　　　　　　　　　　"应收账款"的账务处理

序号	业务和事项内容		账务处理
（1）	发生应收账款	应收账款收回后不需上缴财政	借：应收账款 　贷：事业收入/经营收入/其他收入等
		应收账款收回后需上缴财政	借：应收账款 　贷：应缴财政款
（2）	收回应收账款	应收账款收回后不需上缴财政	借：银行存款等 　贷：应收账款
		应收账款收回后需上缴财政	借：银行存款等 　贷：应收账款
（3）	逾期无法收回的应收账款	报批后予以核销	借：坏账准备/应缴财政款 　贷：应收账款
		单位已核销不需上缴财政的应收账款在以后期间又收回	借：应收账款 　贷：坏账准备 借：银行存款 　贷：应收账款
		单位已核销需上缴财政的应收账款在以后期间又收回	借：银行存款 　贷：应缴财政款

【工作实例 2–8】某事业单位（属于小规模纳税人）发生的应收账款收回后需上缴财政。本年度发生如下业务：

（1）按租赁协议，出租专用设备一部，租金 15 000 元，增值税 450 元，价税款尚未收到。

（2）出售多余的存货一批，价值 20 6000 元（含增值税 600 元），价款尚未收到。该存货的账面价值 18 000 元。

（3）应收某单位价款 3 000 元，已经逾期 3 年，有确凿证据表明确实无法收回的需上缴财政的应收账款，按规定报经批准后予以核销。

（4）收到租金 15 000 元存入银行。

任务处理如下：

（1）确认应收租金时

借：应收账款 15 450
　　贷：应缴财政款 15 000
　　　　应交增值税 450
（2）确认销售存货时
借：应收账款 20 600
　　贷：应缴财政款 20 000
　　　　应交增值税 600
同时：
借：资产处置费用 18 000
　　贷：库存物品 18 000
（3）确认坏账损失时
借：应缴财政款 3 000
　　贷：应收账款 3 000

【小思考2-3】在本例中，为什么事业单位确认坏账损失不通过"坏账准备"科目核算？

（4）收回租金时
借：银行存款 15 450
　　贷：应收账款 15 450

【学中做2-3】假定上例中，该事业单位的应收账款收回后不上缴财政，请你编制相应的会计分录。

四、预付账款的核算

预付账款是指单位按照购货、服务合同规定预付给供应单位（或个人）的款项，以及按照合同规定向承包工程的施工企业预付的备料款和工程款。

"预付账款"科目应当按照供应单位（或个人）及具体项目进行明细核算；对于基本建设项目发生的预付账款，还应当在本科目所属基建项目明细科目下设置"预付备料款""预付工程款""其他预付款"等明细科目，进行明细核算。

预付账款的主要账务处理如下：

（1）根据购货、服务合同或协议规定预付款项时，按照预付金额，借记"预付账款"科目，贷记"财政拨款收入""零余额账户用款额度""银行存款"等科目。

（2）收到所购资产或服务时，按照购入资产或服务的成本，借记"库存物品""固定资产""无形资产""业务活动费用"等相关科目，按照相关预付账款的账面余额，贷记"预付账款"科目，按照实际补付的金额，贷记"财政拨款收入""零余额账户用款额度""银行存款"等科目。涉及增值税业务的，相关账务处理参见"应交增值税"科目。

（3）根据工程进度结算工程价款及备料款时，按照结算金额，借记"在建工程"科目，按照相关预付账款的账面余额，贷记"预付账款"科目，按照实际补付的金额，贷记"财政拨款收入""零余额账户用款额度""银行存款"等科目。

(4) 发生预付账款退回的,按照实际退回金额,借记"财政拨款收入"(本年直接支付)、"财政应返还额度"(以前年度直接支付)、"零余额账户用款额度""银行存款"等科目,贷记"预付账款"科目。

(5) 单位应当于每年年末,对预付账款进行全面检查。如果有确凿证据表明预付账款不再符合预付款项性质,或者因供应单位破产撤销等原因可能无法收到所购货物、服务的,应当先将其转入"其他应收款"科目,再按照规定进行处理。

"预付账款"主要业务和事项账务处理如表2-8所示。

表2-8　　　　　　　　　　　"预付账款"账务处理

序号	业务和事项内容		账务处理
(1)	发生预付账款		借:预付账款 贷:财政拨款收入/零余额账户用款额度/银行存款等
(2)	收到所购物资或劳务,以及根据工程进度结算工程价款等		借:业务活动费用/库存物品/固定资产/在建工程等 贷:预付账款 　　财政拨款收入/零余额账户用款额度/银行存款等(补付款)
(3)	预付账款退回	当年预付账款退回	借:财政拨款收入/零余额账户用款额度/银行存款等 贷:预付账款
		以前年度预付账款退回	借:财政应返还额度/零余额账户用款额度/银行存款等 贷:预付账款
(4)	逾期无法收回的预付账款转为其他应收款时		借:其他应收款 贷:预付账款

【工作实例2-9】某行政单位有关预付款项业务如下:

(1) 向新科电脑公司购买一批电脑,按合同规定预付设备款60 000元,价款通过财政直接支付。

(2) 收到电脑20台,增值税普通发票上注明的价款65 000元,增值税8 450元。

(3) 经验收合格后补付价款13 450元。

(4) 新建办公楼一栋,按照合同预付材料款480 000元,以财政资金直接支付。

(5) 根据工程进度结算工程价款600 000元,补付资金120 000元。

任务处理如下:

(1) 按合同规定预付设备款

借:预付账款——新科电脑公司　　　　　　　　　　　　　　　60 000
　　贷:财政拨款收入　　　　　　　　　　　　　　　　　　　　　　60 000

(2) 收到设备时

借:固定资产　　　　　　　　　　　　　　　　　　　　　　　73 450
　　贷:预付账款——新科电脑公司　　　　　　　　　　　　　　　　73 450

(3) 补付设备款时

借:预付账款——新科电脑公司　　　　　　　　　　　　　　　13 450

　　　　贷：财政拨款收入　　　　　　　　　　　　　　　　　　　　13 450
　（4）预付工程材料款时
　　　借：预付账款——预付备料款　　　　　　　　　　　　　　480 000
　　　　贷：财政拨款收入　　　　　　　　　　　　　　　　　　　480 000
　（5）结算工程价款并补付资金时
　　　借：在建工程　　　　　　　　　　　　　　　　　　　　　600 000
　　　　贷：预付账款——预付备料款　　　　　　　　　　　　　　480 000
　　　　　　财政拨款收入　　　　　　　　　　　　　　　　　　　120 000

【学中做2-4】如果上例中，设备价款为58 000元，请你编制退回预付账款的会计分录。

五、其他应收款的核算

其他应收款是指行政事业单位除财政应返还额度、应收票据、应收账款、预付账款、应收股利、应收利息以外的其他各项应收及暂付款项，如职工预借的差旅费、已经偿还银行尚未报销的本单位公务卡欠款、拨付给内部有关部门的备用金、应向职工收取的各种垫付款项、支付的可以收回的订金或押金、应收的上级补助和附属单位上缴款项等。

（一）其他应收款的日常账务处理

其他应收款的日常账务如下：

（1）发生其他各种应收及暂付款项时，按照实际发生金额，借记"其他应收款"科目，贷记"零余额账户用款额度""银行存款""库存现金""上级补助收入""附属单位上缴收入"等科目。涉及增值税业务的，相关账务处理参见"应交增值税"科目。

（2）收回其他各种应收及暂付款项时，按照收回的金额，借记库存现金""银行存款"等科目，贷记"其他应收款"科目。

（3）单位内部实行备用金制度的，有关部门使用备用金以后应当及时到财务部门报销并补足备用金。财务部门核定并发放备用金时，按照实际发放金额，借记"其他应收款"科目，贷记"库存现金"等科目。根据报销金额用现金补足备用金定额时，借记"业务活动费用""单位管理费用"等科目，贷记"库存现金"等科目。报销数和拨补数都不再通过"其他应收款"科目核算。

（4）偿还尚未报销的本单位公务卡欠款时，按照偿还的款项，借记"其他应收款"科目，贷记"零余额账户用款额度""银行存款"等科目；持卡人报销时，按照报销金额，借记"业务活动费用""单位管理费用"等科目，贷记"其他应收款"科目。

（5）将预付账款账面余额转入其他应收款时，借记"其他应收款"科目，贷记"预付账款"科目。

（二）其他应收款的年末处理

1. 事业单位的会计处理

事业单位应当于每年年末，对其他应收款进行全面检查，并进行相关会计处理：

（1）如发生不能收回的迹象，应当计提坏账准备，借记"其他费用"科目，贷记"坏账准备"科目。

（2）对于账龄超过规定年限、确认无法收回的其他应收款，按照规定报经批准后予以核销，冲减"坏账准备"金额，借记"坏账准备"科目，贷记"其他应收款"科目。核销的其他应收款应当在备查簿中保留登记。

（3）已核销的其他应收款在以后期间又收回的，按照实际收回金额，借记"其他应收款"科目，贷记"坏账准备"科目；同时，借记"银行存款"等科目，贷记"其他应收款"科目。

2. 行政单位的会计处理

行政单位应当于每年年末，对其他应收款进行全面检查。对于超过规定年限、确认无法收回的其他应收款，应当按照有关规定报经批准后予以核销。核销的其他应收款应在备查簿中保留登记。其会计处理如下：

（1）对于超过规定年限、确认无法收回的其他应收款，应当按照有关规定报经批准后予以核销，按照核销金额，列入"资产处置费用"项目。借记"资产处置费用"科目，贷记"其他应收款"科目。核销的其他应收款应在备查簿中保留登记。

（2）已核销的其他应收款在以后期间又收回的，按照收回金额，列入"其他收入"项目，借记"银行存款"等科目，贷记"其他收入"科目。

"其他应收款"主要业务和事项账务处理如表2-9所示。

表2-9　　　　　　　　　　　"其他应收款"账务处理

序号	业务和事项内容		账务处理
（1）	发生暂付款项（包括偿还银行尚未报销的本单位公务卡欠款）	暂付款项时	借：其他应收款 　贷：零余额账户用款额度/银行存款/库存现金等
		报销时	借：业务活动费用/单位管理费用等（实际报销金额） 　贷：其他应收款
		收回暂付款项时	借：库存现金/银行存款等 　贷：其他应收款
（2）	发生其他各种应收款项	确认暂付款项时	借：其他应收款 　贷：上级补助收入/附属单位上缴收入/其他收入等
		收回其他应收款项时	借：库存现金/银行存款等 　贷：其他应收款
（3）	拨付给内部有关部门的备用金核算	财务部门核定并发放备用金	借：其他应收款 　贷：库存现金
		根据报销金额用现金补足备用金	借：业务活动费用/单位管理费用等 　贷：其他应收款

续表

序号	业务和事项内容		账务处理
(3)	逾期无法收回的其他应收款	经批准核销时	借：坏账准备（事业单位） 　　资产处置费用（行政单位） 　贷：其他应收款
		已核销的其他应收款在以后期间又收回	事业单位： 借：其他应收款 　贷：坏账准备 借：银行存款 　贷：其他应收款 行政单位： 借：银行存款等 　贷：其他收入

【工作实例 2-10】某事业单位有关其他应收款业务如下：

（1）肖国华出差借差旅费 6 000 元，从单位零余额账户用款额度支付。
（2）核定后勤资产管理部门备用金 1 000 元，以现金支付。
（3）肖国华出差归来，实际报销差旅费 5 850 元，退回现金 150 元。
（4）年末计提坏账准备 4 800 元。
（5）收到以前年度已核销的坏账 1 200 元存入银行存款。

任务处理如下：

（1）职工借支差旅费时

借：其他应收款——肖国华　　　　　　　　　　　　　　6 000
　　贷：零余额账户用款额度　　　　　　　　　　　　　　6 000

（2）财务部门核定并发放备用金

借：其他应收款——后勤部门　　　　　　　　　　　　　1 000
　　贷：库存现金　　　　　　　　　　　　　　　　　　　1 000

（3）职工报销差旅费时

借：业务活动费用　　　　　　　　　　　　　　　　　　5 850
　　库存现金　　　　　　　　　　　　　　　　　　　　　150
　　贷：其他应收款——肖国华　　　　　　　　　　　　　6 000

（4）计提坏账准备时

借：其他费用　　　　　　　　　　　　　　　　　　　　4 800
　　贷：零余额账户用款额度　　　　　　　　　　　　　　4 800

（5）已核销的其他应收款在以后期间又收回时

借：其他应收款　　　　　　　　　　　　　　　　　　　1 200
　　贷：坏账准备　　　　　　　　　　　　　　　　　　　1 200
借：银行存款　　　　　　　　　　　　　　　　　　　　1 200
　　贷：其他应收款　　　　　　　　　　　　　　　　　　1 200

【学中做 2-5】如果上例中，该单位是行政单位，请你完成其他应收款的会计核算。

六、坏账准备的核算

坏账准备是事业单位对收回后不需上缴财政的应收账款和其他应收款提取的准备金。

（一）坏账准备的计算方法

事业单位应当于每年年末，对收回后不需上缴财政的应收账款和其他应收款进行全面检查，分析其可收回性，对预计可能产生的坏账损失计提坏账准备、确认坏账损失。

事业单位可以采用应收款项余额百分比法、账龄分析法、个别认定法等方法计提坏账准备。坏账准备计提方法一经确定，不得随意变更。如需变更，应当按照规定报经批准，并在财务报表附注中予以说明。

当期应补提或冲减的坏账准备金额的计算公式如下：

当期应补提或冲减的坏账准备＝按照期末应收账款和其他应收款计算应计提的坏账准备金额—本科目期末贷方余额（或＋期末本科目借方余额）

事业单位应设置"坏账准备"科目核算对收回后不需上缴财政的应收账款和其他应收款提取的坏账准备。本科目应当分别对应收账款和其他应收款进行明细核算。

（二）坏账准备的会计处理

坏账准备的主要账务处理如下：

（1）提取坏账准备时，借记"其他费用"科目，贷记"坏账准备"科目；冲减坏账准备时，借记"坏账准备"科目，贷记"其他费用"科目。

（2）对于账龄超过规定年限并确认无法收回的应收账款、其他应收款，应当按照有关规定报经批准后，按照无法收回的金额，借记"坏账准备"科目，贷记"应收账款""其他应收款"科目。

（3）已核销的应收账款、其他应收款在以后期间又收回的，按照实际收回金额，借记"应收账款""其他应收款"科目，贷记"坏账准备"科目。同时，借记"银行存款"等科目，贷记"应收账款""其他应收款"科目。

"坏账准备"主要业务和事项账务处理如表 2-10 所示。

表 2-10　　　　　　　　"坏账准备"的账务处理

序号	业务和事项内容		账务处理
（1）	年末全面分析不需上缴财政的应收账款和其他应收款	计提坏账准备，确认坏账损失时	借：其他费用 　　贷：坏账准备
		冲减坏账准备时	借：坏账准备 　　贷：其他费用
（2）	逾期无法收回的应收账款和其他应收款	经批准核销时	借：坏账准备 　　贷：应收账款/其他应收款
		已核销不需上缴财政的款项在以后期间又收回	借：应收账款/其他应收款 　　贷：坏账准备 借：银行存款 　　贷：应收账款/其他应收款

【工作实例 2-11】 某事业单位有关坏账准备业务如下:

(1) 2018 年末"应收账款"余额 500 000 元,"其他应收款"余额 60 000 元, 这些应收款项收回后不需上缴财政。单位规定按期末应收账款和其他应收款的余额 1% 计提坏账准备。

(2) 2019 年 3 月发生应收甲公司账款 3 000 元无法收回。

(3) 2019 年 10 月收到上年已经确认的其他应收款(李富真)坏账 2 000 元又收回, 款存银行。

(4) 2019 年末"应收账款"余额 350 000 元,"其他应收款"余额 40 000 元。

任务处理如下:

(1) 2018 年末计提坏账准备时

借: 其他费用　　　　　　　　　　　　　　　　　　　　　　　　　5 600
　　贷: 坏账准备——应收账款　　　　　　　　　　　　　　　　　　5 000
　　　　　　——其他应收款　　　　　　　　　　　　　　　　　　　　600

(2) 发生坏账时

借: 坏账准备——应收账款　　　　　　　　　　　　　　　　　　　3 000
　　贷: 应收账款——甲公司　　　　　　　　　　　　　　　　　　　3 000

(3) 已核销不需上缴财政的应收款项在以后期间又收回时

借: 其他应收款——李富真　　　　　　　　　　　　　　　　　　　2 000
　　贷: 坏账准备　　　　　　　　　　　　　　　　　　　　　　　　2 000
借: 银行存款　　　　　　　　　　　　　　　　　　　　　　　　　2 000
　　贷: 其他应收款　　　　　　　　　　　　　　　　　　　　　　　2 000

(4) 计提坏账准备时

2019 年"应收账款"应补提的坏账准备 = 350 000 × 1% - (5 000 - 3 000) = 1 500 (元)

2019 年"其他应收款"应冲减的坏账准备 = 40 000 × 1% - (600 + 2 000) = -2 200 (元)

借: 其他费用　　　　　　　　　　　　　　　　　　　　　　　　　1 500
　　贷: 坏账准备——应收账款　　　　　　　　　　　　　　　　　　1 500
借: 坏账准备——其他应收款　　　　　　　　　　　　　　　　　　2 200
　　贷: 其他费用　　　　　　　　　　　　　　　　　　　　　　　　2 200

任务三　存货的核算

一、存货的确认

存货, 是指单位在开展业务活动及其他活动中为耗用或出售而储存的资产, 如材料、产品、包装物和低值易耗品等, 以及未达到固定资产标准的用具、装具、动植物等。

存货同时满足下列条件的,应当予以确认:
(1) 与该存货相关的服务潜力很可能实现或者经济利益很可能流入政府会计主体;
(2) 该存货的成本或者价值能够可靠地计量。
单位随买随用的零星办公用品等,可以在购进时直接列作费用,不列入存货核算。

二、存货的初始计量

(一) 存货成本的确定

存货在取得时应当按照成本进行初始计量。不同的存货,其初始计量也有所不同。具体如表2-11所示。

表2-11 存货的初始计量

序号	存货取得方式	初始成本构成
(1)	购入的存货	其成本包括购买价款、相关税费、运输费、装卸费、保险费以及使存货达到目前场所和状态所发生的归属于存货成本的其他支出。
(2)	自行加工的存货	其成本包括耗用的直接材料费用、发生的直接人工费用和按照一定方法分配的与存货加工有关的间接费用。
(3)	委托加工的存货	其成本包括委托加工前存货成本、委托加工的成本（如委托加工费以及按规定应计入委托加工存货成本的相关税费等）以及使存货达到目前场所和状态所发生的归属于存货成本的其他支出。
(4)	通过置换取得的存货	其成本按照换出资产的评估价值,加上支付的补价或减去收到的补价,加上为换入存货发生的其他相关支出确定。
(5)	接受捐赠的存货	其成本按照有关凭据注明的金额加上相关税费、运输费等确定;没有相关凭据可供取得,但按规定经过资产评估的,其成本按照评估价值加上相关税费、运输费等确定;没有相关凭据可供取得、也未经资产评估的,其成本比照同类或类似资产的市场价格加上相关税费、运输费等确定;没有相关凭据且未经资产评估、同类或类似资产的市场价格也无法可靠取得的,按照名义金额入账,相关税费、运输费等计入当期费用。
(6)	无偿调入的存货	其成本按照调出方账面价值加上相关税费、运输费等确定。
(7)	盘盈的存货	按规定经过资产评估的,其成本按照评估价值确定;未经资产评估的,其成本按照重置成本确定。

(二) 不应计入存货成本的项目

下列各项应当在发生时确认为当期费用,不计入存货成本:
(1) 非正常消耗的直接材料、直接人工和间接费用。
(2) 仓储费用（不包括在加工过程中为达到下一个加工阶段所必需的费用）。
(3) 不能归属于使存货达到目前场所和状态所发生的其他支出。

三、存货的后续计量

单位应当根据实际情况采用先进先出法、加权平均法或者个别计价法确定发出存货的实际成本。计价方法一经确定，不得随意变更。对于性质和用途相似的存货，应当采用相同的成本计价方法确定发出存货的成本。对于不能替代使用的存货、为特定项目专门购入或加工的存货，通常采用个别计价法确定发出存货的成本。

对于已发出的存货，应当将其成本结转为当期费用或者计入相关资产成本。按规定报经批准对外捐赠、无偿调出的存货，应当将其账面余额予以转销，对外捐赠、无偿调出中发生的归属于捐出方、调出方的相关费用应当计入当期费用（其他费用）。

对低值易耗品、包装物进行摊销应当采用一次转销法或者五五摊销法，将其成本计入当期费用或者相关资产成本。

对于发生的存货毁损，应当将存货账面余额转销计入当期费用，并将毁损存货处置收入扣除相关处置税费后的差额按规定作应缴款项处理（差额为净收益时）或计入当期费用（差额为净损失时）。

存货盘亏造成的损失，按规定报经批准后应当计入当期费用。

四、存货的核算

为了核算单位存货的购入、使用和结存情况，应设置"在途物品""库存物品"和"加工物品"等科目。

（一）"在途物品"科目

"在途物品"科目是核算单位采购材料等物资时货款已付或已开出商业汇票但尚未验收入库的在途物品的采购成本。本科目可按照供应单位和物品种类进行明细核算。

在途物品的主要账务处理如下：

（1）单位购入材料等物品，按照确定的物品采购成本的金额，借记"在途物品"科目，按照实际支付的金额，贷记"财政拨款收入""零余额账户用款额度""银行存款"等科目。涉及增值税业务的，相关账务处理参见"应交增值税"科目。

（2）所购材料等物品到达验收入库，按照确定的库存物品成本金额，借记"库存物品"科目，按照物品采购成本金额，贷记"在途物品"科目，按照使得入库物品达到目前场所和状态所发生的其他支出，贷记"银行存款"等科目。

（二）库存物品"科目

"库存物品"科目核算单位在开展业务活动及其他活动中为耗用或出售而储存的各种材料、产品、包装物、低值易耗品，以及达不到固定资产标准的用具、装具、动植物等的成本。已完成的测绘、地质勘察、设计成果等的成本，也通过本科目核算。

但是，下列情形不通过"库存物品"科目核算：

（1）单位随买随用的零星办公用品，可以在购进时直接列作费用。

（2）单位控制的政府储备物资，应当通过"政府储备物资"科目核算。

（3）单位受托存储保管的物资和受托转赠的物资，应当通过"受托代理资产"科目核算。

（4）单位为在建工程购买和使用的材料物资，应当通过"工程物资"科目核算。

库存物品的主要账务处理如下：

1. 取得库存物品的核算

取得库存物品，应当按照其取得时的成本入账。

（1）外购的库存物品验收入库，按照确定的成本，借记"库存物品"科目，贷记"财政拨款收入""零余额账户用款额度""银行存款""应付账款""在途物品"等科目。涉及增值税业务的，相关账务处理参见"应交增值税"科目。

（2）自制的库存物品加工完成并验收入库，按照确定的成本，借记"库存物品"科目，贷记"加工物品"科目。

（3）委托外单位加工收回的库存物品验收入库，按照确定的成本，借记"库存物品"科目，贷记"加工物品"等科目。

（4）接受捐赠的库存物品验收入库，按照确定的成本，借记"库存物品"科目，按照发生的相关税费、运输费等，贷记"银行存款"等科目，按照其差额，贷记"捐赠收入"科目。

接受捐赠的库存物品按照名义金额入账的，按照名义金额，借记"库存物品"科目，贷记"捐赠收入"科目；同时，按照发生的相关税费、运输费等，借记"其他费用"科目，贷记"银行存款"等科目。

（5）无偿调入的库存物品验收入库，按照确定的成本，借记"库存物品"科目，按照发生的相关税费、运输费等，贷记"银行存款"等科目，按照其差额贷记"无偿调拨净资产"科目。

2. 发出库存物品的核算

库存物品在发出时，分别以下情况处理：

（1）单位开展业务活动等领用、按照规定自主出售发出或加工发出库存物品，按照领用、出售等发出物品的实际成本，借记"业务活动费用""单位管理费用""经营费用""加工物品"等科目，贷记"库存物品"科目。

采用一次转销法摊销低值易耗品、包装物的，在首次领用时将其账面余额一次性摊销计入有关成本费用，借记有关科目，贷记"库存物品"科目。

采用五五摊销法摊销低值易耗品、包装物的，首次领用时，将其账面余额的50%摊销计入有关成本费用，借记有关科目，贷记"库存物品"科目；使用完时，将剩余的账面余额转销计入有关成本费用，借记有关科目，贷记"库存物品"科目。

（2）经批准对外出售的库存物品（不含可自主出售的库存物品）发出时，按照库存物品的账面余额，借记"资产处置费用"科目，贷记"库存物品"科目；同时，按照收到的价款，借记"银行存款"等科目，按照处置过程中发生的相关费用，贷记"银行存款"等科目，按照其差额贷记"应缴财政款"科目。

（3）经批准对外捐赠的库存物品发出时，按照库存物品的账面余额和对外捐赠过程中发生的归属于捐出方的相关费用合计数，借记"资产处置费用"科目，按照库存物品账面余额，贷记"库存物品"科目，按照对外捐赠过程中发生的归属于捐出方的相关费用，贷记"银行存款"等科目。

（4）经批准无偿调出的库存物品发出时，按照库存物品的账面余额借记"无偿调拨净资产"科目，贷记"库存物品"科目；同时，按照无偿调出过程中发生的归属于调出方的相关费用，借记"资产处置费用"科目，贷记"银行存款"等科目。

3. 清查库存物品的核算

单位应当定期对库存物品进行清查盘点,每年至少盘点一次。对于发生的库存物品盘盈、盘亏或者报废、毁损,应当先计入"待处理财产损溢"科目,按照规定报经批准后及时进行后续账务处理。

(1) 盘盈的库存物品,其成本按照有关凭据注明的金额确定;没有相关凭据、但按照规定经过资产评估的,其成本按照评估价值确定没有相关凭据、也未经过评估的,其成本按照重置成本确定。如无法采用上述方法确定盘盈的库存物品成本的,按照名义金额入账。

盘盈的库存物品,按照确定的入账成本,借记"库存物品"科目,贷记"待处理财产损溢"科目。

(2) 盘亏或者毁损、报废的库存物品,按照待处理库存物品的账面余额,借记"待处理财产损溢"科目,贷记"库存物品"科目。

属于增值税一般纳税人的单位,若因非正常原因导致的库存物品盘亏或毁损,还应当将与该库存物品相关的增值税进项税额转出,按照其增值税进项税额,借记"待处理财产损溢"科目,贷记"应交增值税——应交税金(进项税额转出)"科目。

"库存物品"科目应当按照库存物品的种类、规格、保管地点等进行明细核算。单位储存的低值易耗品、包装物较多的,可以在"库存物品"科目(低值易耗品、包装物)下按照"在库""在用"和"摊销"等进行明细核算。

"库存物品"主要业务和事项账务处理如表 2-12 所示。

表 2-12 "库存物品"的账务处理

序号		业务和事项内容	账务处理
(1)	在途物品	购入材料等物资,价款已付,物资尚未收到	借:在途物品 贷:财政拨款收入/零余额账户用款额度/银行存款/应付票据等
		所购物品到达验收入库时	借:库存物品 贷:在途物品
(2)	取得库存物品	外购的库存物品验收入库	借:库存物品 贷:财政拨款收入/零余额账户用款额度/银行存款/应付票据/应付账款等
		自制或委托加工的库存物品	借:库存物品 贷:加工物品
		接受捐赠的库存物品	借:库存物品 贷:银行存款(相关税费) 　　捐赠收入
		无偿调入的库存物品	借:库存物品 贷:银行存款(相关税费) 　　无偿调拨净资产
		按照名义金额入账的接受捐赠、无偿调入的库存物品及发生的相关税费等	借:库存物品(名义金额) 贷:捐赠收入(接受捐赠) 　　无偿调拨净资产(无偿调入) 借:其他费用 贷:银行存款等

续表

序号		业务和事项内容	账务处理
(3)	发出库存物品	自用而领用的库存物品	借：业务活动费用/单位管理费用/经营费用/加工物品等 　　贷：库存物品
		经批准对外捐赠的库存物品	借：资产处置费用 　　贷：库存物品（账面金额） 　　　　银行存款（负担的费用）
		经批准无偿调出的库存物品	借：无偿调拨净资产 　　贷：库存物品（账面金额） 借：资产处置费用 　　贷：银行存款（负担的费用）
		经批准对外出售的库存物品（自主出售的除外）	借：资产处置费用 　　贷：库存物品（账面金额） 借：银行存款（收到的价款） 　　贷：银行存款（发生的税费） 　　　　应缴财政款
(4)	定期盘点及毁损、报废	盘盈的库存物品	借：库存物品 　　贷：待处理财产损溢
		盘亏及毁损、报废的库存物品	借：待处理财产损溢 　　贷：库存物品 　　　　应交增值税——应交税金（进项税额转出）

【工作实例 2-12】 某事业单位（属于小规模纳税人）本年发生库存物品业务如下：

（1）购入维修用材料一批，价款 20 000 元，发生运杂费 500 元。均以银行存款支付。
（2）接受捐赠材料一批，发票上注明的价值 30 000 元，另以现金支付运费 800 元。
（3）后勤管理部门领用维修材料 18 000 元。
（4）月末盘点发现短少材料 1 000 元。
（5）经查明原因，短少材料属于计量误差导致，批准予以核销。

任务处理如下：

（1）购入维修用材料时
借：库存物品　　　　　　　　　　　　　　　　　　　　　　　20 500
　　贷：银行存款　　　　　　　　　　　　　　　　　　　　　　　　20 500
（2）接受捐赠材料时
借：库存物品　　　　　　　　　　　　　　　　　　　　　　　30 800
　　贷：捐赠收入　　　　　　　　　　　　　　　　　　　　　　　　30 000
　　　　库存现金　　　　　　　　　　　　　　　　　　　　　　　　　　800
（3）领用维修材料时
借：业务活动费用　　　　　　　　　　　　　　　　　　　　　18 000
　　贷：库存物品　　　　　　　　　　　　　　　　　　　　　　　　18 000

(4) 月末盘点发现短少材料时

借：待处理财产损溢　　　　　　　　　　　　　　　　　　　　1 000
　　　贷：库存物品　　　　　　　　　　　　　　　　　　　　　　　　1 000

(5) 批准核销短少材料时

借：资产处置费用　　　　　　　　　　　　　　　　　　　　　1 000
　　　贷：待处理财产损溢　　　　　　　　　　　　　　　　　　　　　1 000

【小思考 2-4】如果事业单位将不需要的存货变价出售，应该如何处理？

(三) 加工物品的核算

为了核算单位自制物品和委托加工物品的增减变化情况，应设置"加工物品"科目。本科目核算单位自制或委托外单位加工的各种物品的实际成本。未完成的测绘、地质勘察、设计成果的实际成本，也通过本科目核算。

"加工物品"科目应当设置"自制物品""委托加工物品"两个一级明细科目，并按照物品类别、品种、项目等设置明细账，进行明细核算。

"加工物品——自制物品"明细科目下应当设置"直接材料""直接人工""其他直接费用"等二级明细科目归集自制物品发生的直接材料、直接人工（专门从事物品制造人员的人工费）等直接费用；对于自制物品发生的间接费用，应当在本科目"自制物品"一级明细科目下单独设置"间接费用"二级明细科目予以归集。期末，再按照一定的分配标准和方法，分配计入有关物品的成本。

加工物品的主要账务处理如下：

1. 自制物品的会计处理

(1) 为自制物品领用材料等，按照材料成本，借记"加工物品"科目（自制物品——直接材料），贷记"库存物品"科目。

(2) 专门从事物品制造的人员发生的直接人工费用，按照实际发生的金额，借记"加工物品"科目（自制物品——直接人工），贷记"应付职工薪酬"科目。

(3) 为自制物品发生的其他直接费用，按照实际发生的金额，借记"加工物品"科目（自制物品——其他直接费用），贷记"零余额账户用款额度""银行存款"等科目。

(4) 为自制物品发生的间接费用，按照实际发生的金额，借记"加工物品"科目（自制物品间接费用），贷记"零余额账户用款额度""银行存款""应付职工薪酬""固定资产累计折旧""无形资产累计摊销"等科目。

间接费用一般按照生产人员工资、生产人员工时、机器工时、耗用材料的数量或成本、直接费用（直接材料和直接人工）或产品产量等进行分配。单位可根据具体情况自行选择间接费用的分配方法。分配方法一经确定，不得随意变更。

(5) 已经制造完成并验收入库的物品，按照所发生的实际成本（包括耗用的直接材料费用、直接人工费用、其他直接费用和分配的间接费用），借记"库存物品"科目，贷记"加工物品"科目（自制物品）。

2. 委托加工物品

(1) 发给外单位加工的材料等，按照其实际成本，借记"加工物品——委托加工物品"

科目,贷记"库存物品"科目。

(2) 支付加工费、运输费等费用,按照实际支付的金额、借记"加工物品——委托加工物品"科目,贷记"零余额账户用款额度""银行存款"等科目。涉及增值税业务的,相关账务处理参见"应交增值税"科目。

(3) 委托加工完成的材料等验收入库,按照加工前发出材料的成本和加工、运输成本等,借记"库存物品"等科目,贷记"加工物品——委托加工物品"科目。

"加工物品"主要业务和事项账务处理如表2-13所示。

表 2-13　　　　　　　　　　　　　"加工物品"的账务处理

序号		业务和事项内容	账务处理
(1)	自制物品	为自制物品领用材料时	借:加工物品——自制物品(直接材料) 贷:库存物品
		专门从事自制物品制造发生的人员薪酬	借:加工物品——自制物品(直接人工) 贷:应付职工薪酬
		为自制物品发生其他直接费用和间接费用	借:加工物品——自制物品(直接人工) 贷:财政拨款收入/零余额账户用款额度/银行存款等
		自制物品加工完成,验收入库	借:库存物品 贷:加工物品
(2)	委托加工物品	发给外单位加工的材料	借:加工物品——委托加工物品 贷:库存物品
		支付委托加工费用等	借:加工物品——委托加工物品 贷:财政拨款收入/零余额账户用款额度/银行存款等
		委托加工物品完成,验收入库	借:库存物品 贷:加工物品——委托加工物品

【工作实例 2-13】某事业单位(属于小规模纳税人)从事经营活动,本年发生委托加工物品业务如下:

(1) 发给A公司一批加工材料,价款 40 000 元。
(2) 以现金支付加工物品往返运输费 1 800 元。
(3) 以银行存款支付加工费 15 000 元。
(4) 委托加工物品完成,已经交付经营部门验收。

任务处理如下:

(1) 发出委托加工材料时

借:加工物品——委托加工物品　　　　　　　　　　　　　40 000
　　贷:库存物品　　　　　　　　　　　　　　　　　　　　　　40 000

(2) 支付往返运费时

借:加工物品——委托加工物品　　　　　　　　　　　　　1 800
　　贷:银行存款　　　　　　　　　　　　　　　　　　　　　　1 800

(3) 支付加工费时

借：加工物品——委托加工物品　　　　　　　　　　　15 000
　　贷：银行存款　　　　　　　　　　　　　　　　　　　15 000
（4）委托加工物品验收入库时
借：库存物品　　　　　　　　　　　　　　　　　　　56 800
　　贷：加工物品——委托加工物品　　　　　　　　　　　56 800

任务四　投资的核算

一、投资的概念与种类

根据《政府会计准则第 2 号——投资》的规定，投资是指政府会计主体按规定以货币资产、实物资产、无形资产等方式形成的债权或股权投资。

对外投资按投资期限长短不同可分为短期投资和长期投资。短期投资是指政府会计主体取得的持有时间不超过 1 年（含 1 年）的投资；长期投资是指政府会计主体取得的除短期投资以外的债权和股权性质的投资。

长期投资按投资对象可分为长期债券投资和长期股权投资。长期债券投资是指事业单位按照规定取得的，持有时间超过 1 年（不含 1 年）的债券投资；长期股权投资是指事业单位按照规定取得的，持有时间超过 1 年（不含 1 年）的股权性质的投资。

事业单位对外投资一般是为了取得投资收益。事业单位主要从事非营利性活动，以社会效益为主。对外投资不是主要任务，不应该影响正常的事业活动，应按照规定程序审批，保证国有资产的安全、完整。

二、短期投资的核算

短期投资是指事业单位按照规定取得的，持有时间不超过 1 年（含 1 年）的投资，主要是国债投资。

为了反映和监督短期投资的取得和投资收回情况，事业单位应设置"短期投资"科目。该科目借方反映短期投资数，贷方反映投资收回数，期末借方余额反映事业单位持有的短期投资成本。

事业单位在取得短期投资时，应当按照其实际成本（包括购买价款以及税金、手续费等相关税费）作为投资成本；短期投资持有期间获得的收益，以及出售短期投资或到期收回短期投资的差额，列入"投资收益"科目。

短期投资的主要账务处理如下：

（1）取得短期投资时，按照确定的投资成本，借记"短期投资"科目，贷记"银行存款"等科目。

收到取得投资时实际支付价款中包含的已到付息期但尚未领取的利息，按照实际收到的金额，借记"银行存款"科目，贷记"短期投资"科目。

（2）收到短期投资持有期间的利息，按照实际收到的金额，借记"银行存款"科目，贷记"投资收益"科目。

(3) 出售短期投资或到期收回短期投资本息,按照实际收到的金额,借记"银行存款"科目,按照出售或收回短期投资的账面余额,贷记"短期投资"科目,按照其差额,借记或贷记"投资收益"科目。涉及增值税业务的,相关账务处理参见"应交增值税"科目。

"短期投资"具体业务处理如表 2-14 所示。

表 2-14　　　　　　　　　　　"短期投资"的账务处理

序号	业务和事项内容		账务处理
(1)	取得短期投资	取得短期投资	借:短期投资 　　贷:银行存款等
		收到购买时已到付息期但尚未领取的利息时	借:银行存款 　　贷:短期投资
(2)	短期投资持有期间收到利息		借:银行存款 　　贷:投资收益
(3)	出售短期投资或到期收回短期投资(国债)本息		借:银行存款(实际收到的金额) 　　投资收益(借差) 　　贷:短期投资(账面余额) 　　　　投资收益(贷差)

【工作实例 2-14】 某事业单位 2019 年发生短期投资业务如下:

(1) 5 月 10 日,用银行存款购入 1 年期的国库券 80 000 元作为短期投资,投资协议规定的年利息率为 5%。

(2) 6 月 8 日,去年购买的国库券到期,收回债券本金 60 000 元,利息 3 000 元,全部款项存入银行。

任务处理如下:

(1) 取得短期投资时

借:短期投资　　　　　　　　　　　　　　　　　　　　　80 000
　　贷:银行存款　　　　　　　　　　　　　　　　　　　　　80 000

(2) 收回短期投资时

借:银行存款　　　　　　　　　　　　　　　　　　　　　63 000
　　贷:短期投资　　　　　　　　　　　　　　　　　　　　　60 000
　　　　投资收益　　　　　　　　　　　　　　　　　　　　　3 000

【学中做 2-6】 如果 2019 年的投资于 2020 年 5 月 10 日到期,请你编制到期收回国库券本息的会计分录。

三、长期债券投资的核算

(一) 长期债券投资的初始计量

长期债券投资是指事业单位按照规定取得的,持有时间超过 1 年(不含 1 年)的债券投资。长期债券投资在取得时,应当按照实际成本作为初始投资成本。实际支付的价款中包含的已到付息期但尚未领取的债券利息,应当单独确认为应收利息,不计入长期债券投资初始投资成本。

（二）长期债券投资的后续计量

长期债券投资持有期间,应当按期以票面金额与票面利率计算确认利息收入。

对于分期付息、一次还本的长期债券投资,应当将计算确定的应收未收利息确认为应收利息,计入投资收益；对于一次还本付息的长期债券投资,应当将计算确定的应收未收利息计入投资收益,并增加长期债券投资的账面余额。

（三）长期债券投资的出售

事业单位按规定出售或到期收回长期债券投资,应当按实际收到的价款扣除长期债券投资账面余额和相关税费后的差额计入投资损益。

（四）账户设置

事业单位应设置"长期债券投资"科目核算单位按照规定取得的,持有时间超过1年（不含1年）的债券投资。该科目应当设置"成本"和"应计利息"明细科目,并按照债券投资的种类进行明细核算。

（五）长期债券投资的账务处理

长期债券投资的主要账务处理如下：

（1）长期债券投资在取得时,应当按照其实际成本作为投资成本。取得的长期债券投资,按照确定的投资成本,借记"长期债券投资——成本"科目,按照支付的价款中包含的已到付息期但尚未领取的利息,借记"应收利息"科目,按照实际支付的金额,贷记"银行存款"等科目。

实际收到取得债券时所支付价款中包含的已到付息期但尚未领取的利息时,借记"银行存款"科目,贷记"应收利息"科目。

（2）长期债券投资持有期间,按照以债券票面金额与票面利率计算确认利息收入时,如为到期一次还本付息的债券投资,借记"长期债券投资——应计利息"科目,贷记"投资收益"科目；如为分期付息、到期一次还本的债券投资,借记"应收利息"科目,贷记"投资收益"科目。收到分期支付的利息时,按照实收的金额,借记"银行存款"等科目,贷记"应收利息"科目。

（3）到期收回长期债券投资,按照实际收到的金额,借记"银行存款"科目,按照长期债券投资的账面余额,贷记"长期债券投资"科目,按照相关应收利息金额,贷记"应收利息"科目,按照其差额,贷记"投资收益"科目。

（4）对外出售长期债券投资,按照实际收到的金额,借记"银行存款"科目,按照长期债券投资的账面余额,贷记"长期债券投资"科目,按照已记入"应收利息"科目但尚未收取的金额,贷记"应收利息"科目,按照其差额,贷记或借记"投资收益"科目。涉及增值税业务的,相关账务处理参见"应交增值税"科目。

"长期债券投资"主要业务和事项账务处理如表2-15所示。

表 2-15　　　　　　　　　　　　"长期债券投资"的账务处理

序号	业务和事项内容		账务处理
(1)	取得的长期债券投资	取得的长期债券投资时	借：长期债券投资——成本 　　应收利息（实际支付的价款中包含的已到付息期但尚未领取的债券利息） 贷：银行存款（实际支付价款）
		收到取得投资所支付价款中包含的已到付息期但尚未领取的债券利息	借：银行存款 贷：应收利息
(2)	持有长期债券投资期间	按期以票面金额与票面利率计算确认利息收入	借：应收利息（分期付息，到期还本）/长期债券投资——应计利息（到期一次还本付息） 贷：投资收益
		实际收到分期支付的利息	借：银行存款 贷：应收利息
(3)	出售或到期收回长期债券投资本息		借：银行存款 　　投资收益（借差） 贷：长期债券投资（账面余额） 　　应收利息 　　投资收益（贷差）

【工作实例 2-15】 某事业单位发生如下业务：

（1）2018 年 4 月 1 日，用银行存款购入 3 年期、到期一次还本付息的国库券 300 000 元，票面利率为 8%。

（2）确认 2018 年 12 月 31 日长期债券投资利息收入。

（3）确认 2019 年 12 月 31 日长期债券投资利息收入。

（4）确认 2020 年 12 月 31 日长期债券投资利息收入。

（5）确认 2021 年 3 月 31 日长期债券投资利息收入。

（6）2021 年 4 月 1 日收回长期债券投资本息，存入银行。

任务处理如下：

（1）2018 年 4 月 1 日取得长期债券投资时

借：长期债券投资——成本　　　　　　　　　　　　　　　　300 000
　　贷：银行存款　　　　　　　　　　　　　　　　　　　　　300 000

（2）2018 年 12 月 31 日确认长期债券投资利息时

借：长期债券投资——应计利息　　　　　　　　　　　　　　 16 000
　　贷：投资收益　　　　　　　　　　　　　　　　　　　　　 16 000

（3）2019 年 12 月 31 日确认长期债券投资利息时

借：长期债券投资——应计利息　　　　　　　　　　　　　　 24 000
　　贷：投资收益　　　　　　　　　　　　　　　　　　　　　 24 000

（4）2020 年 12 月 31 日确认长期债券投资利息时

借：长期债券投资——应计利息　　　　　　　　　　　　24 000
　　贷：投资收益　　　　　　　　　　　　　　　　　　　　　24 000

（5）2021年3月31日确认长期债券投资利息时
借：长期债券投资——应计利息　　　　　　　　　　　　8 000
　　贷：投资收益　　　　　　　　　　　　　　　　　　　　　8 000

（6）2021年4月1日收回长期债券投资本息时
借：银行存款　　　　　　　　　　　　　　　　　　　372 000
　　贷：长期债券投资——成本　　　　　　　　　　　　　　300 000
　　　　　　　　　　——应计利息　　　　　　　　　　　　72 000

【学中做2-7】假定该项债券投资是每年4月1日付息、到期一次还本的国库券投资，请你按照债券投资业务发生的时间顺序完成全部会计处理。

四、长期股权投资的核算

（一）长期股权投资的初始计量

1. 长期股权投资的初始成本的确定

长期股权投资是指事业单位按照规定取得的，持有时间超过1年（不含1年）的股权性质的投资。事业单位的长期股权投资主要有货币资金投资、固定资产投资和无形资产投资等。长期股权投资在取得时，应按初始投资成本入账。事业单位取得的长期股权投资，应当按照下列规定确定其初始投资成本：

（1）以支付现金取得的长期股权投资，按照实际支付的价款（包括购买价款和相关税费）作为初始投资成本。实际支付的价款中包含的已宣告但尚未发放的现金股利应作为应收股利，不计入长期股权投资初始成本。

（2）以现金以外的其他资产置换取得的长期股权投资，其成本按照换出资产的评估价值加上支付的补价或减去收到的补价，加上换入长期股权投资发生的其他相关支出作为初始成本。

（3）接受捐赠的长期股权投资，其成本按照有关凭据注明的金额加上相关税费确定；没有相关凭据可供取得，但按规定经过资产评估的，其成本按照评估价值加上相关税费确定；没有相关凭据可供取得，也未经资产评估的，其成本比照同类或类似资产的市场价格加上相关税费确定。

（4）以未入账的无形资产取得的长期股权投资，其成本按照评估价值加上相关税费确定。

（5）无偿调入的长期股权投资，其成本按照调出方账面价值加上相关税费确定。

2. 取得长期股权投资的会计处理

长期股权投资在取得时，应当按照其实际成本作为初始投资成本。其主要账务处理如下：

（1）以现金取得的长期股权投资，按照确定的投资成本，借记"长期股权投资"科目，按照支付的价款中包含的已宣告但尚未发放的现金股利，借记"应收股利"科目，按照实际支付的全部价款，贷记"银行存款"等科目。实际收到取得投资时所支付价款中包含的已宣告但尚未发放的现金股利时，借记"银行存款"科目，贷记"应收股利"科目。

（2）以现金以外的其他资产置换取得的长期股权投资，按照确定的成本，借记"长期股权投资"科目，按照换出资产的账面余额，贷记相关资产科目（换出资产为固定资产、无形资产的，还应当借记"固定资产累计折旧""无形资产累计摊销"科目），按照置换过程中发生的其他相关支出，贷记"银行存款"等科目，按照借贷方差额借记"资产处置费用"科目或贷记"其他收入"科目。涉及补价的，按照规定方法处理。

（3）以未入账的无形资产取得的长期股权投资，按照评估价值加相关税费作为投资成本，借记"长期股权投资"科目，按照发生的相关税费，贷记"银行存款""其他应交税费"等科目，按其差额，贷记"其他收入"科目。

（4）接受捐赠的长期股权投资，按照确定的投资成本，借记"长期股权投资"科目，按照发生的相关税费，贷记"银行存款"等科目，按照其差额，贷记"捐赠收入"科目。

（5）无偿调入的长期股权投资，按照确定的投资成本，借记"长期股权投资"等科目，按照发生的相关税费，贷记"银行存款"等科目，按照其差额，贷记"无偿调拨净资产"科目。

"长期股权投资"取得的主要业务和事项账务处理如表2–16所示。

表2–16 取得"长期股权投资"的账务处理

序号	业务和事项内容	账务处理
（1）	支付现金取得的长期股权投资时	借：长期股权投资 　　应收股利 　贷：银行存款等
（2）	收到取得投资时实际支付价款中包含的已宣告但尚未发放的现金股利	借：银行存款 　贷：应收股利
（3）	以置换其他资产取得的长期股权投资	借：长期股权投资 　　固定资产累计折旧/无形资产累计摊销 　　资产处置费用（借差） 借（或贷）：银行存款（补价） 　贷：库存物品/固定资产/无形资产等 　　　其他收入（贷差）
（4）	接受捐赠的长期股权投资	借：长期股权投资 　贷：银行存款（支付的相关税费） 　　　捐赠收入
（5）	以未入账的无形资产取得的长期股权投资	借：长期股权投资 　贷：银行存款/其他应交税费 　　　其他收入
（6）	无偿调入的长期股权投资	借：长期股权投资 　贷：无偿调拨净资产 　　　银行存款（支付的相关税费）

【工作实例2-16】某事业单位自公开市场中买入A公司10万股，实际支付价款610 000元，其中包含已到期尚未支付的现金股利10 000元。另外，在购买过程中支付手续费等相关费用2 000元。会计分录如下：

（1）以支付现金取得的长期股权投资时

　　借：长期股权投资　　　　　　　　　　　　　　　　　602 000
　　　　应收股利　　　　　　　　　　　　　　　　　　　 10 000
　　　　　贷：银行存款　　　　　　　　　　　　　　　　　　　　612 000

（2）收到现金股利时

　　借：银行存款　　　　　　　　　　　　　　　　　　　 10 000
　　　　　贷：应收股利　　　　　　　　　　　　　　　　　　　　 10 000

【工作实例2-17】某事业单位以某项固定资产向B公司投资，该项固定资产的评估价为800 000元，账面原价为1 000 000元，累计折旧150 000元。会计分录为：

　　借：长期股权投资　　　　　　　　　　　　　　　　　800 000
　　　　固定资产累计折旧　　　　　　　　　　　　　　　 150 000
　　　　资产处置费用　　　　　　　　　　　　　　　　　　50 000
　　　　　贷：固定资产　　　　　　　　　　　　　　　　　　　 1 000 000

【学中做2-8】某事业单位以专利权对外投资，该专利权经双方确定的价值为200 000元，账面原价150 000元，累计摊销40 000元。请你完成会计处理。

（二）长期股权投资的后续计量

事业单位的长期股权投资在持有期间，通常应当采用权益法进行核算。事业单位无权决定被投资单位的财务和经营政策或无权参与被投资单位财务和经营政策决策的，应当采用成本法进行核算。

成本法是指投资按照投资成本计量的方法。

权益法是指投资最初以投资成本计量，以后根据政府会计主体在被投资单位所享有的所有者权益份额的变动对投资的账面价值进行调整的方法。

1. 长期股权投资核算的成本法

在成本法下，长期股权投资应当按照初始投资成本计价。追加或收回投资应当调整长期股权投资的初始投资成本。长期股权投资持有期间被投资单位宣告发放现金股利或利润时，单位按应享有的部分确认为投资收益。

处置以现金取得的长期股权投资时，按实际取得的价款与长期股权投资账面价值的差额确认为当期投资损益。处置以其他方式取得的长期股权投资，按制度规定处理。

长期股权投资成本法主要业务和事项账务处理如表2-17所示。

表2-17　　　　　　　　　　长期股权投资成本法的账务处理

序号	业务和事项内容	账务处理
（1）	被投资单位宣告发放现金股利或利润时	借：应收股利 　　贷：投资收益

续表

序号	业务和事项内容	账务处理
（2）	收到被投资单位发放的现金股利或利润时	借：银行存款 　　贷：应收股利
（3）	处置以现金取得的长期股权投资时	借：银行存款 　　投资收益（借差） 　　贷：长期股权投资 　　　　应收股利（尚未领取的股利） 　　　　投资收益（贷差）

【工作实例2-18】某事业单位对长江公司投资业务如下：

（1）2018年3月2日，以银行存款购入长江公司10%的股份，并准备长期持有，实际支付价款800 000元。单位无权决定被投资单位的财务和经营政策，采用成本法进行核算。

（2）2018年4月10日，长江公司宣告发放的现金股利1 200 000元。

（3）2018年4月18日，单位收到现金股利120 000元。

（4）2019年2月15日，单位将持有的长江公司的股份全部出售，取得价款880 000元存入银行。

任务处理如下：

（1）2018年3月2日取得投资时

借：长期股权投资　　　　　　　　　　　　　　　800 000
　　贷：银行存款　　　　　　　　　　　　　　　　　　800 000

（2）2018年4月10日长江公司宣告发放的现金股利时

借：应收股利　　　　　　　　　　　　　　　　　120 000
　　贷：投资收益　　　　　　　　　　　　　　　　　　120 000

（3）2018年4月18日收到现金股利时

借：银行存款　　　　　　　　　　　　　　　　　120 000
　　贷：应收股利　　　　　　　　　　　　　　　　　　120 000

（4）2019年2月15日，出售持有的股份时

借：银行存款　　　　　　　　　　　　　　　　　880 000
　　贷：长期股权投资　　　　　　　　　　　　　　　　800 000
　　　　投资收益　　　　　　　　　　　　　　　　　　 80 000

【小思考2-5】为什么在上述会计分录中没有出现"投资支出"科目？

2. 长期股权投资核算的权益法

如前所述，权益法是指投资最初以投资成本计量，以后根据事业单位在被投资单位所享有的所有者权益份额的变动对投资的账面价值进行调整的方法。

（1）账户设置。长期股权投资采用权益法核算的，需要在"长期股权投资"科目下设置"成本""损益调整"和"其他权益变动"3个二级科目进行明细核算。

"长期股权投资——成本"科目，核算初始投资成本；

"长期股权投资——损益调整"科目，核算因被投资单位实现的净利润、发生的净亏

损、宣告分派的现金股利等而调整的份额;

"长期股权投资——其他权益变动"科目,核算投资单位根据被投资单位除净损益变动以外的所有者权益变动计算应享有的份额。

(2) 成本法与权益法的转换。单位因处置部分长期股权投资等原因无权再决定被投单位的财务和经营政策或者参与被投单位的财务和经营政策决策的,应当对处置后的剩余股权投资改按成本法核算,并以该剩余股权投资在权益法下的账面余额作为按照成本法核算的初始投资成本。

单位因追加投资等原因对长期股权投资的核算从成本法改为权益法的,应当自有权决定被投单位的财务和经营政策或者参与被投单位的财务和经营政策决策的,按照成本法下长期股权投资账面余额与追加投资成本的合计金额作为投资成本。

(3) 处置长期股权投资。单位按规定经批准处置长期股权投资,应当冲减长期股权投资的账面余额,并按规定将处置价款扣除相关税费后的余额作应交款项处理,或者将处置价款扣除相关税费后的余额与长期股权投资账面价值的差额确认为当期投资损益。

采用权益法核算的长期股权投资,因被投资单位除净损益和利润分配以外的所有者权益变动而将应享有的份额计入净资产的,处置该项投资时,还应当将原计入净资产的相应部分转入当期投资损益。

长期股权投资权益法主要业务和事项账务处理如表 2 - 18 所示。

表 2 - 18　　　　　　　　　　长期股权投资权益法账务处理

序号	业务和事项内容	账务处理
(1)	取得的长期股权投资时	借:长期股权投资——成本 　贷:银行存款等
(2)	被投资单位实现净利润的,按其份额	借:长期股权投资——损益调整 　贷:投资收益
(3)	被投资单位发生净亏损的,按其份额	借:投资收益 　贷:长期股权投资——损益调整
(4)	被投资单位发生净亏损,但以后年度又实现净利润的,按规定恢复确认投资收益的	借:长期股权投资——损益调整 　贷:投资收益
(5)	被投资单位宣告发放现金股利或利润时	借:应收股利 　贷:长期股权投资——损益调整
(6)	收到被投资单位发放的现金股利或利润时	借:银行存款 　贷:应收股利
(7)	被投资单位发生其他所有者权益变动的,按其份额	借:长期股权投资——其他权益变动 　贷:权益法调整 或作相反会计分录
(8)	追加投资,长期股权投资由成本法改为权益法	借:长期股权投资——成本 　贷:长期股权投资(成本法下的账面余额) 　　银行存款等(追加投资)

续表

序号	业务和事项内容	账务处理
(9)	处置部分投资后，长期股权投资由权益法改为成本法	借：长期股权投资 　贷：长期股权投资——成本 　　　　　　　　　——损益调整 　　　　　　　　　——其他权益变动
(10)	出售或转让长期股权投资时	处置以现金取得的长期股权投资时： 借：银行存款 　　投资收益（借差） 　贷：长期股权投资 　　　应收股利（尚未领取的股利） 　　　投资收益（贷差）
		处置其他方式取得的长期股权投资，处置收入上缴财政的： 借：资产处置费用 　贷：长期股权投资 借：银行存款（实际取得价款） 　贷：应缴财政款 　　　应收股利（尚未领取的股利） 　　　银行存款（支付的税费）
		处置其他方式取得的长期股权投资，处置收入纳入单位预算的： 借：资产处置费用 　贷：长期股权投资 借：银行存款（实际取得价款） 　贷：应缴财政款（贷差） 　　　应收股利（尚未领取的股利） 　　　银行存款（支付的税费） 　　　投资收益
(11)	其他方式处置长期股权投资	按照规定核销时： 借：资产处置费用 　贷：长期股权投资（账面余额）
		置换转出时： 借：库存物品/固定资产/无形资产等 　　资产处置费用（借差） 借（或贷）：银行存款（补价） 　贷：长期股权投资 　　　其他收入（贷差）
(12)	权益法下，处置时结转原直接计入净资产的相关金额	借：权益法调整 　贷：投资收益 或作相反会计分录

【工作实例 2-19】 某事业单位对黄河公司投资业务如下：

（1）2017 年 3 月 2 日，该单位以银行存款购入黄河公司 60% 的股份 100 万股，每股价格 6.20 元，其中包含已到期尚未支付的现金股利 0.20 元。该单位准备长期持有，且有权决定被投资单位的财务和经营政策，采用权益法进行核算。

（2）2017 年 3 月 10 日，收到黄河公司发放的现金股利 20 万元。
（3）2017 年 12 月 31 日，黄河公司实现净利润 400 万元。
（4）2018 年 4 月 15 日，黄河公司宣告发放 2017 年现金股利 160 万元，并于 4 月 18 日发放。
（5）2018 年 7 月 22 日，黄河公司增加资本公积 30 万元。
（6）2018 年 12 月 31 日，黄河公司发生亏损 100 万元。
（7）2019 年 4 月 15 日，公司将持有的黄河公司的股份全部出售，取得价款 785 万元存入银行。处置收入纳入单位预算。

任务处理如下：

(1) 2017 年 3 月 2 日取得投资时

借：长期股权投资——成本　　　　　　　　　　　　　　　　6 000 000
　　应收股利　　　　　　　　　　　　　　　　　　　　　　　200 000
　　贷：银行存款　　　　　　　　　　　　　　　　　　　　　　　6 200 000

(2) 2017 年 3 月 10 日从黄河公司分回股利时

借：银行存款　　　　　　　　　　　　　　　　　　　　　　　200 000
　　贷：应收股利　　　　　　　　　　　　　　　　　　　　　　　200 000

(3) 2017 年黄河公司实现净利润 400 万元，按其享有份额

借：长期股权投资——损益调整　　　　　　　　　　　　　　2 400 000
　　贷：投资收益　　　　　　　　　　　　　　　　　　　　　　2 400 000

(4) 2018 年从黄河公司分回股利时

借：应收股利　　　　　　　　　　　　　　　　　　　　　　　960 000
　　贷：长期股权投资——损益调整　　　　　　　　　　　　　　960 000

借：银行存款　　　　　　　　　　　　　　　　　　　　　　　960 000
　　贷：应收股利　　　　　　　　　　　　　　　　　　　　　　　960 000

(5) 2018 年黄河公司增加资本公积 30 万元时

借：长期股权投资——其他权益变动　　　　　　　　　　　　　180 000
　　贷：权益法调整　　　　　　　　　　　　　　　　　　　　　　180 000

(6) 2018 年黄河公司发生亏损 100 万元时

借：投资收益　　　　　　　　　　　　　　　　　　　　　　　600 000
　　贷：长期股权投资——损益调整　　　　　　　　　　　　　　600 000

(7) 2019 年 4 月 15 日，出售黄河公司的股份时

借：银行存款　　　　　　　　　　　　　　　　　　　　　　7 850 000
　　贷：长期股权投资——成本　　　　　　　　　　　　　　　6 000 000
　　　　　　　　　　——损益调整　　　　　　　　　　　　　　840 000
　　　　　　　　　　——其他权益变动　　　　　　　　　　　　180 000
　　　　投资收益　　　　　　　　　　　　　　　　　　　　　　830 000

任务五　固定资产的核算

一、固定资产的概念及其标准

固定资产是指政府会计主体为满足自身开展业务活动或其他活动需要而控制的，使用期限超过1年（不含1年）、单位价值在规定标准以上，并在使用过程中基本保持原有物质形态的资产。单位价值虽未达到规定标准，但是耐用时间超过1年（不含1年）的大批同类物资，如图书、家具、用具、装具等，应当作为固定资产核算。

根据《行政单位财务规则》和《事业单位财务规则》的规定，单位固定资产的具体标准为：

（1）一般设备。单位价值在1 000元以上，耐用时间在1年以上的设备。
（2）专用设备。单位价值在1 500元以上，耐用时间在1年以上的设备。
（3）批量设备。单位价值虽未达到规定标准，但耐用时间在1年以上的大批量同类财产，如图书、家具、用具等。

二、固定资产的分类

单位固定资产，根据其自然属性和用途及管理要求，通常分为以下六类：
（1）房屋及构筑物。包括单位自有的办公用房、仓库及生活用房等。
（2）通用设备。包括被服、办公与事务用家具设备，一般工具和文体设备等。
（3）专用设备。包括各种仪器和机械设备、医疗器械、电子设备等。
（4）文物和陈列品。包括博物馆、陈列馆、展览馆、文化馆藏或展览的文物和陈列品。
（5）图书、档案。包括专业图书、技术图书及相关档案等。
（6）家具、用具、装具及动植物。包括单位的各类家具、用具、装具及动植物等。

单位应当根据固定资产定义、有关主管部门对固定资产的统一分类，结合本单位的具体情况，制定适合本单位的固定资产目录、具体分类方法，作为进行固定资产核算的依据。同时，应当设置"固定资产登记簿"和"固定资产卡片"，按照固定资产类别、项目和使用部门等进行明细核算。出租、出借的固定资产，应当设置备查簿进行登记。

三、固定资产的确认

1. 固定资产确认条件

固定资产同时满足下列条件的，应当予以确认：
（1）与该固定资产相关的服务潜力很可能实现或者经济利益很可能流入政府会计主体；
（2）该固定资产的成本或者价值能够可靠地计量。

通常情况下，购入、换入、接受捐赠、无偿调入不需安装的固定资产，在固定资产验收合格时确认；购入、换入、接受捐赠、无偿调入需要安装的固定资产，在固定资产安装完成交付使用时确认；自行建造、改建、扩建的固定资产，在建造完成交付使用时确认。

2. 确认固定资产时，应当考虑的情况

（1）固定资产的各组成部分具有不同使用年限或者以不同方式为政府会计主体实现服务潜力或提供经济利益，适用不同折旧率或折旧方法且可以分别确定各自原价的，应当分别将各组成部分确认为单项固定资产。

（2）应用软件构成相关硬件不可缺少的组成部分的，应当将该软件的价值包括在所属的硬件价值中，一并确认为固定资产；不构成相关硬件不可缺少的组成部分的，应当将该软件确认为无形资产。

（3）购建房屋及构筑物时，不能分清购建成本中的房屋及构筑物部分与土地使用权部分的，应当全部确认为固定资产；能够分清购建成本中的房屋及构筑物部分与土地使用权部分的，应当将其中的房屋及构筑物部分确认为固定资产，将其中的土地使用权部分确认为无形资产。

固定资产在使用过程中发生的后续支出，符合制度规定的确认条件的，应当计入固定资产成本；不符合确认条件的，应当在发生时计入当期费用或相关资产成本。

将发生的固定资产后续支出计入固定资产成本的，应当同时从固定资产账面价值中扣除被替换部分的账面价值。

四、固定资产的初始计量

（一）固定资产的初始成本

取得固定资产时，应当按照其成本进行初始计量。固定资产取得途径不同，其计价内容也不同。表现在：

（1）购入的固定资产，其成本包括实际支付的购买价款、相关税费以及固定资产交付使用前所发生的可归属于该项资产的运输费、装卸费、安装费和专业人员服务费等。

以一笔款项购入多项没有单独标价的固定资产，应当按照各项固定资产同类或类似固定资产市场价格的比例对总成本进行分配，分别确定各项固定资产的入账价值。

（2）自行建造的固定资产，其成本包括该项资产至交付使用前所发生的全部必要支出。

在原有的固定资产基础上进行改建、扩建、修缮后的固定资产，其成本按照原固定资产账面价值加上改建、扩建、修缮发生的支出，再扣除固定资产被替换部分的账面价值后的金额确定。

为建造固定资产借入的专门借款的利息，属于建设期间发生的，计入在建工程成本；不属于建设期间的，计入当期费用。

已使用但尚未办理竣工决算手续的固定资产，应当按照估计价值入账，待办理竣工决算后再按照实际成本调整原来的暂估价值。

（3）置换取得的固定资产，其成本按照换出资产的评估价值加上支付的补价或减去收到的补价，加上为换入固定资产发生的其他相关支出确定。

（4）接受捐赠的固定资产，其成本按照有关凭据注明的金额加上相关税费、运输费等确定；没有相关凭据可供取得，但按规定经过资产评估的，其成本应当按照评估价值加上相关税费、运输费等确定；没有相关凭据可供取得、也未经资产评估的，其成本比照同类或类似固定资产的市场价格加上相关税费、运输费等确定；没有相关凭据也未经资产评估，其同类或类似固定资产的市场价格无法可靠取得，所取得的固定资产应当按照名义金额入账，相关税费、运输费等计入当期费用。

如受赠的系旧的固定资产，在确定其初始入账成本时应当考虑该项资产的新旧程度。

（5）无偿调入的固定资产，其成本按照调出方账面价值加上相关税费、运输费等确定。

（6）盘盈的固定资产，按规定经过资产评估的，其成本按照评估价值确定；未经资产评估的，其成本按照重置成本确定。

（7）融资租赁取得的固定资产，其成本按照其他相关政府会计准则确定。

为核算和监督固定资产的增减变化情况，应设置"固定资产""固定资产累计折旧"等科目。"固定资产"属于资产类科目，核算单位固定资产的原价；"固定资产累计折旧"科目，核算行政单位固定资产计提的累计折旧。

（二）取得固定资产的核算

（1）购入不需安装的固定资产验收合格时，按照确定的成本，借记"固定资产"科目，贷记"财政拨款收入""零余额账户用款额度""应付账款""银行存款"等科目。

购入需要安装的固定资产，在安装完毕交付使用前通过"在建工程"科目核算，安装完毕交付使用时再转入"固定资产"科目。

购入固定资产扣留质量保证金的，应当在取得固定资产时，按照确定的成本，借记"固定资产"科目［不需安装］或"在建工程"科目［需要安装］，按照实际支付或应付的金额，贷记"财政拨款收入""零余额账户用款额度""应付账款"［不含质量保证金］、"银行存款"等科目，按照扣留的质量保证金数额，贷记"其他应付款"［扣留期在1年以内（含1年）］或"长期应付款"［扣留期超过1年］科目。

（2）自行建造的固定资产交付使用时，按照在建工程成本，借记"固定资产"科目，贷记"在建工程"科目。

已交付使用但尚未办理竣工决算手续的固定资产，按照估计价值入账，待办理竣工决算后再按照实际成本调整原来的暂估价值。

（3）融资租入的固定资产，按照确定的成本，借记"固定资产"科目［不需安装］或"在建工程"科目［需安装］，按照租赁协议或者合同确定的租赁付款额，贷记"长期应付款"科目，按照支付的运输费、途中保险费、安装调试费等金额，贷记"财政拨款收入""零余额账户用款额度""银行存款"等科目。

（4）按照规定跨年度分期付款购入固定资产的账务处理，参照融资租入固定资产。

（5）接受捐赠的固定资产，按照确定的成本，借记"固定资产"科目［不需安装］或"在建工程"科目［需安装］，按照发生的相关税费、运输费等，贷记"零余额账户用款额度""银行存款"等科目，按照其差额，贷记"捐赠收入"科目。

接受捐赠的固定资产按照名义金额入账的，按照名义金额，借记"固定资产"科目，贷记"捐赠收入"科目；按照发生的相关税费、运输费等，借记"其他费用"科目，贷记"零余额账户用款额度""银行存款"等科目。

（6）无偿调入的固定资产，按确定的固定资产成本，借记"固定资产"科目［不需安装］或"在建工程"科目［需安装］，按照发生的相关税费、运输费等，贷记"零余额账户用款额度""银行存款"等科目，按照其差额，贷记"无偿调拨净资产"科目。

取得固定资产主要业务和事项账务处理如表2-19所示。

表 2-19　　　　　　　　　　　　取得固定资产的账务处理

序号	业务和事项内容			账务处理
（1）	外购的固定资产	不需要安装的固定资产		借：固定资产 　贷：财政拨款收入/零余额账户用款额度/应付账款/银行存款等
		需要安装的固定资产	购入后交付安装时	借：在建工程 　贷：财政拨款收入/零余额账户用款额度/应付账款/银行存款等
			安装完工时	借：固定资产 　贷：在建工程
（2）	购入固定资产扣留质量保证金的			借：固定资产/在建工程 　贷：财政拨款收入/零余额账户用款额度/应付账款/银行存款等 　　其他应付款（扣留期在1年以内）/长期应付款（扣留期在1年以上）
	质保期满支付质量保证金时			借：其他应付款/长期应付款 　贷：财政拨款收入/零余额账户用款额度/银行存款等
（3）	融资租入（或跨年分期付款购入）固定资产	融资租入（或跨年分期付款购入）固定资产时		借：固定资产/在建工程 　贷：财政拨款收入/零余额账户用款额度/银行存款等 　　长期应付款
		定期支付租金或分期付款时		借：长期应付款 　贷：财政拨款收入/零余额账户用款额度/银行存款等
（4）	接受捐赠的固定资产	按确定金额入账		借：固定资产/在建工程 　贷：零余额账户用款额度/银行存款等（发生的相关税费、运输费等） 　　捐赠收入（差额）
		按名义金额入账		借：固定资产/在建工程（名义金额） 　贷：捐赠收入 借：其他费用 　贷：零余额账户用款额度/银行存款等（实际支付的相关税费、运输费等）
（5）	无偿调入的固定资产			借：固定资产/在建工程 　贷：零余额账户用款额度/银行存款等（发生的相关税费、运输费等） 　　无偿调拨净资产（差额）

【工作实例 2-20】 某行政单位本年发生固定资产增加业务如下：

（1）财政直接支付购入打印机一部，价值 5 200 元，经验收合格交付使用。

（2）财政直接支付购入一套专用设备，价值 200 000 元，扣除质保金 20%（质保期 6

个月）后全额支付。设备交付使用。

(3) 接受捐赠国际友人捐赠的固定资产两件，经评估确认价值10 000元。

(4) 质保期满，财政直接支付质保金40 000元。

任务处理如下：

(1) 购入打印机时

借：固定资产　　　　　　　　　　　　　　　　　　　　5 200
　　贷：财政拨款收入——直接支付　　　　　　　　　　　　　5 200

(2) 购入专用设备时

借：固定资产　　　　　　　　　　　　　　　　　　　200 000
　　贷：财政拨款收入——直接支付　　　　　　　　　　　　160 000
　　　　其他应付款　　　　　　　　　　　　　　　　　　 40 000

(3) 接受固定资产捐赠时

借：固定资产　　　　　　　　　　　　　　　　　　　 10 000
　　贷：捐赠收入　　　　　　　　　　　　　　　　　　　 100 000

(4) 支付质保金时

借：其他应付款　　　　　　　　　　　　　　　　　　 40 000
　　贷：财政拨款收入——直接支付　　　　　　　　　　　　 40 000

五、固定资产的后续计量

（一）固定资产折旧的核算

1. 计提固定资产折旧的相关规定

(1) 计提固定资产的空间范围。单位应对房屋及构筑物、专用设备、通用设备、家具、用具、装具按规定计提折旧。单位计提固定资产折旧范围不包括文物和陈列品、图书与档案、动植物、单独计价入账的土地、以名义金额计量的固定资产等。

(2) 计提固定资产的时间范围。固定资产应当按月计提折旧。当月增加的固定资产，当月计提折旧；当月减少的固定资产，当月不提折旧。

固定资产折旧提足后，无论能否继续使用均不再计提折旧；提前报废的固定资产，也不再补提折旧。已提足折旧的固定资产，可以继续使用的，应当继续使用，规范实物管理。

【小思考2-6】与企业会计准则相比较，计提固定资产折旧的时间范围有何异同？为什么？

(3) 固定资产折旧年限。通常情况下，政府会计主体应当按照表2-20规定确定各类应计提折旧的固定资产的折旧年限。

(4) 融资租入固定资产的折旧。单位计提融资租入固定资产折旧时，应当采用与自有固定资产相一致的折旧政策。能够合理确定租赁期届满时将会取得租入固定资产所有权的，应当在租入固定资产尚可使用年限内计提折旧；无法合理确定租赁期届满时能够取得租入固定资产所有权的，应当在租赁期与租入固定资产尚可使用年限两者中较短的期间内计提折旧。

表 2-20　　　　　　　　　　　　政府固定资产折旧年限表

固定资产类别	内容		折旧年限（年）
房屋及构筑物	业务及管理用房	钢结构	不低于 50
		钢筋混凝土结构	不低于 50
		砖混结构	不低于 30
		砖木结构	不低于 30
	简易房		不低于 8
	房屋附属设施		不低于 8
	构筑物		不低于 8
通用设备	计算机设备		不低于 6
	办公设备		不低于 6
	车辆		不低于 8
	图书档案设备		不低于 5
	机械设备		不低于 10
	电气设备		不低于 5
	雷达、无线电和卫星导航设备		不低于 10
	通信设备		不低于 5
	广播、电视、电影设备		不低于 5
	仪器仪表		不低于 5
	电子和通信测量设备		不低于 5
	计量标准器具及量具、衡器		不低于 5
专用设备	探矿、采矿、选矿和造块设备		10-15
	石油天然气开采专用设备		10-15
	石油和化学工业专用设备		10-15
	炼焦和金属冶炼轧制设备		10-15
	电力工业专用设备		20-30
	非金属矿物制品工业专用设备		10-20
	核工业专用设备		20-30
	航空航天工业专用设备		20-30
	工程机械		10-15
	农业和林业机械		10-15
	木材采集和加工设备		10-15
	食品加工专用设备		10-15
	饮料加工设备		10-15
	烟草加工设备		10-15
	粮油作物和饲料加工设备		10-15
	纺织设备		10-15
	缝纫、服饰、制革和毛皮加工设备		10-15

续表

固定资产类别	内容	折旧年限（年）
专用设备	造纸和印刷机械	10－20
	化学药品和中药专用设备	5－10
	医疗设备	5－10
	电工、电子专用生产设备	5－10
	安全生产设备	10－20
	邮政专用设备	10－15
	环境污染防治设备	10－20
	公安专用设备	3－10
	水工机械	10－20
	殡葬设备及用品	5－10
	铁路运输设备	10－20
	水上交通运输设备	10－20
	航空器及其配套设备	10－20
	专用仪器仪表	5－10
	文艺设备	5－15
	体育设备	5－15
	娱乐设备	5－15
家具、用具及装具	家具	不低于15
	用具、装具	不低于5

注意事项：

因改建、扩建等原因而延长固定资产使用年限的，应当重新确定固定资产的折旧年限。固定资产的折旧年限一经确定，不得随意变更。

单位应当在遵循固定资产准则及应用指南、主管部门有关折旧年限规定的情况下，根据固定资产的性质和实际使用情况，合理确定其折旧年限。具体确定固定资产的折旧年限时，应当考虑下列因素：①固定资产预计实现服务潜力或提供经济利益的期限；②固定资产预计有形损耗和无形损耗；③法律或者类似规定对固定资产使用的限制。

2. 固定资产折旧的计算方法

固定资产折旧是指在固定资产的预计使用年限内，按照确定的方法对应折旧金额进行系统分摊。固定资产应计的折旧额为其成本，计提固定资产折旧时不考虑预计净残值。

单位一般应当采用年限平均法或者工作量法计提固定资产折旧。在确定固定资产的折旧方法时，应到考虑与固定资产相关的服务潜力或经济利益的预期实现方式。固定资产折旧方法一经确定，不得随意变更。

【小思考2－7】为什么政府会计主体在计算固定资产折旧时，不考虑固定资产的净残值？

（1）年限平均法是根据固定资产的成本和规定的折旧年限来平均计算折旧的方法。其特点是将固定资产的成本均衡地分摊到固定资产预计使用寿命内，采用这种方法计算的每期折旧额都是相等的。

固定资产折旧率包括个别折旧率、分类折旧率和综合折旧率。现行制度规定按分类折旧率计提折旧。分类折旧率是指把性质、结构类似，使用年限大致相同的固定资产归为一类，分类计算的平均折旧率。年限平均法的计算公式如下：

年折旧率 = 1 ÷ 预计使用寿命（年） × 100%

月折旧率 = 年折旧率 ÷ 12

月折旧额 = 固定资产原价 × 月折旧率

【工作实例 2 - 21】某职业院校 2018 年 6 月底房屋及构筑物总值 8 000 万元，预计可使用 50 年，不考虑残值。该厂房的折旧率和折旧额的计算如下：

年折旧率 = 1 ÷ 50 × 100% = 2%

月折旧率 = 2% ÷ 12 = 0.1667%

月折旧额 = 8 000 000 × 0.1667% = 13 336（元）

采用年限平均法计算比较简单，但是当固定资产在各个使用期间的损耗程度不同时，将应计折旧总额平均分摊到各期就不合理。因此，这种方法适用于固定资产在各个使用期间的损耗较均衡的情况。

（2）工作量法是根据固定资产的成本和预计在使用寿命内的工作量（如行驶里程、工作小时等）来计算折旧的方法。

工作量法的基本计算公式如下：

每单位工作量折旧额 = 固定资产原价 ÷ 预计总工作量

某项固定资产月折旧额 = 该项固定资产当月工作量 × 单位工作量折旧额

【工作实例 2 - 22】某职业院校有 3 辆同款校车，原价总值为 1 800 000 元，预计总行驶里程为 500 000 公里，本月行驶 8 000 公里。3 辆校车的月折旧额计算如下：

单位里程折旧额 = 1 800 000 ÷ 500 000 = 3.6（元/公里）

本月折旧额 = 8 000 × 3.6 = 28 800（元）

采用工作量法，固定资产的折旧额与其损耗程度相符，所以折旧分摊较为合理。但是，这种方法只注重固定资产的使用程度，忽略了其自然侵蚀的影响。这种方法适用于固定资产在各个使用期间的损耗程度不均衡的情况。

3. 计提固定资产折旧的会计处理

单位每月计提的固定资产折旧额，应按照固定资产的用途和使用部门，分别计入不同的成本费用账户。单位自行建造固定资产过程中使用的固定资产，其计提的折旧应计入"在建工程"科目；单位开展专业业务活动及其辅助活动所使用的固定资产，其计提的折旧应计入"业务活动费用"科目；单位行政及后勤管理部门所使用的固定资产，其计提的折旧应计入"单位管理费用"科目；单位经营部门所使用的固定资产，其计提的折旧应计入"经营费用"科目；用于加工的固定资产，其应提的折旧额应计入"加工物品"科目。

单位按月计提固定资产折旧时，按照应计提折旧金额，借记"业务活动费用""单位管理费用""经营费用""加工物品""在建工程"等科目，贷记"固定资产累计折旧"科目。

"固定资产累计折旧"主要业务和事项账务处理如表 2 - 21 所示。

表 2-21　　　　　　　　　　　"固定资产累计折旧"的账务处理

序号	业务和事项内容	账务处理
(1)	按月计提固定资产折旧时	借：业务活动费用/单位管理费用/经营费用/在建工程/加工物品等 贷：固定资产累计折旧
(2)	处置固定资产时	借：固定资产累计折旧 　　待处理财产损溢/无偿调拨净资产/资产处置费用等 贷：固定资产

【工作实例 2-23】 某事业单位开展专业业务活动及其辅助活动所使用的固定资产按规定计提本月固定资产折旧 28 000 元，行政及后勤管理部门所使用的固定资产按规定计提的折旧 6 500 元。会计处理如下：

借：业务活动费用　　　　　　　　　　　　　　　　　　　28 000
　　单位管理费用　　　　　　　　　　　　　　　　　　　　6 500
　　贷：固定资产累计折旧　　　　　　　　　　　　　　　　　　34 500

（二）与固定资产有关的后续支出

固定资产的后续支出是指固定资产在使用过程中发生的更新改造支出、**修理费用**等。单位的固定资产在投入使用后，为了适应新技术发展的需要，或者为了维护或提高固定资产的使用效能，往往需要对现有的固定资产进行改建、扩建或者维护，这些支出就是固定资产的后续支出。固定资产的后续支出通常包括固定资产在使用过程中发生的改建支出、扩建支出、日常修理费等。

1. 符合固定资产确认条件的后续支出

固定资产的后续支出，符合固定资产确认条件的，固定资产后续支出应予以资本化，应当计入固定资产成本，并通过"在建工程"科目进行归集。如果有被替换的部分，应同时将被替换部分的账面价值从该固定资产原账面价值中扣除。

2. 不符合固定资产确认条件的后续支出

不符合固定资产确认条件的后续支出，固定资产的后续支出应予以费用化，应当在发生时计入当期损益，计入"业务活动费用""单位管理费用"等科目。

与固定资产有关的后续支出主要业务和事项账务处理如表 2-22 所示。

表 2-22　　　　　　　　　　　固定资产后续支出的账务处理

序号	业务和事项内容		账务处理
(1)	符合固定资产确认条件的后续支出	将固定资产转入改建、扩建时	借：在建工程 　　固定资产累计折旧 贷：固定资产
		支付改建、扩建支出时	借：在建工程 贷：财政拨款收入/零余额账户用款额度/应付账款/银行存款等
		有被替换的部分，扣除其账面价值	借：待处理财产损溢 贷：在建工程
		改建、扩建完成交付使用时	借：固定资产 贷：在建工程

续表

序号	业务和事项内容	账务处理
（2）	不符合固定资产确认条件的后续支出	借：业务活动费用/单位管理费用/经营费用/在建工程/加工物品等 贷：财政拨款收入/零余额账户用款额度/银行存款等

【工作实例2-24】 某高职院校准备对一栋实训楼进行改建。有关业务资料如下：

（1）该实训楼原价3 880 000元，已计提折旧1 570 000元。因教学需要，2018年7月1日决定对该实训楼进行改扩建，历时2个月。

（2）改建过程中，以财政资金支付改建支出783 600元，应付工人工资140 000元，领用工程物资950 000元。

（3）2018年8月31日改建完成。该实训楼改建达到预定可使用状态，交付使用。

（4）以财政资金支付教学楼维修费38 000元。

任务处理如下：

（1）2018年7月1日，教学楼转入改建时

借：在建工程　　　　　　　　　　　　　　　　　　　　　2 310 000
　　固定资产累计折旧　　　　　　　　　　　　　　　　　1 570 000
　　贷：固定资产　　　　　　　　　　　　　　　　　　　　3 880 000

（2）2018年7月1日至8月31日，发生改建支出时

借：在建工程　　　　　　　　　　　　　　　　　　　　　1 873 600
　　贷：财政拨款收入　　　　　　　　　　　　　　　　　　783 600
　　　　工程物资　　　　　　　　　　　　　　　　　　　　950 000
　　　　应付职工薪酬　　　　　　　　　　　　　　　　　　140 000

（3）2018年7月31日，改建工程达到预定可使用状态时

借：固定资产　　　　　　　　　　　　　　　　　　　　　4 183 600
　　贷：在建工程　　　　　　　　　　　　　　　　　　　　4 183 600

（4）财政资金支付教学楼维修费时

借：业务活动费用　　　　　　　　　　　　　　　　　　　　38 000
　　贷：财政拨款收入　　　　　　　　　　　　　　　　　　　38 000

（三）固定资产处置的核算

单位固定资产处置通常包括出售、置换换出、无偿调出、捐赠、报废和损毁等情况。因出售、转让、置换换出、对外捐赠的固定资产应通过"资产处置费用"账户进行核算，无偿调出的固定资产通过"无偿调拨净资产"科目核算。

按照规定报经批准处置固定资产，应当分别按以下情况处理：

（1）报经批准出售、转让固定资产，按照被出售、转让固定资产的账面价值，借记"资产处置费用"科目，按照固定资产已计提的折旧，借记"固定资产累计折旧"科目、按照固定资产账面余额，贷记"固定资产"科目；同时，按收到的价款借记"银行存款"等科目，按照处置过中发生的相关费用，贷记"银行存款"等科目，按照其差额，贷记"应

缴财政款"科目。

（2）报经批准对外赠固定资产，按照固定资产已计提的折旧，借记"固定资产累计折旧"科目，按照被处置固定资产账面余额贷记"固定资产"科目，按照捐赠过程中发生的归属于捐出方的相关费用贷记"银行存款"等科目，按照其差额借记"资产处置费用"科目。

（3）报经批准无偿调出固定资产，按照固定资产已计提的折旧，借记"固定资产累计折旧"科目，按照被处置固定资产账面余额贷记"固定资产"科目，按照其差额借记"无偿调拨净资产"科目；同时，按照无偿调出过程中发生的归属于调出方的相关费用借记"资产处置费用"科目，贷记"银行存款"等科目。

涉及固定资产处置的主要业务和事项账务处理如表 2-23 所示。

表 2-23　　　　　　　　　　固定资产处置的账务处理

序号	业务和事项内容		账务处理
（1）	出售、转让固定资产	将固定资产列入出售、转让时	借：资产处置费用 　　固定资产累计折旧 　贷：固定资产
		收到出售、转让价款时	借：银行存款 　贷：应缴财政款 　　银行存款等（支付处置费用）
（2）	对外捐赠固定资产		借：资产处置费用 　　固定资产累计折旧 　贷：固定资产 　　银行存款（归属于捐出方的相关费用）
（3）	无偿调出固定资产	调出时	借：无偿调拨净资产 　　固定资产累计折旧 　贷：固定资产
		支付相关费用	借：资产处置费用 　贷：银行存款等

【工作实例 2-25】因公车改革，经上级主管部门批准，某行政单位将 3 部小汽车转让，经拍卖转让取得价款 120 000 元存入银行。该汽车原价 320 000 元，已计提折旧 110 000 元。

（1）固定资产转入待处理财产时

　　借：资产处置费用　　　　　　　　　　　　　　　　　210 000
　　　　固定资产累计折旧　　　　　　　　　　　　　　　110 000
　　　贷：固定资产　　　　　　　　　　　　　　　　　　　　　320 000

（2）取得收入时

　　借：银行存款　　　　　　　　　　　　　　　　　　　120 000
　　　贷：应缴财政款　　　　　　　　　　　　　　　　　　　　120 000

（3）上缴财政款时

借：应缴财政款　　　　　　　　　　　　　　　　　　　　　　　　120 000
　　贷：银行存款　　　　　　　　　　　　　　　　　　　　　　　　　120 000

（四）固定资产清查的核算

单位应当定期对固定资产进行清查盘点，每年至少盘点一次。对于发生的固定资产盘盈、盘亏或毁损、报废，应当先记入"待处理财产损溢"科目，按照规定报经批准后及时进行后续账务处理。

1. 盘盈的固定资产

盘盈的固定资产，其成本按照有关凭据注明的金额确定；没有相关凭据、但按照规定经过资产评估的，其成本按照评估价值确定；没有相关凭据、也未经过评估的，其成本按照重置成本确定。如无法采用上述方法确定盘盈固定资产成本的，按照名义金额（人民币1元）入账。

盘盈的固定资产，按照确定的入账成本，借记"固定资产"科目，贷记"待处理财产损溢"科目。按照规定报经批准后处理时，对于盘盈的固定资产，如属于本年度取得的，按照当年新取得固定资产进行账务处理；如属于以前年度取得的，按照前期差错处理，借记"待处理财产损溢"科目，贷记"以前年度盈余调整"科目。

2. 盘亏、毁损或报废的固定资产

盘亏、毁损或报废的固定资产，按照待处理固定资产的账面价值，借记"待处理财产损溢"科目，按照已计提折旧借记"固定资产累计折旧"科目，按照固定资产的账面余额，贷记"固定资产"科目。报经批准处理时，借记"资产处置费用"科目，贷记"待处理财产损溢"科目。

涉及固定资产清查的主要业务和事项账务处理如表2-24所示。

表2-24　　　　　　　　　　固定资产清查的账务处理

序号	业务和事项内容		账务处理
（1）	盘盈固定资产	盘盈固定资产时	借：固定资产 　　贷：待处理财产损溢
		报经批准后处理时，如属于本年度取得的	借：待处理财产损溢 　　贷：银行存款/应付账款等
		报经批准后处理时，如属于以前年度取得的	借：待处理财产损溢 　　贷：以前年度盈余调整
（2）	盘亏、报废、毁损固定资产	盘亏、报废、毁损固定资产时	借：待处理财产损溢 　　　固定资产累计折旧 　　贷：固定资产
		报经批准后处理时	借：资产处置费用 　　贷：待处理财产损溢

【工作实例2-26】年度终了，某行政单位进行盘点发现盘亏笔记本电脑2部，其账面成本9 400元，已提折旧7 000元。经查，属于搬家丢失，按规定程序批准后予以销账。

（1）盘亏固定资产时

借：待处理财产损溢	2 400	
固定资产累计折旧	7 000	
贷：固定资产		9 400

（2）批准核销时

借：资产处置费用	2 400	
贷：待处理财产损溢		2 400

任务六　在建工程的核算

一、工程成本的基本内容

单位的在建工程包括信息系统项目工程、公共基础设施项目工程、保障性住房项目工程。作为一项工程，其成本一般包括"建筑安装工程投资""设备投资""待摊投资""其他投资""待核销基建支出""基建转出投资"等项目。

（一）建筑安装工程投资

建筑安装工程投资是指单位发生的构成建设项目实际支出的建筑工程和安装工程的实际成本，不包括被安装设备本身的价值以及按照合同规定支付给施工单位的预付备料款和预付工程款。

（二）设备投资

设备投资是指单位发生的构成建设项目实际支出的各种设备的实际成本。

（三）待摊投资

待摊投资是指单位发生的构成建设项目实际支出的、按照规定应当分摊计入有关工程成本和设备成本的各项间接费用和税费支出。具体内容包括以下方面：

（1）勘察费、设计费、研究试验费、可行性研究费及项目其他前期费用。

（2）土地征用及迁移补偿费、土地复垦及补偿费、森林植被恢复费及其他为取得土地使用权、租用权而发生的费用。

（3）土地使用税、耕地占用税、契税、车船税、印花税及按照规定缴纳的其他税费。

（4）项目建设管理费、代建管理费、临时设施费、监理费、招投标费、社会中介审计（审查）费及其他管理性质的费用。

项目建设管理费是指项目建设单位从项目筹建之日起至办理竣工财务决算之日止发生的管理性质的支出，包括不在原单位发工资的工作人员工资及相关费用、办公费、办公场地租用费、差旅交通费、劳动保护费、工具用具使用费、固定资产使用费、招募生产工人费、技术图书资料费（含软件）、业务招待费、施工现场津贴、竣工验收费等。

（5）项目建设期间发生的各类专门借款利息支出或融资费用。

（6）工程检测费、设备检验费、负荷联合试车费及其他检验检测类费用。

（7）固定资产损失、器材处理亏损、设备盘亏及毁损、单项工程或单位工程报废、毁损净损失及其他损失。

（8）系统集成等信息工程的费用支出。

（9）其他待摊性质支出。

（四）其他投资

其他投资是指单位发生的构成建设项目实际支出的房屋购置支出，基本畜禽、林木等购置、饲养、培育支出，办公生活用家具、器具购置支出，软件研发和不能计入设备投资的软件购置等支出。单位为进行可行性研究而购置的固定资产，以及取得土地使用权支付的土地出让金，也属于其他投资。

（五）待核销基建支出

待核销基建支出是指建设项目发生的江河清障、航道清淤、飞播造林、补助群众造林、水土保持、城市绿化、取消项目的可行性研究费以及项目整体报废等不能形成资产部分的基建投资支出。

（六）基建转出投资

基建转出投资是指单位为建设项目配套而建成的、产权不归属本单位的专用设施的实际成本。

二、账户的设置

（一）"工程物资"科目

"工程物资"科目核算单位为在建工程准备的各种物资的成本。包括工程用材料、设备等。本科目可按照"库存材料""库存设备"等工程物资类别进行明细核算。

（二）"在建工程"科目

"在建工程"科目核算单位在建的建设项目工程的实际成本。单位在建的信息系统项目工程、公共基础设施项目工程、保障性住房项目工程的实际成本，也通过本科目核算。本科目应当设置"建筑安装工程投资""设备投资""待摊投资""其他投资""待核销基建支出""基建转出投资"等明细科目，并按照具体项目进行明细核算。

（1）"建筑安装工程投资"明细科目，核算单位发生的构成建设项目实际支出的建筑工程和安装工程的实际成本。本明细科目应当设置"建筑工程"和"安装工程"两个明细科目进行明细核算。

（2）"设备投资"明细科目，核算单位发生的构成建设项目实际支出的各种设备的实际成本。

（3）"待摊投资"明细科目，核算单位发生的构成建设项目实际支出的、按照规定应当分摊计入有关工程成本和设备成本的各项间接费用和税费支出。本明细科目应当按照上述费用项目进行明细核算，其中有些费用（如项目建设管理费等），还应当按照更为具体的费用

（4）"其他投资"明细科目，核算单位发生的构成建设项目实际支出的房屋购置支出、基本畜禽、林木等购置、饲养、培育支出，办公生活用家具、器具购置支出，软件研发和不能计入设备投资的软件购置等支出。单位为进行可行性研究而购置的固定资产，以及取得土地使用权支付的土地出让金，也通过本明细科目核算。本明细科目应当设置"房屋购置""基本畜禽支出""林木支出""办公生活用家具、器具购置""可行性研究固定资产购置""无形资产"等明细科目。

（5）"待核销基建支出"明细科目，核算建设项目发生的江河清障、航道清淤、飞播造林、补助群众造林、水土保持、城市绿化、取消项目的可行性研究费以及项目整体报废等不能形成资产部分的基建投资支出。本明细科目应按照待核销基建支出的类别进行明细核算。

（6）"基建转出投资"明细科目，核算为建设项目配套而建成的、产权不归属本单位的专用设施的实际成本。本明细科目应按照转出投资的类别进行明细核算。

三、在建工程的核算

（一）工程物资的核算

工程物资的主要账务处理如下：

（1）购入为工程准备的物资，按确定把物资成本，借记"工程物资"科目，贷记"财政拨款收入""零余额账户用款额度""银行存款""应付账款"等科目。

（2）领用工程物资，按照物资成本，借记"在建工程"科目，贷记"工程物资"科目。工程完工后将领出的剩余物资退库时做相反的会计分录。

（3）工程完工后将剩余的工程物资作本单位存货的，按照物资成本，借记"库存物品"等科目，贷记"工程物资"科目。

（二）建筑安装工程的核算

1. 更新改造工程

将固定资产等资产转入改建、扩建等时，按照固定资产等资产的账面价值，借记"在建工程"科目（建筑安装工程投资），按照已计提的折旧或摊销，借记"固定资产累计折旧"等科目，按照固定资产等资产的原值，贷记"固定资产"等科目。固定资产等资产改建、扩建过程中涉及替换（或拆除）原资产的某些组成部分的，按照被替换（或拆除）部分的账面价值，借记"待处理财产损溢"科目，贷记"在建工程"科目（建筑安装工程投资）。

2. 对外发包工程

单位对于发包建筑安装工程，根据建筑安装工程价款结算账单与施工企业结算工程价款时，按照应承付的工程价款，借记"在建工程"科目（建筑安装工程投资），按照预付工程款余额，贷记"预付账款"科目，按照其差额，贷记"财政拨款收入""零余额账户用款额度""银行存款""应付账款"等科目。

3. 自行建造工程

单位自行施工的小型建筑安装工程，按照发生的各项支出金额，借记"在建工程"科目（建筑安装工程投资），贷记"工程物资""零余额账户用款额度""银行存款""应付职工薪酬"等科目。

4. 工程竣工，办妥竣工验收交接手续

工程竣工，办妥竣工验收交接手续交付使用时，按照建筑安装工程成本（含应分摊的待摊投资），借记"固定资产"等科目，贷记"在建工程"科目（建筑安装工程投资）。

（三）设备投资的核算

（1）购入设备时，按照购入成本，借记"在建工程"科目（设备投资），贷记"财政拨款收入""零余额账户用款额度""银行存款"等科目；采用预付款方式购入设备的，有关预付款的账务处理上述有关"建筑安装工程投资"明细科目的规定。

（2）设备安装完毕，办妥竣工验收交接手续交付使用时，按照设备投资成本（含设备安装工程成本和分摊的待摊投资），借记"固定资产"等科目，贷记"在建工程"科目（设备投资、建筑安装工程投资——安装工程）。

将不需要安装的设备和达不到固定资产标准的工具、器具交付使用时，按照相关设备、工具、器具的实际成本，借记"固定资产""库存物品"科目，贷记"在建工程"科目（设备投资）。

（四）待摊投资的核算

建设工程发生的构成建设项目实际支出的、按照规定应当分摊计入有关工程成本和设备成本的各项间接费用和税费支出，先在"待摊投资"明细科目中归集；建设工程办妥竣工验收手续交付使用时，按照合理的分配方法，摊入相关工程成本、在安装设备成本等。

1. 待摊投资的归集

（1）单位发生的构成待摊投资的各类费用，按照实际发生金额，借记"在建工程——待摊投资"科目，贷记"财政拨款收入""零余额账户用款额度""银行存款""应付利息""长期借款""其他应交税费""固定资产累计折旧""无形资产累计摊销"等科目。

（2）对于建设过程中试生产、设备调试等产生的收入，按照取得的收入金额，借记"银行存款"等科目，按照依据有关规定应当冲减建设工程成本的部分，贷记"在建工程——待摊投资"科目，按照其差额贷记"应缴财政款"或"其他收入"科目。

（3）由于自然灾害、管理不善等原因造成的单项工程或单位工程报废或毁损，扣除残料价值和过失人或保险公司等赔款后的净损失，报经批准后计入继续施工的工程成本的，按照工程成本扣除残料价值和过失人或保险公司等赔款后的净损失，借记"在建工程——待摊投资"科目，按照残料变价收入、过失人或保险公司赔款等，借记"银行存款""其他应收款"等科目，按照报废或毁损的工程成本，贷记"在建工程——建筑安装工程投资"科目。

2. 待摊投资的分配

工程交付使用时，按照合理的分配方法分配待摊投资，借记"在建工程"科目（建筑安装工程投资、设备投资），贷记"在建工程——待摊投资"科目。

待摊投资的分配方法，可按照下列公式计算：

（1）按照实际分配率分配。适用于建设工期较短、整个项目的所有单项工程一次竣工的建设项目。

实际分配率＝待摊投资明细科目余额÷(建筑工程明细科目余额＋安装工程明细科目余额＋设备投资明细科目余额)×100%

(2) 按照概算分配率分配。适用于建设工期长、单项工程分期分批建成投入使用的建设项目。

概算分配率＝(概算中各待摊投资项目的合计数－其中可直接分配部分)÷(概算中建筑工程、安装工程和设备投资合计)×100%

(3) 某项固定资产应分配的待摊投资＝该项固定资产的建筑工程成本或该项固定资产(设备)的采购成本和安装成本合计×分配率

(五) 其他投资的核算

(1) 单位为建设工程发生的房屋购置支出，基本畜禽、林木等的购置、饲养、培育支出，办公生活用家具、器具购置支出，软件研发和不能计入设备投资的软件购置等支出，按照实际发生金额，借记"在建工程——其他投资"科目，贷记"财政拨款收入""零余额账户用款额度""银行存款"等科目。

(2) 工程完成将形成的房屋、基本畜禽、林木等各种财产以及无形资产交付使用时，按照其实际成本，借记"固定资产""无形资产"等科目，贷记"在建工程——其他投资"科目。

(六) 待核销基建支出的核算

(1) 建设项目发生的江河清障、航道清淤、飞播造林、补助群众造林、水土保持、城市绿化等不能形成资产的各类待核销基建支出，按照实际发生金额，借记"在建工程——待核销基建支出"科目，贷记"财政拨款收入""零余额账户用款额度""银行存款"等科目。

(2) 取消的建设项目发生的可行性研究费，按照实际发生金额，借记"在建工程——待核销基建支出"科目，贷记"在建工程——待摊投资"科目。

(3) 由于自然灾害等原因发生的建设项目整体报废所形成的净损失，报经批准后转入待核销基建支出，按照项目整体报废所形成的净损失，借记"在建工程——待核销基建支出"科目，按照报废工程回收的残料变价收入、保险公司赔款等，借记"银行存款""其他应收款"等科目，按照报废的工程成本，贷记"在建工程"科目(建筑安装工程投资等)。

(4) 建设项目竣工验收交付使用时，对发生的待核销基建支出进行冲销，借记"资产处置费用"科目，贷记"在建工程——待核销基建支出"科目。

(七) 基建转出投资的核算

为建设项目配套而建成的、产权不归属本单位的专用设施，在项目竣工验收交付使用时，按照转出的专用设施的成本，借记"在建工程"科目(基建转出投资)，贷记"在建工程"科目(建筑安装工程投资)；同时，借记"无偿调拨净资产"科目，贷记"在建工程"科目(基建转出投资)。

"工程物资"和"在建工程"的主要业务和事项账务处理如表2-25所示。

表 2-25　　　　　　　　"工程物资""在建工程"的账务处理

序号	业务和事项内容		账务处理
(1)	工程物资的核算	购买工程物资时	借：工程物资 　贷：财政拨款收入/零余额账户用款额度/银行存款/应付账款/其他应付款等
		领用工程物资时	借：在建工程 　贷：工程物资
		剩余工程物资转为存货	借：库存物品 　贷：工程物资
(2)	建筑安装工程投资	发包工程预付工程款时	借：预付账款 　贷：财政拨款收入/零余额账户用款额度/银行存款等
		按进度结算工程款时	借：在建工程 　贷：预付账款 　　　财政拨款收入/零余额账户用款额度/银行存款等
		工程竣工验收交付使用	借：固定资产 　贷：在建工程
(3)	设备投资	购入设备时	借：在建工程 　贷：财政拨款收入/零余额账户用款额度/银行存款/应付账款等
		安装完毕，交付使用	借：固定资产 　贷：在建工程
(4)	待摊投资	发生待摊投资的各项费用时	借：在建工程——待摊投资 　贷：财政拨款收入/零余额账户用款额度/银行存款/应付利息/长期借款/其他应交税费等
		试生产、设备调试过程发生的收入	借：银行存款 　贷：在建工程——待摊投资 　　　应缴财政款/其他收入
(5)	设备投资	单项（位）工程报废净损失计入工程成本	借：在建工程——待摊投资 　　　银行存款/其他应收款等 　贷：在建工程——建筑安装工程投资
		工程交付使用，分配待摊投资时	借：在建工程——建筑安装工程投资 　　　　　　——设备投资 　贷：在建工程——待摊投资
(6)	其他投资	发生其他投资支出时	借：在建工程——其他投资 　贷：财政拨款收入/零余额账户用款额度/银行存款等
		资产交付使用时	借：固定资产/无形资产等 　贷：在建工程——其他投资

续表

序号	业务和事项内容	账务处理
（7）基建转出投资	建造产权不归属本单位的专用设施转出时	借：在建工程——基建转出投资 　贷：在建工程——建筑安装工程投资
	冲减转出的在建工程时	借：无偿调拨净资产 　贷：在建工程——基建转出投资
（8）待核销基建支出	发生各类待核销基建支出时	借：在建工程——待核销基建支出 　贷：财政拨款收入/零余额账户用款额度/银行存款等
	取消的项目发生的可行性研究费时	借：在建工程——待核销基建支出 　贷：在建工程——待摊投资
（9）待核销基建支出	发生项目整体报废所形成的损失时	借：在建工程——待摊投资 　　　银行存款/其他应收款等 　贷：在建工程——建筑安装工程投资
	经批准冲销待核销基建支出时	借：资产处置费用 　贷：在建工程——待核销基建支出

【工作实例 2-27】 某高职院校为建造智慧校园，将信息系统工程出包给丙公司承建，有关资料如下：

（1）工程招标预算 850 000 元，工程开工时向丙公司预付工程款 300 000 元，价款通过财政直接支付。

（2）购买服务器、计算机等信息设备 260 000 元，交付安装。

（3）支付项目可行性研究的专家服务费 60 000 元。

（4）支付项目管理费 50 000 元。

（5）按进度结算工程款 480 000 元，补付工程款 180 000 元。

（6）工程竣工，经过验收已交付使用。

任务处理如下：

（1）预付工程款时

借：预付账款——预付工程款　　　　　　　　　　　　　　　　300 000
　　贷：财政拨款收入　　　　　　　　　　　　　　　　　　　　　　300 000

（2）购买设备时

借：在建工程——设备投资　　　　　　　　　　　　　　　　　260 000
　　贷：财政拨款收入　　　　　　　　　　　　　　　　　　　　　　260 000

（3）支付项目可行性研究的专家服务费时

借：在建工程——待摊投资　　　　　　　　　　　　　　　　　 60 000
　　贷：财政拨款收入　　　　　　　　　　　　　　　　　　　　　　 60 000

（4）支付项目管理费时

借：在建工程——待摊投资　　　　　　　　　　　　　　　　　 50 000
　　贷：财政拨款收入　　　　　　　　　　　　　　　　　　　　　　 50 000

（5）按进度结算工程款时
借：在建工程——建筑安装工程投资　　　　　　　　　480 000
　　贷：预付账款——预付工程款　　　　　　　　　　　　300 000
　　　　财政拨款收入　　　　　　　　　　　　　　　　　180 000
（6）工程竣工，交付使用时
借：固定资产　　　　　　　　　　　　　　　　　　　　850 000
　　贷：在建工程——建筑安装工程投资　　　　　　　　　480 000
　　　　　　　　——待摊投资　　　　　　　　　　　　　110 000
　　　　　　　　——设备投资　　　　　　　　　　　　　260 000

任务七　无形资产的核算

一、无形资产的确认

（一）无形资产的概念

无形资产是指政府会计主体控制的没有实物形态的可辨认非货币性资产，如专利权、商标权、著作权、土地使用权、非专利技术等。

（1）专利权是指政府对单位在某一产品的造型、配方、结构、制造工艺或程序的发明上给予制造使用和出售等方面的专门权利。

（2）商标权是指单位专门在某类指定的商品或产品上使用特定的名称或图案的权利。商标一经注册，即受法律保护。

（3）著作权又称版权，是指文学、艺术和科学作品等著作人依法对其作品所拥有的权利，一般包括发表权、署名权、修改权、保护作品完整权、使用权和获得报酬权等。

（4）土地使用权是指单位依法取得的在一定期间内开发和利用土地的权利。在我国，土地归国家所有，任何单位或个人只有使用权，没有土地所有权。

（5）非专利技术又称专有技术、技术秘密、技术诀窍，它是指发明者未申请专利或不够申请专利条件的而未经公开的先进技术，包括先进经验、技术设计资料、原料配方等。

资产满足下列条件之一的，符合无形资产定义中的可辨认性标准：①能够从政府会计主体中分离或者划分出来，并能单独或者与相关合同、资产或负债一起，用于出售、转移、授予许可、租赁或者交换；②源自合同性权利成其他法定权利，无论这些权利是否可以从政府会计主体或其他权利和义务中转移或者分离。

（二）无形资产的确认

无形资产同时满足下列条件的，应当予以确认：

（1）与该无形资产相关的服务潜力很可能实现或者经济利益很可能流入政府会计主体；

（2）该无形资产的成本或者价值能够可靠地计量。

政府会计主体在判断无形资产的服务潜力或经济利益很可能流入时，应当对无形资产预计使用年限内存在的各种社会、经济、科技因素做出合理估计，并且应当有确凿的证据支持。

政府会计主体购入的不构成相关硬件不可缺少组成部分的软件，也应当作为无形资产核算。

政府会计主体自创商誉及内部产生的品牌、报刊名等，不确认为无形资产。

二、无形资产的初始计量

（一）无形资产初始成本的确定

无形资产在取得时应当按照成本进行初始计量。具体表现在：

（1）单位购入的无形资产，其成本包括购买价款、相关税费以及可归属于该项资产达到预定用途所发生的其他支出。

单位委托软件公司开发的软件，视同外购无形资产确定其成本。

（2）单位自行开发的无形资产，其成本包括自该项目进入开发阶段后至达到预定用途所发生的支出总额。

（3）单位通过置换取得的无形资产，其成本按照换出资产的评估价值加上支付的补价或减去收到的补价，加上为换入无形资产支付的其他支出确定。

（4）单位接受捐赠的无形资产，其成本按照有关凭据注明的金额加上相关税费确定；没有相关凭据可供取得，但按规定经过资产评估的，其成本应当按照评估价值加上相关税费确定；没有相关凭据可供取得，也未经资产评估的，其成本比照同类或类似资产的市场价格加上相关税费确定；没有相关凭据也未经资产评估，同类或类似无形资产的市场价格也无法可靠取得的，按照名义金额入账，相关税费计入当期费用。确定接受捐赠无形资产的初始入账成本时，应当考虑该项资产尚可为单位带来服务潜力或经济利益的能力。

（5）无偿调入的无形资产，其成本按照调出方账面价值加上相关税费确定。

（二）取得无形资产的核算

无形资产在取得时，应当按照成本进行初始计量。

（1）外购的无形资产，按照确定的成本，借记"无形资产"科目，贷记"财政拨款收入""零余额账户用款额度""应付账款""银行存款"等科目。

（2）委托软件公司开发软件，视同外购无形资产进行处理。

合同中约定预付开发费用的，按照预付金额，借记"预付账款"科目，贷记"财政拨款收入""零余额账户用款额度""银行存款"等科目。

软件开发完成交付使用并支付剩余或全部软件开发费用时，按照软件开发费用总额，借记"无形资产"科目，按照相关预付账款金额贷记"预付账款"科目，按照支付的剩余金额贷记"财政拨款收入""零余额账户用款额度""银行存款"等科目。

（3）自行研究开发形成的无形资产，按照研究开发项目进入开发阶段后至达到预定用途所发生的支出总额借记"无形资产"科目，贷记"研发支出——开发支出"科目。

自行研究开发项目尚未进入开发阶段，或者确实无法区别研究阶段支出和开发阶段支出，但按照法律程序已申请取得无形资产的，按照依法取得时发生的注册费、聘请律师费等费用，借记"无形资产"科目，贷记"财政拨款收入""零余额账户用款额度""银行存款"等科目；按照依法取得前所发生的研究开发支出，借记"业务活动费用"等科目，贷记"研发支出"科目。

（4）接受捐赠的无形资产，按照确定的无形资产成本，借记"无形资产"科目，按照发生的相关税费等，贷记"零余额账户用款额度""银行存款"等科目，按照其差额，贷记"捐赠收入"科目。

接受捐赠的无形资产按照名义金额入账的，按照名义金额借记"无形资产"科目，贷记"捐赠收入"科目；同时，按照发生的相关税费等，借记"其他费用"科目，贷记"零余额账户用款额度""银行存款"等科目。

（5）无偿调入的无形资产，按照确定的无形资产成本，借记"无形资产"科目，按照发生的相关税费等，贷记"零余额账户用款额度""银行存款"等科目，按照其差额，贷记"无偿调拨净资产"科目。

取得无形资产主要业务和事项账务处理如表 2-26 所示。

表 2-26　　　　　　　　　　取得无形资产的账务处理

序号	业务和事项内容		账务处理
（1）	外购的无形资产		借：无形资产 　贷：财政拨款收入/零余额账户用款额度/应付账款/银行存款等
（2）	委托软件公司开发软件	按照合同约定预付开发费时	借：预付账款 　贷：财政拨款收入/零余额账户用款额度/银行存款等
		软件交付使用，并支付剩余或全部开发费用时	借：无形资产 　贷：预付账款 　　　财政拨款收入/零余额账户用款额度/银行存款等
（3）	置换取得的无形资产		借：无形资产 　　银行存款等（收到补价） 　贷：库存物品/固定资产等 　　　银行存款等（支付补价）
（4）	接受捐赠的无形资产	按成本加相关税费确定成本	借：无形资产 　贷：捐赠收入 　　　零余额账户用款额度/银行存款等
		按名义金额入账的无形资产	借：无形资产 　贷：捐赠收入 借：其他费用 　贷：零余额账户用款额度/银行存款等
（5）	无偿调入的无形资产		借：无形资产 　贷：零余额账户用款额度/银行存款等 　　　无偿调拨净资产

【工作实例 2-28】某高校 2018 年发生与无形资产有关的经济业务如下：

（1）用财政资金直接支付新校区土地使用权 10 000 000 元。

（2）为开展经营业务活动购入专利权一项，价款 800 000 元，以银行存款支付。

（3）委托某软件公司开发教学管理软件，按合同约定用财政资金直接支付预付开发费 300 000 元。

（4）接受校友捐赠一项著作权，经过会计师事务所进行资产评估，评估价值 150 000 元，另以银行存款支付评估费及相关税费 3 000 元。

（5）委托某软件公司开发教学管理软件已经交付使用，按合同约定用财政资金直接支付剩余开发费 250 000 元。

任务处理如下：

（1）用财政资金直接支付新校区土地使用权

借：无形资产　　　　　　　　　　　　　　　　　　　　10 000 000
　　贷：财政拨款收入　　　　　　　　　　　　　　　　　　　10 000 000

（2）用银行存款购买专利权

借：无形资产　　　　　　　　　　　　　　　　　　　　　　800 000
　　贷：银行存款　　　　　　　　　　　　　　　　　　　　　　800 000

（3）委托某软件公司开发教学管理软件

借：预付账款　　　　　　　　　　　　　　　　　　　　　　300 000
　　贷：财政拨款收入　　　　　　　　　　　　　　　　　　　　300 000

（4）接受校友捐赠一项著作权

借：无形资产　　　　　　　　　　　　　　　　　　　　　　153 000
　　贷：捐赠收入　　　　　　　　　　　　　　　　　　　　　　150 000
　　　　银行存款　　　　　　　　　　　　　　　　　　　　　　　3 000

（5）开发教学管理软件开发完成，支付剩余开发费

借：无形资产　　　　　　　　　　　　　　　　　　　　　　550 000
　　贷：预付账款　　　　　　　　　　　　　　　　　　　　　　300 000
　　　　财政拨款收入　　　　　　　　　　　　　　　　　　　　250 000

三、自行开发的无形资产

（一）研究阶段支出和开发阶段支出的划分

单位自行研究开发项目所发生的支出，应区分研究阶段支出和开发阶段支出。

研究是指为获取并理解新的科学和技术知识而进行的独创性的有计划调查。这个阶段是探索性的，为进一步开发活动进行资料及相关方面的准备，已进行的研究活动将来是否会转入开发、开发后是否会形成无形资产等均具有较大的不确定性。

开发是指在进行生产或者使用前，将研究成果或其他知识应用于某项计划或设计，以生产出新的或具有实质性改进的材料、装置、产品等。

单位自行研究开发项目研究阶段的支出应当于发生时计入当期费用。

单位自行研究开发项目开发阶段的支出，先按合理方法进行归集，如果最终形成无形资产的，应当确认为无形资产；如果最终未形成无形资产的，应当计入当期费用。

单位自行研究开发项目尚未进入开发阶段，或者确实无法区分研究阶段支出和开发阶段支出，但按照法律程序已申请取得的无形资产的，应当将依法取得时发生的注册费、聘请律师费等费用确认为无形资产。

（二）自行开发无形资产的核算

单位对于自行开发的无形资产应当设置"研发支出"科目进行核算。该科目用来核算单位自行研究开发项目研究阶段和开发阶段发生的各项支出。该科目分别以"研究支出"与"开发支出"进行明细核算。

1. 研究阶段支出

自行研究开发项目研究阶段应通过"研发支出"科目进行归集。

按照从事研究及其辅助活动人员计提的薪酬，研究活动领用的库存物品，发生的与研究活动相关的管理费、间接费和其他各项费用，借记"研发支出——研究支出"科目，贷记"应付职工薪酬""库存物品""财政拨款收入""零余额账户用款额度""固定资产累计折旧""银行存款"等科目。期（月）末，应当将本科目归集的研究阶段的支出金额转入当期费用，借记"业务活动费用"等科目，贷记"研发支出——研究支出"科目。

研究阶段的支出应于期（月）末将"研发支出——研究支出"科目归集的金额转入当期费用（业务活动费用或经营费用）。

2. 开发阶段支出

自行研究开发项目开发阶段的支出，也应通过"研发支出"科目进行归集。按照从事开发及其辅助活动人员计提的薪酬，开发活动领用的库存物品，发生的与开发活动相关的管理费、间接费和其他各项费用，借记"研发支出——开发支出"科目，贷记"应付职工薪酬""库存物品""财政拨款收入""零余额账户用款额度""固定资产累计折旧""银行存款"等科目。自行研究开发项目完成，达到预定用途形成无形资产的，按照本科目归集的开发阶段的支出金额，借记"无形资产"科目，贷记"研发支出——开发支出"。

3. 其他情形

（1）单位应于每年年度终了评估研究开发项目是否能达到预定用途，如预计不能达到预定用途（如无法最终完成开发项目并形成无形资产的），应当将已发生的开发支出金额全部转入当期费用。

（2）自行研究开发项目尚未进入开发阶段，或者确实无法区别研究阶段支出和开发阶段支出，但按照法律程序已申请取得无形资产的，按照依法取得时发生的注册费、聘请律师费等费用，计入无形资产的成本；按照依法取得前所发生的研究开发支出，全部转入当期费用。

【小思考 2-8】建设项目中的软件研发支出，是否通过"研发支出"科目核算？

自行开发无形资产主要业务和事项账务处理如表 2-27 所示。

【工作实例 2-29】某事业单位研发成功了一项专利，有关资料如下：

（1）前期研究阶段共发生费用 15 000 元，以银行存款付讫。

（2）开发阶段共发生开发费用 30 000 元，其中包含开发人员工资 21 000 元，消耗物品 3 500 元，固定资产折旧 1 500 元，以银行存款支付其他费用 4 000 元。

表 2-27 自行开发无形资产的账务处理

序号	业务和事项内容		账务处理
（1）	研究阶段的支出	应当按照合理方法先归集	借：研发支出——研究支出 　　贷：财政拨款收入/零余额账户用款额度/应付职工薪酬/银行存款/库存物品/固定资产累计折旧等
		期（月末）转入当期费用	借：业务活动费用等 　　贷：研发支出——研究支出
（2）	开发阶段的支出	应当按照合理方法先归集	借：研发支出——开发支出 　　贷：财政拨款收入/零余额账户用款额度/应付职工薪酬/银行存款/库存物品/固定资产累计折旧等
		开发完成，达到预定用途形成无形资产	借：无形资产 　　贷：研发支出——开发支出
		年末经评估，研发项目预计不能达到预定用途	借：业务活动费用等 　　贷：研发支出——研究支出
（3）	自行研究开发项目尚未进入开发阶段，或者确实无法区别研究阶段支出和开发阶段支出，但按照法律程序已申请取得无形资产		借：无形资产 　　贷：财政拨款收入/零余额账户用款额度/应付职工薪酬/银行存款/库存物品/固定资产累计折旧等

（3）发生的注册费、聘请律师费等费用 1 800 元。
（4）2018 年 6 月取得了专利权，确认为无形资产的成本。
任务处理如下：
（1）研究过程中的相关费用
借：研发支出——研究支出　　　　　　　　　　　　　　　　15 000
　　贷：银行存款　　　　　　　　　　　　　　　　　　　　　15 000
（2）开发阶段的支出
借：研发支出——开发支出　　　　　　　　　　　　　　　　30 000
　　贷：应付职工薪酬　　　　　　　　　　　　　　　　　　　21 000
　　　　库存物品　　　　　　　　　　　　　　　　　　　　　 3 500
　　　　固定资产累计折旧　　　　　　　　　　　　　　　　　 1 500
　　　　银行存款　　　　　　　　　　　　　　　　　　　　　 4 000
（3）发生的注册费、聘请律师费等费用
借：研发支出——开发支出　　　　　　　　　　　　　　　　 1 800
　　贷：银行存款　　　　　　　　　　　　　　　　　　　　　 1 800
（4）期末，将研发支出转入当期费用和无形资产成本
借：业务活动费用　　　　　　　　　　　　　　　　　　　　15 000
　　无形资产——专利权　　　　　　　　　　　　　　　　　21 800
　　贷：研发支出——研究支出　　　　　　　　　　　　　　15 000
　　　　　　　　——开发支出　　　　　　　　　　　　　　21 800

四、无形资产的后续计量

（一）无形资产的摊销

1. 无形资产使用年限的确定

单位应当于取得或形成无形资产时合理确定其使用年限。无形资产的使用年限为有限的，其应当估计该使用年限。使用年限按以下原则确定：

（1）法律规定了有效年限的，按照法律规定的有效年限作为摊销年限；

（2）法律没有规定有效年限的，按照相关合同或单位申请书中的受益年限作为摊销年限；

（3）法律没有规定有效年限、相关合同或单位申请书也没有规定受益年限的，应当根据无形资产为政府会计主体带来服务潜力或经济利益的实际情况，预计其使用年限；

（4）非大批量购入、单价小于1 000元的无形资产，可以于购买的当期一次将成本全部摊销。

无法预计无形资产为单位提供服务潜力或者带来经济利益期限的，应当视为使用年限不确定的无形资产。

2. 无形资产的摊销规定

（1）无形资产摊销是指在无形资产使用年限内，按照确定的方法对应摊销金额进行系统分摊。

（2）单位应当对使用年限有限的无形资产进行摊销。但已摊销完毕仍继续使用的无形资产和以名义金额计量的无形资产除外。

（3）使用年限不确定的无形资产，不必进行摊销。

（4）无形资产摊销期限应从单位受益之日起。

（5）无形资产摊销的方法可以采用年限平均法或工作量法。无形资产的应摊销金额为其成本，不考虑净残值。

3. 无形资产摊销的会计处理

无形资产摊销通过"无形资产累计摊销"科目进行核算，摊销的金额应根据用途计入当期费用或者相关资产成本。

单位按月对无形资产进行摊销时，按照应摊销金额，借记"业务活动费用""单位管理费用""加工物品""在建工程"等科目，贷记"无形资产累计摊销"科目。

（二）无形资产的后续支出

与无形资产有关的后续支出，应分别按以下情况处理：

（1）符合无形资产确认条件的后续支出。为增加无形资产的使用效能而发生的后续支出，如对软件进行升级改造或扩展其功能等所发生的支出，应当计入无形资产的成本。

为增加无形资产的使用效能对其进行升级改造或扩展其功能时，如需暂停对无形资产进行摊销的，按照无形资产的账面价值，借记"在建工程"科目，按照无形资产已摊销金额，借记"无形资产累计摊销"科目，按照无形资产的账面余额，贷记"无形资产"科目。

无形资产后续支出符合无形资产确认条件的，按照支出的金额，借记"无形资产"科目（无需暂停摊销的）或"在建工程"科目（需暂停摊销的），贷记"财政拨款收入""零余额账户用款额度""银行存款"等科目。暂停摊销的无形资产升级改造或扩展功能等完成交付使用时,按照在建工程成本,借记"无形资产"科目,贷记"在建工程"科目。

(2) 不符合无形资产确认条件的后续支出。为维护无形资产的正常使用而发生的后续支出,如对软件进行漏洞修补、技术维护等所发生的支出,应当计入当期费用。

为保证无形资产正常使用发生的日常维护等支出,借记"业务活动费用""单位管理费用"等科目,贷记"财政拨款收入""零余额账户用款额度""银行存款"等科目。

无形资产后续计量主要业务和事项账务处理如表 2-28 所示。

表 2-28　　　　　　　　　无形资产后续计量的账务处理

序号	业务和事项内容		账务处理
(1)	无形资产摊销	按月进行摊销时	借:业务活动费用/单位管理费用/加工物品等 贷:无形资产累计摊销
(2)	与无形资产有关的后续支出	符合无形资产确认条件的	需暂停对无形资产进行摊销的：借:在建工程 　　　无形资产累计摊销 贷:无形资产 借:在建工程/无形资产 贷:财政拨款收入/零余额账户用款额度/银行存款等
			无需暂停对无形资产进行摊销的：借:无形资产 贷:财政拨款收入/零余额账户用款额度/银行存款等
		不符合无形资产确认条件的	借:业务活动费用/单位管理费用/经营费用等 贷:财政拨款收入/零余额账户用款额度/银行存款等

五、无形资产的处置和清查

无形资产的处置包括出售、置换换出、无偿调出、对外投资和报废无形资产等情形。

1. 出售无形资产

单位按规定报经批准出售无形资产,应当将无形资产账面价值转销计入当期费用,并将处置收入大于相关处置税费后的差额按规定计入当期收入或者做应缴款项处理。

报经批准出售、转让无形资产,按照被出售、转让无形资产的账面价值,借记"资产处置费用"科目,按照无形资产已计提的摊销,借记"无形资产累计摊销"科目,按照无形资产账面余额,贷记"无形资产"科目;同时,按照收到的价款借记"银行存款"等科目,按照处置过程中发生的相关费用贷记"银行存款"等科目,按照其差额贷记"应缴财政款"(按照规定应上缴无形资产转让净收入的)或"其他收入"(按照规定将无形资产转让收入纳入本单位预算管理的)科目。

2. 对外捐赠、无偿调出无形资产

报经批准对外捐赠无形资产,按照无形资产已计提的摊销,借记"无形资产累计摊销"科目,按照被处置无形资产账面余额,贷记"无形资产"科目,按照捐赠过程中发生的归属于捐出方的相关费用,贷记"银行存款"等科目,按照其差额,借记"资产处置费用"科目。

报经批准无偿调出无形资产,按照无形资产已计提的摊销,借记"无形资产累计摊销"

科目，按照被处置无形资产账面余额，贷记"无形资产"科目，按照其差额，借记"无偿调拨净资产"科目；同时，按照无偿调出过程中发生的归属于调出方的相关费用，借记"资产处置费用"科目，贷记"银行存款"等科目。

3. 对外投资的无形资产

单位按规定报经批准以无形资产对外投资的，应当将该无形资产的账面价值予以转销，并将无形资产在对外投资时的评估价值与其账面价值的差额计入当期收入或费用。

4. 报废的无形资产

如果无形资产预期不能为单位带来服务潜力或者经济利益的，应当在报经批准后将该无形资产的账面价值转入"资产处置费用"科目核算。按照待核销无形资产的账面价值借记"资产处置费用"科目，按照已计提摊销借记"无形资产累计摊销"科目，按照无形资产的账面余额，贷记"无形资产"科目。

5. 无形资产的清查

单位应当定期对无形资产进行清查盘点，每年至少盘点一次。发生无形资产盘盈、盘亏，按照会计制度规定进行处理。

（1）盘盈无形资产时，按照确定的成本，借记"无形资产"科目，贷记"待处理财产损溢"科目。按照规定报经批准后处理时，如属于本年度取得的，按照当年新取得无形资产进行账务处理；如属于以前年度取得的，按照前期差错处理，借记"待处理财产损溢"科目，贷记"以前年度盈余调整"科目。

（2）盘亏的无形资产，按照无形资产的账面价值，借记"待处理财产损溢"科目，按照已计提的摊销，借记"无形资产累计摊销"科目，按照无形资产的账面余额，贷记"无形资产"科目。盘亏的无形资产报经批准处理时，借记"资产处置费用"科目，贷记"待处理财产损溢"科目。

无形资产的处置和清查的主要业务和事项账务处理如表2-29所示。

表2-29　　　　　　　　　无形资产处置和清查的账务处理

序号	业务和事项内容	账务处理
（1）	出售、转让无形资产	借：资产处置费用 　　无形资产累计摊销 　贷：无形资产 借：银行存款（收到的款项） 　贷：银行存款（发生的相关税费） 　　应缴财政款/其他收入
（2）	对外捐赠无形资产	借：资产处置费用 　　无形资产累计摊销 　贷：无形资产 　　银行存款
（3）	无偿调出无形资产	借：无偿调拨净资产 　　无形资产累计摊销 　贷：无形资产 借：资产处置费用 　贷：银行存款等（相关费用）

续表

序号	业务和事项内容		账务处理
(4)	经批准核销的无形资产		借：资产处置费用 　　无形资产累计摊销 　贷：无形资产
(5)	盘盈无形资产	盘盈无形资产时	借：无形资产 　贷：待处理财产损溢
		报经批准后处理时，如属于以前年度取得的	借：待处理财产损溢 　贷：以前年度盈余调整
(6)	盘亏无形资产	盘亏无形资产时	借：待处理财产损溢 　　无形资产累计摊销 　贷：无形资产
		报经批准后处理时	借：资产处置费用 　贷：待处理财产损溢

【工作实例 2-30】某高职院校发生与无形资产后续计量有关的支出如下：

（1）以前年度购入的新校区土地使用权，按规定本月应摊销额 28 000 元。

（2）转让一项专利权，其账面成本为 80 000 元，已计提摊销 30 000 元，转让时取得价款 61 800 元（含增值税 1 800 元）存入银行。按规定处置收入不上缴。

（3）有一项专利权被新的专利所取得，其账面成本为 30 000 元，已计提摊销 20 000 元，经批准予以核销。

任务处理如下：

（1）转让无形资产时

借：业务活动费用　　　　　　　　　　　　　　　　　　　　28 000
　　贷：无形资产累计摊销　　　　　　　　　　　　　　　　　28 000

（2）转让无形资产时

借：资产处置费用　　　　　　　　　　　　　　　　　　　　50 000
　　无形资产累计摊销　　　　　　　　　　　　　　　　　　30 000
　　贷：无形资产　　　　　　　　　　　　　　　　　　　　80 000

借：银行存款　　　　　　　　　　　　　　　　　　　　　　61 800
　　贷：其他收入　　　　　　　　　　　　　　　　　　　　60 000
　　　　应交增值税　　　　　　　　　　　　　　　　　　　 1 800

（3）核销无形资产时

借：资产处置费用　　　　　　　　　　　　　　　　　　　　10 000
　　无形资产累计摊销　　　　　　　　　　　　　　　　　　20 000
　　贷：无形资产　　　　　　　　　　　　　　　　　　　　30 000

任务八　公共基础设施的核算

一、公共基础设施的认知

(一) 公共基础设施的概念及范围

公共基础设施是指政府会计主体为满足社会公共需求而控制的，同时具有以下特征的有形资产：

(1) 是一个有形资产系统或网络的组成部分；
(2) 具有特定用途；
(3) 一般不可移动。

公共基础设施主要包括市政基础设施（如城市道路、桥梁、隧道、公交场站、路灯、广场、公园绿地、室外公共健身器材，以及环卫、排水、供水、供电、供气、供热、污水处理、垃圾处理系统等）、交通基础设施（如公路、航道、港口等）、水利基础设施（大坝、堤防、水闸、泵站、渠道等）和其他公共基础设施。

独立于公共基础设施、不构成公共基础设施使用不可缺少组成部分的管理维护用房屋、建筑物、设备、车辆等，适用《政府会计准则第3号——固定资产》。属于文物文化资产的公共基础设施，适用其他相关政府会计准则。采用政府和社会资本合作模式（即PPP模式）形成的公共基础设施的确认和初始计量，适用其他相关政府会计准则。

(二) 公共基础设施的确认

1. 公共基础设施的确认主体

通常情况下，符合《政府会计准则第5号——公共基础设施》规定的公共基础设施，应当由按规定对其负有管理维护职责的政府会计主体予以确认。

多个政府会计主体共同管理维护的公共基础设施，应当由对该资产负有主要管理维护职责或者承担后续主要支出责任的政府会计主体予以确认。

分为多个组织部分由不同政府会计主体分别管理维护的公共基础设施，应当由各个政府会计主体分别对其负责管理维护的公共基础设施的相应部分予以确认。

负有管理维护公共基础设施职责的政府会计主体通过政府购买服务方式委托企业或其他会计主体代为管理维护公共基础设施的，该公共基础设施应当由委托方予以确认。

2. 公共基础设施的确认条件

公共基础设施同时满足下列条件的，应当予以确认：

(1) 与该公共基础设施相关的服务潜力很可能实现或者经济利益很可能流入政府会计主体；
(2) 该公共基础设施的成本或者价值能够可靠地计量。

3. 公共基础设施的确认时间

通常情况下，对于自建或外购的公共基础设施，政府会计主体应当在该项公共基础设施验收合格并交付使用时确认；对于无偿调入、接受捐赠的公共基础设施，政府会计主体应当在开始承担该项公共基础设施管理维护职责时确认。

4. 公共基础设施的确认方法

（1）政府会计主体应当根据公共基础设施提供公共产品或服务的性质或功能特征对其进行分类确认。

（2）公共基础设施的各组成部分具有不同使用年限或者以不同方式提供公共产品或服务，适用不同折旧率或折旧方法且可以分别确定各自原价的，应当分别将各组成部分确认为该类公共基础设施的一个单项公共基础设施。

（3）政府会计主体在购建公共基础设施时，能够分清购建成本中的构筑物部分与土地使用权部分的，应当将其中的构筑物部分和土地使用权部分分别确认为公共基础设施；不能分清购建成本中的构筑物部分与土地使用权部分的，应当整体确认为公共基础设施。

（4）公共基础设施在使用过程中发生的后续支出符合公共基础设施确认条件的，应当计入公共基础设施成本；不符合公共基础设施确认条件的，应当在发生时计入当期费用。

（5）通常情况下，为增加公共基础设施使用效能或延长其使用年限而发生的改建、扩建等后续支出，应当计入公共基础设施成本；为维护公共基础设施的正常使用而发生的日常维修、养护等后续支出，应当计入当期费用。

二、公共基础设施的初始计量

（一）公共基础设施成本组成

公共基础设施在取得时，应当按照其初始成本进行计量。具体表现在：

（1）自行建设的公共基础设施，其成本包括完成批准的建设内容所发生的全部必要支出，包括建筑安装工程投资支出、设备投资支出、待摊投资支出和其他投资支出。

（2）在原有公共基础设施基础上进行改建、扩建等建造活动后的公共基础设施，其成本按照原公共基础设施账面价值加上改建、扩建等建造活动发生的支出，再扣除公共基础设施被替换部分的账面价值后的金额确定。

（3）为建造公共基础设施借入的专门借款的利息，属于建设期间发生的，计入该公共基础设施在建工程成本；不属于建设期间发生的，计入当期费用。

（4）已交付使用但尚未办理竣工决算手续的公共基础设施应当按照估计价值入账，待办理竣工决算后再按照实际成本调整原来的暂估价值。

（5）接受其他会计主体无偿调入的公共基础设施，其成本按照该项公共基础设施在调出方的账面价值加上归属于调入方的相关费用确定。

（6）单位接受捐赠的公共基础设施，其成本按照有关凭据注明的金额加上相关费用确定；没有相关凭据可供取得，但按规定经过资产评估的，其成本应当按照评估价值加上相关税费确定；没有相关凭据可供取得，也未经资产评估的，其成本比照同类或类似资产的市场价格加上相关税费确定。

如受赠的系旧的公共基础设施，在确定其初始入账成本时应当考虑该项资产的新旧程度。

（7）外购的公共基础设施，其成本包括购买价款、相关税费以及公共基础设施交付使用前所发生的可归属于该项资产的运输费、装卸费、安装费和专业人员服务费等。

（8）对于包括不同组成部分的公共基础设施，其只有总成本、没有单项组成部分成本的，单位可以按照各单项组成部分同类或类似资产的成本或市场价格比例对总成本进行分配，分别确认公共基础设施中各单项组成部分的成本。

（二）取得公共基础设施的核算

为了核算单位控制的公共基础设施的原值，会计上应设置"公共基础设施"科目进行核算。本科目应当按照公共基础设施的类别、项目等进行明细核算。单位应当根据行业主管部门对公共基础设施的分类规定，制定适合于本单位管理的公共基础设施目录、分类方法，作为进行公共基础设施核算的依据。

公共基础设施在取得时，应当按照其成本入账。

（1）自行建造的公共基础设施完工交付使用时，按照在建工程的成本，借记"公共基础设施"科目，贷记"在建工程"科目。已交付使用但尚未办理竣工决算手续的公共基础设施，按照估计价值入账，待办理竣工决算后再按照实际成本调整原来的暂估价值。

（2）接受其他单位无偿调入的公共基础设施，按照确定的成本，借记"公共基础设施"科目，按照发生的归属于调入方的相关费用，贷记"财政拨款收入""零余额账户用款额度""银行存款"等科目，按照其差额，贷记"无偿调拨净资产"科目。

无偿调入的公共基础设施成本无法可靠取得的，按照发生的相关税费、运输费等金额，借记"其他费用"科目，贷记"财政拨款收入""零余额账户用款额度""银行存款"等科目。

（3）接受捐赠的公共基础设施，按照确定的成本，借记"公共基础设施"科目，按照发生的相关费用，贷记"财政拨款收入""零余额账户用款额度""银行存款"等科目，按照其差额，贷记"捐赠收入"科目。

接受捐赠的公共基础设施成本无法可靠取得的，按照发生的相关税费等金额，借记"其他费用"科目，贷记"财政拨款收入""零余额账户用款额度""银行存款"等科目。

（4）外购的公共基础设施，按照确定的成本，借记"公共基础设施"科目，贷记"财政拨款收入""零余额账户用款额度""银行存款"等科目。

（5）对于成本无法可靠取得的公共基础设施，单位应当设置备查簿进行登记，待成本能够可靠确定后按照规定及时入账。

取得公共基础设施主要业务和事项账务处理如表 2-30 所示。

表 2-30　　　　　　　　　取得公共基础设施的账务处理

序号	业务和事项内容	账务处理
（1）	自行建造公共基础设施完工交付使用	借：公共基础设施 　　贷：在建工程
（2）	接受无偿调入的公共基础设施	借：公共基础设施 　　贷：财政拨款收入/零余额账户用款额度/银行存款等 　　　　无偿调拨净资产
（3）	接受捐赠的公共基础设施	借：公共基础设施 　　贷：捐赠收入 　　　　财政拨款收入/零余额账户用款额度/银行存款等

续表

序号	业务和事项内容	账务处理
(4)	外购的公共基础设施	借：公共基础设施 　　贷：财政拨款收入/零余额账户用款额度/银行存款等

【工作实例2-31】某行政单位发生与公共基础设施有关的业务如下：

(1) 财政直接支付购买一批公共照明设施，价值2 000 000元，物资到达后交付安装公司进行安装。

(2) 财政直接支付安装公共照明设施工程款400 000元。

(3) 上述公共照明设施建设完工，已经投入使用。

(4) 接受某房地产公司捐赠的会展中心，有关凭据注明的金额5 000 000元。

任务处理如下：

(1) 财政直接支付购买一批公共照明设施时

借：在建工程　　　　　　　　　　　　　　　　　　　　2 000 000

　　贷：财政拨款收入　　　　　　　　　　　　　　　　　　2 000 000

(2) 财政直接支付安装公共照明设施工程款时

借：在建工程　　　　　　　　　　　　　　　　　　　　　400 000

　　贷：财政拨款收入　　　　　　　　　　　　　　　　　　　400 000

(3) 公共照明设施完工交付使用时

借：公共基础设施　　　　　　　　　　　　　　　　　　2 400 000

　　贷：在建工程　　　　　　　　　　　　　　　　　　　　2 400 000

(4) 接受捐赠的会展中心时

借：公共基础设施　　　　　　　　　　　　　　　　　　5 000 000

　　贷：捐赠收入　　　　　　　　　　　　　　　　　　　　5 000 000

三、公共基础设施的后续计量

(一) 公共基础设施的折旧

1. 公共基础设施的折旧范围

单位应当对公共基础设施计提折旧（或摊销），但单位持续进行良好的维护使得其性能得到永久维持的公共基础设施和确认为公共基础设施的单独计价入账的土地使用权除外。

单位应当对暂估入账的公共基础设施计提折旧，实际成本确定后不需调整原已计提的折旧额。

公共基础设施应当按月计提折旧，并计入当期费用。当月增加的公共基础设施，当月开始计提折旧；当月减少的公共基础设施，当月不再计提折旧。

处于改建、扩建等建造活动期间的公共基础设施，应当暂停计提折旧。

公共基础设施提足折旧后，无论能否继续使用，均不再计提折旧。

2. 公共基础设施的折旧年限的确定

单位应当根据公共基础设施的性质和使用情况，合理确定公共基础设施的折旧年限。在确定公共基础设施折旧年限时，应当考虑下列因素：

(1) 设计使用年限或设计基准期。
(2) 预计实现服务潜力或提供经济利益的期限。
(3) 预计有形损耗和无形损耗等。
(4) 法律或者类似规定对资产使用的限制。

公共基础设施的折旧年限经确定，不得随意变更。

对于政府会计主体接受无偿调入、捐赠的公共基础设施，应当考虑该项资产的新旧程度，按照其尚可使用的年限计提折旧。

因改建、扩建等原因而延长公共基础设施使用年限的，应当按照重新确定的公共基础设施的成本和重新确定的折旧年限计算折旧额，不需调整原已计提的折旧额。

3. 公共基础设施的折旧方法

公共基础设施应计提的折旧（或摊销）总额为其成本，计提公共基础设施折旧（或摊销）时不考虑预计净残值。

单位一般应当采用年限平均法或者工作量法计提公共基础设施折旧。

在确定公共基础设施的折旧方法时，应当考虑与公共基础设施相关的服务潜力或经济利益的预期实现方式。

公共基础设施折旧方法一经确定，不得随意变更。

4. 公共基础设施折旧的会计处理

为了核算单位计提的公共基础设施累计折旧和累计摊销，会计上应设置"公共基础设施累计折旧（摊销）"科目，该科目应当按照所对应公共基础设施的明细分类进行明细核算。

(1) 按月计提公共基础设施折旧时，按照应计提的折旧额，借记"业务活动费用"科目，贷记"公共基础设施累计折旧"科目。

(2) 按月对确认为公共基础设施的单独计价入账的土地使用权进行摊销时，按照应计提的摊销额，借记"业务活动费用"科目，贷记"公共基础设施累计摊销"科目。

【小思考 2-9】公共基础设施的折旧或摊销，需要设置哪些会计科目进行核算？

(二) 公共基础设施的后续支出

1. 资本化的后续支出

公共基础设施在使用过程中发生的后续支出符合公共基础设施确认条件的，应当计入公共基础设施成本；为增加公共基础设施使用效能或延长其使用年限而发生的改建、扩建等后续支出，也应当计入公共基础设施成本。

将公共基础设施转入改建、扩建时，按照公共基础设施的账面价值，借记"在建工程"科目，按照公共基础设施已计提折旧，借记"公共基础设施累计折旧（摊销）"科目，按照公共基础设施的账面余额，贷记"公共基础设施"科目。

为增加公共基础设施使用效能或延长其使用年限而发生的改建、扩建等后续支出，借记"在建工程"科目，贷记"财政拨款收入""零余额账户用款额度""银行存款"等科目。

公共基础设施改建、扩建完成，竣工验收交付使用时，按照在建工程成本，借记"公共基础设施"科目，贷记"在建工程"科目。

2. 费用化的后续支出

为维护公共基础设施的正常使用而发生的日常维修、养护等后续支出，应当计入当期费用。单位发生的日常维修等支出时，借记"业务活动费用""单位管理费用"等科目，贷记"财政拨款收入""零余额账户用款额度""银行存款"等科目。

（三）公共基础设施的处置

1. 对外捐赠公共基础设施

报经批准对外捐赠公共基础设施，按照公共基础设施已计提的折旧或摊销，借记"公共基础设施累计折旧（摊销）"科目，按照被处置公共基础设施账面余额，贷记"公共基础设施"科目，按照捐赠过程中发生的归属于捐出方的相关费用，贷记"银行存款"等科目，按照其差额，借记"资产处置费用"科目。

2. 无偿调出公共基础设施

报经批准无偿调出公共基础设施，按照公共基础设施已计提的折旧或摊销，借记"公共基础设施累计折旧（摊销）"科目，按照被处置公共基础设施账面余额，贷记"公共基础设施"科目，按照其差额，借记"无偿调拨净资产"科目；同时，按照无偿调出过程中发生的归属于调出方的相关费用，借记"资产处置费用"科目，贷记"银行存款"等科目。

（四）公共基础设施的清查

单位应当定期对公共基础设施进行清查盘点。对于发生的公共基础设施盘盈、盘亏、毁损或报废，应当先记入"待处理财产损溢"科目，按照规定报经批准后及时进行后续账务处理。

1. 盘盈的公共基础设施

盘盈的公共基础设施，其成本按照有关凭据注明的金额确定；没有相关凭据、但按照规定经过资产评估的，其成本按照评估价值确定；没有相关凭据、也未经过评估的，其成本按照重置成本确定。盘盈的公共基础设施成本无法可靠取得的，单位应当设置备查簿进行登记，待成本确定后按照规定及时入账。

盘盈的公共基础设施，按照确定的入账成本，借记"公共基础设施"科目，贷记"待处理财产损溢"科目。对于盘盈的公共基础设施，如属于本年度取得的，按照当年新取得相关资产进行账务处理；如属于以前年度取得的，按照前期差错处理，借记"待处理财产损溢"科目，贷记"以前年度盈余调整"科目。

2. 盘亏、毁损或报废的公共基础设施

盘亏、毁损或报废的公共基础设施，按照待处置公共基础设施的账面价值，借记"待处理财产损溢"科目，按照已计提折旧或摊销，借记"公共基础设施累计折旧（摊销）"科目，按照公共基础设施的账面余额，贷记"公共基础设施"科目。

盘亏的公共基础设施报经批准处理时，借记"资产处置费用"科目，贷记"待处理财产损溢"科目。

处理毁损、报废公共基础设施过程中取得的残值或残值变价收入保险理赔和过失人赔偿等，借记"库存现金""银行存款""库存物品""其他应收款"等科目，贷记"待处理财产损溢"科目；处理毁损、报废实物资产过程中发生的相关费用，借记"待处理财产损溢"

科目，贷记"库存现金""银行存款"等科目。处理收支结清，如果处理收入大于相关费用的，按照处理收入减去相关费用后的净收入，借记"待处理财产损溢"科目，贷记"应缴财政款"等科目；如果处理收入小于相关费用的，按照相关费用减去处理收入后的净支出，借记"资产处置费用"科目，贷记"待处理财产损溢"科目。

公共基础设施后续计量主要业务和事项账务处理如表 2-31 所示。

表 2-31　　　　　　　　公共基础设施后续计量的账务处理

序号	业务和事项内容		账务处理
（1）	按月进行公共基础设施折旧或摊销时		借：业务活动费用 　　贷：公共基础设施累计折旧（摊销）
（2）	与公共基础设施有关的后续支出	符合公共基础设施确认条件的	借：在建工程 　　公共基础设施累计折旧（摊销） 　　贷：公共基础设施 借：在建工程 　　贷：财政拨款收入/零余额账户用款额度/银行存款等
		不符合公共基础设施确认条件的	借：业务活动费用 　　贷：财政拨款收入/零余额账户用款额度/银行存款等
（3）	公共基础设施处置	对外捐赠公共基础设施	借：资产处置费用 　　公共基础设施累计折旧（摊销） 　　贷：公共基础设施 　　　　银行存款
		无偿调出公共基础设施	借：无偿调拨净资产 　　公共基础设施累计折旧（摊销） 　　贷：公共基础设施 借：资产处置费用 　　贷：银行存款等（相关费用）
（4）	公共基础设施清查	盘盈公共基础设施	借：公共基础设施 　　贷：待处理财产损溢
		盘亏、报废或毁损公共基础设施	借：待处理财产损溢 　　公共基础设施累计折旧（摊销） 　　贷：公共基础设施

【工作实例 2-32】某行政单位发生与公共基础设施后续计量有关的支出如下：

（1）本月应摊销公共基础设施折旧费 588 000 元，公共绿地摊销 820 000 元。

（2）用财政资金支付公共基础设施维护费 80 000 元。

（3）无偿调出一座桥梁给某公司，其账面成本为 9 000 000 元，已计提折旧 2 320 000 元，经批准予以核销。

（4）因台风导致 4 个公交站台毁损，经查每个公交站台的账面余额 15 000 元，已经计提折旧 4 000 元。以银行存款支付清理费用 3 000 元，经批准净损失予以核销。

任务处理如下:
(1) 按月进行公共基础设施折旧或摊销时

借：业务活动费用　　　　　　　　　　　　　　　　1 408 000
　　贷：公共基础设施累计折旧　　　　　　　　　　　　　588 000
　　　　公共基础设施累计摊销　　　　　　　　　　　　　820 000

(2) 支付公共基础设施维护费时

借：业务活动费用　　　　　　　　　　　　　　　　　　80 000
　　贷：财政拨款收入　　　　　　　　　　　　　　　　　80 000

(3) 无偿调出公共基础设施时

借：无偿调拨净资产　　　　　　　　　　　　　　　6 680 000
　　公共基础设施累计折旧　　　　　　　　　　　　　2 320 000
　　贷：公共基础设施　　　　　　　　　　　　　　　9 000 000

(4) 毁损公共基础设施时

借：待处理财产损溢　　　　　　　　　　　　　　　　44 000
　　公共基础设施累计折旧　　　　　　　　　　　　　　16 000
　　贷：公共基础设施　　　　　　　　　　　　　　　　60 000
借：待处理财产损溢　　　　　　　　　　　　　　　　　3 000
　　贷：银行存款　　　　　　　　　　　　　　　　　　　3 000
借：资产处置费用　　　　　　　　　　　　　　　　　47 000
　　贷：待处理财产损溢　　　　　　　　　　　　　　　47 000

任务九　政府储备物资的核算

一、政府储备物资的认知

(一) 政府储备物资的概念及范围

政府储备物资是指政府会计主体为满足实施国家安全与发展战略、进行抗灾救灾、应对公共突发事件等特定公共需求而控制的，同时具有下列特征的有形资产：

(1) 在应对可能发生的特定事件或情形时动用；

(2) 其购入、存储保管、更新（轮换）、动用等由政府及相关部门发布的专门管理制度规范。

政府储备物资包括战略及能源物资、抢险抗灾救灾物资、农产品、医药物资和其他重要商品物资。通常情况下，由政府会计主体委托承储单位存储。

企业以及纳入企业财务管理体系的事业单位接受政府委托收储并按企业会计准则核算的储备物资，不属于政府储备物资。对政府储备物资不负有行政管理职责但接受委托具体负责执行其存储保管等工作的单位，其受托代储的政府储备物资属于受托代理资产，也不属于政府储备物资核算范围。

(二) 政府储备物资的确认

政府储备物资同时满足下列条件的，应当予以确认：

（1）与该政府储备物资相关的服务潜力很可能实现或者经济利益很可能入政府会计主体；

（2）该政府储备物资的成本或者价值能够可靠地计量。

通常情况下，符合上述规定的政府储备物资，应当由按规定对其负有行政管理职责的政府会计主体予以确认。这里的"行政管理职责"主要指提出或拟定收储计划、更新（轮换）计划、动用方案等。相关行政管理职责由不同政府会计主体行使的政府储备物资，由负责提出收储计划的政府会计主体予以确认。

二、政府储备物资的初始计量

(一) 政府储备物资的成本组成

单位取得的政府储备物资途径不同，其初始成本构成也不同。具体表现在：

1. 购入的政府储备物资

购入的政府储备物资的成本包括购买价款、承担的相关税费、运输费、装卸费、保险费、检测费以及使政府储备物资达到目前场所和状态所发生的归属于政府储备物资成本的其他支出。

2. 委托加工的政府储备物资

委托加工的政府储备物资，其成本包括委托加工前物料成本、委托加工的成本（如委托加工费以及按规定应计入委托加工政府储备物资成本的相关税费等）以及承担的使政府储备物资达到目前场所和状态所发生的归属于政府储备物资成本的其他支出。

3. 接受捐赠的政府储备物资

接受捐赠的政府储备物资，其成本按照有关凭据注明的金额加上相关税费、运输费等确定；没有相关凭据可供取得，但依法经过资产评估的，其成本应当按照评估价值加上相关税费、运输费等确定；没有相关凭据可供取得、也未经评估的，其成本比照同类或类似政府储备物资的市场价格加上相关税费、运输费等确定。

4. 无偿调入的政府储备物资

无偿调入的政府储备物资，其成本按照调出方账面价值加上归属于政府会计主体的相关税费、运输费等确定。

5. 盘盈的政府储备物资，其成本按照有关凭据注明的金额确定；没有相关凭据，但按规定经过资产评估的，其成本应当按照评估价值确定；没有相关凭据、也未经资产评估的，其成本按照重置成本确定。

下列各项不计入政府储备物资成本：

（1）仓储费用；

（2）日常维护费用；

（3）不能归属于使政府物资达到目前场所或状态所发生的其他支出。

（二）取得政府储备物资的核算

为了核算单位控制的各项政府储备物资，会计上应设置"政府储备物资"进行核算。本科目应当按照政府储备物资的种类、品种、存放地点等进行明细核算，单位根据需要，可在本科目下设置"在库""发出"等明细科目进行明细核算。具体业务处理如下：

（1）购入的政府储备物资验收入库，按照确定的成本，借记"政府储备物资"科目，贷记"财政拨款收入""零余额账户用款额度""银行存款"等科目。

（2）涉及委托加工政府储备物资业务的，相关账务处理参照"加工物品"科目。

（3）接受捐赠的政府储备物资验收入库，按照确定的成本，借记"政府储备物资"科目，按照单位承担的相关税费、运输费等，贷记"零余额账户用款额度""银行存款"等科目，按照其差额，贷记"捐赠收入"科目。

（4）接受无偿调入的政府储备物资验收入库，按照确定的成本借记"政府储备物资"科目，按照单位承担的相关税费、运输费等贷记"零余额账户用款额度""银行存款"等科目，按照其差额，贷记"无偿调拨净资产"科目。

取得政府储备物资主要业务和事项账务处理如表2-32所示。

表2-32　　　　　　　　取得政府储备物资账务处理

序号	业务和事项内容	账务处理
（1）	外购的政府储备物资	借：政府储备物资 　　贷：财政拨款收入/零余额账户用款额度/银行存款等
（2）	接受捐赠的公共基础设施	借：政府储备物资 　　贷：捐赠收入 　　　　财政拨款收入/零余额账户用款额度/银行存款等
（3）	接受无偿调入的公共基础设施	借：政府储备物资 　　贷：财政拨款收入/零余额账户用款额度/银行存款等 　　　　无偿调拨净资产

【工作实例2-33】某行政单位发生与政府储备物资有关的业务如下：

（1）购买一批抗洪救灾物资，价值3 000 000元，物资已到达验收，价款采用财政直接支付。

（2）接受国际团体捐赠应急物资一批，价值450 000元。

（3）接受省民政厅无偿调入救灾物资2 000 000元。

（4）用单位零余额账户支付无偿调入政府储备物资发生的运输费10 000元。

任务处理如下：

（1）购买抗洪救灾物资时

借：政府储备物资　　　　　　　　　　　　　　　　　　　　　　3 000 000
　　贷：财政拨款收入——直接支付　　　　　　　　　　　　　　　　3 000 000

（2）接受国际团体捐赠时

借：政府储备物资　　　　　　　　　　　　　　　　　　　　　　450 000
　　贷：捐赠收入　　　　　　　　　　　　　　　　　　　　　　　450 000

(3) 接受无偿调入救灾物资时
借：政府储备物资　　　　　　　　　　　　　　　　2 000 000
　　贷：无偿调拨净资产　　　　　　　　　　　　　　　　　2 000 000
(4) 支付无偿调入政府储备物资运输费时
借：政府储备物资　　　　　　　　　　　　　　　　　　10 000
　　贷：零余额账户用款额度　　　　　　　　　　　　　　　　10 000

三、政府储备物资的后续计量

(一) 发出政府储备物资

1. 发出政府储备物资的计价方法

单位应当根据实际情况采用先进先出法、加权平均法或者个别计价法确定政府储备物资发出的成本。计价方法一经确定，不得随意变更。

对于性质和用途相似的政府储备物资，政府会计主体应当采用相同的成本计价方法确定发出物资的成本。对于不能替代使用的政府储备物资、为特定项目专门购入或加工的政府储备物资，政府会计主体通常应采用个别计价法确定发出物资的成本。

2. 发出政府储备物资的类型

政府储备物资发出业务往往具有发出批量大、存在发出物资收回的情形，这构成了其发出业务独有的特征。这些特征使得对于政府储备物资发出业务会计核算处理的规定需要同时考虑其业务特征及实践可行性。政府储备物资发出业务按照发出时预期是否存在物资收回分为三种类型：预期收回的发出业务、预期可能存在收回的发出业务和预期不收回的发出业务。

因动用而发出无需收回的政府储备物资的，应当在发出物资时将其账面余额予以转销，计入当期费用。

因动用而发出需要收回或者预期可能收回的政府储备物资的，应当在按规定的质量验收标准收回物资时，将未收回物资的账面余额予以转销，计入当期费用。

因行政管理主体变动等原因而将政府储备物资调拨给其他主体的，政府会计主体应当在发出物资时将其账面余额予以转销。

3. 发出政府储备物资的会计处理

(1) 因动用而发出无需收回的政府储备物资的，按照发出物资的账面余额，借记"业务活动费用"科目，贷记"政府储备物资"科目。

(2) 因动用而发出需要收回或者预期可能收回的政府储备物资的，在发出物资时，按照发出物资的账面余额，借记"政府储备物资——发出"科目，贷记"政府储备物资——在库"科目；按照规定的质量验收标准收回物资时，按照收回物资原账面余额，借记"政府储备物资——在库"科目，按照未收回物资的原账面余额，借记"业务活动费用"科目，按照物资发出时登记在本科目所属"发出"明细科目中的余额，贷记"政府储备物资——发出"科目。

(3) 因行政管理主体变动等原因而将政府储备物资调拨给其他主体的，按照无偿调出政府储备物资的账面余额，借记"无偿调拨净资产"科目，贷记"政府储备物资"科目。

（二）销售政府储备物资

对外销售政府储备物资的，应当在发出物资时将其账面余额转销计入当期费用，并按规定确认相关销售收入，或将销售取得的价款大于所承担的相关税费后的差额作应缴款项处理。

对外销售政府储备物资并将销售收入纳入单位预算统一管理的，发出物资时，按照发出物资的账面余额，借记"业务活动费用"科目，贷记"政府储备物资"科目；实现销售收入时，按照确认的收入金额，借记"银行存款""应收账款"等科目，贷记"事业收入"等科目。

对外销售政府储备物资并按照规定将销售净收入上缴财政的，发出物资时，按照发出物资的账面余额，借记"资产处置费用"科目，贷记"政府储备物资"科目；取得销售价款时，按照实际收到的款项金额，借记"银行存款"等科目，按照发生的相关税费，贷记"银行存款"等科目，按照销售价款大于所承担的相关税费后的差额，贷记"应缴财政款"科目。

采取销售采购方式对政府储备物资进行更新（轮换）的，应当将物资轮出视为物资销售，按照上述销售政府储备物资核算；将物资轮入视为物资采购，按照上述采购政府储备物资核算。

（三）盘盈、盘亏、报废、毁损政府储备物资

单位应当定期对政府储备物资进行清查盘点，每年至少盘点一次。对于发生的政府储备物资盘盈、盘亏或者报废、毁损，应当先记入"待处理财产损溢"科目。

1. 盘亏政府储备物资

政府储备物资盘亏的，应当按规定报经批准后将盘亏的政府储备物资的账面余额予以转销，确定追究相关赔偿责任的，确认应收款项；属于正常耗费或不可抗力因素造成的，计入当期费用。

2. 盘盈的政府储备物资

盘盈的政府储备物资，按照确定的入账成本，借记"政府储备物资"科目，贷记"待处理财产损溢"科目。

3. 报废、毁损的政府储备物资

政府储备物资报废、毁损的，应当按规定报经批准后将报废、毁损的政府储备物资的账面余额予以转销，确认应收款项（确定追究相关赔偿责任的）或计入当期费用（因储存年限到期报废或非人为因素致使报废、毁损的）；同时，将报废、毁损过程中取得的残值变价收入扣除政府会计主体承担的相关费用后的差额按规定作应缴款项处理（差额为净收益时）或计入当期费用（差额为净损失时）。

政府储备物资后续计量主要业务和事项账务处理如表 2-33 所示。

【工作实例 2-34】 某行政单位发生与政府储备物资后续计量有关的支出如下：

（1）本月发出无需收回的抗旱救灾物资 180 000 元。

（2）发出需收回的抗旱救灾物资（抽水泵等）320 000 元。

（3）将多余的储备物资销售给某公司，收到银行存款 89 000 元。该批物资的账面成本

表 2-33　　　　　　　　　政府储备物资后续计量的账务处理

序号	业务和事项内容		账务处理
(1)	发出政府储备物资时	发出无需收回的	借：业务活动费用 　　贷：政府储备物资
		发出需收回的	发出物资时： 借：政府储备物资——发出 　　贷：政府储备物资——在库 按照规定的质量标准回收时： 借：政府储备物资——在库 　　业务活动费用（未收回的价值） 　　贷：政府储备物资——发出
(2)	对外销售的政府储备物资	按规定物资销售收入纳入本单位预算的	借：业务活动费用 　　贷：政府储备物资 借：银行存款/应收账款等 　　贷：事业收入等 借：业务活动费用 　　贷：银行存款（发生的相关税费）
		按规定物资销售收入扣除相关税费后上缴财政的	借：资产处置费用 　　贷：政府储备物资 借：银行存款（收到的款项） 　　贷：银行存款（发生的税费） 　　　　应缴财政款
(3)	盘盈政府储备物资		借：政府储备物资 　　贷：待处理财产损溢
(4)	盘亏、毁损、报废的政府储备物资		借：待处理财产损溢 　　贷：政府储备物资

为 80 000 元。该项账款需要上缴财政。

(4) 盘亏一批政府储备物资，价值 48 800 元，原因待查。

任务处理如下：

(1) 发出无需收回的政府储备物资时

借：业务活动费用　　　　　　　　　　　　　　　　　　　　180 000
　　贷：政府储备物资　　　　　　　　　　　　　　　　　　　　　　180 000

(2) 发出需收回的政府储备物资时

借：政府储备物资——发出　　　　　　　　　　　　　　　　320 000
　　贷：政府储备物资——在库　　　　　　　　　　　　　　　　　　320 000

(3) 销售多余物资时

借：银行存款　　　　　　　　　　　　　　　　　　　　　　89 000
　　贷：应缴财政款　　　　　　　　　　　　　　　　　　　　　　　89 000

借：资产处置费用　　　　　　　　　　　　　　　　　　　　80 000
　　贷：政府储备物资　　　　　　　　　　　　　　　　　　　　　　80 000

(4) 盘亏一批政府储备物资时
借：待处理财产损溢　　　　　　　　　　　　　　　　　48 800
　　贷：政府储备物资　　　　　　　　　　　　　　　　　　　48 800

任务十　保障性住房的核算

一、保障性住房的认知

(一) 保障性住房的概念及范围

保障性住房是指单位为满足社会公共需求而控制的住房。

在我国，保障性住房是政府为中低收入住房困难家庭所提供的限定标准、限定价格或租金的住房，一般由经济适用住房、廉租住房、政策性租赁住房、定向安置房等构成。这种类型的住房有别于完全由市场形成价格的商品房。

经济适用住房是政府以划拨方式提供土地，免收城市基础设施配套费等各种行政事业性收费和政府性基金，实行税收优惠政策，以政府指导价出售给有一定支付能力的低收入住房困难家庭。这类低收入家庭有一定的支付能力或者有预期的支付能力，购房人拥有有限产权。

廉租房是政府或机构拥有，用政府核定的低租金租赁给低收入家庭。廉租房只租不售，出租给城镇居民中最低收入者。在房价疯涨、经济适用房走入困境、百姓居住难的背景下，廉租房便成为了社会关注的焦点，能成为了低收入家庭住房的"救命草"。

政策性租赁住房指通过政府或政府委托的机构，按照市场租价向中低收入的住房困难家庭提供可租赁的住房，同时，政府对承租家庭按月支付相应标准的租房补贴。其目的是解决家庭收入高于享受廉租房标准而又无力购买经济适用房的低收入家庭的住房困难。

定向安置房是政府进行城市道路建设和其他公共设施建设项目时，对被拆迁住户进行安置所建的房屋。安置的对象是城市居民被拆迁户，也包括征地拆迁房屋的农户。

2008年底，国务院下发了《国务院办公厅关于促进房地产市场健康发展的若干意见》，第一部分就提出要加大保障性住房建设力度。2015年，全国城镇保障性安居工程计划新开工740万套，基本建成772万套，完成投资1.54万亿元。2016年，全国棚户区改造开工606万套，完成投资1.48万亿元。2017年，全国各类棚户区改造开工609万套，完成投资1.84万亿元。

(二) 保障性住房的确认

保障性住房同时满足下列条件的，应当予以确认：
(1) 与该保障性住房相关的服务潜力很可能实现或者经济利益很可能入政府会计主体；
(2) 该保障性住房的成本或者价值能够可靠地计量。

通常情况下，符合上述规定的保障性住房，应当由按规定对其负有行政管理职责的政府会计主体予以确认。

二、保障性住房的初始计量

（一）保障性住房初始成本的确定

保障性住房在取得时，应当按其成本入账。

（1）外购的保障性住房，其成本包括购买价款、相关税费以及可归属于该项资产达到预定用途前所发生的其他支出。

（2）自行建造的保障性住房，其成本包括该项资产至交付使用前所发生的全部必要支出。

（3）接受其他单位无偿调入的保障性住房，其成本按照该项资产在调出方的账面价值加上归属于调入方的相关费用确定。

（4）接受捐赠的保障性住房，其成本按照有关凭据注明的金额加上相关税费、运输费等确定；没有相关凭据可供取得，但按规定经过资产评估的，其成本应当按照评估价值加上相关税费、运输费等确定；没有相关凭据可供取得、也未经资产评估的，其成本比照同类或类似保障性住房的市场价格加上相关税费、运输费等确定；没有相关凭据也未经资产评估，其同类或类似保障性住房的市场价格无法可靠取得，所取得的保障性住房应当按照名义金额入账，相关税费、运输费等计入当期费用。

如受赠的系旧的保障性住房，在确定其初始入账成本时应当考虑该项资产的新旧程度。

（二）取得保障性住房的核算

为核算和监督保障性住房的增减变化情况，应设置"保障性住房"科目。"保障性住房"属于资产类科目，核算单位为满足社会公共需求而控制的保障性住房的原值。单位取得保障性住房的处理如下：

（1）外购的保障性住房，按照确定的成本，借记"保障性住房"科目，贷记"财政拨款收入""零余额账户用款额度""银行存款"等科目。

（2）自行建造的保障性住房交付使用时，按照在建工程成本，借记"保障性住房"科目，贷记"在建工程"科目。已交付使用但尚未办理竣工决算手续的保障性住房，按照估计价值入账，待办理竣工决算后再按照实际成本调整原来的暂估价值。

（3）无偿调入的保障性住房，按照确定的成本借记"保障性住房"科目，按照发生的归属于调入方的相关费用，贷记"零余额账户用款额度""银行存款"等科目，按照其差额，贷记"无偿调拨净资产"科目。

（4）接受捐赠、融资租赁取得的保障性住房，参照"固定资产"科目相关规定进行处理。

取得保障性住房主要业务和事项账务处理如表2-34所示。

表2-34　　　　　　　　　"保障性住房"账务处理

序号	业务和事项内容	账务处理
（1）	外购的保障性住房	借：保障性住房 　　贷：财政拨款收入/零余额账户用款额度/银行存款等

续表

序号	业务和事项内容	账务处理
（2）	自行建造的保障性住房	借：保障性住房 　　贷：在建工程
（3）	无偿调入的保障性住房	借：保障性住房 　　贷：零余额账户用款额度/银行存款等 　　　　无偿调拨净资产
（4）	接受捐赠的保障性住房	借：保障性住房 　　贷：捐赠收入

【工作实例 2-35】某市保障性住房管理中心发生与保障性住房有关的业务如下：

（1）用财政资金直接外购保障性住房 300 套，价值 15 000 000 元。

（2）自行建造保障性住房 50 套已交付使用，价值 2 600 000 元。

（3）接受市房管局无偿调入保障性住房 120 套，调出方的账面成本 4 800 000 元，已提折旧 1 100 000 元。

任务处理如下：

（1）外购保障性住房时

借：保障性住房　　　　　　　　　　　　　　　　　　15 000 000
　　贷：财政拨款收入——直接支付　　　　　　　　　　　　15 000 000

（2）自行建造的保障性住房交付使用时

借：保障性住房　　　　　　　　　　　　　　　　　　 2 600 000
　　贷：在建工程　　　　　　　　　　　　　　　　　　　　 2 600 000

（3）接受无偿调入保障性住房时

借：保障性住房　　　　　　　　　　　　　　　　　　 3 700 000
　　贷：无偿调拨净资产　　　　　　　　　　　　　　　　　 3 700 000

三、保障性住房的后续计量

（一）保障性住房折旧的核算

1. 计提保障性住房折旧的相关规定

（1）计提保障性住房的空间范围。单位应对保障性住房按规定计提折旧。

（2）计提保障性住房的时间范围。保障性住房应当按月计提折旧。当月增加的保障性住房，当月计提折旧；当月减少的保障性住房，当月不提折旧。

保障性住房折旧提足后，无论能否继续使用均不在计提折旧；提前报废的保障性住房，也不再补提折旧。已提足折旧的保障性住房，可以继续使用，应当继续使用，规范实物管理。

【小思考 2-10】与《政府会计准则第 3 号——固定资产》及其应用指南对固定资产折旧相比，保障性住房折旧的时间范围是否一致？

（3）保障性住房折旧年限。通常情况下，政府会计主体应当按照表 2-35 规定确定各类应计提折旧的保障性住房的折旧年限。

表 2-35　　　　　　　　　　　　保障性住房折旧年限表

住房类型	折旧年限（年）
钢结构房	不低于 50
钢筋混凝土结构房	不低于 50
砖混结构房	不低于 30
砖木结构房	不低于 30
简易房	不低于 8
房屋附属设施	不低于 8
构筑物	不低于 8

2. 保障性住房折旧的计算方法

保障性住房折旧是指在保障性住房的预计使用年限内，按照确定的方法对应折旧金额进行系统分摊。保障性住房应计的折旧额为其成本，计提保障性住房折旧时不考虑预计净残值。

单位一般应当采用年限平均法或者工作量法计提保障性住房折旧。在确定保障性住房的折旧方法时，应当考虑与保障性住房相关的服务潜力或经济利益的预期实现方式。保障性住房折旧方法一经确定，不得随意变更。

3. 计提保障性住房折旧的会计处理

单位每月计提的保障性住房折旧额，应借记"业务活动费用"科目，贷记"保障性住房累计折旧"科目。

（二）与保障性住房有关的后续支出

保障性住房的后续支出是指保障性住房在使用过程中发生的更新改造支出、修理费用等。单位的保障性住房在投入使用后，为了维护或提高保障性住房的使用效能，往往需要对现有的保障性住房进行改建、扩建或者维护，这些支出就是保障性住房的后续支出。

1. 符合保障性住房确认条件的后续支出

保障性住房的后续支出，符合保障性住房确认条件的，保障性住房后续支出应予以资本化，应当计入保障性住房成本，并通过"在建工程"科目进行归集。如果有被替换的部分，应同时将被替换部分的账面价值从该固定资产原账面价值中扣除。

2. 不符合保障性住房确认条件的后续支出

不符合保障性住房确认条件的后续支出，其后续支出应予以费用化，应当在发生时计入当期损益，计入"业务活动费用"等科目。

（三）保障性住房的处置与盘点

单位保障性住房处置通常包括出售、无偿调出、报废和损毁等情况。因出售的保障性住房应通过"资产处置费用"账户进行核算，无偿调出的保障性住房通过"无偿调拨净资产"科目核算，盘盈、盘亏、报废和损毁的保障性住房通过"待处理财产损溢"科目核算。其计提业务处理与固定资产相同。

与保障性住房有关的后续计量主要业务和事项账务处理如表 2-36 所示。

表 2-36　　保障性住房后续计量的账务处理

序号	业务和事项内容		账务处理
（1）	按月计提保障性住房折旧时		借：业务活动费用 　　贷：保障性住房累计折旧
（2）	确认出租保障性住房租金时		借：银行存款/应收账款等 　　贷：应缴财政款
（3）	出售保障性住房时		借：资产处置费用 　　保障性住房累计折旧 　　贷：保障性住房 借：银行存款 　　贷：应缴财政款
（4）	无偿调出保障性住房时		借：保障性住房累计折旧 　　无偿调出净资产 　　贷：保障性住房
（5）	定期盘点	保障性住房盘盈时	借：保障性住房 　　贷：待处理财产损溢
		保障性住房盘亏时	借：保障性住房累计折旧 　　待处理财产损溢 　　贷：保障性住房

【工作实例 2-36】 某市保障性住房管理中心发生与保障性住房有关的业务如下：

（1）出售保障性住房 30 套，取得价款 21 000 000 元。该住房账面成本 18 000 000 元，已提折旧 500 000 元。

（2）收到保障性住房的租金收入 50 000 元。

（3）因自然灾害毁损保障性住房 10 套，该住房账面成本 470 000 元，已提折旧 300 000 元。

（4）按月计提保障性住房折旧 800 000 元。

任务处理如下：

（1）出售保障性住房时

借：资产处置费用　　　　　　　　　　　　　　　　　　　13 000 000
　　保障性住房累计折旧　　　　　　　　　　　　　　　　　5 000 000
　　　贷：保障性住房　　　　　　　　　　　　　　　　　　　　　　18 000 000
借：银行存款　　　　　　　　　　　　　　　　　　　　　21 000 000
　　　贷：应缴财政款　　　　　　　　　　　　　　　　　　　　　　21 000 000

（2）收到保障性住房的租金收入时

借：银行存款　　　　　　　　　　　　　　　　　　　　　　　50 000
　　　贷：应缴财政款　　　　　　　　　　　　　　　　　　　　　　　　50 000

（3）毁损保障性住房时
借：待处理财产损溢　　　　　　　　　　　　　　　　　　170 000
　　保障性住房累计折旧　　　　　　　　　　　　　　　　300 000
　　　贷：保障性住房　　　　　　　　　　　　　　　　　　　　470 000
（4）按月计提折旧时
借：业务活动费用　　　　　　　　　　　　　　　　　　　800 000
　　　贷：保障性住房累计折旧　　　　　　　　　　　　　　　　800 000

任务十一　其他资产的核算

一、文物文化资产的核算

（一）文物文化资产的概念

文物文化资产是指用于展览、教育或研究等目的的历史文物、艺术品以及其他具有文化或历史价值并作长期或永久保存的典藏等。由于文物文化资产不介入政府主体日常运营活动，故不能将文物文化资产作为存货、固定资产、金融资产、无形资产等进行核算。

（二）文物文化资产的初始计量

1. 外购文物文化资产

外购文物文化资产的成本应依据购买时实际支付金额入账，其成本包括购买价款、相关税费以及可归属于该项资产达到预定用途前所发生的其他支出（如运输费、安装费、装卸费等）。

2. 无偿调入的文物文化资产

接受其他单位无偿调入的文物文化资产，其成本按照该项资产在调出方的账面价值加上归属于调入方的相关费用确定。

3. 接受捐赠文物文化资产

接受捐赠的文物文化资产，其成本按照有关凭据注明的金额加上相关费用确定；没有相关凭据可供取得，但按照规定经过资产评估的，其成本按照评估价值加上相关费用确定；没有相关凭据可供取得、也未经评估的，其成本比照同类或类似资产的市场价格加上相关费用确定。

此外，对于成本无法可靠取得的文物文化资产，单位应当设置备查簿进行登记，待成本能够可靠确定后按照规定及时入账。

（三）文物文化资产的后续计量

1. 不计提折旧

文物文化资产不参与单位的日常运营过程，其价值的变化与资产使用关系不大，即使存在因时间推移而产生损耗，也对真实价值不产生太大影响，且还有可能因存世时间延长而增值，弥补所发生的磨损。所以对于文物文化资产不必计提折旧。

2. 处置文物文化资产

单位按规定报经批准无偿调出或对外捐赠文物文化资产的，应当将文物文化资产的账面价值予以转销，无偿调出、对外捐赠中发生的归属于调出方、捐出方的相关费用应当计入当期费用。

文物文化资产报废或遭受重大毁损的，政府会计主体应当在报经批准后将文物文化资产账面价值予以转销，并将报废、毁损过程中取得的残值变价收入扣除相关费用后的差额按规定做应缴款项处理（差额为净收益时）或计入当期费用（差额为净损失时）。

3. 文物文化资产的后续支出

文物文化资产在使用过程中发生的后续支出符合文物文化资产确认条件的，应当计入文物文化资产成本；不符合文物文化资产确认条件的，应当在发生时计入当期费用。

"文物文化资产"有关的主要业务和事项账务处理如表 2-37 所示。

表 2-37 "文物文化资产"的账务处理

序号	业务和事项内容		账务处理
（1）	取得文物文化资产	外购的文物文化资产	借：文物文化资产 　　贷：财政拨款收入/零余额账户用款额度/银行存款等
		接受无偿调入的文物文化资产	借：文物文化资产 　　贷：无偿调拨净资产 　　　　财政拨款收入/零余额账户用款额度/银行存款等 借：其他费用 　　贷：财政拨款收入/零余额账户用款额度/银行存款等
		接受捐赠的文物文化资产	借：文物文化资产 　　贷：捐赠收入 　　　　财政拨款收入/零余额账户用款额度/银行存款等 借：其他费用 　　贷：财政拨款收入/零余额账户用款额度/银行存款等
（2）	按规定处置文物文化资产	对外捐赠文物文化资产	借：资产处置费用 　　贷：文物文化资产 　　　　银行存款等
		无偿调出文物文化资产	借：无偿调拨净资产 　　贷：文物文化资产 借：资产处置费用 　　贷：银行存款等
（3）	盘点文物文化资产	盘盈时	借：文物文化资产 　　贷：待处理财产损溢
		盘亏、毁损、报废时	借：待处理财产损溢 　　贷：文物文化资产

【工作实例2-37】某市博物馆发生与文物文化资产有关的业务如下：
(1) 用财政资金收藏若干名人字画，价值800 000元。
(2) 接受著名书画家捐赠张大千书画作品，评估价值950 000元。
(3) 接受县文化局无偿调入的一批文物，调出方的账面价值400 000元，以财政资金直接支付归属于调入方的相关费用20 000元。
(4) 向省博物馆捐赠一批文物，账面成本720 000元，以银行存款支付归属于捐出方的相关费用6 000元。

任务处理如下：
(1) 外购文物文化资产时
借：文物文化资产　　　　　　　　　　　　　　　　　　800 000
　　贷：财政拨款收入　　　　　　　　　　　　　　　　　　800 000
(2) 接受捐赠文物文化资产时
借：文物文化资产　　　　　　　　　　　　　　　　　　950 000
　　贷：捐赠收入　　　　　　　　　　　　　　　　　　　950 000
(3) 无偿调入文物文化资产时
借：文物文化资产　　　　　　　　　　　　　　　　　　420 000
　　贷：无偿调拨净资产　　　　　　　　　　　　　　　　400 000
　　　　财政拨款收入　　　　　　　　　　　　　　　　　 20 000
(4) 无偿调出文物文化资产时
借：无偿调拨净资产　　　　　　　　　　　　　　　　　720 000
　　贷：文物文化资产　　　　　　　　　　　　　　　　　720 000
借：资产处置费用　　　　　　　　　　　　　　　　　　 6 000
　　贷：银行存款　　　　　　　　　　　　　　　　　　　 6 000

二、受托代理资产的核算

(一) 受托代理资产的概念

受托代理资产是指行政单位接受委托方委托管理的各项资产，包括受托指定转赠的物资、受托储存管理的物资等。单位管理的罚没物资也属于受托代理资产。

(二) 受托代理资产的核算

为了核算单位受托管理的各项资产，会计上应设置"受托代理资产"进行核算。单位收到受托代理资产为现金和银行存款的，不通过本科目核算，应当通过"库存现金""银行存款"科目进行核算。受托代理资产应当在行政单位收到受托代理的资产时确认。本科目应当按照资产的种类和委托人进行明细核算；属于转赠资产的，还应当按照受赠人进行明细核算。

1. 受托转赠物资

(1) 接受委托人委托需要转赠给受赠人的物资，其成本按照有关凭据注明的金额确定。委托协议约定由受托方承担相关税费、运输费等的，还应当按照实际支付的相关税费、运输费等金额，列入"其他费用"。

（2）将受托转赠物资交付受赠人时，按照转赠物资的成本予以转销。

（3）转赠物资的委托人取消了对捐赠物资的转赠要求，且不再收回捐赠物资的，应当将转赠物资转为单位的存货、固定资产等。

2. 受托存储保管物资

（1）接受委托人委托存储保管的物资，其成本按照有关凭据注明的金额确定。

（2）发生由受托单位承担的与受托存储保管的物资相关的运输费保管费等费用时，按照实际发生的费用金额，列入"其他费用"。

3. 罚没物资

（1）取得罚没物资时，其成本按照有关凭据注明的金额确定。罚没物资成本无法可靠确定的，单位应当设置备查簿进行登记。

（2）按照规定处置或移交罚没物资时，按照罚没物资的成本予以转销。处置时取得款项的，按照实际取得的款项金额上缴财政。

"受托代理资产"有关的主要业务和事项账务处理如表 2-38 所示。

表 2-38　　　　　　　　　"受托代理资产"的账务处理

序号	业务和事项内容		账务处理
（1）	受托转赠物资	接受委托人委托需要转赠给受赠人的物资	借：受托代理资产 　贷：受托代理负债
		受托协议约定由受托方承担相关税费、运输费的	借：其他费用 　贷：财政拨款收入/零余额账户用款额度/银行存款等
		将受托转赠物资交付受赠人时	借：受托代理负债 　贷：受托代理资产
		转赠物资的委托人取消了对捐赠物资的转赠要求，且不再收回捐赠物资的	借：受托代理负债 　贷：受托代理资产 借：库存物品/固定资产等 　贷：其他收入
（2）	受托储存保管物资	接受委托人委托储存保管的物资	借：受托代理资产 　贷：受托代理负债
		支付由受托单位承担的与受托存储保管的物资相关的运输费、保管费等费用时	借：其他费用 　贷：财政拨款收入/零余额账户用款额度/银行存款等
		交付受托储存保管的物资时	借：受托代理负债 　贷：受托代理资产
（3）	罚没物资	收到罚没物资时	借：受托代理资产 　贷：受托代理负债
		按规定处置罚没物资时	借：受托代理负债 　贷：受托代理资产 借：银行存款 　贷：应缴财政款

【工作实例 2-38】 某单位发生与受托代理资产有关的业务如下：

（1）接受委托人委托需要转赠给受赠人的物资 300 000 元，物资已验收入库。
（2）将受托转赠物资 300 000 元交付受赠人。
（3）以银行存款支付由受托方承担的转赠物资运输费 2 000 元。
（4）接受委托储存的物资 3 000 000 元，物资已验收入库。

任务处理如下：

（1）接受委托人委托需要转赠给受赠人的物资时

借：受托代理资产　　　　　　　　　　　　　　　　　300 000
　　　贷：受托代理负债　　　　　　　　　　　　　　　　300 000

（2）将受托转赠物资交付受赠人时

借：受托代理负债　　　　　　　　　　　　　　　　　300 000
　　　贷：受托代理资产　　　　　　　　　　　　　　　　300 000

（3）以银行存款支付由受托方承担的转赠物资运输费时

借：其他费用　　　　　　　　　　　　　　　　　　　2 000
　　　贷：银行存款　　　　　　　　　　　　　　　　　　2 000

（4）接受委托储存的物资时

借：受托代理资产　　　　　　　　　　　　　　　　　3 000 000
　　　贷：受托代理负债　　　　　　　　　　　　　　　　3 000 000

三、预付费用的核算

预付费用是指单位已经支付、但应当由本期和以后各期负担的各项费用。按照摊销期限长短不同，可以分为待摊费用和长期待摊费用两种。

单位已经支付、分摊期在 1 年以内（含 1 年）的各项费用，属于流动资产的"待摊费用"科目核算范围，如预付航空保险费、预付租金等。

单位已经支付、摊销期限在 1 年以上的费用，属于非流动资产的"长期待摊费用"科目核算范围，如经营租赁方式租入的固定资产改良支出等。

预付费用应当在其受益期限内分期平均摊销。如预付航空保险费应在保险期的有效期内、预付租金应在租赁期内分期平均摊销，计入当期费用。如果某项待摊类费用已经不能使单位受益，应当将其摊余金额一次全部转入当期费用。

待摊费用和长期待摊费用主要业务和事项账务处理如表 2-39 所示。

表 2-39　　　　　　　"待摊费用"和"长期待摊费用"的账务处理

序号	业务和事项内容	账务处理
（1）	发生待摊费用时	借：待摊费用/长期待摊费用 　　贷：财政拨款收入/零余额账户用款额度/银行存款等
（2）	按期摊销时	借：业务活动费用/单位管理费用/经营费用等 　　贷：待摊费用/长期待摊费用
（3）	将摊余金额一次全部转入当期费用	借：业务活动费用/单位管理费用/经营费用等 　　贷：待摊费用/长期待摊费用

【小思考 2-11】 在什么情况下，单位需要将待摊费用摊余金额一次全部转入当期费用？为什么？

【工作实例 2-39】 某事业单位发生与待摊费用有关的业务如下：

(1) 因学校扩招导致学生住宿困难，经决定租赁写字楼一栋作为学生公寓，时间 18 个月。单位以银行存款预付半年租金 120 000 元。

(2) 对经营租赁方式租入的写字楼进行改良，发生改良支出 306 000 元，以银行存款支付。

(3) 按月摊销房租 20 000 元。

(4) 按月摊销改良支出 17 000 元。

任务处理如下：

(1) 以银行存款预付半年租金时

借：待摊费用　　　　　　　　　　　　　　　　　　　　　　120 000
　　贷：银行存款　　　　　　　　　　　　　　　　　　　　　　120 000

(2) 以银行存款支付经营租赁方式改良支出时

借：长期待摊费用　　　　　　　　　　　　　　　　　　　　306 000
　　贷：银行存款　　　　　　　　　　　　　　　　　　　　　　306 000

(3) 按月摊销租金时

借：业务活动费用　　　　　　　　　　　　　　　　　　　　 20 000
　　贷：待摊费用　　　　　　　　　　　　　　　　　　　　　　 20 000

(4) 按月摊销经营租赁方式改良支出时

借：业务活动费用　　　　　　　　　　　　　　　　　　　　 17 000
　　贷：长期待摊费用　　　　　　　　　　　　　　　　　　　　 17 000

四、待处理财产损溢的核算

(一)"待处理财产损溢"账户

"待处理财产损溢"科目，是资产类会计科目，用来核算单位在资产清查过程中查明的各种资产盘盈、盘亏和报废、毁损的价值。本科目应当按照待处理的资产项目进行明细核算；对于在资产处理过程中取得收入或发生相关费用的项目，还应当设置"待处理财产价值""处理净收入"明细科目，进行明细核算。单位资产清查中查明的资产盘盈、盘亏、报废和毁损，一般应当先记入本科目，按照规定报经批准后及时进行账务处理。年末结账前一般应处理完毕。

(二)"待处理财产损溢"的会计处理

1. 账款核对时发现的库存现金短缺或溢余

(1) 每日账款核对中发现现金短缺或溢余，属于现金短缺，按照实际短缺的金额，借记"待处理财产损溢"科目，贷记"库存现金"科目；属于现金溢余，按照实际溢余的金额，借记"库存现金"科目，贷记"待处理财产损溢"科目。

(2) 如为现金短缺，属于应由责任人赔偿或向有关人员追回的，借记"其他应收款"

科目，贷记"待处理财产损溢"科目；属于无法查明原因的，报经批准核销时，借记"资产处置费用"科目，贷记"待处理财产损溢"科目。

（3）如为现金溢余，属于应支付给有关人员或单位的，借记"待处理财产损溢"科目，贷记"其他应付款"科目；属于无法查明原因的，报经批准后，借记"待处理财产损溢"科目，贷记"其他收入"科目。

2. 非现金资产的盘盈、盘亏或报废、毁损

资产清查过程中发现的存货、固定资产、无形资产、公共基础设施、政府储备物资、文物文化资产、保障性住房等各种资产盘盈、盘亏或报废、毁损，应按下列规定处理：

（1）盘盈的各类资产：

①转入待处理资产时，按照确定的成本，借记"库存物品""固定资产""无形资产""公共基础设施""政府储备物资""文物文化资产""保障性住房"等科目，贷记"待处理财产损溢"科目。

②按照规定报经批准后处理时，对于盘盈的流动资产，借记"待处理财产损溢"科目，贷记"单位管理费用"（事业单位）或"业务活动费用"（行政单位）科目。对于盘盈的非流动资产，如属于本年度取得的，按照当年新取得相关资产进行账务处理；如属于以前年度取得的，按照前期差错处理，借记"待处理财产损溢"科目，贷记"以前年度盈余调整"科目。

（2）盘亏或者毁损、报废的各类资产：

①转入待处理资产时，借记"待处理财产损溢——待处理财产价值"科目（盘亏毁损、报废固定资产、无形资产、公共基础设施、保障性住房的，还应借记"固定资产累计折旧""无形资产累计摊销""公共基础设施累计折旧（摊销）""保障性住房累计折旧"科目），贷记"库存物品""固定资产""无形资产""公共基础设施""政府储备物资""文物文化资产""保障性住房""在建工程"等科目。涉及增值税业务的，相关账务处理参见"应交增值税"科目。报经批准处理时，借记"资产处置费用"科目，贷记"待处理财产损溢——待处理财产价值"科目。

②处理毁损、报废实物资产过程中取得的残值或残值变价收入保险理赔和过失人赔偿等，借记"库存现金""银行存款""库存物品""其他应收款"等科目，贷记"待处理财产损溢——处理净收入"科目；处理毁损、报废实物资产过程中发生的相关费用，借记"待处理财产损溢——处理净收入"科目，贷记"库存现金""银行存款"等科目。

处理收支结清，如果处理收入大于相关费用的，按照处理收入减去相关费用后的净收入，借记"待处理财产损溢——处理净收入"科目，贷记"应缴财政款"等科目；如果处理收入小于相关费用的，按照相关费用减去处理收入后的净支出，借记"资产处置费用"科目，贷记"待处理财产损溢——处理净收入"科目。

待处理财产损溢主要业务和事项账务处理如表 2-40 所示。

【工作实例 2-40】某事业单位发生与待处理财产损溢有关的业务如下：

（1）月末盘点发现短少现金 120 元，原因待查。

（2）月末盘点发现盘盈库存物品 4 500 元，原因待查。

（3）本月报废办公电脑 50 台，账面成本 245 000 元，已经计提折旧 240 000 元。

（4）将报废的电脑出售，取得现金收入 300 元。

表 2-40　　　　　　　　　　　"待处理财产损溢"的账务处理

序号	业务和事项内容			账务处理
（1）	账款核对时发现的库存现金短缺或溢余	现金短缺时		借：待处理财产损溢 　　贷：库存现金 借：其他应收款 　　资产处置费用 　　贷：待处理财产损溢
		现金溢余时		借：库存现金 　　贷：待处理财产损溢 借：待处理财产损溢 　　贷：其他应付款 　　　　其他收入
（2）	盘盈非现金资产	转入待处理财产时		借：库存物品/固定资产/无形资产/公共基础设施/政府储备物资/文物文化资产/保障性住房等 　　贷：待处理财产损溢
		报经批准后处理时	对于流动资产	借：待处理财产损溢 　　贷：单位管理费用（事业单位） 　　　　业务活动费用（行政单位）
			对于非流动资产	借：待处理财产损溢 　　贷：以前年度盈余调整
（3）	盘亏或毁损、报废的非现金资产	转入待处理财产时		借：待处理财产损溢 　　固定资产累计折旧/无形资产累计摊销/公共基础设施累计折旧（摊销）/保障性住房累计折旧 　　贷：库存物品/固定资产/无形资产/公共基础设施/政府储备物资/文物文化资产/保障性住房等
		报经批准处理时		借：资产处置费用 　　贷：待处理财产损溢
		处理毁损、报废实物资产过程中取得的残值或残值变价收入保险理赔和过失人赔偿等		借：库存现金/银行存款/库存物品/其他应收款等 　　贷：待处理财产损溢
		处理毁损、报废实物资产过程中发生的相关费用		借：待处理财产损溢 　　贷：库存现金/银行存款等
		处理收支结清，处理收入大于相关费用的		借：待处理财产损溢 　　贷：应缴财政款
		处理收支结清，处理收入小于相关费用的		借：资产处置费用 　　贷：待处理财产损溢

（5）将报废的电脑净损失转入资产处置费用科目。

（6）盘点发现短少现金 120 元由出纳员赔偿，尚未收到。
（7）将盘盈库存物品 4 500 元冲减单位管理费用。

任务处理如下：

（1）月末盘点发现短少现金原因待查时

借：待处理财产损溢　　　　　　　　　　　　　　　　　　120
　　贷：库存现金　　　　　　　　　　　　　　　　　　　　　　120

（2）盘盈库存物品原因待查时

借：库存物品　　　　　　　　　　　　　　　　　　　　4 500
　　贷：待处理财产损溢　　　　　　　　　　　　　　　　　　4 500

（3）报废办公电脑时

借：待处理财产损溢　　　　　　　　　　　　　　　　　5 000
　　固定资产累计折旧　　　　　　　　　　　　　　　　240 000
　　贷：固定资产　　　　　　　　　　　　　　　　　　　　245 000

（4）报废的电脑出售，取得现金收入时

借：库存现金　　　　　　　　　　　　　　　　　　　　　400
　　贷：待处理财产损溢　　　　　　　　　　　　　　　　　　400

（5）报废的电脑净损失转入资产处置费用科目时

借：资产处置费用　　　　　　　　　　　　　　　　　　4 600
　　贷：待处理财产损溢　　　　　　　　　　　　　　　　　4 600

（6）盘点发现短少现金由出纳员赔偿，尚未收到时

借：其他应收款　　　　　　　　　　　　　　　　　　　　120
　　贷：待处理财产损溢　　　　　　　　　　　　　　　　　　120

（7）将盘盈库存物品 4 500 元冲减单位管理费用时

借：待处理财产损溢　　　　　　　　　　　　　　　　　4 500
　　贷：单位管理费用　　　　　　　　　　　　　　　　　　4 500

项目小结

资产是指政府会计主体过去的经济业务或者事项形成的，由政府会计主体控制的，预期能够产生服务潜力或者带来经济利益流入的经济资源，包括货币资金、短期投资、应收及预付款项、存货、长期股权投资、长期债券投资、固定资产、在建工程、无形资产、政府储备物资、公共基础设施、保障性住房、文物文化资产、受托代理资产、待摊费用、待处理财产损溢等。

为了加强单位资产管理与核算，政府会计制度规定，单位应设置"库存现金""银行存款""零余额账户用款额度""其他货币资金""财政应返还额度""应收账款""预付账款""其他应收款""库存物品""长期股权投资""长期债券投资""固定资产""固定资产累计折旧""无形资产""无形资产累计摊销""研发支出""公共基础设施""公共基础设施累计折旧（摊销）""政府储备物资""文物文化资产""保障性住房""保障性住房累计折旧""受托代理资产"和"待处理财产损溢"等科目，提供各项资产的增减变化及其结果的会计

复习思考题

1. 零余额账户用款额度为什么属于"货币资金"范畴？
2. 财政应返还额度应如何核算？
3. 单位会计对购入的存货计价有何规定？
4. 单位为什么对固定资产和无形资产进行折旧或摊销？
5. 单位的固定资产折旧范围有何规定？
6. 在计算无形资产摊销时，会计制度对摊销金额、摊销时间和摊销方法有何规定？
7. 为什么政府会计需要单独核算政府储备物资、公共基础设施、保障性住房等项目？
8. 行政单位收到受托代理资产为现金和银行存款的，应如何进行会计处理？
9. 政府会计对哪些资产需要进行计提折旧或摊销？
10. 如果发生现金短缺，会计上应如何处理？

习题与实训

一、单项选择题

1. 下列项目中，不属于行政单位资产的是（　　）。
   A. 存货　　　　　　　　　　　B. 固定资产
   C. 无形资产　　　　　　　　　D. 短期投资

2. 盘点库存现金时，发现账面数大于库存数，在原因不明的情况下，先列入（　　）处理。
   A. 银行存款　　　　　　　　　B. 待处理资产损溢
   C. 待处置资产损溢　　　　　　D. 应缴财政款

3. 如果短少的现金金额较小，而且是出纳员工作失误导致的。经批评教育并经领导批准后，应列入（　　）科目。
   A. 待处理财产损溢　　　　　　B. 管理费用
   C. 其他支出　　　　　　　　　D. 资产处置费用

4. 属于无法查明原因的溢余，报经批准后列入（　　）科目。
   A. 事业收入　　　　　　　　　B. 经营收入
   C. 其他收入　　　　　　　　　D. 冲减资产处置费用

5. "银行存款日记账"应定期与"银行对账单"核对，至少每月核对（　　）。
   A. 1次　　　　　　　　　　　B. 2次
   C. 3次　　　　　　　　　　　D. 4次

6. 下列业务中，不影响预算资金增减变动的是（　　）。
   A. 从银行提取现金　　　　　　B. 以银行存款支付手续费
   C. 以零余额账户用款额度购买物资　D. 从银行取得短期借款

7. 某单位职工预借差旅费时，应借记（　　）科目，贷记"库存现金"或"银行存款"科目。
   A. 事业支出　　　　　　　　　　　　B. 其他应付款
   C. 暂付款　　　　　　　　　　　　　D. 其他应收款

8. 下列项目中，不属于行政事业单位往来款项的是（　　）。
   A. 财政应返还额度　　　　　　　　　B. 零余额账户用款额度
   C. 预付账款　　　　　　　　　　　　D. 其他应收款

9. 事业单位持未到期的商业汇票向银行贴现，所发生的利息费用计入（　　）。
   A. 财务费用　　　　　　　　　　　　B. 经营费用
   C. 管理费用　　　　　　　　　　　　D. 销售费用

10. 如果有确凿证据表明预付账款不再符合预付款项性质，或者因供应单位破产撤销等原因可能无法收到所购货物、服务的，应当将"预付账款"转入（　　）。
    A. "应收账款"科目　　　　　　　　B. "应收票据"科目
    C. "其他支出"科目　　　　　　　　D. "其他应收款"科目

11. 下列业务中，不能通过"其他应收款"科目核算的是（　　）。
    A. 单位因出租资产、出售物资等应收取的款项
    B. 拨付给内部有关部门的备用金
    C. 应向职工收取的各种垫付款项
    D. 应收的上级补助和附属单位上缴款项

12. 行政单位对于超过规定年限、确认无法收回的其他应收款，应当按照有关规定报经批准后予以核销，按照核销金额，列入（　　）。
    A. "坏账准备"科目　　　　　　　　B. "其他支出"科目
    C. "资产处置费用"科目　　　　　　D. "行政支出"科目

13. 行政事业单位随买随用的零星办公用品等，在验收入库时，（　　）。
    A. 列入"库存物品"科目　　　　　　B. 列入"业务活动费用"科目
    C. 列入"资产处置费用"科目　　　　D. 列入"单位管理费用"科目

14. 对于不能替代使用的存货、为特定项目专门购入或加工的存货，通常采用（　　）确定发出存货的成本。
    A. 先进先出法　　　　　　　　　　　B. 月末一次加权平均法
    C. 个别计价法　　　　　　　　　　　D. 移动加权平均法

15. 盘盈存货，如果未经资产评估的，其成本按照（　　）确定。
    A. 历史成本　　　　　　　　　　　　B. 重置成本
    C. 公允价值　　　　　　　　　　　　D. 账面价值

16. 对外捐赠、无偿调出存货中发生的归属于捐出方、调出方的相关费用应当计入（　　）。
    A. 其他费用　　　　　　　　　　　　B. 存货成本
    C. 资产处置费用　　　　　　　　　　D. 业务活动费用

17. 存货盘亏造成的损失，按规定报经批准后应当计入（　　）。
    A. 其他费用　　　　　　　　　　　　B. 存货成本

C. 资产处置费用 D. 业务活动费用

18. 事业单位（小规模纳税人）以银行存款购入国库券100 000元，其中已到付息期但尚未领取的利息3 000元，支付的手续费500元，应交增值税30元。其投资成本为（　　）元。

A. 97 000 B. 100 000
C. 103 000 D. 103 530

19. 事业单位转让国库券发生的收益，在会计中应列入（　　）。

A. 投资收益 B. 投资预算收益
C. 其他收入 D. 其他结余

20. 事业单位（小规模纳税人）以银行存款A公司10万股，实际支付价款710 000元，其中包含已到期尚未支付的现金股利10 000元。另外，在购买过程中支付手续费等相关费用2 000元，应交增值税120元。其长期股权投资成本为（　　）元。

A. 710 000 B. 712 000
C. 702 120 D. 712 120

21. 长期股权投资采用权益法核算的，不影响"长期股权投资——损益调整"科目的有（　　）。

A. 被投资单位实现的净利润 B. 被投资单位发生的净亏损
C. 被投资单位宣告分派的现金股利 D. 被投资单位资本公积变动

22. 长期股权投资采用权益法核算的，不属于"长期股权投资"科目下设置的二级科目有（　　）。

A. 成本 B. 损益调整
C. 其他权益变动 D. 其他综合收益

23. 长期股权投资采用权益法核算的，被投资单位发生其他所有者权益变动的，按其份额，借记"长期股权投资——其他权益变动"科目，贷记（　　）科目。

A. 长期股权投资——成本 B. 投资收益
C. 长期股权投资——损益调整 D. 权益法调整

24. 下列关于长期债券投资说法错误的是（　　）。

A. 长期债券投资在取得时，应当按照实际成本作为初始投资成本

B. 长期债券投资持有期间，应当按期以票面金额与票面利率计算确认利息收入

C. 对于分期付息、一次还本的长期债券投资，应当将计算确定的应收未收利息确认为应收利息，计入投资收益

D. 对于一次还本付息的长期债券投资，应当将计算确定的应收未收利息计入投资收益，不增加长期债券投资的账面余额

25. 某行政单位购入复印机一台，增值税专用发票上注明的价款40 000元，增值税5 200元，运杂费200元，采购人员差旅费300元。则该固定资产的入账价值为（　　）元。

A. 40 000 B. 45 200
C. 45 400 D. 45 700

26. 政府单位购入的固定资产应按（　　）计价。

A. 原始价值 B. 重置完全价值
C. 公允价值 D. 净值

27. 政府单位购入固定资产扣留质量保证金的，期限在一年以内的，应通过（　　）科目核算。
   A. 其他应收款   B. 其他应付款
   C. 长期应收款   D. 长期应付款
28. 某行政单位接受外国友人捐赠的固定资产，其财务会计处理正确的是（　　）。
   A. 借记"固定资产"科目，贷记"其他收入"科目
   B. 借记"固定资产"科目，贷记"捐赠收入"科目
   C. 借记"资产基金"科目，贷记"固定资产"科目
   D. 借记"固定资产"科目，贷记"资本公积"科目
29. 某行政单位出售不用的固定资产，其出售收入应计入（　　）科目。
   A. 其他收入   B. 营业外收入
   C. 固定资产清理   D. 应缴财政款
30. 按政府会计制度规定，下列项目中不需要计提固定资产折旧的是（　　）。
   A. 房屋及构筑物   B. 家具、用具、装具
   C. 通用设备   D. 图书与档案
31. 现行政府会计制度规定，固定资产按（　　）计提折旧。
   A. 个别折旧率   B. 分类折旧率
   C. 分项折旧率   D. 综合折旧率
32. 单位开展专业业务活动及其辅助活动所使用的固定资产，其计提的折旧应计入（　　）科目。
   A. 在建工程   B. 业务活动费用
   C. 单位管理费用   D. 加工物品
33. 符合固定资产确认条件的后续支出，应当在发生时计入（　　）。
   A. 业务活动费用   B. 单位管理费用
   C. 经营费用   D. 在建工程
34. 单位对外捐赠的固定资产，应通过（　　）科目核算。
   A. 资产处置费用   B. 无偿调拨净资产
   C. 待处理财产损溢   D. 待处置资产损溢
35. 下列项目中，不属于行政单位无形资产的是（　　）。
   A. 著作权   B. 土地使用权
   C. 专利权   D. 商誉
36. 下列项目关于单位无形资产初始计量正确的是（　　）。
   A. 单位购入的无形资产，其成本包括购买价款、相关税费
   B. 单位接受捐赠的无形资产，其成本都按照有关凭据注明的金额加上相关税费确定
   C. 单位自行开发的无形资产，其成本包括自该项目进入开发阶段后至达到预定用途所发生的的支出总额
   D. 无偿调入的无形资产，其成本按照调出方账面价值确定
37. 下列关于无形资产摊销说法不正确的有（　　）。
   A. 单位应当对使用年限有限的无形资产进行摊销

B. 无形资产的应摊销金额为其成本，不考虑净残值
C. 无形资产摊销的方法可以采用年限平均法或工作量法
D. 无形资产摊销期限应从单位受益之日下月起

38. 如果无形资产预期不能为单位带来服务潜力或者经济利益的，应当在报经批准后将该无形资产的账面价值转入（　　）科目核算。
   A. 业务活动费用　　　　　　　　B. 单位管理费用
   C. 待处理财产损溢　　　　　　　D. 资产处置费用

39. 某事业单位对原有公共基础设施进行改建。其初始成本为800万元，公共基础设施累计折旧340万元，改建活动发生的支出280万元，公共基础设施被替换部分的账面价值为78万元。则改建后的公共基础设施的成本为（　　）万元。
   A. 560　　　　　　　　　　　　B. 840
   C. 762　　　　　　　　　　　　D. 918

40. 某行政单位使用财政资金购买并直接储存管理的各项政府应急或救灾储备物资等，其财务会计处理不涉及的会计科目是（　　）。
   A. 政府储备物资　　　　　　　　B. 银行存款
   C. 财政拨款收入　　　　　　　　D. 零余额账户用款额度

41. 下列方法中，不属于政府会计单位确认发出政府储备物资的成本的是（　　）。
   A. 先进先出法　　　　　　　　　B. 加权平均法
   C. 工作量法　　　　　　　　　　D. 个别计价法

42. 单位将政府储备物资销售，按规定销售收入扣除相关税费后上缴财政的情形下，政府储备物资的账面价值应转入的会计科目是（　　）。
   A. 业务活动费用　　　　　　　　B. 单位管理费用
   C. 经营费用　　　　　　　　　　D. 资产处置费用

43. 单位每月计提的保障性住房折旧额，应计入（　　）科目。
   A. 业务活动费用　　　　　　　　B. 单位管理费用
   C. 经营费用　　　　　　　　　　D. 资产处置费用

44. 下列各项资产中，不需要计提折旧或摊销的是（　　）。
   A. 固定资产　　　　　　　　　　B. 保障性住房
   C. 公共基础设施　　　　　　　　D. 文化文物资产

二、多项选择题

1. 下列项目中，属于行政事业单位货币资产的有（　　）。
   A. 库存现金　　　　　　　　　　B. 银行存款
   C. 零余额账户用款额度　　　　　D. 其他货币资金

2. 下列项目中，属于单位流动资产的有（　　）。
   A. 存货　　　　　　　　　　　　B. 固定资产
   C. 政府储备物资　　　　　　　　D. 银行存款

3. 从零余额账户支取现金时，在财务会计核算时可能涉及的会计科目有（　　）。
   A. 库存现金　　　　　　　　　　B. 零余额账户用款额度

C. 资金结存——货币资金　　　　　　D. 资金结存——零余额账户用款额度

4. 下列项目中，属于行政单位固定资产的有（　　）。
   A. 专用设备　　　　　　　　　　　B. 文物
   C. 通用设备　　　　　　　　　　　D. 陈列品

5. "财政应返还额度"科目用来核算实行国库集中支付的行政事业单位应收财政返还的资金额度。本科目应当设置（　　）明细科目进行明细核算。
   A. 财政直接支付　　　　　　　　　B. 财政授权支付
   C. 财政拨款收入　　　　　　　　　D. 事业收入

6. 单位已核销不需上缴财政的应收账款在以后期间又收回，在财务会计核算上需要编制的会计分录有（　　）。
   A. 借：应收账款
         贷：坏账准备
   B. 借：银行存款
         贷：应收账款
   C. 借：资金结存——货币资金
         贷：非财政拨款结余
   D. 借：资金结存——货币资金
         贷：财政拨款结余

7. 下列业务中，应通过"其他应收款"科目核算的有（　　）。
   A. 单位因出租资产、出售物资等应收取的款项
   B. 拨付给内部有关部门的备用金
   C. 应向职工收取的各种垫付款项
   D. 职工预借的差旅费

8. 事业单位计提坏账准备的方法有（　　）。
   A. 应收款项余额百分比法　　　　　B. 账龄分析法
   C. 个别认定法　　　　　　　　　　D. 备抵法

9. 事业单位需要对下列项目分析其可收回性，对预计可能产生的坏账损失计提坏账准备、确认坏账损失的会计科目有（　　）。
   A. 收回后需上缴财政的应收账款　　B. 收回后不需上缴财政的应收账款
   C. 其他应收款　　　　　　　　　　D. 应收票据

10. 单位应当根据实际情况确定发出存货的实际成本。其具体方法包括（　　）。
    A. 先进先出法　　　　　　　　　　B. 月末一次加权平均法
    C. 个别计价法　　　　　　　　　　D. 移动加权平均法

11. 下列各项应当在发生时确认为当期费用，不计入存货成本的有（　　）。
    A. 非正常消耗的直接材料、直接人工和间接费用
    B. 一般仓储费用
    C. 不能归属于使存货达到目前场所和状态所发生的其他支出
    D. 在加工过程中为达到下一个加工阶段所必需的仓储费用

12. 对低值易耗品、包装物进行摊销应当采用（　　）。

A. 一次转销法 　　　　　　　　　B. 分期摊销法

C. 五五摊销法 　　　　　　　　　D. 加速折旧法

13. 下列情形不通过"库存物品"科目核算的有（　　）。

A. 单位随买随用的零星办公用品

B. 单位控制的政府储备物资

C. 单位受托存储保管的物资和受托转赠的物资

D. 单位为在建工程购买和使用的材料物资

14. 事业单位在取得短期投资时，其投资成本包括（　　）。

A. 购买价款 　　　　　　　　　　B. 相关税金

C. 手续费 　　　　　　　　　　　D. 已到付息期但尚未领取的利息

15. 下列项目中，影响"投资收益"科目的有（　　）。

A. 购买短期投资时支付的手续费 　B. 短期投资持有期间获得的收益

C. 出售短期投资产生的损益 　　　D. 到期收回短期投资的差额

16. 接受捐赠的长期股权投资，其初始成本表述正确的有（　　）。

A. 接受捐赠的长期股权投资，其成本按照有关凭据注明的金额加上相关税费确定

B. 没有相关凭据可供取得，但按规定经过资产评估的，其成本按照评估价值加上相关税费确定

C. 没有相关凭据可供取得，也未经资产评估的，其成本比照同类或类似资产的市场价格加上相关税费确定

D. 接受捐赠的长期股权投资，其成本按照有关凭据注明的金额确定

17. 在成本法下，影响长期股权投资账面价值的业务有（　　）。

A. 长期股权投资初始投资时

B. 追加或收回长期股权投资时

C. 长期股权投资持有期间被投资单位宣告发放现金股利或利润时

D. 被投资单位实现利润时

18. 政府会计制度的成本法下，单位进行长期股权投资时涉及的财务会计科目有（　　）。

A. 长期股权投资 　　　　　　　　B. 银行存款

C. 投资支出 　　　　　　　　　　D. 资金结存

19. 长期股权投资采用权益法核算的，需要在"长期股权投资"科目下设置的二级科目有（　　）。

A. 成本 　　　　　　　　　　　　B. 损益调整

C. 其他权益变动 　　　　　　　　D. 其他综合收益

20. 长期股权投资采用权益法核算的，影响"长期股权投资——损益调整"科目的有（　　）。

A. 被投资单位实现的净利润 　　　B. 被投资单位发生的净亏损

C. 被投资单位宣告分派的现金股利 D. 被投资单位资本公积变动

21. 事业单位进行长期债券投资核算时，涉及的会计科目有（　　）。

A. "长期债券投资——成本" 　　　B. "长期债券投资——应计利息"

C. "应收利息" 　　　　　　　　　D. "长期债券投资——应收利息"

22. 某行政单位以财政资金购入固定资产，其会计处理涉及的财务会计科目有（　　）。
   A. 固定资产　　　　　　　　　B. 财政拨款收入
   C. 行政支出　　　　　　　　　D. 资金结存

23. 下列各项中，属于政府单位固定资产的有（　　）。
   A. 房屋及构筑物　　　　　　　B. 通用设备
   C. 文物和陈列品　　　　　　　D. 图书、档案

24. 按政府会计制度规定，下列项目中需要计提固定资产折旧的是（　　）。
   A. 房屋及构筑物　　　　　　　B. 家具、用具、装具
   C. 通用设备　　　　　　　　　D. 图书与档案

25. 按政府会计制度规定，下列关于固定资产折旧说法正确的有（　　）。
   A. 单位应对房屋及构筑物、专用设备、通用设备、家具、用具、装具按规定计提折旧
   B. 单位计提固定资产折旧范围不包括文物和陈列品、图书与档案
   C. 当月增加的固定资产，当月计提折旧
   D. 提前报废的固定资产，也不再补提折旧

26. 单位应当根据固定资产的性质和实际使用情况，合理确定其折旧年限。具体确定固定资产的折旧年限时，应当考虑下列因素的有（　　）。
   A. 固定资产预计实现服务潜力
   B. 固定资产预计有形损耗和无形损耗
   C. 法律或者类似规定对固定资产使用的限制
   D. 固定资产预计提供经济利益的期限

27. 按政府会计制度规定，计提固定资产折旧的方法有（　　）。
   A. 年限平均法　　　　　　　　B. 工作量法
   C. 年数总和法　　　　　　　　D. 双倍余额递减法

28. 单位每月计提的固定资产折旧额。计提的固定资产折旧可以计入（　　）科目。
   A. 在建工程　　　　　　　　　B. 业务活动费用
   C. 单位管理费用　　　　　　　D. 加工物品

29. 固定资产的后续支出通常包括固定资产在使用过程中发生的（　　）。
   A. 改建支出　　　　　　　　　B. 扩建支出
   C. 新建支出　　　　　　　　　D. 日常修理费

30. 不符合固定资产确认条件的后续支出，应当在发生时计入（　　）。
   A. 业务活动费用　　　　　　　B. 单位管理费用
   C. 经营费用　　　　　　　　　D. 在建工程

31. 下列项目中，应通过"资产处置费用"科目核算的有（　　）。
   A. 出售固定资产　　　　　　　B. 无偿调出固定资产
   C. 置换换出固定资产　　　　　D. 盘亏固定资产

32. 下列项目中，属于行政单位无形资产的有（　　）。
   A. 著作权　　　　　　　　　　B. 土地使用权
   C. 专利权　　　　　　　　　　D. 商标权

33. 下列关于无形资产摊销说法正确的有（　　）。

A. 单位应当对使用年限有限的无形资产进行摊销
B. 以名义金额计量的无形资产不必摊销
C. 使用年限不确定的无形资产，也不必进行摊销
D. 无形资产摊销期限应从单位受益之日起

34. 作为政府会计主体的公共基础设施，应该具备下列特征（　　）。
A. 是一个有形资产系统或网络的组成部分
B. 具有特定用途
C. 一般不可移动
D. 使用寿命能够予以估计

35. 自行建设的公共基础设施，其成本包括（　　）。
A. 建筑安装工程投资支出　　B. 设备投资支出
C. 待摊投资支出　　D. 其他投资支出

36. 下列关于公共基础设施折旧说法正确的有（　　）。
A. 单位应当对公共基础设施计提折旧（或摊销）
B. 公共基础设施应当按月计提折旧，并计入当期费用
C. 处于改建、扩建等建造活动期间的公共基础设施，应当暂停计提折旧
D. 公共基础设施提足折旧后，无论能否继续使用，均不再计提折旧

37. 单位在确定公共基础设施折旧年限，应当考虑的因素有（　　）。
A. 设计使用年限或设计基准期
B. 预计实现服务潜力或提供经济利益的期限
C. 预计有形损耗和无形损耗等
D. 法律或者类似规定对资产使用的限制

38. 某行政单位使用财政资金直接购买并直接储存管理的各项政府应急或救灾储备物资等，其财务会计处理涉及的会计科目有（　　）。
A. 政府储备物资　　B. 银行存款
C. 财政拨款收入　　D. 零余额账户用款额度

39. 下列项目中，应作为"公共基础设施"科目核算的有（　　）。
A. 城市交通设施　　B. 环保设施
C. 公共构筑物　　D. 办公大楼

40. 下列各项中，不应计入政府储备物资成本的有（　　）。
A. 仓储费用　　B. 日常维护费用
C. 改建支出　　D. 扩建支出

41. 下列关于保障性住房初始计量说法正确的有（　　）。
A. 外购的保障性住房，其成本包括购买价款、相关税费以及可归属于该项资产达到预定用途前所发生的其他支出
B. 自行建造的保障性住房，其成本包括该项资产至交付使用前所发生的全部必要支出
C. 接受其他单位无偿调入的保障性住房，其成本按照该项资产在调出方的账面价值确定
D. 接受捐赠的保障性住房，其成本按照有关凭据注明的金额加上相关税费、运输费等确定

三、判断题

1. 每日账款核对中发现有待查明原因的现金短缺或溢余的，应当通过"待处理财产损溢"科目核算。（   ）
2. 行政事业单位不可能涉及外币业务。（   ）
3. 在现金收付过程中，如果发现长余现金，属于无法查明原因的，经批准列入营业外收入。（   ）
4. 各单位的"银行存款日记账"应定期与"银行对账单"至少每月核对一次。（   ）
5. 事业单位发生的应收账款应区分是否需要上缴财政。（   ）
6. 事业单位发生的需要上缴财政的应收账款可能发生坏账损失。（   ）
7. 事业单位应当于每年年末，对应收账款进行全面检查，如发生不能收回的迹象，应当计提坏账准备。（   ）
8. 单位随买随用的零星办公用品等，可以在购进时直接列作支出，不列入存货核算。（   ）
9. 对于性质和用途相似的存货，应当采用相同的成本计价方法确定发出存货的成本。（   ）
10. 对于不能替代使用的存货、为特定项目专门购入或加工的存货，通常采用先进先出法确定发出存货的成本。（   ）
11. 购入的存货其初始成本包括购买价款、相关税费、运输费、装卸费、保险费以及使存货达到目前场所和状态所发生的归属于存货成本的其他支出。（   ）
12. 存货在取得时应当按照成本进行初始计量。（   ）
13. 未完成的测绘、地质勘察、设计成果的实际成本，应通过"在途物品"科目核算。（   ）
14. 事业单位在取得短期投资时，应当按照其实际成本（包括购买价款以及税金、手续费等相关税费）作为投资成本。（   ）
15. 以未入账的无形资产取得的长期股权投资，其成本按照评估价值加上相关税费确定。（   ）
16. 权益法，是指投资最初以投资成本计量，以后根据行政事业单位在被投资单位所享有的所有者权益份额的变动对投资的账面价值进行调整的方法。（   ）
17. 长期债券投资在取得时，应当按照实际成本作为初始投资成本。实际支付的价款中包含的已到付息期但尚未领取的债券利息，不计入长期债券投资初始投资成本。（   ）
18. 长期债券投资持有期间，应当按期以票面金额与实际利率计算确认利息收入。（   ）
19. 对于一次还本付息的长期债券投资，应当将计算确定的应收未收利息计入投资收益，并增加长期债券投资的账面余额。（   ）
20. 通常情况下，购入、接受捐赠不需安装的固定资产，在固定资产验收合格时确认。（   ）
21. 政府会计制度规定，单位价值不足通用设备和专用设备的起点，但耐用时间在一年以上的大批量同类财产也可以作为固定资产。（   ）
22. 将发生的固定资产后续支出计入固定资产成本的，应当同时从固定资产账面价值中扣

除被替换部分的账面价值。（ ）

23. 为建造固定资产借入的专门借款的利息，计入在建工程成本。（ ）

24. 如受赠的系旧的固定资产，在确定其初始入账成本时应当考虑该项资产的新旧程度。（ ）

25. 已使用但尚未办理竣工决算手续的固定资产，应当按照估计价值入账，待办理竣工决算后再按照实际成本调整原来的暂估价值。（ ）

26. 单位计提融资租入固定资产折旧时，应当采用与自有固定资产相一致的折旧政策。（ ）

27. 固定资产应计的折旧额为其成本扣除预计净残值。（ ）

28. 在确定固定资产的折旧方法时，应当考虑与固定资产相关的服务潜力或经济利益的预期实现方式。（ ）

29. 无形资产是指政府会计主体控制的没有实物形态的可辨认非货币性长期资产。（ ）

30. 政府会计主体购入的不构成相关硬件不可缺少组成部分的软件，也应当作为无形资产核算。（ ）

31. 政府会计主体自创商誉及内部产生的品牌、报刊名等，不确认为无形资产。（ ）

32. 单位自行研究开发项目研究阶段的支出应当于发生时计入当期费用。（ ）

33. 单位自行研究开发项目开发阶段的支出，应当确认为无形资产。（ ）

34. 单位对于自行开发的无形资产应当设置"研发支出"科目进行核算。（ ）

35. 研究阶段的支出应于期（月）末将"研发支出——研究支出"科目归集的金额转入当期单位管理费用。（ ）

36. 单位应当于取得或形成无形资产时合理确定其使用年限。（ ）

37. 无法预计无形资产为单位提供服务潜力或者带来经济利益期限的，应当视为使用年限不确定的无形资产。（ ）

38. 为增加无形资产的使用效能而发生的后续支出，应当计入当期费用。（ ）

39. 如受赠的系旧的公共基础设施，在确定其初始入账成本时应当考虑该项资产的新旧程度。（ ）

40. 为建造公共基础设施借入的专门借款的利息，均计入该公共基础设施在建工程成本。（ ）

41. 与公共基础设施配套使用的修理设备、工具器具、车辆等动产，也属于公共基础设施。（ ）

42. 为增加公共基础设施使用效能或延长其使用年限而发生的改建、扩建等后续支出，应当计入公共基础设施成本。（ ）

43. 因动用而发出无需收回的政府储备物资的，应当在发出物资时将其账面余额予以转销，计入当期费用。（ ）

44. 文物文化资产不必计提折旧。（ ）

45. 行政单位支付的政府储备物资保管费、仓库租赁费等日常储备费用，不计入政府储备物资的成本。（ ）

46. 单位收到受托代理资产为现金和银行存款的，也应通过"受托代理资产"科目核算。（ ）

47. 发生由受托单位承担的与受托存储保管的物资相关的运输费、保管费等费用时，按照实际发生的费用金额，列入"其他费用"。（   ）
48. 按照规定处置或移交罚没物资时，按照罚没物资的成本予以转销。（   ）
49. 预付费用是指单位已经支付、但应当由本期和以后各期负担的各项费用。（   ）
50. 如果某项待摊类费用已经不能使单位受益，应当将其摊余金额一次全部转入当期费用。（   ）

四、实训题

实训一

1. 目的：练习事业单位流动资产的核算。
2. 资料：某职业院校6月发生经济业务如下：
（1）从单位零余额账户提取现金8 000元。
（2）用现金560元购买零星办公用品，已经交付使用。
（3）盘点现金，发现短款25元，尚未查明原因。
（4）收到应缴财政的学杂费1 600 000元存入银行。
（5）根据"财政授权支付额度到账通知书"登记本月获得的财政授权支付额度7 500 000元。
（6）教师出差回来报销差旅费，用公务卡消费5 700元，以零余额账户用款额度支付。
（7）单位职工为灾区捐款73 520元，存入银行。
（8）将职工捐款73 520元汇往民政部门专设账户。
（9）向银行提交"银行汇票申请书"并将款项100 000元交存开户银行，要求银行办理银行汇票并已取得汇票。
（10）单位持银行汇票去异地采购材料，取得的增值税普通发票上注明材料价款80 000元，增值税10 400元，余款退回。
（11）确认本年未下达的用款额度280 000元。
（12）确认应收租金55 000元（不上缴财政），尚未收到。
（13）确认应收账款5 000元无法收回，经批准列入坏账损失。
（14）学生损坏公用设施，按价应赔偿800元尚未收到。
（15）年末计提坏账准备22 000元。
3. 要求：根据上述经济业务编制相应会计分录。

实训二

1. 目的：练习事业单位非流动资产的核算。
2. 资料：某职业院校5月发生经济业务如下：
（1）财政直接支付购入打印机5部，价值12 500元，经验收合格交付使用。
（2）财政直接支付购入教室投影仪15部，价值300 000元，扣除质保金20%后全额支付。设备交付使用。
（3）按规定计提本月固定资产折旧27 000元，行政及后勤管理部门所使用的固定资产按规定计提的折旧46 500元。
（4）暑假对实训楼进行改造，以财政资金购买工程物资200 000元。

(5) 以财政资金支付改建支出 343 900 元，应付工人工资 80 000 元，领用工程物资 167 000 元。

(6) 以银行存款支付教学楼维修费用 51 900 元。

(7) 经批准，将一批替换下来课桌椅捐赠给某县小学，该批课桌椅的账面成本 95 000 元，已计提折旧 40 000 元。以零余额账户用款额度支付运输费 5 000 元。

(8) 将报废的电脑、打印机出售，取得现金 1 800 元。经查，该电脑、打印机的账面成本原价 250 000 元，已计提折旧 240 000 元。

(9) 委托某软件公司开发教学管理软件已经交付使用，按合同约定用财政资金直接支付剩余开发费 120 000 元。

(10) 自行开发阶段一个教学管理软件，以零余额账户用款额度支付劳务费 8 000 元。

(11) 新校区土地使用权本月应摊销额 56 000 元，教学软件摊销 11 000 元，会计核算软件摊销 4 300 元。

(12) 接受校友捐赠校训石，评估价值 380 000 元。

3. 要求：根据上述经济业务编制相应会计分录。

实训三

1. 目的：实训事业单位无形资产及其他资产的核算。

2. 资料：某事业单位（小规模纳税人）发生如下经济业务：

(1) 外购的无形资产一项，购买价款 200 000 元，价款以财政资金直接支付。

(2) 委托软件公司开发一项管理软件，按照合同约定预付开发费用 80 000 元，价款以财政资金直接支付。

(3) 软件开发完成交付使用，共发生开发成本 100 000 元。

(4) 以财政资金直接支付剩余软件开发费用。

(5) 自行开发无形资产，发生前期研究支出 60 000 元，以财政资金直接支付。

(6) 接受捐赠无形资产一项，相关凭据注明的金额 150 000 元。

(7) 本月计提无形资产摊销额 5 000 元。

(8) 对开发软件进行升级改造，发生支出 80 000 元，资金通过财政直接支付。

(9) 对软件进行的漏洞修补、技术维护等发生支出 20 000 元，以银行存款支付。

(10) 报经批准出售一项无形资产。该无形资产账面原价 200 000 元，累计摊销 110 000 元。出售收入 140 000 元，存入银行，应交增值税 8 400 元。按规定处置收入不上缴财政。

(11) 购入的政府储备物资，购买价款 850 000 元，价款以财政资金直接支付。

(12) 接受捐赠的政府储备物资，经过资产评估，其成本为 350 000 元。另以银行存款支付运输费 1 200 元。

(13) 经批准对外无偿调出政府储备物资 700 000 元用于抗洪救灾，该物资无需收回。

(14) 接受其他单位移交的广场设施，其成本 5 000 000 元。

(15) 计提本月公共基础设施折旧 60 000 元。

(16) 接受地方文化局无偿调入的一批文物，调出方的账面价值 800 000 元，以财政资金直接支付归属于调入方的相关费用 16 000 元。

(17) 向省博物馆捐赠一批文物，账面成本 280 000 元，以零余额账户用款额度支付归属于捐出方的相关费用 4 000 元。

（18）接受委托人委托需要转赠给受赠人的物资 420 000 元，物资已验收入库。

（19）将受托转赠物资 420 000 元交付受赠人。

（20）摊销经营租赁方式租入的固定资产改良支出 14 800 元。

3. 要求：根据上述经济业务编制相应会计分录。

实训四

1. 目的：实训事业单位各项资产的核算。

2. 资料：某事业单位（一般纳税人）3 月份发生如下经济业务：

（1）之前购买的一年期国债到期，收回本金 30 000 元，利息 1 200 元。

（2）非独立核算部门从事经营活动销售产品而收到不带息的承兑期两个月的商业承兑汇票一张，该商业承兑汇票的面值为 5 000 元。

（3）假设上述业务中的商业承兑汇票到期，单位收到银行退回的商业承兑汇票。

（4）假设单位采用应收款项余额百分比法计提坏账准备。本年发生坏账 8 000 元，其中：应收账款 5 000 元，其他应收款 300 元。

（5）采购甲材料用于开展经营活动，取得的增值税专用发票上注明的材料价款为 100 000 元，增值税税额 13 000 元，支付运输费 800 元，增值税税额 72 元。所有款项均以银行存款付讫。

（6）购入某有限责任公司 5% 的股权，支付价款 500 000 元（含尚未支付股利 500 元），支付相关税费 5 000 元。

（7）经批准以账面余额为 600 000 元、评估价值为 400 000 元、累计折旧为 150 000 元的专用设备置换取得一家有限责任公司的 5% 股权，并向该公司支付补价款 50 000 元。假设不考虑相关税费。

（8）以未入账的非专利技术对一家有限责任公司进行投资。该非专利技术的评估价值为 200 000 元。假设不考虑相关税费。

（9）接受某有限责任公司捐赠的 2% 股权，该股权的市场价值为 300 000 元。假设不考虑相关税费。

（10）假定将上述捐赠的股权投资转为无偿调入。

（11）经批准将拥有某有限责任公司 2% 的股权转让，实际取得价款 500 000 元，发生相关税费 500 元，长期股权投资的账面余额为 400 000 元。假定该股权投资以现金取得，采用成本法核算。

（12）假定上述所有的某有限责任公司 2% 的股权是以未入账的无形资产取得，其他条件不变。但处置净收入上缴财政。

（13）购入 5 年期、票面利率为 5% 的国库券，实际支付价款 300 000 元。

（14）分别分年付息到期一次还本和到期一次还本付息，确认上述 5 年期国库券的每年利息。

（15）将 3 年前购买的国库券出售，取得价款 150 000 元，该国库券账面余额 130 000 元，应收利息 10 000 元。假设不考虑相关税费。

3. 要求：根据上述经济业务编制相应的会计分录。

实训五

1. 目的：练习行政单位和事业单位共有资产科目的核算。

2. 资料：某单位2月发生经济业务如下：

（1）从单位零余额账户提取现金20 000元，从银行基本户提取现金5 000元。

（2）依法履职或从事专业活动职工出差回来报销差旅费，实际支出4 500元，退回现金500元。

（3）收到职工交来的转赠地震灾区的捐款20 000元（现金），银行存款基本户收到A单位转贫困地区的捐款50 000元。

（4）收到采购员交来异地供应单位发票账单等报销凭证，甲材料价款18 000元已验收入库，多余的20 000元外埠存款转回本地单位开户银行。

（5）将300 000元款项交存银行取得面额10 000元的银行本票10张、10 000元银行汇票和额度1 000 000元的信用卡。

（6）收到代理银行转来的"财政直接支付入账通知书"，使用上年未使用财政直接支付额度购买专用材料一批用于依法履职或从事专业活动，材料价款100 000元，增值税税额16 000元，已验收入库。

（7）收到代理银行转来的50 000元财政授权支付额度恢复到账通知书和财政部门批复的上年度未下达零余额账户用款额度100 000元。

（8）经批准出租办公室一间，期限一个月，租金每月6 180元，尚未收到A单位租金。该租金需要上缴财政。

（9）假设上述业务中的租金收入经批准不需要上缴财政。

（10）收到采购的办公用计算机设备，且通过单位零余额账户补付其余50%货款200 000元。收到计算机之前已预付50%，计算机直接交付使用。

（11）发生购货预付账款退回，其中本年度财政直接支付的退回金额80 000元、财政授权支付的退回金额5 000元；上年度财政直接支付的退回金额500 000元。

（12）依法履职或开展专业活动购入甲材料一批，取得的增值税专用发票上注明的材料价款为100 000元，增值税税额13 000元。材料货款已通过单位零余额账户支付但材料尚未运到。

（13）以账面价值100 000元、已计提折旧10 000元的汽车置换甲单位的专用材料。汽车的评估价值为80 000元，通过单位零余额账户支付补价款40 000元。材料已验收入库。假设不考虑相关税费。

（14）计提本月公共基础设施折旧和确认为公共基础设施的单独计价入账的土地使用权销售100 000元。

（15）收到无偿调入的医药物资一批，调出方账面价值为50 000元，通过单位零余额账户支付运输费2 000元。

（16）将4年前购买的一项专利权出售，该专利权的购入成本为50 000元，规定的推销期限为10年。将其转入待处置资产后的第10天获得批准出售，获得价款20 600元，款项已存入银行。按规定处置收入不上缴财政。

（17）年末，经核查确认3年之前出租的资产的租金收入100 000元因承租企业陷入财务困境确实无法收回，按照规定报经批准后予以核销。假设该租金收入收回后应当上缴财政。

（18）年末，经核查确认3年之前预付款项采购专利技术款200 000元因卖方被撤销已无望再收到所购专利技术，也确实无法收回预付账款。

（19）年末，盘点存货和固定资产，发现专业活动用材料溢余 8 000 元，尚未入账；经营用材料短缺 2 000 元；一类图书没有入账（去年购入），该类图书的市场价格为 5 000 元。盘点之后的第 10 天获得批准予以处理。

（20）年末，盘点现金，发现短款 50 元，尚未查明原因。

3. 要求：根据上述经济业务编制财务会计和预算会计下的相应会计分录。

项目三
负债的核算

 职业能力目标

通过本项目的学习，熟悉单位流动负债和非流动负债的核算范围，能够正确地进行短期借款、应交增值税、其他应交税费、应缴财政款、应付职工薪酬、应付票据、应付账款、应付政府补贴款、应付利息、预收账款、其他应付款、预提费用、长期借款、长期应付款、预计负债的核算，正确提供各类负债的会计信息。

 **典型工作任务**

短期借款的核算；应交增值税的核算；其他应交税费的核算；应缴财政款的核算；应付职工薪酬的核算；应付票据的核算；应付账款的核算；应付政府补贴款的核算；应付利息的核算；预收账款的核算；其他应付款的核算；预提费用的核算；长期借款的核算；长期应付款的核算；预计负债的核算。

任务一 流动负债的核算

一、短期借款的核算

短期借款是指事业单位经批准向银行或其他金融机构等借入的期限在1年内（含1年）的各种借款。

为核算短期借款业务，事业单位应设置"短期借款"科目。该科目贷方登记取得的借款，借方登记归还的借款，期末贷方余额表示尚未归还的借款。该科目按债权单位和借款种类设置明细账，进行明细分类核算。

支付利息时，如果利息数额不大，且均衡支付，直接列支，计入"其他费用"科目；如果利息数额较大，且集中支付，则可采用计提应付的方法，即通过"应付利息"科目核算。

短期借款的主要账务处理如下：

（1）借入各种短期借款时，按照实际借入的金额，借记"银行存款"科目，贷记"短期借款"科目。

（2）银行承兑汇票到期，本单位无力支付票款的，按照应付票据的账面余额，借记"应付票据"科目，贷记"短期借款"科目。

（3）归还短期借款时，借记"短期借款"科目，贷记"银行存款"科目。

"短期借款"主要业务和事项账务处理如表 3-1 所示。

表 3-1 "短期借款"的账务处理

序号	业务和事项内容	账务处理
（1）	借入各种短期借款时	借：银行存款 　　贷：短期借款
（2）	计提利息时	借：其他费用 　　贷：应付利息
（3）	按期直接支付利息时	借：其他费用 　　贷：银行存款
（4）	银行承兑汇票到期而无力支付票款时	借：短期借款 　　贷：应付票据
（5）	归还借款时	借：短期借款 　　贷：银行存款

【工作实例 3-1】某职业院校发生与短期借款有关的业务如下：

（1）4月1日，因事业活动经批准向交通银行借入款项 5 000 000 元，借款期限 3 个月，年利率 7.2%，到期一次归还本息。

（2）到期归还向银行借入款项的本息 5 090 000 元。

任务处理如下：

（1）借入款项时

借：银行存款　　　　　　　　　　　　　　　　　　　　　　5 000 000
　　贷：短期借款　　　　　　　　　　　　　　　　　　　　　　5 000 000

（2）到期归还本金和利息时

借：短期借款　　　　　　　　　　　　　　　　　　　　　　5 000 000
　　其他费用　　　　　　　　　　　　　　　　　　　　　　　　90 000
　　贷：银行存款　　　　　　　　　　　　　　　　　　　　　　5 090 000

【学中做 3-1】如果借款合同规定：该单位每月 1 日支付利息，到期还本。请你完成 4 月 30 日、5 月 2 日和 7 月 1 日的会计分录。

二、应交增值税的核算

（一）增值税的征税范围

增值税是对我国境内销售货物、进口货物、提供加工、修理修配劳务，服务、无形资产和不动产的单位和个人，就其取得的应税销售额计算的销项税额，扣除取得进项税额而计算的一种流转税。增值税从性质上看属于价外税。

（1）我国境内销售货物、进口货物，或提供加工、修理修配劳务。货物是指有形动产，包括电力、热力、气体在内；加工是指受托加工货物，即委托方提供原料及主要材料，受托方按照委托方的要求，制造货物并收取加工费的业务；修理修配是指受托对损伤和丧失功能的货物进行修复，使其恢复原状和功能的业务。

（2）我国境内提供应税服务，具体包括销售交通运输服务、邮政服务、电信服务、建筑服务、金融服务、现代服务、生活服务等。

（3）我国境内转让无形资产或者销售不动产。

（二）增值税的税率（或征税率）

增值税的税率一般包括13%、9%、6%和零税率。小规模纳税人增值税征收率为3%，如表3－2所示。

表3－2　　　　　　　　各行业的增值税税率（或征税率）

税率	征税范围
13%	销售货物或进口货物（农产品除外），或提供加工、修理修配劳务；提供有形动产租赁服务。
9%	粮食、食用植物油、自来水、暖气、冷气、热水、石油液化气、天然气、沼气、居民用煤炭制品、图书、报纸、杂志、饲料、农药、农机、农膜、农业产品，以及国务院规定的其他货物。 提供交通运输、邮政、基础电信、建筑、不动产租赁服务、销售不动产、转让土地使用权。
6%	金融服务、生活服务业、研发和技术服务、信息技术服务、文化创意服务、物流辅助服务、鉴证咨询服务、提供增值电信服务。
3%	除部分不动产销售和租赁行为的征收率为5%以外，小规模纳税人发生的应税行为以及一般纳税人发生特定应税行为，增值税征收率为3%。
0	出口货物或财政部、国家税务总局规定规定的应税服务。

（三）增值税的纳税人

按照纳税人的经营规模大小及会计核算水平的健全程度，增值税的纳税人分为一般纳税人和小规模纳税人。一般纳税人发生财政部和国家税务总局规定的特定应税行为，可以选择适用简易计税方法计税，但一经选择，36个月内不得变更。

（四）一般纳税人增值税的核算

1. 会计科目及明细科目和专栏设置

为了核算企业的应交增值税，一般纳税人一般需要在"应交增值税"科目下设置"应交税金""未交税金""预交税金""待抵扣进项税额""待认证进项税额""待转销项税额""简易计税""转让金融商品应交增值税""代扣代缴增值税"等明细科目。各明细科目和专栏核算内容如表3-3所示。

表3-3 "应交增值税"各明细科目和专栏核算内容

序号	明细科目和专栏		核算内容
1	应交税金	进项税额	记录单位购进货物、加工修理修配劳务服务、无形资产或不动产而支付或负担的、准予从当期销项税额中抵扣的增值税额
		已交税金	记录单位当月已交纳的应交增值税额
		转出未交增值税	记录一般纳税人月度终了转出当月应交未交的增值税额
		转出多交增值税	记录一般纳税人月度终了转出当月多交的增值税额
		减免税款	记录单位按照现行增值税制度规定准予减免的增值税额
		销项税额	记录单位销售货物、加工修理修配劳务、服务、无形资产或不动产应收取的增值税额
		进项税额转出	记录单位购进货物、加工修理修配劳务、服务、无形资产或不动产等发生非正常损失以及其他原因而不应从销项税额中抵扣、按照规定转出的进项税额
2	未交税金		核算单位月度终了从"应交税金"或"预交税金"明细科目转入当月应交未交、多交或预缴的增值税额,以及当月交纳以前期间未交的增值税额
3	预交税金		核算单位转让不动产、提供不动产经营租赁服务等,以及其他按照现行增值税制度规定应预缴的增值税额
4	待认证进项税额		核算单位由于未经税务机关认证而不得从当期销项税额中抵扣的进项税额。包括:一般纳税人已取得增值税扣税凭证并按规定准予从销项税额中抵扣,但尚未经税务机关认证的进项税额;一般纳税人已申请稽核但尚未取得稽核相符结果的海关缴款书进项税额
5	待转销项税额		核算单位销售货物、加工修理修配劳务、服务、无形资产或不动产,已确认相关收入(或利得)但尚未发生增值税纳税义务而需于以后期间确认为销项税额的增值税额
6	简易计税		核算单位采用简易计税方法发生的增值税计提、扣减、预缴、缴纳等业务
7	转让金融商品应交增值税		核算单位转让金融商品发生的增值税额
8	代扣代缴增值税		核算单位购进在境内未设经营机构的境外单位或个人在境内的应税行为代扣代缴的增值税

2. 应纳税额的计算

增值税的一般计税方法是先按当期销售额和适用税率计算出销项税额,然后以该销项税额对当期购进项目支付的税款进行抵扣,从而间接计算出当期的应纳税额。应纳税额的计算公式为:

应纳税额 = 当期销项税额 - 当期进项税额

如果当期销项税额小于当期进项税额不足抵扣时,其不足部分可以结转下期继续抵扣。

(1)销项税额一般是企业对外开出的增值税专用发票上注明的税额。计算公式为:

销项税额 = 不含税销售额 × 税率

上式中，不含税销售额为企业销售货物，提供加工、修理修配劳务，服务、无形资产和不动产向购买方收取的全部价款和价外费用，但不包括收取的销项税额。

如果销售货物或提供应税劳务采用销售额和销项税额合并定价办法的，可按下列公式计算销售额：

$$不含税销售额 = \frac{含税销售额}{1+增值税税率}$$

（2）公式中的"当期进项税额"是指纳税人购进货物、进口货物、加工修理修配劳务、应税服务、无形资产或不动产，支付或者负担的增值税税额。下列进项税额准予从销项税额中抵扣：

①从销售方取得的增值税专用发票（含税控机动车销售统一发票，下同）上注明的增值税税额；

②从海关进口增值税专用缴款书上注明的增值税税额；

③购进免税农产品，除取得增值税专用发票或者海关进口增值税专用缴款书外，如用于生产税率9%的产品，按照农产品收购发票或者销售发票上注明的农产品买价和9%的扣除率计算的进项税额；如用于生产税率13%的产品，按照农产品收购发票或者销售发票上注明的农产品买价和13%的扣除率计算的进项税额；

④从境外单位或个人购进服务、无形资产或者不动产，自税务机关或者扣缴义务人的解缴的完税凭证上注明的增值税额。

⑤一般纳税人支付的道路、桥、闸通行费，凭取得的通行费发票上注明的收费金额和规定的方法计算的可抵扣的增值税进项税额。

3. 应交增值税的会计处理

应交增值税的主要账务处理如下：

（1）采购等业务进项税额允许抵扣单位购买用于增值税应税项目的资产或服务等时，按照应计入相关成本费用或资产的金额，借记"业务活动费用""在途物品""库存物品""工程物资""在建工程""固定资产""无形资产"等科目，按照当月已认证的可抵扣增值税额，借记"应交增值税——应交税金（进项税额）"科目，按照当月未认证的可抵扣增值税额，借记"应交增值税——待认证进项税额"，按照应付或实际支付的金额，贷记"应付账款""应付票据""银行存款""零余额账户用款额度"等科目。

（2）购进不动产或不动产在建工程按照规定进项税额分年抵扣单位取得应税项目为不动产或者不动产在建工程，其进项税额按照现行增值税制度规定自取得之日起分2年从销项税额中抵扣的，应当按照取得成本，借记"固定资产""在建工程"等科目，按照当期可抵扣的增值税额，借记"应交增值税——应交税金（进项税额）"科目，按照以后期间可抵扣的增值税额，借记"应交增值税——待抵扣进项税额"科目，按照应付或实际支付的金额，贷记"应付账款""应付票据""银行存款""零余额账户用款额度"等科目。

（3）单位销售货物或提供服务，应当按照应收或已收的金额，借记"应收账款""应收票据""银行存款"等科目，按照确认的收入金额，贷记"经营收入""事业收入"等科目，按照现行增值税制度规定计算的销项税额（或采用简易计税方法计算的应纳增值税额），贷记"应交增值税——应交税金（销项税额）"科目或"应交增值税——简易计税"科目。

（4）金融商品实际转让月末，如产生转让收益，则按照应纳税额，借记"投资收益"科目,贷记"应交增值税——转让金融商品应交增值税"科目;如产生转让损失,则按照可结转下月抵扣税额,借记"应交增值税——转让金融商品应交增值税"科目,贷记"投资收益"科目。交纳增值税时,应借记"应交增值税——转让金融商品应交增值税"科目,贷记"银行存款"等科目。年末,"应交增值税——转让金融商品应交增值税"科目如有借方余额,则借记"投资收益"科目,贷记"应交增值税——转让金融商品应交增值税"科目。

(5)月度终了,单位应当将当月应交未交或多交的增值税自"应交税金"明细科目转入"未交税金"明细科目。对于当月应交未交的增值税,借记"应交增值税——应交税金(转出未交增值税)"科目,贷记"应交增值税——未交税金"科目;对于当月多交的增值税,借记"应交增值税——未交税金"科目,贷记"应交增值税——应交税金(转出多交增值税)"科目。

(6)单位交纳当月应交的增值税,借记"应交增值税——应交税金(已交税金),贷记"银行存款"等科目。

(7)单位交纳以前期间未交的增值税,借记"应交增值税——未交税金"科目,贷记"银行存款"等科目。

(8)预交增值税。单位预交增值税时,借记"应交增值税——预交税金"科目,贷记"银行存款"等科目。月末,单位应将"预交税金"明细科目余额转入"未交税金"明细科目,借记"应交增值税——未交税金"科目,贷记"应交增值税——预交税金"科目。

一般纳税人"应交增值税"主要业务和事项账务处理如表3-4所示。

表3-4　　　　　　　　一般纳税人"应交增值税"的账务处理

序号	业务和事项内容		账务处理
(1)	购入资产或接受劳务	购入应税资产或服务时	借:业务活动费用/在途物品/库存物品/工程物资/固定资产/无形资产等 　　应交增值税——应交税金(进项税额) 　　　　　　——待认证进项税额 贷:银行存款/零余额账户用款额度/应付票据/应付账款等
		购入应税不动产或在建工程时	借:固定资产/在建工程等 　　应交增值税——应交税金(进项税额) 贷:银行存款/零余额账户用款额度/应付票据/应付账款等
(2)	销售应税产品或提供应税劳务	销售应税产品或提供应税劳务时	借:银行存款/应收票据/应收账款等 贷:事业收入/经营收入等 　　应交增值税——应交税金(销项税额)/应交增值税——简易计税
		金融商品转让 如期末产生收益	借:投资收益 贷:应交增值税——转让金融商品应交增值税
		交纳增值税时	借:应交增值税——转让金融商品应交增值税 贷:银行存款

续表

序号	业务和事项内容		账务处理
（3）	月末转出多交和未交增值税	月末转出未交增值税	借：应交增值税——应交税金（转出未交增值税） 　贷：应交增值税——未交税金
		月末转出多交增值税	借：应交增值税——未交税金 　贷：应交增值税——应交税金（转出多交增值税）
（4）	缴纳增值税	本月交纳本月增值税	借：应交增值税——应交税金（已交税金） 　贷：银行存款/零余额账户用款额度等
		本月交纳以前期间未交的增值税	借：应交增值税——未交税金 　贷：银行存款/零余额账户用款额度等
		按规定预缴增值税	预缴时： 借：应交增值税——预交税金 　贷：银行存款/零余额账户用款额度等 月末： 借：应交增值税——未交税金 　贷：应交增值税——预交税金

【工作实例3-2】 某事业单位属于增值税一般纳税人，本月发生与商品经营有关的经济业务如下：

（1）购入一批材料，增值税专用发票上注明的价款为44 000元，增值税税额为5 720元。货款以银行存款支付，材料已验收入库。

（2）以银行存款支付材料运输费用1 000元，增值税税额为90元。

（3）购买机器设备一批，增值税专用发票上注明的价款为820 000元，增值税税额为106 600元。价税款以银行存款支付，设备已交付安装。

（4）销售商品一批，增值税专用发票上注明的价款为750 000元，增值税税额为97 500元。商品已经发出，价款尚未收到。

（5）本月以银行存款预交增值税5 000元。

（6）月末，将本月预交增值税转入"应交增值税——未交税金"。

任务处理如下：

（1）购入材料时

借：库存物品　　　　　　　　　　　　　　　　　　　　　　　　　44 000
　　应交增值税——应交税金（进项税额）　　　　　　　　　　　　　5 720
　　贷：银行存款　　　　　　　　　　　　　　　　　　　　　　　　49 720

（2）支付运输费时

借：库存物品　　　　　　　　　　　　　　　　　　　　　　　　　1 000
　　应交增值税——应交税金（进项税额）　　　　　　　　　　　　　90
　　贷：银行存款　　　　　　　　　　　　　　　　　　　　　　　　1 090

（3）购入机器设备时

借：在建工程　　　　　　　　　　　　　　　　　　　　　　　　　820 000

　　　　应交增值税——应交税金（进项税额）　　　　　　　　　106 600
　　　　　贷：银行存款　　　　　　　　　　　　　　　　　　　　926 600
（4）销售货物时
　借：应收账款　　　　　　　　　　　　　　　　　　　　　　847 50
　　　贷：经营收入　　　　　　　　　　　　　　　　　　　　　750 000
　　　　　应交增值税——应交税金（销项税额）　　　　　　　　 97 500
（5）本月预交增值税时
　借：应交增值税——预交税金　　　　　　　　　　　　　　　5 000
　　　贷：银行存款　　　　　　　　　　　　　　　　　　　　　 5 000
（6）月末，将本月预交增值税转入"应交增值税——未交税金"时
　借：应交增值税——未交税金　　　　　　　　　　　　　　　5 000
　　　贷：应交增值税——预交税金　　　　　　　　　　　　　　5 000

【小思考3-1】请你根据上例，计算确认该事业单位本月是否应交增值税？月末，应该怎样进项账务处理？

（五）小规模纳税人增值税的会计处理

小规模纳税人不享有进项税额的抵扣权，其购进货物无论是否取得增值税专用发票，其支付的增值税额都不能计入进项税额，不得从销项税额中抵扣，而应该直接计入有关货物和劳务的成本。

小规模纳税人销售货物或提供应税劳务，只能开具普通发票，不能开具增值税专用发票。其实行简易办法计算应纳税额，按照销售额的3%计算。相应的，其他单位或个人从小规模纳税人购入货物或接受劳务支付的进项税额，如果不能取得增值税专用发票，也不能作为进项税额抵扣，应该计入购入货物后接受劳务的成本。

属于增值税小规模纳税人的单位只需在"应交增值税"科目下设置"转让金融商品应交增值税""代扣代缴增值税"明细科目，其他明细科目或专栏均不设置。

小规模纳税人"应交增值税"主要业务和事项账务处理如表3-5所示。

表3-5　　　　　　　　　　小规模纳税人"应交增值税"的账务处理

序号	业务和事项内容		账务处理
（1）	购入资产或接受劳务	购入应税资产或服务时	借：业务活动费用/在途物品/库存物品/工程物资/固定资产/无形资产等 　　贷：银行存款/零余额账户用款额度/应付票据/应付账款等
		购入应税资产或服务时作为扣缴义务人	借：固定资产/在建工程等 　　贷：银行存款/零余额账户用款额度/应付票据/应付账款等 　　　　应交增值税——代扣代交增值税

续表

序号	业务和事项内容		账务处理
（2）	销售应税产品或提供应税劳务	销售应税产品或提供应税劳务时	借：银行存款/应收票据/应收账款等 　　贷：事业收入/经营收入等 　　　　应交增值税
		金融商品转让　如期末产生收益	借：投资收益 　　贷：应交增值税——转让金融商品应交增值税
		交纳增值税时	借：应交增值税——转让金融商品应交增值税 　　贷：银行存款
（3）	缴纳增值税		借：应交增值税 　　贷：银行存款等

【工作实例3-3】某事业单位属于增值税小规模纳税人，本月发生与商品经营有关的经济业务如下：

（1）以银行存款上缴上月的增值税5 000元。

（2）购入一批材料，增值税普通发票上注明的价款为20 000元，增值税税额为2 600元。货款以银行存款支付，材料已验收入库。

（3）以银行存款支付设备修理费1 000元，增值税税额为130元。

（4）本月销售商品一批，增值税普通发票上注明的价款41 200元（含税价）。商品已经发出，价款存入银行。

任务处理如下：

（1）上缴上月增值税时

借：应交增值税　　　　　　　　　　　　　　　　　　　　　　5 000
　　贷：银行存款　　　　　　　　　　　　　　　　　　　　　　5 000

（2）购入材料时

借：库存物品　　　　　　　　　　　　　　　　　　　　　　　22 600
　　贷：银行存款　　　　　　　　　　　　　　　　　　　　　 22 600

（3）支付设备修理费时

借：经营费用　　　　　　　　　　　　　　　　　　　　　　　 1 130
　　贷：银行存款　　　　　　　　　　　　　　　　　　　　　　1 130

（4）销售货物时

不含税价格＝41 200÷（1＋3%）＝40 000（元）

应交增值税＝40 000×3%＝1 200（元）

借：银行存款　　　　　　　　　　　　　　　　　　　　　　　41 200
　　贷：经营收入　　　　　　　　　　　　　　　　　　　　　 40 000
　　　　应交增值税　　　　　　　　　　　　　　　　　　　　　1 200

三、应交其他税费的核算

应交其他税费是指单位按照税法等规定计算应交纳的除增值税以外的各种税费，包括城市维护建设税、教育费附加、地方教育费附加、车船税、房产税、城镇土地使用税和企业所得税等。

为了核算单位应上缴的其他税费,会计上设置"其他应交税费"科目进行核算。单位代扣代缴的个人所得税,也通过本科目核算。单位应交纳的印花税不需要预提应交税费,直接通过"业务活动费用""单位管理费用""经营费用"等科目核算,不通过本科目核算。

其他应交税费的主要账务处理如下:

(1) 发生城市维护建设税、教育费附加、地方教育费附加、车船税、房产税、城镇土地使用税等纳税义务的,按照税法规定计算的应缴税费金额,借记"业务活动费用""单位管理费用""经营费用"等科目,贷记"其他应交税费"科目(应交城市维护建设税、应交教育费附加、应交地方教育费附加、应交车船税、应交房产税、应交城镇土地使用税等)。

(2) 按照税法规定计算应代扣代缴职工(含长期聘用人员)的个人所得税,借记"应付职工薪酬"科目,贷记"其他应交税费"科目(应交个人所得税)。

按照税法规定计算应代扣代缴支付给职工(含长期聘用人员)以外人员劳务费的个人所得税,借记"业务活动费用""单位管理费用"等科目,贷记"其他应交税费"科目(应交个人所得税)。

(3) 发生企业所得税纳税义务的,按照税法规定计算的应交所得税额,借记"所得税费用"科目,贷记"其他应交税费"科目(单位应交所得税)。

(4) 单位实际交纳上述各种税费时,借记"其他应交税费"科目(应交城市维护建设税、应交教育费附加、应交地方教育费附加、应交车船税、应交房产税、应交城镇土地使用税、应交个人所得税、单位应交所得税等),贷记"财政拨款收入""零余额账户用款额度""银行存款"等科目。

"应交其他税费"主要业务和事项账务处理如表 3-6 所示。

表 3-6   "应交其他税费"的账务处理

序号	业务和事项内容		账务处理
(1)	按税法规定计算应交其他税费	计算应交其他税费时	借:业务活动费用/单位管理费用/经营费用等 贷:其他应交税费——×××
		实际缴纳其他税费时	借:其他应交税费——××× 贷:银行存款等
(2)	代扣代缴职工个人所得税	计算代扣代缴职工的个人所得税时	借:应付职工薪酬 贷:其他应交税费——应交个人所得税
		计算代扣代缴职工以外的其他个人所得税时	借:业务活动费用/单位管理费用/经营费用等 贷:其他应交税费——应交个人所得税
		实际缴纳税时	借:其他应交税费——应交个人所得税 贷:财政拨款收入/零余额账户用款额度/银行存款等
(3)	发生企业所得税纳税义务	按税法规定计算的企业所得税时	借:所得税费用 贷:其他应交税费——单位应交所得税
		实际缴纳企业所得税时	借:其他应交税费——单位应交所得税 贷:银行存款等

【工作实例3-4】某事业单位本月发生与其他税费有关的业务如下：

(1) 以银行存款直接支付印花税1 400元。

(2) 本月应交增值税180 000元，计算应交城市维护建设税（税率7%）和教育费附加（3%）。

(3) 按规定计算应交企业所得税27 500元。

(4) 计算本月应代扣代缴职工的个人所得税21 098.20元。

(5) 以财政资金直接上缴代扣代缴的职工个人所得税。

任务处理如下：

(1) 取得收入时

借：经营费用　　　　　　　　　　　　　　　　　　　　　　　1 400
　　贷：银行存款　　　　　　　　　　　　　　　　　　　　　　　1 400

(2) 计算应交城市维护建设税及教育费附加时

应交城建税 = 180 000 × 7% = 12 600（元）

应交教育费附加 = 180 000 × 3% = 5 400（元）

借：经营费用　　　　　　　　　　　　　　　　　　　　　　　18 000
　　贷：其他应交税费——应交城建税　　　　　　　　　　　　　12 600
　　　　　　　　　　——应交教育费附加　　　　　　　　　　　 5 400

(3) 计算应交企业所得税时

借：所得税费用　　　　　　　　　　　　　　　　　　　　　　27 500
　　贷：其他应交税费——单位应交所得税　　　　　　　　　　　27 500

(4) 计算本月应代扣代缴职工的个人所得税时

借：业务活动费用　　　　　　　　　　　　　　　　　　　　 21 098.20
　　贷：其他应交税费——应交个人所得税　　　　　　　　　　21 098.20

(5) 缴纳代扣代缴的职工个人所得税时

借：其他应交税费——应交个人所得税　　　　　　　　　　　 21 098.20
　　贷：财政拨款收入　　　　　　　　　　　　　　　　　　　21 098.20

【小思考3-2】如果代扣代缴的属于单位经营人员的个人所得税，上述第5个会计业务应如何进行会计核算？

四、应缴财政款的核算

（一）应缴财政款的概念和内容

应缴财政款是指单位取得或应收的按照规定应当上缴财政的款项，包括应缴国库的款项和应缴财政专户的款项，包括罚没收入、行政事业性收费、政府性基金、国有资产处置收入、出租收入等款项。其中，罚没收入是政府单位依法收缴的罚款（罚金）、没收款、赃款、没收物资、赃物的变价收入；行政事业性收费是政府单位根据国家法律、法规行使其管理职能，向公民、法人和其他组织收取的各项费用，包括管理性、资源性收费和证照性收费，如工本费、证件费、考务费等；政府性基金是政府单位按照国家法律、法规的规定，向公民、法人和其他组织征收的具有专项用途的财政资金，如广电部门征收的国家电影事业发展专项资金收入、铁路运输部门征收的铁路建设基金收入等；国有资产处置收入是指政府单位国有资产产权的转移或核销所产生的收入，包括国有资产的出售收入、出让收入、置换差价收入、报废报损残值变价收入等；国有资产出租收入是指政府单位在保证完成正常工作的前提下，经审批同意，出租、出借国有资产所取得的收入。上述各类款项上缴国库后形成财政总预算会计的一般公共预算本级收入和政府性基金预算本级收入。

（二）应缴财政款的管理

（1）及时、足额上缴。各种应缴财政款应按照国家规定及时、足额上缴国库，年度终了，各行政单位必须将当年的应缴财政款全部入库，清理完毕。

（2）不得分成、提留、坐支。应上缴的款项均应全部上缴，其所需办案费用应单独编报预算报财政部门，不得分成、提留、坐支，不得设置"小金库"。

（三）应缴财政款的核算

为便于管理和核算政府单位按规定取得并缴入政府预算的款项，设置"应缴财政款"科目。收到按照规定应当上缴财政的款项时，借记"银行存款"科目，贷记"应缴财政款"科目；上缴时，借记"应缴财政款"科目，贷记"银行存款"科目，平时贷方余额，反映行政单位应当上缴财政但尚未缴纳的款项。年终清缴后，"应缴财政款"科目一般应无余额。

应缴财政款的主要账务处理如下：

（1）单位取得或应收按照规定应缴财政的款项时，借记"银行存款""应收账款"等科目，贷记"应缴财政款"科目。

（2）单位处置资产取得的应上缴财政的处置净收入的账务处理，参见"待处理财产损溢"等科目。

（3）单位上缴应缴财政的款项时，按照实际上缴的金额，借记"应缴财政款"科目，贷记"银行存款"科目。

"应缴财政款"主要业务和事项账务处理如表 3-7 所示。

表 3-7 "应缴财政款"的账务处理

序号	业务和事项内容	账务处理
（1）	取得或应收的按照规定应当上缴财政的款项时	借：银行存款/应收账款等 　　贷：应缴财政款
（2）	处置资产取得的应上缴财政的处置净收入时	借：待处理财产损溢 　　贷：应缴财政款
（3）	上缴财政款时	借：应缴财政款 　　贷：银行存款等

【工作实例 3-5】某行政单位发生业务如下：

（1）收到行政性收费 3 500 元，暂存银行。

（2）处置一项固定资产，取得收入 6 000 元，账面价值 4 500 元。将处置净收入转入应缴财政款。

(3) 将上述应缴财政款上缴国库。

任务处理如下：

(1) 收到行政性收费时

借：银行存款　　　　　　　　　　　　　　　　　　3 500
　　贷：应缴财政款　　　　　　　　　　　　　　　　　　3 500

(2) 结转处置净收入时

借：待处理财产损溢　　　　　　　　　　　　　　　　1 500
　　贷：应缴财政款　　　　　　　　　　　　　　　　　　1 500

(3) 将上述款项上缴财政时

借：应缴财政款　　　　　　　　　　　　　　　　　　5 000
　　贷：银行存款　　　　　　　　　　　　　　　　　　　5 000

五、应付职工薪酬的核算

（一）应付职工薪酬的含义及内容

应付职工薪酬是指行政事业单位按照有关规定应付给职工（含长期聘用人员）及为职工支付的各种薪酬，包括基本工资、国家统一规定的津贴补贴、规范津贴补贴（绩效工资）、改革性补贴、社会保险费（如职工基本养老保险费、职业年金、基本医疗保险费等）、住房公积金等。

（二）"应付职工薪酬"账户

为了核算行政事业单位职工薪酬计算和发放情况，应设置"应付职工薪酬"科目，下设"基本工资（含离退休费）""国家统一规定的津贴补贴""规范津贴补贴（绩效工资）""改革性补贴""社会保险费""住房公积金""其他个人收入"等进行明细核算。其中，"社会保险费""住房公积金"明细科目核算内容包括单位从职工工资中代扣代缴的社会保险费、住房公积金，以及单位为职工计算缴纳的社会保险费、住房公积金。

（三）应付职工薪酬的确认

政府会计主体应当在职工为其提供服务的会计期间，将应支付的职工薪酬确认为负债，除因解除与职工的劳动关系给予的补偿外，应当根据职工提供服务的受益对象，分别按下列情况处理：

(1) 应由自制物品负担的职工薪酬，计入自制物品成本。

(2) 应由在建工程负担的职工薪酬，属于建设期间发生的，计入在建工程成本；不属于建设期间发生的，计入当期费用。

(3) 应由自行研发项目负担的职工薪酬，在研究阶段发生的，计入当期费用；在开发阶段发生并且最终形成无形资产的，计入无形资产成本。

(4) 上述（1）至（3）之外的其他职工薪酬，计入当期费用。具体包括：从事专业及其辅助活动人员的职工薪酬，计入"业务活动费用""单位管理费用"科目；从事专业及其辅助活动之外的经营活动人员的职工薪酬，计入"经营费用"科目；因解除与职工的劳动关系而给予的补偿，计入"单位管理费用"等科目。

(四) 应付职工薪酬的核算

(1) 向职工支付工资、津贴补贴等薪酬时,按照实际支付的金额,借记"应付职工薪酬"科目,贷记"财政拨款收入""零余额账户用款额度""银行存款"等科目。

(2) 按照税法规定代扣职工个人所得税时,借记"应付职工薪酬——基本工资"科目,贷记"其他应交税费——应交个人所得税"科目。

从应付职工薪酬中代扣为职工垫付的水电费、房租等费用时,按照实际扣除的金额,借记"应付职工薪酬——基本工资"科目,贷记"其他应收款"等科目。

从应付职工薪酬中代扣社会保险费和住房公积金,按照代扣的金额,借记"应付职工薪酬——基本工资"科目,贷记"应付职工薪酬——社会保险费、住房公积金"科目。

(3) 按照国家有关规定缴纳职工社会保险费和住房公积金时,按照实际支付的金额,借记"应付职工薪酬——社会保险费、住房公积金"科目,贷记"财政拨款收入""零余额账户用款额度""银行存款"等科目。

(4) 从应付职工薪酬中支付的其他款项,借记"应付职工薪酬"科目,贷记"零余额账户用款额度""银行存款"等科目。

"应付职工薪酬"主要业务和事项账务处理如表3-8所示。

表3-8 "应付职工薪酬"的账务处理

序号	业务和事项内容		账务处理
(1)	计算确认当期应付职工薪酬	从事专业及其辅助活动人员的薪酬	借:业务活动费用/单位管理费用 贷:应付职工薪酬
		应由在建工程、加工物品、自行研发无形资产负担的薪酬	借:在建工程/加工物品/研发支出等 贷:应付职工薪酬
		从事经营活动人员的薪酬	借:经营费用 贷:应付职工薪酬
		因解除与职工的劳动关系而给予的补偿	借:单位管理费用 贷:应付职工薪酬
(2)	向职工支付工资、津贴补贴等薪酬		借:应付职工薪酬 贷:财政拨款收入/零余额账户用款额度/银行存款等
(3)	从职工薪酬中代扣各种款项	代扣代缴个人所得税	借:应付职工薪酬——基本工资 贷:应交其他税费——应交个人所得税
		代扣社会保险费和住房公积金	借:应付职工薪酬——基本工资 贷:应付职工薪酬——社会保险费/住房公积金
		代扣为职工垫付的水电费、房租等费用	借:应付职工薪酬——基本工资 贷:其他应收款等
(4)	按规定缴纳社会保险费和住房公积金		借:应付职工薪酬——社会保险费/住房公积金 贷:财政拨款收入/零余额账户用款额度/银行存款等
(5)	从应付职工薪酬中支付的其他款项		借:应付职工薪酬 贷:零余额账户用款额度/银行存款等

【工作实例3-6】 某行政单位已经纳入财政国库单一账户制度改革。本月发生如下职工薪酬业务：

(1) 计算出本月应付职工薪酬4 350 000元，其中在职人员3 680 000元，向退休人员发放退休费670 000元。

(2) 本月使用财政资金直接职工薪酬4 120 000元。

(3) 本月代扣社会保险费368 000元，住房公积金720 000元，代扣个人所得税40 000元。

(4) 单位为职工承担的社会保险费512 000元，住房公积金720 000元。

(5) 缴纳代扣代缴的个人所得税40 000元。

(6) 缴纳本月代扣的和单位负担的社会保险费和住房公积金。

任务处理如下：

(1) 计算出本月应付职工薪酬时

借：业务活动费用	4 350 000
贷：应付职工薪酬——基本工资	4 350 000

(2) 发放职工薪酬时

借：应付职工薪酬	4 120 000
贷：财政拨款收入	4 120 000

(3) 确认代扣代缴社会保险费、住房公积金及个人所得税时

借：应付职工薪酬——基本工资	1 128 000
贷：应付职工薪酬——社会保险费	368 000
——住房公积金	720 000
应交其他税费——应交个人所得税	40 000

(4) 确认单位负担的社会保险费、住房公积金时

借：业务活动费用	1 232 000
贷：应付职工薪酬——社会保险费	512 000
——住房公积金	720 000

(5) 缴纳代扣代缴的个人所得税时

借：应交其他税费——应交个人所得税	40 000
贷：财政拨款收入	40 000

(6) 缴纳本月全部的社会保险费和住房公积金时

借：应付职工薪酬——社会保险费	880 000
——住房公积金	1 440 000
贷：财政拨款收入	2 320 000

【学中做3-2】 假定上例的单位为事业单位，请你按业务顺序完成其会计处理。

六、应付票据的核算

应付票据是指事业单位因购买材料、物资等而开出、承兑的商业汇票，包括银行承兑汇票和商业承兑汇票。

为了核算应付票据业务,事业单位应设置"应付票据"科目。该科目贷方登记因购买材料而开出并承兑的商业汇票金额,借方登记已支付的商业汇票金额,期末贷方余额表示事业单位开出、承兑的尚未到期的商业汇票金额。事业单位应设置"应付票据备查簿",详细登记每一应付票据的种类、号数、签发日期、到期日、票面金额、收款人姓名或单位名称以及付款日期和金额等详细资料。应付票据到期付清时,应在备查簿内逐笔注销。

应付票据的主要账务处理如下:

(1)开出、承兑商业汇票时,借记"库存物品""固定资产"等科目,贷记"应付票据"科目。涉及增值税业务的,相关账务处理参见"应交增值税"科目。

以商业汇票抵付应付账款时,借记"应付账款"科目,贷记"应付票据"科目。

(2)支付银行承兑汇票的手续费时,借记"业务活动费用""经营费用"等科目,贷记"银行存款""零余额账户用款额度"等科目。

(3)商业汇票到期时,应当分别按以下情况处理:

①收到银行支付到期票据的付款通知时,借记"应付票据"科目,贷记"银行存款"科目。

②银行承兑汇票到期,单位无力支付票款的,按照应付票据账面余额,借记"应付票据"科目,贷记"短期借款"科目。

③商业承兑汇票到期,单位无力支付票款的,按照应付票据账面余额,借记"应付票据"科目,贷记"应付账款"科目。

"应付票据"主要业务和事项账务处理如表3-9所示。

表3-9　　　　　　　　　　"应付票据"的账务处理

序号	业务和事项内容		账务处理
(1)	开出、承兑商业汇票		借:库存物品/固定资产等 　贷:应付票据
(2)	以商业汇票抵付应付账款时		借:应付账款 　贷:应付票据
(3)	支付银行承兑汇票手续费时		借:业务活动费用/经营费用 　贷:银行存款等
(4)	商业汇票到期时	收到付款通知时	借:应付票据 　贷:银行存款
		银行承兑汇票到期,单位无力支付票款	借:应付票据 　贷:短期借款
		商业承兑汇票到期,单位无力支付票款	借:应付票据 　贷:应付账款

【工作实例3-7】某事业单位为增值税小规模纳税人,本年发生与应付票据有关的业务如下:

(1)为开展经营活动需要购买材料一批,价税款400 000元。单位开出为期4个月的银行承兑汇票一张交付给销售方。材料已验收入库。

(2)以银行存款支付银行承兑手续费800元。

(3) 银行承兑汇票到期，事业单位收到银行转来的银行承兑汇票付款通知，已经全部付清。

任务处理如下：

(1) 开出并承兑银行承兑汇票时

借：库存物品 400 000
　　贷：应付票据 400 000

(2) 以银行存款支付银行承兑手续费时

借：经营费用 800
　　贷：银行存款 800

(3) 收到银行转来的银行承兑汇票付款通知时

借：应付票据 400 000
　　贷：银行存款 400 000

七、应付账款的核算

应付账款是指单位因购买物资、接受服务、开展工程建设等而应付的偿还期限在 1 年以内（含 1 年）的款项。

为核算应付账款业务，单位应设置"应付账款"科目。该科目属负债类科目，贷方登记应支付的款项，借方登记已偿还数，期末贷方余额表示尚未偿还的应付账款，该科目应按债权人进行明细核算。对于建设项目，还应设置"应付器材款""应付工程款"等明细科目，并按照具体项目进行明细核算。

应付账款的主要账务处理如下：

(1) 收到所购材料、物资、设备或服务以及确认完成工程进度但尚未付款时，根据发票及账单等有关凭证，按照应付未付款项的金额，借记"库存物品""固定资产""在建工程"等科目，贷记"应付账款"科目。涉及增值税业务的，相关账务处理参见"应交增值税"科目。

(2) 偿付应付账款时，按照实际支付的金额，借记"应付账款"科目，贷记"财政拨款收入""零余额账户用款额度""银行存款"等科目。

(3) 开出、承兑商业汇票抵付应付账款时，借记"应付账款"科目，贷记"应付票据"科目。

(4) 无法偿付或债权人豁免偿还的应付账款，应当按照规定报经批准后进行账务处理。经批准核销时，借记"应付账款"科目，贷记"其他收入"科目。

"应付账款"主要业务和事项账务处理如表 3 – 10 所示。

表 3 – 10　　　　　　　　　　"应付账款"的账务处理

序号	业务和事项内容	账务处理
(1)	购入物资、设备或服务以及完成工程进度但尚未付款	借：库存物品/固定资产/在建工程等 　　贷：应付账款
(2)	偿付应付账款时	借：应付账款 　　贷：财政拨款收入/零余额账户用款额度/银行存款等

续表

序号	业务和事项内容	账务处理
(3)	以商业汇票抵付应付账款时	借：应付账款 　贷：应付票据
(4)	无法偿付或债权人豁免偿还的应付账款时	借：应付账款 　贷：其他收入

【工作实例 3-8】 某事业单位为增值税一般纳税人，发生如下业务：

（1）4月12日，开展经营活动需要，向某公司购入材料一批，价款10 000元，增值税1 300元，材料已验收入库，款项尚未支付。

（2）4月28日，偿付某公司材料款项11 300元。

任务处理如下：

（1）购入经营材料，款未付时

借：库存物品　　　　　　　　　　　　　　　　　　　　　10 000
　　应交增值税——应交税金（进项税额）　　　　　　　　　1 300
　　贷：应付账款——某公司　　　　　　　　　　　　　　　11 300

（2）到期偿还货款时

借：应付账款——某公司　　　　　　　　　　　　　　　　11 300
　　贷：银行存款　　　　　　　　　　　　　　　　　　　11 300

【小思考 3-3】 应付账款与应付票据的适用范围有何不同？

八、应付政府补贴款的核算

应付政府补助款是指负责发放政府补贴的行政单位，按照规定应当支付给政府补贴接受者的各种政府补贴款。应付政府补贴款应当在规定发放政府补贴的时间确认。

为核算应付政府补助款业务，行政单位应设置"应付政府补助款"科目。该科目属负债类科目，贷方登记应支付的款项，借方登记已偿还数，期末贷方余额表示应付未付的政府补助款。该科目除了按照应支付的政府补贴种类进行明细核算外，还应当按照补贴接受者建立备查簿，进行相应明细核算。

应付政府补贴款的主要账务处理如下：

（1）发生应付政府补贴时，按照依规定计算确定的应付政府补贴金额，借记"业务活动费用"科目，贷记"应付政府补助款"科目。

（2）支付应付政府补贴款时，按照支付金额，借记"应付政府补助款"科目，贷记"零余额账户用款额度""银行存款"等科目。

"应付政府补贴款"主要业务和事项账务处理如表 3-11 所示。

表 3-11　　　　　　　　"应付政府补贴款"的账务处理

序号	业务和事项内容	账务处理
(1)	按规定计算确认应付政府补贴款时	借：业务活动费用 　贷：应付政府补助款

续表

序号	业务和事项内容	账务处理
（2）	支付政府补贴款时	借：应付政府补贴款 　　贷：零余额账户用款额度/银行存款等

【工作实例3-9】某行政单位发生如下业务：
（1）按照规定计算出的应付政府补贴金额40 000元。
（2）按照补贴接受者名册，采用单位零余额账户支付政府补贴款40 000元。
任务处理如下：
（1）计算确定应付政府补贴时
借：业务活动费用　　　　　　　　　　　　　　　　40 000
　　贷：应付政府补助款　　　　　　　　　　　　　　　　40 000
（2）实际发放政府补贴款时
借：应付政府补助款　　　　　　　　　　　　　　　　40 000
　　贷：零余额账户用款额度　　　　　　　　　　　　　　40 000

九、预收账款的核算

预收账款是指事业单位按照合同规定向购货单位或接受劳务单位预收的款项。事业单位预收的款项，需要在以后以交付货物或提供劳务等方式来偿付，因此，预收的款项就形成了事业单位的一项负债，只有事业单位按照合同按期交货或提供劳务后，预收账款才能转为收入，债务才算了结。

为核算预收账款业务，事业单位应设置"预收账款"科目。该科目贷方登记预收的货款或补付的货款，借方反映预收账款结转和退还多收数，期末贷方余额表示预收账款实有数。"预收账款"科目应按购货单位设置明细账，进行明细分类核算。预收账款业务不多的事业单位，也可将预收的账款直接记入"应付账款"科目的贷方，不设该科目。

预收账款的主要账务处理如下：
（1）从付款方预收款项时，按照实际预收的金额，借记"银行存款"等科目，贷记"预收账款"科目。
（2）确认有关收入时，按照预收账款账面余额，借记"预收账款"科目，按照应确认的收入金额，贷记"事业收入""经营收入"等科目，按照付款方补付或退回付款方的金额，借记或贷记"银行存款"等科目。涉及增值税业务的，相关账务处理参见"应交增值税"科目。
（3）无法偿付或债权人豁免偿还的预收账款，应当按照规定报经批准后进行账务处理。经批准核销时，借记"预收账款"科目，贷记"其他收入"科目。

"预收账款"主要业务和事项账务处理如表3-12所示。

表3-12　　　　　　　　　　"预收账款"的账务处理

序号	业务和事项内容	账务处理
（1）	收到付款方预付账款时	借：银行存款等 　　贷：预收账款

续表

序号	业务和事项内容	账务处理
(2)	确认有关收入时	借：预收账款 　　银行存款（收到补价款） 　贷：事业收入/经营收入等 　　银行存款（退回余款）
(3)	无法偿付或债权人豁免偿还的预收账款时	借：预收账款 　贷：其他收入

【工作实例3-10】 某事业单位发生如下业务：

（1）5月10日，对外提供劳务预收某单位款项60 000元，存入银行。

（2）5月20日，按合同规定，事业单位已向该单位提供劳务，应收该单位款项71 000元。

（3）5月24日，收到补价款11 000元，存入银行。

任务处理如下：

（1）收到预收款时

借：银行存款　　　　　　　　　　　　　　　　　　　60 000
　　贷：预收账款——某单位　　　　　　　　　　　　　　　60 000

（2）确认收入时

借：预收账款——某单位　　　　　　　　　　　　　　71 000
　　贷：经营收入　　　　　　　　　　　　　　　　　　　　71 000

（3）收到补价款时

借：银行存款　　　　　　　　　　　　　　　　　　　11 000
　　贷：预收账款——某单位　　　　　　　　　　　　　　　11 000

十、其他应付款的核算

其他应付款是指单位除应交增值税、其他应交税费、应缴财政款、应付职工薪酬、应付票据、应付账款、应付政府补贴款、应付利息、预收账款以外，其他各项偿还期限在1年内（含1年）的应付及暂收款项，如收取的押金、存入保证金、已经报销但尚未偿还银行的本单位公务卡欠款等。

为核算其他应付款业务，应设置"其他应付款"科目。该科目贷方登记发生的应付及暂存款，借方登记已结算支付款，期末贷方余额反映单位尚未支付的其他应付款。本科目应按照其他应付款的类别以及债权单位（或个人）进行明细核算。

同级政府财政部门预拨的下期预算款和没有纳入预算的暂付款项，以及采用实拨资金方式通过本单位转拨给下属单位的财政拨款，也通过"其他应付款"科目核算。

其他应付款的主要账务处理如下：

（1）发生其他应付及暂收款项时，借记"银行存款"等科目，贷记"其他应付款"科目。支付（或退回）其他应付及暂收款项时，借记"其他应付款"科目，贷记"银行存款"等科目。将暂收款项转为收入时，借记"其他应付款"科目，贷记"事业收入"等科目。

（2）收到同级政府财政部门预拨的下期预算款和没有纳入预算的暂付款项，按照实际收到的金额，借记"银行存款"等科目，贷记"其他应付款"科目；待到下一预算期或批准纳入预算时，借记"其他应付款"科目，贷记"财政拨款收入"科目。

采用实拨资金方式通过本单位转拨给下属单位的财政拨款，按照实际收到的金额，借记"银行存款"科目，贷记"其他应付款"科目；向下属单位转拨财政拨款时，按照转拨的金额，借记"其他应付款"科目，贷记"银行存款"科目。

（3）本单位公务卡持卡人报销时，按照审核报销的金额，借记"业务活动费用""单位管理费用"等科目，贷记"其他应付款"科目；偿还公务卡欠款时，借记"其他应付款"科目，贷记"零余额账户用款额度"等科目。

（4）涉及质保金形成其他应付款的，相关账务处理参见"固定资产"科目。

（5）无法偿付或债权人豁免偿还的其他应付款项，应当按照规定报经批准后进行账务处理。经批准核销时，借记"其他应付款"科目，贷记"其他收入"科目。

"其他应付款"主要业务和事项账务处理如表3-13所示。

表3-13　　　　　　　　　"其他应付款"的账务处理

序号	业务和事项内容		账务处理
（1）	发生暂收款项	收到付款方预付账款时	借：银行存款等 　贷：其他应付款
		确认有关收入时	借：其他应付款 　贷：事业收入等
		退回（转拨）暂收款项	借：其他应付款 　贷：银行存款等
（2）	收到同级财政部门预拨的下期预算款和没有纳入预算的暂付款项	按照实际收到的金额	借：银行存款等 　贷：其他应付款
		待到下一预算或批准纳入预算时	借：其他应付款 　贷：财政拨款收入
（3）	发生其他应付款义务	确认其他应付款项时	借：银行存款等 　贷：其他应付款
		支付其他款项时	借：其他应付款 　贷：银行存款等
（4）	无法偿付或债权人豁免偿还的其他应付款项时		借：其他应付款 　贷：其他收入

【工作实例3-11】某事业单位发生如下业务：

（1）购入一套办公软件已经验收，价值200 000元，扣除4个月的质保金40 000元后余款全部以财政资金直接支付。

（2）收取某单位交来的租赁设备的押金10 000元，存入银行。

（3）张世华出差以公务卡支付差旅费，本次实际报销4 520元，已经审核完毕，款未付。

（4）以零余额账户用款额度支付张世华的差旅费。
（5）以财政资金直接支付办公软件的 4 个月的质保金 40 000 元。
（6）应付金星公司 20 000 元，金星公司豁免债权，经批准列入收入。

任务处理如下：

（1）支付软件款时

借：固定资产   400 000
　　贷：其他应付款——某单位   40 000
　　　　财政拨款收入   360 000

（2）收到押金时

借：银行存款   10 000
　　贷：其他应付款——某单位   10 000

（3）公务卡持卡人报销差旅费时

借：业务活动费用   4 520
　　贷：其他应付款   4 520

（4）偿还公务卡差旅费时

借：其他应付款   4 520
　　贷：零余额账户用款额度   4 520

（5）支付质保金时

借：其他应付款——某单位   40 000
　　贷：财政拨款收入   40 000

（6）金星公司豁免债权，经批准列入收入时

借：其他应付款——金星公司   20 000
　　贷：其他收入   20 000

十一、预提费用的核算

预提费用是指单位预先提取的已经发生但尚未支付的费用，如预提租金费用、事业单位按规定从科研项目收入中提取的项目间接费用或管理费等。

为核算预提费用业务，应设置"预提费用"科目。该科目贷方登记计提的各项应付费用，借方登记实际支付的应付费用，期末贷方余额反映单位已预提但尚未支付的各项费用。本科目应当按照预提费用的种类进行明细核算。对于提取的项目间接费用或管理费，应当在本科目下设置"项目间接费用或管理费"明细科目，并按项目进行明细核算。

预提费用的主要账务处理如下：

（1）项目间接费用或管理费。按规定从科研项目收入中提取项目间接费用或管理费时，按照提取的金额，借记"单位管理费用"科目，贷记"预提费用"科目（项目间接费用或管理费）。实际使用计提的项目间接费用或管理费时，按照实际支付的金额，借"预提费用"科目（项目间接费用或管理费），贷记"银行存款""库存现金"等科目。

（2）其他预提费用。按期预提租金等费用时，按照预提的金额，借记"业务活动费用""单位管理费用""经营费用"等科目，贷记"预提费用"科目。

实际支付款项时,按照支付金额,借记"预提费用"科目,贷记"零余额账户用款额度""银行存款"等科目。

【小思考 3-4】 事业单位计提的借款利息费用是否通过"预提费用"科目核算?

"预提费用"主要业务和事项账务处理如表 3-14 所示。

表 3-14　　　　　　　　　　"预提费用"的账务处理

序号	业务和事项内容		账务处理
(1)	项目间接费用或管理费	按规定计提项目间接费用或管理费时	借:单位管理费用 　贷:预提费用——项目间接费用或管理费
		实际使用计提项目间接费用或管理费时	借:预提费用——项目间接费用或管理费 　贷:银行存款/库存现金等
(2)	其他预提费用核算	按规定计提每期租金时	借:业务活动费用/单位管理费用/经营费用等 　贷:预提费用
		实际支付租金时	借:预提费用 　贷:银行存款等

【工作实例 3-12】 某高校发生与预提费用有关的经济业务如下:

(1) 按学校制度规定,每年的教科研在建项目按项目预算的 10% 计提项目评审费及管理费。本年评审教科研项目预算金额 800 000 元。
(2) 以零余额账户用款额度支付专家评审费 24 000 元。
(3) 按规定计提租赁公务车辆的租赁费 50 000 元。
(4) 季末支付车辆租赁费 150 000 元。

任务处理如下:
(1) 计提项目评审费及管理费时

借:单位管理费用	80 000
贷:预提费用——项目间接费用或管理费	80 000

(2) 支付专家评审费时

借:预提费用——项目间接费用或管理费	24 000
贷:零余额账户用款额度	24 000

(3) 计提租赁公务车辆的租赁费时

借:业务活动费用	50 000
贷:预提费用——租赁费	50 000

(4) 支付车辆租赁费时

借:预提费用——租赁费	50 000
贷:财政拨款收入	50 000

任务二 非流动负债的核算

一、长期借款的核算

长期借款是指事业单位经批准向银行或其他金融机构等借入的期限超过 1 年（不含 1 年）的各种借款。

为核算长期借款业务，事业单位应设置"长期借款"科目。该科目贷方登记取得的借款，借方登记归还的借款，期末贷方余额表示尚未归还的借款。本科目应当设置"本金"和"应计利息"明细科目，并按照贷款单位和贷款种类进行明细核算。对于建设项目借款，还应按照具体项目进行明细核算。

为建造固定资产、公共基础设施等应支付的专门借款利息，按期计提利息时，按情况分别处理：属于工程项目建设期间发生的利息，计入工程成本；属于工程项目完工交付使用后发生的利息，计入当期费用。长期借款的主要账务处理如下：

（1）借入各项长期借款时，按照实际借入的金额，借记"银行存款"科目，贷记"长期借款——本金"科目。

（2）为建造固定资产、公共基础设施等应支付的专门借款利息，按期计提利息时，分别按以下情况处理：

①属于工程项目建设期间发生的利息计入工程成本，按照计算确定的应支付的利息金额，借记"在建工程"科目，贷记"应付利息"科目。

②属于工程项目完工交付使用后发生的利息计入当期费用，按照计算确定的应支付的利息金额，借记"其他费用"科目，贷记"应付利息"科目。

（3）按期计提其他长期借款的利息时，按照计算确定的应支付的利息金额，借记"其他费用"科目，贷记"应付利息"科目［分期付息、到期还本借款的利息］，或"长期借款——应计利息"科目［到期一次还本付息借款的利息］。

（4）到期归还长期借款本金、利息时，借记"长期借款——本金、应计利息"科目，贷记"银行存款"科目。

"长期借款"主要业务和事项账务处理如表 3 – 15 所示。

表 3 – 15   "长期借款"的账务处理

序号	业务和事项内容		账务处理
（1）	借入长期借款时		借：银行存款 　　贷：长期借款——本金
（2）	为购建固定资产、公共基础设施等应支付的专门借款利息	属于工程项目建设期间发生的利息	借：在建工程 　　贷：应付利息/长期借款——应计利息
		属于工程项目完工后发生的利息	借：其他费用 　　贷：应付利息/长期借款——应计利息
		实际支付利息时	借：应付利息 　　贷：银行存款

续表

序号	业务和事项内容		账务处理
（3）	其他长期借款利息	计提利息时	借：其他费用 　　贷：应付利息/长期借款——应计利息
		实际支付利息时	借：应付利息 　　贷：银行存款
（4）	归还长期借款本息时		借：长期借款——本金 　　　　　　　——应计利息 　　贷：银行存款

【工作实例3-13】某事业单位发生与长期借款有关的业务如下：

（1）为建造教学楼于2017年1月2日向银行借入专门借款20 000 000元，合同规定：该借款期限3年、利率8%、每年1月2日支付一次利息。该教学楼建设期1年。

（2）2017年12月31日达到预定可使用状态。计提2017年借款利息。

（3）2018年1月2日支付上年利息。

（4）2018年12月31日计提借款利息。

（5）2019年1月2日支付上年利息。

（6）2019年12月31日计提借款利息。

（7）2020年1月2日支付上年利息及偿还借款本金。

任务处理如下：

（1）2017年1月2日向银行借入长期借款时

借：银行存款　　　　　　　　　　　　　　　　　　　　20 000 000
　　贷：长期借款　　　　　　　　　　　　　　　　　　　　　　20 000 000

（2）计提2017年借款利息时

借：在建工程　　　　　　　　　　　　　　　　　　　　1 600 000
　　贷：应付利息　　　　　　　　　　　　　　　　　　　　　　1 600 000

（3）2018年1月2日向银行支付长期借款利息时

借：应付利息　　　　　　　　　　　　　　　　　　　　1 600 000
　　贷：银行存款　　　　　　　　　　　　　　　　　　　　　　1 600 000

（4）计提2018年借款利息时

借：其他费用　　　　　　　　　　　　　　　　　　　　1 600 000
　　贷：应付利息　　　　　　　　　　　　　　　　　　　　　　1 600 000

（5）2019年1月2日向银行支付长期借款利息时

借：应付利息　　　　　　　　　　　　　　　　　　　　1 600 000
　　贷：银行存款　　　　　　　　　　　　　　　　　　　　　　1 600 000

（6）计提2019年借款利息时

借：其他费用　　　　　　　　　　　　　　　　　　　　1 600 000
　　贷：应付利息　　　　　　　　　　　　　　　　　　　　　　1 600 000

（7）2020年1月2日向银行支付长期借款本金及最后一期利息时

借：长期借款　　　　　　　　　　　　　　　　　　　　20 000 000
　　应付利息　　　　　　　　　　　　　　　　　　　　 1 600 000
　　　贷：银行存款　　　　　　　　　　　　　　　　　　21 600 000

【学中做 3 – 3】 假定上例的长期借款为到期一次还本付息，请你按业务顺序完成其会计处理。

二、长期应付款的核算

长期应付款是指行政事业单位发生的偿还期限超过 1 年（不含 1 年）的应付款项，如以融资租赁租入固定资产的租赁费、跨年度分期付款购入固定资产的价款等。

为核算长期应付款业务，单位应设置"长期应付款"科目。该科目贷方登记长期应付款的增加数，借方登记长期应付款的减少数，期末贷方余额表示尚未归还的长期应付款。该科目应当按照长期应付款的类别以及债权单位（或个人）进行明细核算。

长期应付款的主要账务处理如下：

（1）发生长期应付款时，借记"固定资产""在建工程"等科目，贷记"长期应付款"科目。

（2）支付长期应付款时，按照实际支付的金额，借记"长期应付款"科目，贷记"财政拨款收入""零余额账户用款额度""银行存款"等科目。涉及增值税业务的，相关账务处理参见"应交增值税"科目。

（3）无法偿付或债权人豁免偿还的长期应付款，应当按照规定报经批准后进行账务处理。经批准核销时，借记"长期应付款"科目，贷记"其他收入"科目。核销的长期应付款应在备查簿中保留登记。

（4）涉及质保金形成长期应付款的，相关账务处理参见"固定资产"科目。

"长期应付款"主要业务和事项账务处理如表 3 – 16 所示。

表 3 – 16　　　　　　　　　　"长期应付款"的账务处理

序号	业务和事项内容	账务处理
（1）	发生一般长期应付款时	借：固定资产/在建工程等 　　贷：长期应付款
（2）	支付长期应付款时	借：长期应付款 　　贷：财政拨款收入/零余额账户用款额度/银行存款等
（4）	购入固定资产扣留 1 年以上的质保金时	借：固定资产/在建工程等 　　贷：长期应付款
（3）	无法支付长期应付款时	借：长期应付款 　　贷：其他收入

【工作实例 3 – 14】 某事业单位发生与长期应付款有关的业务如下：

（1）2018 年初以融资方式租入专用设备一套，双方协商租金 800 000 元，分四年付清。设备已投入使用。

（2）以零余额账户用款额度支付设备运杂费 4 000 元。

(3) 2018年末以财政资金直接支付租金200 000元。

任务处理如下：

(1) 租入固定资产时

借：固定资产　　　　　　　　　　　　　　　　　　　　8 000 000
　　贷：长期应付款　　　　　　　　　　　　　　　　　　　　8 000 000

(2) 支付固定资产运杂费时

借：固定资产　　　　　　　　　　　　　　　　　　　　　　4 000
　　贷：零余额账户用款额度　　　　　　　　　　　　　　　　4 000

(3) 支付租赁费时

借：长期应付款　　　　　　　　　　　　　　　　　　　2 000 000
　　贷：财政拨款收入　　　　　　　　　　　　　　　　　　　2 000 000

三、预计负债的核算

(一) 预计负债的确认

预计负债是指政府会计主体因或有事项所产生的现时义务而确认的负债，如对未决诉讼等确认的负债。

或有事项是指由过去的经济业务或者事项形成的，其结果须由某些未来事项的发生或不发生才能决定的不确定事项。未来事项是否发生不在政府会计主体控制范围内。政府会计主体常见的或有事项主要包括：未决诉讼或未决仲裁、对外国政府或国际经济组织的贷款担保、承诺（补贴、代偿）、环境污染整治、自然灾害或公共事件的救助等。

(二) 预计负债的计量

预计负债应当按照履行相关现时义务所需支出的最佳估计数进行初始计量。

所需支出存在一个连续范围，且该范围内各种结果发生的可能性相同的，最佳估计数应当按照该范围内的中间值确定。

在其他情况下，最佳估计数应当分别按下列情况处理：

(1) 或有事项涉及单个项目的，按照最可能发生金额确定。

(2) 或有事项涉及多个项目的，按照各种可能结果及相关概率计算确定。

政府会计主体在确定最佳估计数时，应当综合考虑与或有事项有关的风险和不确定性、未来事项和资产的预期处置等因素。

政府会计主体清偿预计负债所需支出预期全部或部分由第三方补偿的，补偿金额只有在能够收到时才能作为资产单独确认。确认的补偿金额不应当超过预计负债的账面余额。

政府会计主体应当在报告日对预计负债的账面余额进行复核。有确凿证据表明该账面余额不能真实反映当前最佳估计数的，应当按照当前最佳估计数对该账面余额进行调整。履行该预计负债的相关义务不是很可能导致含有经济利益或服务潜力的经济资源流出政府会计主体时，应当将该预计负债的账面余额予以转销。

(三) 预计负债的核算

为核算预计负债业务，单位应设置"预计负债"科目。该科目贷方登记预计负债的增加数，借方登记预计负债的减少数，期末贷方余额反映单位已确认但尚未支付的预计负债金额。该科目应当按照预计负债的项目进行明细核算。

预计负债的主要账务处理如下：

（1）确认预计负债时，按照预计的金额，借记"业务活动费用""经营费用""其他费用"等科目，贷记"预计负债"科目。

（2）实际偿付预计负债时，按照偿付的金额，借记"预计负债"科目，贷记"银行存款""零余额账户用款额度"等科目。

（3）根据确凿证据需要对已确认的预计负债账面余额进行调整的，按照调整增加的金额，借记有关科目，贷记"预计负债"科目；按照调整减少的金额，借记"预计负债"科目，贷记有关科目。

"预计负债"主要业务和事项账务处理如表3-17所示。

表3-17　　　　　　　　　　　"预计负债"的账务处理

序号	业务和事项内容	账务处理
（1）	确认预计负债时	借：业务活动费用/经营费用/其他费用等 　贷：预计负债
（2）	实际支付预计负债时	借：预计负债 　贷：银行存款等
（3）	根据确凿证据需要对已确认的预计负债账面余额进行调整时	借：业务活动费用/经营费用/其他费用等 　贷：预计负债 或做相反方向的会计分录

【工作实例3-15】某税务局发生与预计负债有关的业务如下：

（1）2018年因有关人员税务执法不当，导致纳税人发生经营损失。纳税人已经向法院起诉，案件尚未了结。根据律师估计将要赔偿58 000元。

（2）2019年2月，经法院裁定，税务机关向受害人赔偿64 000元。对方不再上诉。

（3）2019年3月，税务机关以银行存款支付赔偿金64 000元。

任务处理如下：

（1）确认预计负债时

借：业务活动费用　　　　　　　　　　　　　　　　　　58 000
　　贷：预计负债　　　　　　　　　　　　　　　　　　　　58 000

（2）根据确凿证据需要对已确认的预计负债账面余额进行调整时

借：业务活动费用　　　　　　　　　　　　　　　　　　6 000
　　贷：预计负债　　　　　　　　　　　　　　　　　　　　6 000

（3）支付赔偿金时

借：预计负债　　　　　　　　　　　　　　　　　　　　64 000
　　贷：银行存款　　　　　　　　　　　　　　　　　　　　64 000

项目小结

负债是指政府会计主体过去的经济业务或者事项形成的，预期会导致经济资源流出政府会计主体的现时义务。政府会计主体的负债按照流动性，分为流动负债和非流动负债。流动负债是指预计在1年内（含1年）偿还的负债，包括应付及预收款项、应付职工薪酬、应缴款项等。非流动负债是指流动负债以外的负债，包括长期应付款、应付政府债券和政府依法担保形成的债务等。

为了正确核算政府各项负债，政府会计制度规定，应该设置"短期借款""应交增值税""其他应交税费""应缴财政款""应付职工薪酬""应付票据""应付账款""应付政府补贴款""应付利息""预收账款""其他应付款""预提费用""长期借款""长期应付款"和"预计负债"等科目，提供各项负债的增减变化及其结果的会计信息。

复习思考题

1. 什么是负债？事业单位的负债包括哪些内容？
2. 短期借款的利息列入什么科目？
3. 单位的应付职工薪酬包括哪些内容？
4. 单位应交增值税需要设置哪些明细科目进行核算？
5. 单位代扣代缴的社保保险费、住房公积金应通过什么科目核算？
6. 长期借款的利息可以计入哪些项目？
7. 预计负债和预提费用有何差异？
8. 在各项负债中，哪些项目在行政单位不会发生？
9. 单位收到应缴财政款时，为什么不涉及预算会计的核算？
10. "应付利息"和"长期借款——应计利息"有何不同？

习题与实训

一、单项选择题

1. 短期借款是指事业单位经批准向（　　）等借入的期限在1年内（含1年）的各种借款。
　　A. 银行　　　　　　　　　　　B. 金融机构
　　C. 银行或其他金融机构　　　　D. 企业

2. 短期借款的利息费用应该计入的会计科目是（　　）。
　　A. 财务费用　　　　　　　　　B. 单位管理费用
　　C. 业务活动费用　　　　　　　D. 其他费用

3. 如果事业单位因经营活动签发的银行承兑汇票到期而无力支付票款的，按照应付票据的账面余额，转入（　　）科目。

A. 短期借款 B. 应付账款
C. 其他应付款 D. 应付票据

4. 下列进项税额不准从销项税额中抵扣进项税额的有（　　）。
A. 一般纳税人从销售方取得的增值税专用发票注明的增值税税额
B. 一般纳税人从海关进口增值税专用缴款书上注明的增值税税额
C. 一般纳税人从境外单位或个人购进服务、无形资产或者不动产，自税务机关或者扣缴义务人的解缴的完税凭证上注明的增值税税额
D. 小规模纳税人的增值税专用发票上注明的增值税税额

5. 一般纳税人自2019年3月10日后取得不动产支付价款6 000万元，发生的增值税进项税额540万元。2019年可以从销项税额中抵扣的进项税额为（　　）万元。
A. 540 B. 324
C. 216 D. 0

6. 事业单位一般纳税人购进货物发生的增值税进项税额，应通过（　　）科目核算。
A. 应交税费——应交增值税（进项税额）
B. 应交增值税——进项税额
C. 应交增值税——应交税金（进项税额）
D. 应交税费——应交税金（进项税额）

7. 事业单位一般纳税人记录单位当月已交纳的应交增值税额，应通过（　　）科目核算。
A. 应交增值税——应交税金（未交增值税）
B. 应交增值税——应交税金（已交税金）
C. 应交增值税——应交税金（转出多交增值税）
D. 应交增值税——应交税金（转出未交增值税）

8. 下列项目中，不通过"其他应交税费"科目核算的是（　　）。
A. 增值税 B. 印花税
C. 企业所得税 D. 房产税

9. 下列项目中，不属于应付职工薪酬核算的是（　　）。
A. 基本工资 B. 绩效工资
C. 住房公积金 D. 出差补助

10. 因解出与职工的劳动关系而给予的补偿，列入（　　）。
A. 业务活动费用 B. 单位管理费用
C. 经营费用 D. 其他费用

11. 政府单位发生无法偿付或债权人豁免偿还的应付账款时列入（　　）。
A. 营业外收入 B. 其他收入
C. 业务活动费用 D. 经营费用

12. 行政单位按规定发放政府补贴时确认为（　　）。
A. 业务活动费用 B. 单位管理费用
C. 经营费用 D. 其他费用

13. 事业单位按规定从科研项目收入中提取的项目间接费用或管理费等，应贷记（　　）

科目。
A. 业务活动费用　　　　　　B. 单位管理费用
C. 预提费用　　　　　　　　D. 其他费用

14. 行政事业单位因或有事项所产生的现时义务而确认的负债，列入（　　）。
A. 预计负债　　　　　　　　B. 其他应付款
C. 预提费用　　　　　　　　D. 受托代理负债

15. 单位以融资租赁租入固定资产应支付的租赁费列入（　　）。
A. 预计负债　　　　　　　　B. 其他应付款
C. 预提费用　　　　　　　　D. 长期应付款

16. 下列增值税税目中，适用9%增值税税率的是（　　）。
A. 自来水　　　　　　　　　B. 销售货物
C. 提供加工、修理修配劳务　D. 提供有形动产租赁服务

17. 从职工工资中代扣代缴的社会保险费、住房公积金的，应贷记（　　）。
A. "应付职工薪酬"科目　　　B. "其他应付款"科目
C. "应付账款"科目　　　　　D. "其他应交税费"科目

18. 下列会计科目中，不属于行政单位使用的负债类科目的是（　　）。
A. "应付职工薪酬"科目　　　B. "其他应付款"科目
C. "应付账款"科目　　　　　D. "应付票据"科目

二、多项选择题

1. 在政府财务会计下，短期借款到期还本付息可能涉及的会计科目有（　　）。
A. 银行存款　　　　　　　　B. 短期借款
C. 其他费用　　　　　　　　D. 应付利息

2. 长期借款专门借款的借款费用发生时可以列入的会计科目有（　　）。
A. 财务费用　　　　　　　　B. 其他费用
C. 在建工程　　　　　　　　D. 研发支出

3. 下列进项税额准予从销项税额中抵扣进项税额的有（　　）。
A. 从销售方取得的增值税专用发票注明的增值税税额
B. 从海关进口增值税专用缴款书上注明的增值税税额
C. 从境外单位或个人购进服务、无形资产或者不动产，自税务机关或者扣缴义务人的解缴的完税凭证上注明的增值税税额
D. 一般纳税人支付的道路、桥、闸通行费，凭取得的通行费发票上注明的收费金额和规定的方法计算的可抵扣的增值税进项税额

4. 下列明细科目属于增值税小规模纳税人的单位在"应交增值税"科目下设置的明细科目的有（　　）。
A. 已交税金　　　　　　　　B. 代扣代缴增值税
C. 未交税金　　　　　　　　D. 转让金融商品应交增值税

5. 下列项目中，属于事业单位使用"其他应交税费"科目核算的有（　　）。
A. 增值税　　　　　　　　　B. 城市维护建设税

C. 车船税、房产税   D. 企业所得税

6. 单位应交纳的印花税，直接借记（ ）等科目。
A. 业务活动费用   B. 单位管理费用
C. 经营费用   D. 其他应交税费

7. 下列项目中，属于单位按照规定应当上缴财政的款项的有（ ）。
A. 罚没收入   B. 行政事业性收费
C. 国有资产处置收入   D. 出租收入

8. 下列项目中，属于应付职工薪酬核算的有（ ）。
A. 基本工资   B. 绩效工资
C. 住房公积金   D. 改革性补贴

9. 行政单位确认应付职工薪酬，可以计入的会计科目有（ ）。
A. 业务活动费用   B. 单位管理费用
C. 经营费用   D. 在建工程

10. 事业单位确认应付职工薪酬，可以计入的会计科目有（ ）。
A. 业务活动费用   B. 单位管理费用
C. 经营费用   D. 在建工程

11. 事业单位支付银行承兑汇票手续费时，可以计入的会计科目有（ ）。
A. 业务活动费用   B. 单位管理费用
C. 经营费用   D. 其他费用

12. 下列负债中，不会发生在行政单位的有（ ）。
A. 应付票据   B. 短期借款
C. 预收账款   D. 应付政府补贴款

13. 下列项目中，属于"其他应付款"科目核算的有（ ）。
A. 收取的押金   B. 存入保证金
C. 应付借款利息   D. 应付政府补贴款

14. 下列项目中，属于事业单位"长期借款"科目所属明细科目的有（ ）。
A. 本金   B. 应计利息
C. 应付利息   D. 预提费用

15. 下列项目中，属于单位"长期应付款"科目核算的有（ ）。
A. 以融资租赁租入固定资产应支付的租赁费
B. 跨年度分期付款购入固定资产的价款
C. 事业单位按规定从科研项目收入中提取的项目间接费用或管理费
D. 已经报销但尚未偿还银行的本单位公务卡欠款

三、判断题

1. 政府单位的"短期借款"期末贷方余额表示尚未归还的借款本金。（ ）
2. 一般纳税人销售货物、加工修理修配劳务、服务、无形资产或不动产，应纳税额等于当期销项税额抵扣当期进项税额后的余额。（ ）
3. 销项税额一般是企业对外开出的增值税专用发票或普通发票上注明的税额。（ ）

4. 一般纳税人自2019年4月1日后取得不动产在建工程发生的增值税专用发票进项税额分2年从销项税额中抵扣。（ ）

5. 单位代扣代缴的个人所得税，应通过"应交税费"科目核算。（ ）

6. 政府单位按规定取得并缴入政府预算的款项的收支，不涉及预算会计核算。（ ）

7. 年终清缴后，"应缴财政款"科目一般应无余额。（ ）

8. 政府单位"社会保险费"明细科目核算内容包括单位从职工工资中代扣代缴的社会保险费，以及单位为职工计算缴纳的社会保险费。（ ）

9. 行政单位也会出现应付票据的经济业务。（ ）

10. 政府单位发生无法偿付或债权人豁免偿还的应付账款时列入营业外收入。（ ）

11. 应付政府补贴款应当在规定发放政府补贴的时间确认为费用。（ ）

12. 同级政府财政部门预拨的下期预算款和没有纳入预算的暂付款项，也通过"其他应付款"科目核算。（ ）

13. 属于工程项目完工交付使用后发生的利息，计入当期费用。（ ）

14. 属于分期付息、到期还本借款的借款，按期计提长期借款利息时，列入"长期借款——应付利息"科目。（ ）

15. 预计负债是指行政事业单位因或有事项所产生的现时义务而确认的负债。（ ）

四、实训题

实训一

1. 目的：练习行政单位和事业单位共有负债的核算。

2. 资料：某政府单位（一般纳税人）8月发生如下经济业务：

（1）依法履职过程中收取工本费50 000元，该款项以集中汇缴方式上缴国库。

（2）上缴本月应交纳增值税10 000元。

（3）采购的办公用计算机一批，取得的增值税专用发票上注明计算机的价款为500 000元，增值税税额为65 000元，款项在两个月后支付。计算机直接交付使用。

（4）两个月后，上述计算机采购款获得卖方企业豁免。

（5）购入办公楼一栋，价值5 000 000元，其中土地使用权价款100 000元。办公楼直接投入使用。款项采用财政直接支付方式分期支付：购入时支付50%，另外50%于两年后支付。

（6）本月应付职工薪酬235 000元。

（7）计算本月应从职工工资中代扣代缴的社会保险费14 800元和住房公积金23 500元，代扣个人所得税21 520元。

（8）从单位零余额账户用款额度支付本月职工薪酬。

（9）计算确认本月应由单位负担的社会保险费29 600元和住房公积金23 500元。

（10）以零余额账户用款额度上缴单位负担的和代扣代缴的社会保险费、住房公积金。

3. 要求：根据上述经济业务编制相应会计分录。

实训二

1. 目的：实训事业单位特有负债科目的核算。

2. 资料：事业单位（小规模纳税人）12月发生如下经济业务：

(1) 因开展非独立核算经营活动向银行借款200 000元，期限10个月，借款利率6%。
(2) 按月计提上述短期借款利息。
(3) 因开展专业活动向银行借款500 000元，期限2年，借款利率6%，到期一次还本付息。
(4) 按月计提上述长期借款利息。
(5) 购买专业活动用材料一批，开出一张58 000元的银行承兑汇票。材料已验收入库。
(6) 上述银行承兑汇票到期，该事业单位却无力支付票款。
(7) 按照合同预收科研项目经费50 000元，款项已存入银行。
(8) 按照科研项目收入100 000元的3%提取项目管理费。
(9) 事业单位计算出本月应付职工薪酬5 150 000元，其中在职人员4 680 000元，向退休人员发放退休费470 000元。
(10) 本月使用财政资金直接职工薪酬5 020 000元，代扣个人所得税130 000元。

3. 要求：根据上述经济业务编制相应会计分录。

项目四 收入的核算

职业能力目标

通过本项目的学习,熟悉政府单位各项收入的核算范围,能够正确地进行各项收入的核算,提供各项收入的会计信息。

典型工作任务

财政拨款收入的核算;事业收入的核算;上级补助收入的核算;附属单位上缴收入的核算;经营收入的核算;非同级财政拨款收入的核算;投资收益的核算;捐赠收入的核算;租金收入的核算;利息收入的核算;其他收入的核算。

任务一 财政拨款收入的核算

一、财政拨款收入的概念

财政拨款收入是指行政事业单位从同级政府财政部门取得的各类财政拨款。按照拨款的来源,财政拨款收入分为一般公共预算财政拨款和政府性基金预算拨款。财政拨款是政府单位,特别是行政单位最主要的收入来源,它包括基本支出经费和项目支出经费。

二、财政拨款收入的管理

财政拨款收入作为政府单位开展业务活动的基本财力保障,其管理必须遵循以下要求:

(1) 按照核定预算和用款计划申请取得。政府单位应根据核定的预算编制分月用款计划,经同级财政部门或上级单位核定后分月获取财政拨款收入。

(2) 按规定用途申请取得。政府单位应按核定的预算用途使用财政拨款收入,未经同级财政部门批准,不得擅自改变用途。

(3) 按预算级次申请取得。政府单位应按规定的预算级次和经费领拨关系向上级单位或同级财政部门申请取得财政拨款收入；同级主管部门之间原则上不得发生经费领拨关系。

（4）按规定的财政资金支付方式申请取得。政府单位在确定了年度预算和分月用款计划的同时也确定了财政资金的支付方式及支付金额。实行国库改革的政府单位通过财政直接支付方式和财政授权支付方式获取财政拨款收入；尚未实行国库集中支付改革的政府单位，通过其他方式获取财政拨款收入。

三、财政拨款收入的核算

为了核算和监督单位从同级政府财政部门取得的各类财政拨款的增减变动情况，设置"财政拨款收入"科目。该科目贷方登记收入增加数，借方登记收入减少数，该科目平时贷方余额表示财政拨款收入的累计数。年终转入本期盈余后，该科目无余额。该科目应设置"基本支出""项目支出"两个二级科目，再按照政府收支分类科目设置相应的明细科目。

在实行国库集中支付的单位，财政拨款方式包括财政直接支付和财政授权支付两种。

（一）财政直接支付方式下财政拨款收入的核算

在财政直接支付方式下，单位根据批复的部门预算和资金用款计划，在需要财政部门支付资金时，向财政部门提出财政直接支付申请。财政部门经审核无误后，向代理银行发出支付令，再由代理银行经办资金支付。单位在收到财政国库支付执行机构委托转来的"财政直接支付入账通知书"时，按入账通知书中标明的金额确认财政拨款收入，同时计入相关支出或相关资产科目。年度终了，单位依据本年度财政直接支付预算指标数与当年财政直接支付实际支出数的差额，确认财政拨款收入并增记财政应返还额度。下年度恢复财政直接支付额度后，单位在发生实际支出时，作冲减财政应返还额度的会计处理。

财政直接支付方式下，根据收到的"财政直接支付入账通知书"及相关原始凭证，按照通知书中的直接支付入账金额，借记"库存物品""固定资产""业务活动费用""单位管理费用""应付职工薪酬"等科目，贷记"财政拨款收入"科目。涉及增值税业务的，相关账务处理参见"应交增值税"科目。

年末，根据本年度财政直接支付预算指标数与当年财政直接支付实际支付数的差额，借记"财政应返还额度——财政直接支付"科目，贷记"财政拨款收入"科目。

（二）财政授权支付方式下财政拨款收入的核算

在财政授权支付方式下，单位根据批复的部门预算和资金用款计划，按规定时间和程序向财政部门申请财政授权支付用款额度。单位在月度用款限额内，自行开具支付令，通知财政国库支付执行机构转由代理银行向收款人付款，并与国库单一账户清算。在这种方式下，单位申请到的用款限额，而不是存入单位存款账户的实有资金。单位在收到代理银行转来的"财政授权支付到账通知书"时，按通知书标明的金额确认财政拨款收入，并增记"零余额账户用款额度"；实际支付用款额度时，直接冲减"零余额账户用款额度"科目。年度终了，单位依据代理银行提供的对账单注销额度。年末，如果本年度财政授权支付预算指标数大于零余额账户用款额度下达数的，根据未下达的用款额度，确认财政拨款收入和财政应返还额度。

财政授权支付方式下，根据收到的"财政授权支付额度到账通知书"，按照通知书中的授权支付额度，借记"零余额账户用款额度"科目，贷记"财政拨款收入"科目。

年末，本年度财政授权支付预算指标数大于零余额账户用款额度下达数的，根据未下达的用款额度，借记"财政应返还额度——财政授权支付"科目，贷记"财政拨款收入"科目。

（三）其他方式下财政拨款收入的核算

其他方式下收到财政拨款收入时，按照实际收到的金额，借记"银行存款"等科目，贷记"财政拨款收入"科目。

"财政拨款收入"主要业务和事项账务处理如表 4-1 所示。

表 4-1　　　　　　　　　　"财政拨款收入"的账务处理

序号	业务和事项内容		账务处理
（1）	收到拨款	财政直接支付方式	借：库存物品/固定资产/业务活动费用/单位管理费用/应付职工薪酬等 贷：财政拨款收入
		财政授权支付方式	借：零余额账户用款额度 贷：财政拨款收入
		其他方式下	借：银行存款 贷：财政拨款收入
（2）	年末确认拨款差额	据本年度财政直接支付预算指标数与当年财政直接支付实际支出数的差额	借：财政应返还额度——财政直接支付 贷：财政拨款收入
		本年度财政授权支付预算指标数大于零余额账户用款额度下达数的差额	借：财政应返还额度——财政授权支付 贷：财政拨款收入
（3）	因差错更正或购货退回等发生的国库直接支付款项退回的	属于本年度支付的款项	借：财政拨款收入 贷：业务活动费用/库存物品等
		属于以前年度支付的款项（财政拨款结转资金）	借：财政应返还额度——财政直接支付 贷：以前年度盈余调整/库存物品等
		属于以前年度支付的款项（财政拨款结余资金）	借：财政拨款收入 贷：本期盈余
（4）	期末/年末结转		借：财政拨款收入 贷：本期盈余

【工作实例 4-1】某行政单位发生业务如下：

（1）收到"财政直接支付入账通知书"及相关原始凭证，本月购入 90 000 元的材料已经验收入库。

（2）收到财政部门委托代理银行转来的财政直接支付入账通知书及相关凭证，财政部门为行政单位支付了在职人员工资 350 000 元。

（3）收到财政部门委托代理银行转来的财政授权支付到账通知书，收到财政授权支付额度 50 000 元。

（4）年末，"财政拨款收入"贷方余额为 6 589 000 元转入"本期盈余"科目。

任务处理如下：

（1）财政直接支付购买材料款时

借：库存物品　　　　　　　　　　　　　　　　90 000
　　贷：财政拨款收入　　　　　　　　　　　　　　　　90 000

（2）财政直接支付在职人员工资时

借：业务活动费用　　　　　　　　　　　　　　350 000
　　贷：应付职工薪酬　　　　　　　　　　　　　　　350 000

（3）收到零余额账户用款额度时

借：零余额账户用款额度　　　　　　　　　　　30 000
　　贷：财政拨款收入　　　　　　　　　　　　　　　　30 000

（4）年末结转财政拨款收入时

借：财政拨款收入　　　　　　　　　　　　　6 589 000
　　贷：本期盈余　　　　　　　　　　　　　　　　6 589 000

任务二　事业收入的核算

一、事业收入的概念

事业收入是指事业单位开展专业业务活动及其辅助活动所取得的收入。

所谓专业业务活动是指事业单位根据本单位专业特点所从事或开展的主要业务活动，相当于"主营业务活动"，如文化事业单位的演出活动、教育事业单位的教学活动、科学事业单位的科研活动、卫生事业单位的医疗保健活动等。

辅助活动是指与专业业务活动相关，直接为专业业务活动服务的单位行政管理活动、后勤服务活动及其他有关活动。

事业收入是事业单位为了保证正常业务活动的需要，通过开展自身专业活动及辅助活动向社会提供服务时，按国家规定标准向服务对象收取的费用。事业单位由于所处行业的特点不同，事业收入的内容也存在差异。比如，高等学校的事业收入主要包括教育事业收入和科研事业收入；科学事业单位的事业收入主要包括科研收入、技术收入、学术活动收入、科普活动收入、试制产品收入、教学活动收入等。

二、事业收入的管理要求

事业收入的管理要求主要是：

（1）事业单位应当在国家政策允许的范围内，依法组织事业收入，并坚持把社会效益放在首位，同时注重经济效益。

（2）事业单位必须使用财政部门和税务部门统一印制的发票，并建立健全各种专用收款收据、门票等票据的管理制度。

（3）事业单位必须严格按照经国家批准的收费项目和收费标准收费，不得违反国家规定擅自设立收费项目，自定收费标准。

（4）事业单位的各项事业收入，必须全部纳入单位预算，统一核算，统一管理。取得的事业收入应当及时入账，防止流失。

三、事业收入的分类和确认

（一）事业收入的分类

按照管理方式，事业收入分为财政专户返还的事业收入和其他方式确认的事业收入。

财政专户返还的事业收入是采用财政专户返还方式管理的事业收入。按照国家有关规定，事业单位按规定收取的教育收费（包括高中以上学费、住宿费，高校委托培养费，教育考试考务费，函大、电大、夜大及短训班培训费，中央党校收取的函授学院办学收费、研究生收费、短期培训进修费等）作为其事业收入纳入财政专户管理。在这种管理方式下，事业单位收到教育收费时按照规定缴存财政专户；支出时由财政部门根据预算、教育收费上缴财政专户情况和用款申请，按照财政国库管理制度的有关规定从财政专户中核拨。事业单位收到从财政专户返还的教育收费时，方可确认事业收入。

其他方式确认事业收入，是不采用财政专户返还方式管理的事业收入，是事业单位开展自身专业活动及辅助活动向社会提供服务时，按国家规定标准向服务对象收取的除了应缴国库款和应缴财政专户款以外的费用。其他方式确认事业收入在收到时即可确认。

（二）事业收入的确认

按照收款方式，事业收入分为预收款方式确认的事业收入和采用应收款方式确认的事业收入。采用预收款方式确认的事业收入按合同完成进度确认。采用应收款方式确认的事业收入按照合同进度计算的款项确认。

四、事业收入的核算

（一）设置"事业收入"科目

为核算事业收入业务，事业单位应设置"事业收入"科目。该科目贷方登记确认的事业收入，借方登记年末转入"本期盈余"数，平时贷方余额为事业收入累计数。年末，期末将本账户贷方余额结转入"本期盈余"科目。结转后，该科目应无余额。该科目应根据事业收入的种类或来源设置明细账。

（二）"事业收入"的主要账务处理

1. 采用财政专户返还方式管理的事业收入

（1）实现应上缴财政专户的事业收入时，按照实际收到或应收的金额，借记"银行存款""应收账款"等科目，贷记"应缴财政款"科目。

（2）向财政专户上缴款项时，按照实际上缴的款项金额，借记"应缴财政款"科目，贷记"银行存款"等科目。

（3）收到从财政专户返还的事业收入时，按照实际收到的返还金额，借记"银行存款"等科目，贷记"事业收入"科目。

2. 采用预收款方式确认的事业收入

（1）实际收到预收款项时，按照收到的款项金额，借记"银行存款"等科目，贷记"预收账款"科目。

（2）以合同完成进度确认事业收入时，按照基于合同完成进度计算的金额，借记"预收账款"科目，贷记"事业收入"科目。

3. 采用应收款方式确认的事业收入

（1）根据合同完成进度计算本期应收的款项，借记"应收账款"科目，贷记"事业收入"科目。

（2）实际收到款项时，借记"银行存款"等科目，贷记"应收账款"科目。

4. 其他方式下确认的事业收入

其他方式下确认的事业收入，按照实际收到的金额，借记"银行存款""库存现金"等科目，贷记"事业收入"科目。

【小思考4-1】对于单位因开展科研及其辅助活动从非同级政府财政部门取得的经费拨款，是否通过"事业收入"科目核算？

"事业收入"主要业务和事项账务处理如表4-2所示。

表4-2　　　　　　　　　　　"事业收入"的账务处理

序号	业务和事项内容		账务处理
（1）	采用财政专户返还方式	实现收到货应收上缴财政专户的事业收入时	借：银行存款 贷：应缴财政款
		向财政专户上缴款项时	借：应缴财政款 贷：银行存款
		收到从财政专户返还的事业收入时	借：银行存款 贷：事业收入
（2）	采用预收款方式	实际收到款时	借：银行存款等 贷：预收账款
		按合同完成进度确认收入时	借：预收账款 贷：事业收入
（3）	采用应收款方式	按合同进度确认收入时	借：应收账款 贷：事业收入
		实际收到款时	借：银行存款等 贷：应收账款
（4）		其他方式下	借：银行存款/库存现金等 贷：事业收入
（5）	期末/年末结转	专项资金收入	借：事业收入 贷：本期盈余
		非专项资金收入	

【工作实例 4-2】 某高职院校学费收入采用财政专户返还的方式管理。本年发生业务如下：

（1）收到学费收入 45 000 000 元，款项存入银行。
（2）收到的学费收入全部上缴财政专户。
（3）收到从财政专户返还的事业收入 30 000 000 元到零余额账户用款额度。
（4）年终，将"事业收入"科目贷方余额 85 000 000 元，转入"本期盈余"科目。

任务处理如下：

（1）收到学费收入应上缴财政时

借：银行存款　　　　　　　　　　　　　　　45 000 000
　　贷：应缴财政款　　　　　　　　　　　　　　　45 000 000

（2）将收到学费收入上缴财政时

借：应缴财政款　　　　　　　　　　　　　　45 000 000
　　贷：银行存款　　　　　　　　　　　　　　　　45 000 000

（3）收到返还的学费收入时

借：零余额账户用款额度　　　　　　　　　　30 000 000
　　贷：事业收入　　　　　　　　　　　　　　　　30 000 000

（4）年终，将"事业收入"转入"本期盈余"时

借：事业收入　　　　　　　　　　　　　　　85 000 000
　　贷：本期盈余　　　　　　　　　　　　　　　　85 000 000

任务三　上级补助收入和附属单位上缴收入的核算

一、上级补助收入的核算

（一）上级补助收入的概念

上级补助收入是指事业单位从主管部门和上级单位取得的非财政补助收入。

上级补助收入是由事业单位的上级单位用自身组织的收入或集中下级单位的收入拨给事业单位的资金，是上级单位用于调剂附属单位资金收支余缺的机动财力。上级补助收入是事业单位除财政补助收入之外的又一项收入。事业单位通过上级单位从财政部门取得的预算经费，应作为财政拨款收入处理，不能作为上级补助收入处理。

（二）上级补助收入的核算

为核算上级补助收入业务，事业单位应设置"上级补助收入"科目。该科目贷方登记上级补助收入增加数；平时贷方余额表示上级补助收入的累计数。年终结转到"本期盈余"科目后，该科目无余额。上级补助收入需要分为专项资金收入和非专项资金收入，对专项资金还应按具体项目进行明细核算。

上级补助收入的主要账务处理如下：

（1）确认上级补助收入时，按照应收或实际收到的金额，借记"其他应收款""银行存款"等科目，贷记"上级补助收入"科目。实际收到应收的上级补助款时，按照实际收到的金额，借记"银行存款"等科目，贷记"其他应收款"科目。

（2）期末，将本科目本期发生额转入本期盈余，借记"上级补助收入"科目，贷记"本期盈余"科目。

"上级补助收入"主要业务和事项账务处理如表4-3所示。

表4-3　　　　　　　　　　　"上级补助收入"的账务处理

序号	业务和事项内容		账务处理
（1）	日常核算	确认时，按照应收或实际收到的金额	借：其他应收款/银行存款等 　贷：上级补助收入
		收到应收的上级补助收入时	借：银行存款 　贷：其他应收款
（2）	期末/年末结转	专项资金收入	借：上级补助收入 　贷：本期盈余
		非专项资金收入	

【工作实例4-3】某高职院校发生与上级补助收入业务如下：

（1）接银行通知，收到上级单位拨来的技能大赛专项补助款300 000元存入银行。

（2）年终，将"上级补助收入"科目贷方余额750 000元（其中专项收入520 000元）全数转入"本期盈余"科目。

任务处理如下：

（1）收到上级单位拨来的补助款时

借：银行存款　　　　　　　　　　　　　　　　　　　　　　300 000
　　贷：上级补助收入　　　　　　　　　　　　　　　　　　　　300 000

（2）年终，将"上级补助收入"转入"本期盈余"时

借：上级补助收入　　　　　　　　　　　　　　　　　　　　750 000
　　贷：本期盈余　　　　　　　　　　　　　　　　　　　　　　750 000

【小思考4-2】年度终了，事业单位是否将"上级补助收入"账户贷方余额全部转入"累计盈余"账户？

二、附属单位上缴收入的核算

（一）附属单位上缴收入的概念

附属单位上缴收入是指事业单位附属的独立核算单位按规定标准或比例缴纳的各项收入，包括附属事业单位上缴的收入和附属企业上缴的利润等。

所谓附属的独立核算单位，一般是指具有独立法人资格的单位。事业单位开展非独立核算经营活动取得的收入，应当作为经营收入处理，不能作为附属单位上缴收入处理。事业单位对附属单位经营项目的投资所获得的投资收益，不属于附属单位上缴收入。附属单位归还由事业单位垫付的费用，如房租、水电费等，不属于附属单位上缴收入的范围。

附属单位上缴收入是事业单位完成事业计划所需资金的必要补充，事业单位应当对其附

属单位的业务活动和上缴款项实行计划管理，并加强调控和监督。

（二）附属单位上缴收入的核算

为核算附属单位上缴收入业务，事业单位应设置"附属单位上缴收入"科目。该科目贷方登记实际收到的款项，借方反映缴款的退回。平时贷方余额表示附属单位上缴收入的累计数，年终结转后，该科目无余额。附属单位上缴收入需要分为专项资金收入和非专项资金收入，对专项资金还应按具体项目进行明细核算。该科目应按附属单位、缴款项目设置明细账。

附属单位上缴收入的主要账务处理如下：

（1）确认附属单位上缴收入时，按照应收或收到的金额，借记"其他应收款""银行存款"等科目，贷记"附属单位上缴收入"科目。

实际收到应收附属单位上缴款时，按照实际收到的金额，借记"银行存款"等科目，贷记"其他应收款"科目。

（2）期末，将本科目本期发生额转入本期盈余，借记"附属单位上缴收入"科目，贷记"本期盈余"科目。

"附属单位上缴收入"主要业务和事项账务处理如表4-4所示。

表4-4　　　　　　　　　　　"附属单位上缴收入"的账务处理

序号	业务和事项内容		账务处理
（1）	日常核算	确认时，按照应收或实际收到的金额	借：其他应收款/银行存款等 　贷：附属单位上缴收入
		收到应收的上级补助收入时	借：银行存款 　贷：其他应收款
（2）	期末/年末结转	专项资金收入	借：附属单位上缴收入 　贷：本期盈余
		非专项资金收入	

【工作实例4-4】某高职院校发生与附属单位上缴收入业务如下：

（1）收到所属独立核算的假日酒店上缴的利润280 000元，存入银行。

（2）年终，将"附属单位上缴收入"科目贷方余额280 000元全数转入"本期盈余"科目。

任务处理如下：

（1）收到所属独立核算的假日酒店上缴的利润时

借：银行存款　　　　　　　　　　　　　　　　　　　280 000
　　贷：附属单位上缴收入　　　　　　　　　　　　　　　　280 000

（2）年终，将"附属单位上缴收入"转入"本期盈余"时

借：附属单位上缴收入　　　　　　　　　　　　　　　280 000
　　贷：本期盈余　　　　　　　　　　　　　　　　　　　　280 000

任务四　经营收入和投资收益的核算

一、经营收入的核算

（一）经营收入的概念

经营收入是指事业单位在专业业务活动及辅助活动之外开展非独立核算经营活动取得的收入。

非独立核算是指单位从上级单位领取一定数额的物资、款项从事业务活动，不独立计算盈亏，把日常发生的经济业务资料，报由上级集中进行会计核算，如单位的车队、食堂等后勤单位，财务上不独立核算其对社会服务的收入及其支出，报给单位集中进行会计核算，进行非独立核算的经营活动，此类收入属于单位经营收入。

事业单位的经营收入具有如下两个基本特征：

（1）它是开展经营活动取得的收入，而不是开展专业业务活动及其辅助活动取得的收入。

（2）它是非独立核算的经营活动取得的收入，而不是独立核算的经营活动取得的收入。

（二）经营收入的核算

为核算经营收入业务，事业单位应设置"经营收入"科目。该科目贷方登记取得的经营收入，借方登记冲减的经营收入，平时贷方余额反映经营收入累计数。年终结算时，将该账户贷方余额全部转入"本期盈余"账户，结转后，该科目无余额。该科目可根据经营活动类别、项目和收入来源等进行明细核算。

经营收入的主要账务处理如下：

（1）实现经营收入时，按照确定的收入金额，借记"银行存款""应收账款""应收票据"科目，贷记"经营收入"科目。涉及增值税业务的，相关账务处理参见"应交增值税"科目。

（2）期末，将本科目本期发生额转入本期盈余，借记"经营收入"科目，贷记"本期盈余"科目。

"经营收入"主要业务和事项账务处理如表4-5所示。

表4-5　　　　　　　　　　"经营收入"的账务处理

序号	业务和事项内容	账务处理
（1）	确认经营收入时	借：银行存款/应收账款/应收票据等 　　贷：经营收入
（2）	收到应收的上级补助收入时	借：银行存款 　　贷：应收账款/应收票据等
（3）	期末/年末结转	借：经营收入 　　贷：本期盈余

【工作实例4-5】某高职院校发生与经营收入业务如下：
(1) 非独立核算单位交来经营收入 52 000 元，款项存入银行。
(2) 年终，将"经营收入"科目贷方余额 100 000 元转入"经营结余"科目。
任务处理如下：
(1) 非独立核算单位交来经营收入时

借：银行存款　　　　　　　　　　　　　　　　　　　　52 000
　　贷：经营收入　　　　　　　　　　　　　　　　　　　　　52 000

(2) 年终，将"经营收入"科目贷方余额 100 000 元转入"本期盈余"科目
借：经营收入　　　　　　　　　　　　　　　　　　　　100 000
　　贷：本期盈余　　　　　　　　　　　　　　　　　　　　　100 000

【小思考4-3】如何区分事业单位的经营收入和附属单位上缴收入？

二、投资收益的核算

（一）投资收益的概念

投资收益是指事业单位进行股权投资和债券投资所实现的收益或发生的损失，包括债券投资利息收入、股权投资的股利收入，以及转让投资发生的价差收益或损失。

（二）投资收益的核算

为核算投资收益业务，单位应设置"投资收益"科目。该科目贷方登记确认的投资收益，借方登记确认的投资损失。年终结算时，将该账户贷方余额全部转入"本期盈余"账户，结转后，该科目无余额。该科目应当按照投资的种类等进行明细核算。

投资收益的主要账务处理如下：

(1) 收到短期投资持有期间的利息，按照实际收到的金额，借记"银行存款"科目，贷记"投资收益"科目。

(2) 出售或到期收回短期债券本息，按照实际收到的金额，借记"银行存款"科目，按照出售或收回短期投资的成本，贷记"短期投资"科目，按照其差额，贷记或借记"投资收益"科目。涉及增值税业务的，相关账务处理参见"应交增值税"科目。

(3) 持有的分期付息、一次还本的长期债券投资，按期确认利息收入时，按照计算确定的应收未收利息，借记"应收利息"科目，贷记"投资收益"科目；持有的到期一次还本付息的债券投资，按期确认利息收入时，按照计算确定的应收未收利息，借记"长期债券投资——应计利息"科目，贷记"投资收益"科目。

(4) 出售长期债券投资或到期收回长期债券投资本息，按照实际收到的金额，借记"银行存款"等科目，按照债券初始投资成本和已计未收利息金额，贷记"长期债券投资——成本、应计利息"科目（到期一次还本付息债券）或"长期债券投资""应收利息"科目（分期付息债券），按照其差额，贷记或借记"投资收益"科目。涉及增值税业务的，相关账务处理参见"应交增值税"科目。

(5) 采用成本法核算的长期股权投资持有期间，被投资单位宣告分派现金股利或利润时，按照宣告分派的现金股利或利润中属于单位应享有的份额，借记"应收股利"科目，

贷记"投资收益"科目。

采用权益法核算的长期股权投资持有期间，按照应享有或应分担的被投资单位实现的净损益的份额，借记或贷记"长期股权投资——损益调整"科目，贷记或借记"投资收益"科目；被投资单位发生净亏损，但以后年度又实现净利润的，单位在其收益分享额弥补未确认的亏损分担额等后，恢复确认投资收益，借记"长期股权投资——损益调整"科目，贷记"投资收益"科目。

（6）按照规定处置长期股权投资时有关投资收益的账务处理，参见"长期股权投资"科目。

（7）期末，将本科目本期发生额转入本期盈余，借记或贷记"投资收益"科目，贷记或借记"本期盈余"科目。

"投资收益"主要业务和事项账务处理如表 4-6 所示。

表 4-6   "投资收益"的账务处理

序号	业务和事项内容		账务处理
（1）	出售或到期收回短期债券投资本息		借：银行存款 借或贷：投资收益 贷：短期投资
（2）	持有的分期付息、一次还本付息的长期债券投资	确认应收未收利息	借：应收利息 贷：投资收益
		实际收到利息	借：银行存款 贷：应收利息
（3）	持有的到期一次还本付息的长期债券投资，在确认应收利息时		借：长期债券投资——应计利息 贷：投资收益

（4）	出售或到期收回长期债券投资本息		借：银行存款
			借或贷：投资收益
			   贷：长期债券投资
			     应收利息

（5）	成本法下的长期股权投资应确认的股利等	确认应享有的股利时	借：应收股利 贷：投资收益
		实际收到股利时	借：银行存款 贷：应收股利

（6）	权益法下的长期股权投资持有期间	确认应享有的净利润或净亏损时	借：长期股权投资——损益调整
			  贷：投资收益
			或：
			借：投资收益
			  贷：长期股权投资——损益调整

		实际收到股利时	借：银行存款 贷：应收股利
		被投单位先亏后盈，按规定恢复确认投资收益时	借：长期股权投资——损益调整 贷：投资收益

续表

序号	业务和事项内容	账务处理
（7）期末/年末结转	投资收益年末未贷方余额	借：投资收益 　　贷：本期盈余
	投资收益年末未借方余额	借：本期盈余 　　贷：投资收益

【工作实例4-6】 某事业单位发生与投资收益有关的经济业务如下：

（1）出售上年购入的短期持有的国库券取得收入804 000元。该债券的投资成本为800 000元。

（2）确认到期一次还本的长期债券投资应计利息26 000元。

（3）单位有一项采用成本法核算的长期股权投资，投资比例为20%，被投资单位宣告发放现金股利1 800 000元。

（4）收到被投资单位发放的现金股利360 000元存入银行。

（5）年终，将"投资收益"科目贷方余额全部转入"本期盈余"科目。

任务处理如下：

（1）出售短期持有的国库券时

借：银行存款　　　　　　　　　　　　　　　　　　　　　804 000
　　贷：短期投资　　　　　　　　　　　　　　　　　　　　800 000
　　　　投资收益　　　　　　　　　　　　　　　　　　　　　4 000

【小思考4-4】 短期投资在持有期间收到的利息是否通过"应收利息"科目核算？

（2）确认到期一次还本的长期债券投资应计利息时

借：长期债券投资——应计利息　　　　　　　　　　　　　　26 000
　　贷：投资收益　　　　　　　　　　　　　　　　　　　　　26 000

（3）确认长期股权投资成本法下的投资收益时

借：应收股利　　　　　　　　　　　　　　　　　　　　　360 000
　　贷：投资收益　　　　　　　　　　　　　　　　　　　　360 000

（4）收到被投资单位发放的现金股利时

借：银行存款　　　　　　　　　　　　　　　　　　　　　360 000
　　贷：应收股利　　　　　　　　　　　　　　　　　　　　360 000

（5）年终，将"投资收益"科目贷方余额转入"本期盈余"科目时

借：投资收益　　　　　　　　　　　　　　　　　　　　　390 000
　　贷：本期盈余　　　　　　　　　　　　　　　　　　　　390 000

任务五 其他相关收入的核算

一、非同级财政拨款收入的核算

（一）非同级财政拨款收入的概念

非同级财政拨款收入是指单位从非同级政府财政部门取得的经费拨款，包括从同级政府其他部门取得的横向转拨财政款、从上级或下级政府财政部门取得的经费拨款等。

事业单位因开展科研及其辅助活动从非同级政府财政部门取得的经费拨款，属于"事业收入——非同级财政拨款"项目。

（二）非同级财政拨款收入的核算

为核算非同级财政拨款收入业务，单位应设置"非同级财政拨款收入"科目。该科目贷方登记取得的非同级财政拨款收入，借方登记年末转入本期盈余的金额，平时贷方余额反映非同级财政拨款收入累计数。年终结算时，将该账户贷方余额全部转入"本期盈余"账户，结转后，该科目无余额。该科目应当按照本级横向转拨财政款和非本级财政拨款进行明细核算，并按照收入来源进行明细核算。

非同级财政拨款收入的主要账务处理如下：

（1）确认非同级财政拨款收入时，按照应收或实际收到的金额借记"其他应收款""银行存款"等科目，贷记"非同级财政拨款收入"科目。

（2）期末，将本科目本期发生额转入本期盈余，借记"非同级财政拨款收入"科目，贷记"本期盈余"科目。

"非同级财政拨款收入"主要业务和事项账务处理如表4-7所示。

表4-7 "非同级财政拨款收入"的账务处理

序号	业务和事项内容		账务处理
（1）	确认收入时	按照应收或实际收到的金额	借：银行存款/其他应收款等 贷：非同级财政拨款收入
（2）	收到应收的款项时	按照实际收到的金额	借：银行存款 贷：其他应收款等
（3）	期末/年末结转	专项资金收入	借：非同级财政拨款收入 贷：本期盈余
		非专项资金收入	

【工作实例4-7】某高职院校发生与非同级财政拨款收入业务如下：

（1）收到财政部下拨特色专业建设经费1 200 000元，款项存入银行。

（2）年终，将"非同级财政拨款收入"科目贷方余额1 200 000元转入"本期盈余"科目。

任务处理如下：

（1）收到财政部下拨非同级财政拨款收入时

借：银行存款 1 200 000
　　贷：非同级财政拨款收入 1 200 000
（2）年终，将"非同级财政拨款收入"科目贷方余额转入"本期盈余"科目时
借：非同级财政拨款收入 1 200 000
　　贷：本期盈余 1 200 000

二、捐赠收入的核算

捐赠收入是指单位接受其他单位或者个人捐赠取得的收入。接受捐赠收入是指政府会计主体接受的来自国内外政府、企业、社会非营利组织或者个人无偿给予的货币性资产、非货币性资产。接受捐赠收入，按照实际收到捐赠资产的日期确认收入的实现。

为核算投资收益业务，单位应设置"捐赠收入"科目。该科目贷方登记确认的捐赠收入，年终结算时，将该账户贷方余额全部转入"本期盈余"账户，结转后，该科目无余额。该科目应当按照捐赠资产的用途和捐赠单位等进行明细核算。

捐赠收入的主要账务处理如下：

（1）接受捐赠的货币资金，按照实际收到的金额，借记"银行存款""库存现金"等科目，贷记"捐赠收入"科目。

（2）接受捐赠的存货、固定资产等非现金资产，按照确定的成本，借记"库存物品""固定资产"等科目，按照发生的相关税费、运输费等，贷记"银行存款"等科目，按照其差额，贷记"捐赠收入"科目。

（3）接受捐赠的资产按照名义金额入账的，按照名义金额，借记"库存物品""固定资产"等科目，贷记"捐赠收入"科目；同时，按照发生的相关税费、运输费等，借记"其他费用"科目，贷记"银行存款"等科目。

（4）期末，将本科目本期发生额转入本期盈余，借记"捐赠收入"科目，贷记"本期盈余"科目。

"捐赠收入"主要业务和事项账务处理如表4-8所示。

表4-8　　　　　　　　　　　　"捐赠收入"的账务处理

序号	业务和事项内容		账务处理
（1）	接受捐赠的货币资金	按实际收到的金额	借：银行存款 　　贷：捐赠收入
（2）	接受捐赠的存货、固定资产等	按照确定的成本	借：库存物品/固定资产等 　　贷：捐赠收入 　　　　银行存款（支付的税费）
		如按照名义金额入账	借：库存物品/固定资产等 　　贷：捐赠收入 借：其他费用 　　贷：银行存款（支付的税费）
（3）	期末/年末结转	专项资金	借：捐赠收入 　　贷：本期盈余
		非专项资金	

【工作实例 4-8】 某高职院校发生与捐赠收入有关的经济业务如下：

（1）接受杰出校友捐赠的奖学金 1 000 000 元，用于资助品学兼优的学生。
（2）接受校企合作企业捐赠的教学设备，发票上注明的价税款 920 000 元。
（3）学校举办校庆，校友集资购买一座石雕捐赠给母校，价值 800 000 元。
（4）学校收到石雕后进行安装，以银行存款支付安装费 20 000 元。
（5）年终，将"捐赠收入"科目贷方余额全部转入"本期盈余"科目。

任务处理如下：

（1）接受杰出校友捐赠的奖学金时

借：银行存款　　　　　　　　　　　　　　　　　　　1 000 000
　　贷：捐赠收入　　　　　　　　　　　　　　　　　　　　1 000 000

（2）接受校企合作企业捐赠的教学设备时

借：固定资产　　　　　　　　　　　　　　　　　　　　920 000
　　贷：捐赠收入　　　　　　　　　　　　　　　　　　　　　920 000

（3）接受校友捐赠石雕时

借：文物文化资产　　　　　　　　　　　　　　　　　　800 000
　　贷：捐赠收入　　　　　　　　　　　　　　　　　　　　　800 000

（4）支付接受捐赠的文物文化资产的安装费用时

借：文物文化资产　　　　　　　　　　　　　　　　　　 20 000
　　贷：银行存款　　　　　　　　　　　　　　　　　　　　　 20 000

（5）年终，将"捐赠收入"科目贷方余额转入"本期盈余"科目时

借：捐赠收入　　　　　　　　　　　　　　　　　　　2 720 000
　　贷：本期盈余　　　　　　　　　　　　　　　　　　　　2 720 000

【小思考 4-5】 如果单位接受的固定资产按照名义金额入账，为接受固定资产发生的运杂费是否可以计入固定资产的成本？为什么？

三、利息收入的核算

利息收入是指单位取得的银行存款利息收入。利息收入，按照实际收到银行存款利息的日期确认为收入。

为核算利息收入业务，单位应设置"利息收入"科目。该科目贷方登记确认的利息收入，年终结算时，将该账户贷方余额全部转入"本期盈余"账户，结转后，该科目无余额。

利息收入的主要账务处理如下：

（1）取得银行存款利息时，按照实际收到的金额，借记"银行存款"科目，贷记"利息收入"科目。

（2）期末，将本科目本期发生额转入本期盈余，借记"利息收入"科目，贷记"本期盈余"科目。

"利息收入"主要业务和事项账务处理如表 4-9 所示。

表 4-9　　　　　　　　　　　"利息收入"的账务处理

序号	业务和事项内容		账务处理
（1）	确认银行存款利息收入	实际收到的利息收入时	借：银行存款 　　贷：利息收入
（2）		期末/年末结转	借：利息收入 　　贷：本期盈余

【工作实例 4-9】 某单位发生与利息收入有关的经济业务如下：

（1） 3月31日收到银行存款利息收入原始凭证，第一季度发生的银行存款利息收入5 000元。

（2） 年终，将全年"利息收入"科目贷方余额72 300元全部转入"本期盈余"科目。

任务处理如下：

（1） 收到银行存款利息收入时

借：银行存款　　　　　　　　　　　　　　　　　　　　　　　5 000
　　贷：利息收入　　　　　　　　　　　　　　　　　　　　　　5 000

（2） 年终，将"利息收入"科目贷方余额转入"本期盈余"科目时

借：利息收入　　　　　　　　　　　　　　　　　　　　　　　72 300
　　贷：本期盈余　　　　　　　　　　　　　　　　　　　　　　72 300

四、租金收入的核算

租金收入是指单位经批准利用国有资产出租取得并按照规定纳入本单位预算管理的租金收入。国有资产出租收入应在租赁期内各个期间按照直线法予以确认。

为核算租金收入业务，单位应设置"租金收入"科目。该科目贷方登记确认的租金收入，年终结算时，将该账户贷方余额全部转入"本期盈余"账户，结转后，该科目无余额。本科目应当按照出租国有资产类别和收入来源等进行明细核算。

国有资产出租收入，应当在租赁期内各个期间按照直线法予以确认。

（1） 采用预收租金方式的，预收租金时，按照收到的金额，借记"银行存款"等科目，贷记"预收账款"科目；分期确认租金收入时，按照各期租金金额，借记"预收账款"科目，贷记"租金收入"科目。

（2） 采用后付租金方式的，每期确认租金收入时，按照各期租金金额，借记"应收账款"科目，贷记"租金收入"科目；收到租金时，按照实际收到的金额，借记"银行存款"等科目，贷记"应收账款"科目。

（3） 采用分期收取租金方式的，每期收取租金时，按照租金金额，借记"银行存款"等科目，贷记"租金收入"科目。

（4） 期末，将本科目本期发生额转入本期盈余，借记"租金收入"科目，贷记"本期盈余"科目。

"租金收入"主要业务和事项账务处理如表 4-10 所示。

【工作实例 4-10】 某事业单位发生与租金收入有关的经济业务如下：

（1） 单位将多功能报告厅出租给A公司举办会议，合同预定每月初收取租金12 000元。

表 4-10　　　　　　　　　　　"租金收入"的账务处理

序号	业务和事项内容		账务处理
（1）	预收租金方式	收到预付的租金时	借：银行存款等 　贷：预收账款
		按照直线法分期确认租金收入时	借：预收账款 　贷：租金收入
（2）	后付租金方式	确认租金收入时	借：应收账款 　贷：租金收入
		实际收到租金时	借：银行存款等 　贷：应收账款
（3）		分期收取租金，在收到租金时	借：银行存款等 　贷：租金收入
（4）		期末/年末结转	借：租金收入 　贷：本期盈余

本日已经收到租金存入银行存款。

（2）年终，将全年"租金收入"科目贷方余额 540 000 元全部转入"本期盈余"科目。

任务处理如下：

（1）收到租金收入时

借：银行存款　　　　　　　　　　　　　　　　　　　　12 000
　　贷：租金收入　　　　　　　　　　　　　　　　　　　12 000

（2）年终，将"租金收入"科目贷方余额转入"本期盈余"科目时

借：租金收入　　　　　　　　　　　　　　　　　　　　540 000
　　贷：本期盈余　　　　　　　　　　　　　　　　　　　540 000

五、其他收入的核算

其他收入是指单位取得的除财政拨款收入、事业收入、上级补助收入、附属单位上缴收入、经营收入、非同级财政拨款收入、投资收益、捐赠收入、利息收入、租金收入以外的各项收入，包括现金盘盈收入、按照规定纳入单位预算管理的科技成果转化收入、行政单位收回已核销的其他应收款、无法偿付的应付及预收款项、置换换出资产评估增值等。

为了核算单位其他收入的增减变动情况，应设置"其他收入"科目。该科目属收入类，贷方反映取得的各项其他收入金额；年终结账时，将该科目的贷方余额全数转入"本期盈余"科目。年终结账后，本科目应无余额。该科目应当按照其他收入的类别、来源等进行明细核算。

其他收入的主要账务处理如下：

（1）现金盘盈收入。每日现金账款核对中发现的现金溢余，属于无法查明原因的部分，报经批准后，借记"待处理财产损溢"科目，贷记"其他收入"科目。

（2）科技成果转化收入。单位科技成果转化所取得的收入，按照规定留归本单位的，按照所取得收入扣除相关费用之后的净收益，借记"银行存款"等科目，贷记"其他收入"

科目。

（3）收回已核销的其他应收款。行政单位已核销的其他应收款在以后期间收回的，按照实际收回的金额，借记"银行存款"等科目，贷记"其他收入"科目。

（4）无法偿付的应付及预收款项。无法偿付或债权人豁免偿还的应付账款、预收账款、其他应付款及长期应付款，借记"应付账款""预收账款""其他应付款""长期应付款"等科目，贷记"其他收入"科目。

（5）置换换出资产评估增值。资产置换过程中，换出资产评估增值的，按照评估价值高于资产账面价值或账面余额的金额，借记有关科目，贷记"其他收入"科目。

以未入账的无形资产取得的长期股权投资，按照评估价值加相关税费作为投资成本，借记"长期股权投资"科目，按照发生的相关税费，贷记"银行存款""其他应交税费"等科目，按其差额，贷记"其他收入"科目。

（6）确认（1）至（5）以外的其他收入时，按照应收或实际收到的金额，借记"其他应收款""银行存款""库存现金"等科目，贷记"其他收入"科目。

（7）期末，将本科目本期发生额转入本期盈余，借记"其他收入"科目，贷记"本期盈余"科目

"其他收入"主要业务和事项账务处理如表4-11所示。

表4-11　　　　　　　　　　"其他收入"的账务处理

序号	业务和事项内容		账务处理
（1）	现金盘盈收入	属于无法查明原因的部分，报经批准后	借：待处理财产损溢 贷：其他收入
（2）	科技成果转化收入	按照规定留归本单位的部分	借：银行存款等 贷：其他收入
（3）	行政单位收回已核销的其他应收款在实际收到时		借：银行存款等 贷：其他收入
（4）	无法偿还的应付及预收款，经批准后		借：应付账款/预收账款/其他应付款/长期应付款等 贷：其他收入
（5）	置换换出资产发生评估增值时		借：有关科目 贷：其他收入
（6）	其他情况，发生其他收入时		借：其他应收款/银行存款/库存现金等 贷：其他收入
（7）	期末/年末结转	专项资金	借：其他收入 贷：本期盈余
		非专项资金	

【工作实例4-11】某行政单位全年发生与租金收入有关的经济业务如下：

（1）月末盘点发现溢余现金15元，无法查明原因。

（2）上年已核销的其他应收款3 500元今年又收回，存入银行。

（3）一项其他应付款8 000元，多年联系无法偿还，经批准列入收入。

（4）出售过期报刊杂志，取得现金收入150元。

(5) 年终，将全年"其他收入"科目贷方余额转入"本期盈余"科目。

任务处理如下：

(1) 无法查明现金原因，列入收入时

借：待处理财产损溢　　　　　　　　　　　　　　　　　15
　　　贷：其他收入　　　　　　　　　　　　　　　　　　　　15

(2) 上年已核销的其他应收款又收回时

借：银行存款　　　　　　　　　　　　　　　　　　3 500
　　　贷：其他收入　　　　　　　　　　　　　　　　　　　3 500

(3) 一项其他应付款无法偿还，经批准列入收入时

借：其他应付款　　　　　　　　　　　　　　　　　8 000
　　　贷：其他收入　　　　　　　　　　　　　　　　　　　8 000

(4) 出售过期报刊杂志，取得现金时

借：库存现金　　　　　　　　　　　　　　　　　　　150
　　　贷：其他收入　　　　　　　　　　　　　　　　　　　　150

(5) 年终，将"其他收入"科目贷方余额转入"本期盈余"科目时

借：其他收入　　　　　　　　　　　　　　　　　　11 665
　　　贷：本期盈余　　　　　　　　　　　　　　　　　　　11 665

项目小结

本项目介绍财务会计收入的核算。

收入是指报告期内导致政府会计主体净资产增加的、含有服务潜力或者经济利益的经济资源的流入。收入应当在满足收入的确认条件时予以确认。收入包括财政拨款收入、事业收入、上级补助收入、附属单位上缴收入、经营收入、非同级财政拨款收入、投资收益、捐赠收入、利息收入、租金收入和其他收入等项目。为了加强对单位各项收入的管理与核算，应设置"财政拨款收入""事业收入""上级补助收入""附属单位上缴收入""经营收入""非同级财政拨款收入""投资收益""捐赠收入""利息收入""租金收入"和"其他收入"等账户进行核算，提供各项收入的增减变化及其结果的会计信息。

复习思考题

1. 政府会计的收入与预算收入有没有联系？
2. 政府会计的收入应满足什么条件才能确认？
3. 政府会计的预算收入在什么情况下确认收入？
4. 哪些收入是行政单位和事业单位共有的收入项目？
5. 哪些收入属于事业单位特有的收入项目？
6. 年末，政府会计的收入应结转到哪些会计科目？

习题与实训

一、单项选择题

1. 行政单位最主要的收入来源是（　　）。
   A. 财政拨款收入　　　　　　B. 事业收入
   C. 专用基金收入　　　　　　D. 经营收入

2. 单位的财政拨款收入是指单位从（　　）取得的各类财政拨款。
   A. 上级财政部门　　　　　　B. 同级财政部门
   C. 其他部门　　　　　　　　D. 税务机关

3. 行政单位收到"财政直接支付入账通知书"及相关原始凭证，借记"业务活动费用"科目，贷记（　　）科目。
   A. 预算外资金收入　　　　　B. 应缴财政款
   C. 事业收入　　　　　　　　D. 财政拨款收入

4. 行政单位从上级主管部门等取得的用于完成专项任务的资金时，应借记"银行存款"科目，贷记（　　）科目。
   A. 财政拨款收入　　　　　　B. 其他收入
   C. 非同级财政拨款收入　　　D. 拨入经费

5. 在财政授权支付核算时，当收到授权支付额度时，其会计处理是（　　）。
   A. 借记"零余额账户用款额度"科目，贷记"财政拨款收入"科目
   B. 借记"银行存款"科目，贷记"财政拨款收入"科目
   C. 借记"财政拨款收入"科目，贷记"应缴财政款"科目
   D. 借记"应缴财政款"科目，贷记"财政拨款收入"科目

6. 下列项目中，不属于事业单位开展专业业务活动所取得的收入的有（　　）。
   A. 文化事业单位的演出活动取得的收入
   B. 教育事业单位的教学活动取得的收入
   C. 卫生事业单位的医疗保健活动取得的收入
   D. 学校后勤服务活动取得的收入

7. 事业收入是指事业单位开展（　　）所取得的收入。
   A. 专业业务活动　　　　　　B. 生产经营活动
   C. 辅助活动　　　　　　　　D. 专业业务活动及其辅助活动

8. 下列收入中，在会计核算过程中不需要分为专项资金收入和非专项资金收入的是（　　）。
   A. 财政拨款收入　　　　　　B. 非同级财政拨款收入
   C. 上级补助收入　　　　　　D. 附属单位上缴收入

9. 事业单位的附属单位开展独立核算经营活动取得的应上缴收入应作为（　　）处理。
   A. 经营收入　　　　　　　　B. 附属单位上缴收入
   C. 事业收入　　　　　　　　D. 投资收益

10. 事业单位在专业业务活动及辅助活动之外开展非独立核算经营活动取得的收入应作为（　　）处理。

　　A. 经营收入　　　　　　　　　　　　B. 附属单位上缴收入

　　C. 事业收入　　　　　　　　　　　　D. 投资收益

11. 事业单位在专业业务活动及辅助活动之外开展非独立核算经营活动取得的收入应作为（　　）处理。

　　A. 经营收入　　　　　　　　　　　　B. 附属单位上缴收入

　　C. 事业收入　　　　　　　　　　　　D. 投资收益

12. 事业单位因开展科研及其辅助活动从非同级政府财政部门取得的经费拨款，属于（　　）。

　　A. 非同级财政拨款收入　　　　　　　B. 事业收入——非同级财政拨款

　　C. 上级补助收入　　　　　　　　　　D. 其他收入

13. 下列项目中，不属于事业单位投资收益的是（　　）。

　　A. 债券投资利息收入　　　　　　　　B. 银行存款利息收益

　　C. 股权投资的股利收入　　　　　　　D. 转让投资发生的价差收益或损失

14. 政府财务会计核算下，各项收入在年末都转入到（　　）科目。

　　A. 本年利润　　　　　　　　　　　　B. 累计盈余

　　C. 本期盈余　　　　　　　　　　　　D. 本年盈余分配

15. 行政单位收回已核销的其他应收款应列入（　　）。

　　A. 经营收入　　　　　　　　　　　　B. 其他收入

　　C. 事业收入　　　　　　　　　　　　D. 捐赠收入

二、多项选择题

1. 财政拨款收入管理必须遵循以下要求的有（　　）。

　A. 按照核定预算和用款计划申请取得

　B. 按规定用途申请取得

　C. 按预算级次申请取得

　D. 按规定的财政资金支付方式申请取得

2. 在国库集中收付制度下，财政拨款收入的拨付方式包括（　　）。

　　A. 实拨资金　　　　　　　　　　　　B. 财政直接支付

　　C. 财政授权支付　　　　　　　　　　D. 财政转移支付

3. 单位在财政授权支付方式下发生的财政拨款收入时，其财务会计处理可能涉及的会计科目有（　　）。

　　A. 财政拨款收入　　　　　　　　　　B. 应缴财政款

　　C. 零余额账户用款额度　　　　　　　D. 银行存款

4. 单位在财政直接支付方式下发生的财政拨款收入时，其财务会计处理可能涉及的会计科目有（　　）。

　　A. 财政拨款收入　　　　　　　　　　B. 行政支出

　　C. 事业支出　　　　　　　　　　　　D. 固定资产

5. 单位在其他支付方式下发生的财政拨款收入时，其财务会计处理可能涉及的会计科目有（   ）。
   A. 财政拨款收入   B. 应缴财政款
   C. 零余额账户用款额度   D. 银行存款

6. 根据年度财政直接支付预算指标数与当年财政直接支付实际支出数的差额，在编制财务会计分录时涉及的会计科目有（   ）。
   A. 财政拨款收入   B. 财政应返还额度
   C. 其他应收款   D. 应缴财政款

7. 下列项目中，属于事业单位开展专业业务活动的有（   ）。
   A. 剧团的演出活动   B. 学校的教学活动
   C. 医院的医疗活动   D. 学校后勤服务活动

8. 下列收入中，需要分为专项资金收入和非专项资金收入的有（   ）。
   A. 财政拨款收入   B. 事业收入
   C. 上级补助收入   D. 附属单位上缴收入

9. 非同级财政拨款收入是指单位从非同级政府财政部门取得的经费拨款，包括（   ）。
   A. 从同级政府其他部门取得的横向转拨财政款
   B. 从上级政府财政部门取得的经费拨款
   C. 从下级政府财政部门取得的经费拨款
   D. 附属单位按规定应上缴收入

10. 下列收入中，需要分为专项资金收入和非专项资金收入的有（   ）。
    A. 非同级财政拨款收入   B. 捐赠收入
    C. 上级补助收入   D. 其他收入

11. 下列收入中，不需要分为专项资金收入和非专项资金收入的有（   ）。
    A. 财政拨款收入   B. 经营收入
    C. 投资收益   D. 利息收入

12. 下列账户中，年末应无余额的有（   ）。
    A. 财政拨款收入   B. 经营收入
    C. 其他收入   D. 上级补助收入

13. 下列账户中，年末余额转入到"本期盈余"的有（   ）。
    A. 财政拨款收入   B. 经营收入
    C. 投资收益   D. 非同级财政拨款收入

14. 下列项目中，属于事业单位投资收益的有（   ）。
    A. 债券投资利息收入   B. 银行存款利息收益
    C. 股权投资的股利收入   D. 附属单位上缴收入

15. 下列项目中，属于单位"其他收入"的有（   ）。
    A. 现金盘盈收入   B. 银行存款利息收益
    C. 无法偿付的应付及预收款项 D. 捐赠收入

三、判断题

1. 单位在收到财政国库支付执行机构委托转来的"财政直接支付入账通知书"时，按入账通知书中标明的金额确认财政拨款收入，同时计入相关支出或相关资产科目。（　　）
2. 单位在收到代理银行转来的"财政授权支付到账通知书"时，按通知书标明的金额确认财政拨款收入。（　　）
3. 事业单位采用预收款方式确认的事业收入按合同进度确认。（　　）
4. 上级补助收入是指事业单位从主管部门和上级单位取得的财政补助收入。（　　）
5. 事业单位开展非独立核算经营活动取得的收入，当作为经营收入处理。（　　）
6. 行政单位可以从事生产经营活动取得收入。（　　）
7. 单位出租固定资产取得的租金收入属于其他收入。（　　）
8. 政府单位发生的各项收入在年末都应该转入"本期盈余"科目。（　　）
9. 国有资产出租收入应在租赁期内各个期间按照直线法予以确认。（　　）
10. 单位接受捐赠的存货、固定资产等相关资产的，如果按照名义金额入账，接受捐赠资产发生的相关税费、运输费等，应在发生时计入其他费用。（　　）

四、实训题

实训一

1. 目的：实训行政单位收入的核算
2. 资料：某行政单位发生如下经济业务：

（1）收到"财政直接支付入账通知书"及相关原始凭证，收到本月经费 2 500 000 元用于购买固定资产。
（2）收到"财政授权支付额度到账通知书"，本月取得零余额账户用款额度 850 000 元。
（3）收到银行利息收入通知，本期利息收入 3 400 元。
（4）收到出租会议室租金收入 6 000 元，存入银行。
（5）出售废旧报纸杂志收入，收到现金 300 元。
（6）月末，盘点发现溢余现金 20 元，原因待查。
（7）经仔细核查，无法确认溢余现金 20 元原因，经批准列为收入。
（8）收到上级主管部门下拨的用于完成专项任务的资金 100 000 元，存入银行。
（9）行政单位收回已核销的其他应收款 1 500 元存入银行。
（10）期末，将各收入发生额结转到"本期盈余"账户。

3. 要求：根据上述经济业务编制财务会计核算下收入的会计分录。

实训二

1. 目的：实训事业单位收入的核算。
2. 资料：某事业单位某年 5 月发生如下经济业务：

（1）收到"财政直接支付入账通知书"及相关原始凭证，收到本月经费 5 120 000 元用于支付职工薪酬。
（2）收到"财政授权支付额度到账通知书"，本月取得零余额账户用款额度 740 000 元。
（3）收到上级主管单位拨入的经费拨款 50 000 元，款项存入银行。

(4) 开展专业业务活动取得事业收入 8 300 000 元，款项存入银行。该款项应上缴财政专户管理。

(5) 按规定：开展专业业务活动取得事业收入 60% 即上缴财政专户，40% 留归事业单位所有。应上缴的款项已经通过银行上缴。

(6) 收到财政部门拨入专款 1 000 000 元，用于开展技能大赛。

(7) 开展经营活动向某企业销售货物一批，取得收入 100 000 元，应交增值税销项税额 13 000 元，款项已存入银行。

(8) 收到附属独立核算单位上缴的款项 88 000 元，存入银行。

(9) 收到被投资单位分来的利润 23 000 元，存入银行。

(10) 收到债券投资的利息收入 1 800 元，存入银行。

3. 要求：根据上述经济业务编制财务会计核算下收入的会计分录。

实训三

1. 目的：综合练习收入的核算。
2. 资料：某职业院校（假设不考虑增值税）12 月发生的经济业务如下：

(1) 收到"财政直接支付入账通知书"及相关原始凭证，列明采购专用材料一批，用于依法履职或开展专业活动，直接支付入账金额 100 000 元，材料已经验收入库。

(2) 收到"财政授权支付额度到账通知书"，列明本月财政授权支付额度为 200 000 元。

(3) 采购的依法履职或开展专业活动的电脑耗材因质量问题予以退回，共计 50 000 元。其中，30 000 元属于上年度支付的款项，采用财政直接支付方式支付；20 000 元属于本年度支付的款项，采用授权支付方式支付。收到代理银行转来财政直接支付资金退回入账通知书，退回相关款项 30 000 元；收到代理银行通知书，退回单位零余额账户相关款项 20 000 元；材料已退回。

(4) 收到非同级财政部门的财政拨款收入 100 000 元，款项已存入银行。

(5) 接受甲公司的捐赠，其中货币资金 200 000 元，专利权一项，发票上注明价款 200 000 元。

(6) 收到银行存款利息收入通知书，本月取得存款利息收入 500 元。

(7) 预收出租办公楼的年租金 60 000 元存入银行。

(8) 确认本月应收的出租办公楼的租金 5 000 元。

(9) 年末，经过对账，确认财政直接支付预算指标数为 2 000 000 元，本年度财政直接支付实际支出数为 1 800 000 元；本年度财政授权支付预算指标数为 3 000 000 元，本年度零余额账户用款额度下达数为 2 850 000 元，本年度零余额账户用款额度支用数为 2 700 000 元。

3. 要求：根据上述经济业务编制财务会计核算下收入的会计分录。

项目五 费用的核算

 职业能力目标

通过本项目学习,熟悉政府单位费用的核算范围,能够正确地进行各项费用的核算,提供各项费用的会计信息。

 典型工作任务

业务活动费用的核算;单位管理费用的核算;经营费用的核算;资产处置费用的核算;上缴上级费用的核算;对附属单位补助费用的核算;所得税费用的核算;其他费用的核算。

任务一 业务活动费用的核算

一、业务活动费用的概念

业务活动费用是行政事业单位为实现其职能目标,依法履职或开展专业业务活动及其辅助活动所发生的各项费用。

行政事业单位的业务活动费用是单位为实现其职能目标,依法履职所发生的各项活动所发生的各项费用。主要包括工资福利费用、商品和服务费用、对个人和家庭的补助费用、固定资产折旧费、无形资产摊销费、公共基础设施折旧(摊销)费、保障性住房折旧费等。

事业单位的业务活动费用是单位开展专业业务活动及其辅助活动所发生的各项费用,除了行政单位业务活动费用包括的内容外,还包括计提专用基金等。

二、业务活动费用的核算

(一)设置"业务活动费用"科目

为了核算为实现其职能目标,依法履职或开展专业业务活动及其辅助活动所发生的各项费用,单位应设置"业务活动费用"科目。本科目应当按照项目、服务或者业务类别、支

付对象等进行明细核算。为了满足成本核算的需要，本科目下还可按照"工资福利费用""商品和服务费用""对个人和家庭的补助费用""对企业补助费用""固定资产折旧费""无形资产摊销费""公共基础设施折旧（摊销）费""保障性住房折旧费""计提专用基金"等成本项目设置明细科目，归集能够直接计入业务活动或采用一定方法计算后计入业务活动的费用。期末结转后，本科目应无余额。

（二）业务活动费用的主要账务处理

业务活动费用的主要账务处理如下：

（1）为履职或开展业务活动人员计提的薪酬，按照计算确定的金额，借记"业务活动费用"科目，贷记"应付职工薪酬"科目。

（2）为履职或开展业务活动发生的外部人员劳务费，按照计算确定的金额，借记"业务活动费用"科目，按照代扣代缴个人所得税的金额，贷记"其他应交税费——应交个人所得税"科目，按照扣税后应付或实际支付的金额，贷记"其他应付款""财政拨款收入""零余额账户用款额度""银行存款"等科目。

（3）为履职或开展业务活动领用库存物品，以及动用发出相关政府储备物资，按照领用库存物品或发出相关政府储备物资的账面余额，借记"业务活动费用"科目，贷记"库存物品""政府储备物资"科目。

（4）为履职或开展业务活动所使用的固定资产、无形资产以及为所控制的公共基础设施、保障性住房计提的折旧、摊销，按照计提金额，借记"业务活动费用"科目，贷记"固定资产累计折旧""无形资产累计摊销""公共基础设施累计折旧（摊销）""保障性住房累计折旧"科目。

（5）为履职或开展业务活动发生的城市维护建设税、教育费附加、地方教育费附加、车船税、房产税、城镇土地使用税等，按照计算确定应交纳的金额，借记"业务活动费用"科目，贷记"其他应交税费"等科目。

（6）为履职或开展业务活动发生其他各项费用时，按照费用确认金额，借记"业务活动费用"科目，贷记"财政拨款收入""零余额账户用款额度""银行存款""应付账款""其他应付款""其他应收款"等科目。

（7）按照规定从收入中提取专用基金并计入费用的，一般按照预算会计下基于预算收入计算提取的金额，借记"业务活动费用"科目，贷记"专用基金"科目。国家另有规定的，从其规定。

（8）发生当年购货退回等业务，对于已计入本年业务活动费用的，按照收回或应收的金额，借记"财政拨款收入""零余额账户用款额度""银行存款""其他应收款"等科目，贷记"业务活动费用"科目。

（9）期末，将本科目本期发生额转入本期盈余，借记"本期盈余"科目，贷记"业务活动费用"科目。

"业务活动费用"主要业务和事项账务处理如表5-1所示。

【工作实例5-1】某高职院校全年发生与履职或开展业务活动发生有关的经济业务如下：

（1）计提当月依法履职或从事专业活动的在编职工薪酬18 000 000元和外部人员劳务

表 5-1　　　　　　　　　　　　　　"业务活动费用"的账务处理

序号	业务和事项内容		账务处理
(1)	为履行或开展业务活动人员计提并支付职工薪酬	计提时，按照计算的金额	借：业务活动费用 　贷：应付职工薪酬
		实际支付给职工并代扣代缴个人所得税时	借：应付职工薪酬 　贷：财政拨款收入/零余额账户用款额度/银行存款等 　　其他应交税费——应交个人所得税
		实际缴纳税款时	借：其他应交税费——应交个人所得税 　贷：零余额账户用款额度/银行存款等
(2)	为履职或开展业务活动发生的外部人员劳务费	计提时，按照计算的金额	借：业务活动费用 　贷：其他应付款
		实际支付给职工并代扣代缴个人所得税时	借：其他应付款 　贷：财政拨款收入/零余额账户用款额度/银行存款等 　　其他应交税费——应交个人所得税
		实际缴纳税款时	借：其他应交税费——应交个人所得税 　贷：零余额账户用款额度/银行存款等
(3)	为履职或开展业务活动发生的预付款项	预付账款 支付款项时	借：预付账款 　贷：财政拨款收入/零余额账户用款额度/银行存款等
		预付账款 结算时	借：业务活动费用 　贷：预付账款 　　财政拨款收入/零余额账户用款额度/银行存款等
		暂付款项 支付款项时	借：其他应收款 　贷：银行存款等
		暂付款项 结算或报销时	借：业务活动费用 　贷：其他应收款
(4)	购买资产或支付在建工程款时	按照实际支付或应支付的金额	借：库存物品/固定资产/无形资产/在建工程 　贷：财政拨款收入/零余额账户用款额度/银行存款等
(5)	领用库存物品	按照领用的库存物品的成本	借：业务活动费用 　贷：库存物品
(6)	为履职或开展业务活动计提的折旧、摊销等		借：业务活动费用 　贷：固定资产累计折旧/无形资产累计摊销等
(7)	为履职或开展业务活动发生的税费	确认其他应交税费时	借：业务活动费用 　贷：其他应交税费
		支付其他税费时	借：其他应交税费 　贷：银行存款等
(8)	为履职或开展业务活动发生的其他各项费用		借：业务活动费用 　贷：财政拨款收入/零余额账户用款额度/银行存款/应付账款/其他应付款等

续表

序号	业务和事项内容		账务处理
(9)	计提专用基金时	从收入中按照一定比例提取基金并计入费用	借：业务活动费用 　贷：专用基金
(10)	购货退回等	当年发生的	借：财政拨款收入/零余额账户用款额度/银行存款/应收账款等 　贷：库存物品/业务活动费用
(11)	期末/年末结转		借：业务活动费用 　贷：本期盈余

费 60 000 元，代扣个人所得税 61 400 元。

(2) 以财政零余额账户用款额度采购教学专用材料 23 500 元，材料已交付教学部门使用。

(3) 以财政零余额账户用款额度缴纳个人所得税 61 400 元。

(4) 领用购买的打印纸一批价值 11 000 元；领用办公文具 3 200 元。

(5) 领用拖把、毛巾等卫生用品 2 880 元。

(6) 以财政零余额账户用款额度支付教学设备维修费 46 900 元。

(7) 计提固定资产折旧 8 900 元。

(8) 年末，将"业务活动费用"账户本期发生额 195 000 000 元结转到"本期盈余"账户（假定各项支出均为财政拨款资金支付）。

任务处理如下：

(1) 计提依法履职或从事专业活动的在编职工薪酬和外部人员劳务费时

借：业务活动费用　　　　　　　　　　　　　　　　18 121 400
　贷：应付职工薪酬　　　　　　　　　　　　　　　18 000 000
　　　其他应付款　　　　　　　　　　　　　　　　　　60 000
　　　其他应交税费——应交个人所得税　　　　　　　　61 400

(2) 以财政零余额账户用款额度采购教学专用材料时

借：业务活动费用　　　　　　　　　　　　　　　　　　23 500
　贷：零余额账户用款额度　　　　　　　　　　　　　　23 500

(3) 以财政零余额账户用款额度缴纳个人所得税时

借：其他应交税费——应交个人所得税　　　　　　　　　61 400
　贷：零余额账户用款额度　　　　　　　　　　　　　　61 400

(4) 领用办公用品时

借：业务活动费用　　　　　　　　　　　　　　　　　　14 200
　贷：库存物品　　　　　　　　　　　　　　　　　　　14 200

(5) 领用拖把、毛巾等卫生用品时

借：业务活动费用　　　　　　　　　　　　　　　　　　 2 880
　贷：库存物品　　　　　　　　　　　　　　　　　　　 2 880

(6) 以财政零余额账户用款额度支付绿化费时

借：业务活动费用 46 900
　　贷：零余额账户用款额度 46 900
（7）计提固定资产折旧时
借：业务活动费用 8 900
　　贷：固定资产累计折旧 8 900
（8）年末，将"业务活动费用"账户本期发生额结转到"本期盈余"账户
借：本期盈余 195 000 000
　　贷：业务活动费用 195 000 000

任务二　单位管理费用的核算

一、单位管理费用的概念

单位管理费用是指事业单位本级行政及后勤管理部门开展管理活动发生的各项费用，包括单位行政及后勤管理部门发生的人员经费、公用经费、资产折旧（摊销）等费用，以及由单位统一负担的离退休人员经费、工会经费、诉讼费、中介费等。

二、单位管理费用的核算

（一）设置"单位管理费用"科目

为了核算事业单位本级行政及后勤管理部门开展管理活动发生的各项费用，应设置"单位管理费用"科目。本科目应当按照项目、费用类别、支付对象等进行明细核算。为了满足成本核算需要，本科目下还可按照"工资福利费用""商品和服务费用""对个人和家庭的补助费用""固定资产折旧费""无形资产摊销费"等成本项目设置明细科目，归集能够直接计入单位管理活动或采用一定方法计算后计入单位管理活动的费用。期末结转后，本科目应无余额。

（二）单位管理费用的主要账务处理

单位管理费用的主要账务处理如下：

（1）为管理活动人员计提的薪酬，按照计算确定的金额，借记"单位管理费用"科目，贷记"应付职工薪酬"科目。

（2）为开展管理活动发生的外部人员劳务费，按照计算确定的费用金额，借记"单位管理费用"科目，按照代扣代缴个人所得税的金额，贷记"其他应交税费——应交个人所得税"科目，按照扣税后应付或实际支付的金额，贷记"其他应付款""财政拨款收入""零余额账户用款额度""银行存款"等科目。

（3）开展管理活动内部领用库存物品，按照领用物品实际成本，借记"单位管理费用"科目，贷记"库存物品"科目。

（4）为管理活动所使用固定资产、无形资产计提的折旧、摊销，按照应提折旧、摊销

额，借记"单位管理费用"科目，贷记"固定资产累计折旧""无形资产累计摊销"科目。

（5）为开展管理活动发生城市维护建设税、教育费附加、地方教育费附加、车船税、房产税、城镇土地使用税等，按照计算确定应交纳的金额，借记"单位管理费用"科目，贷记"其他应交税费"等科目。

（6）为开展管理活动发生的其他各项费用，按照费用确认金额借记"单位管理费用"科目，贷记"财政拨款收入""零余额账户用款额度""银行存款""其他应付款""其他应收款"等科目。

（7）发生当年购货退回等业务，对于已计入本年单位管理费用的，按收回或应收的金额，借记"财政拨款收入""零余额账户用款额度""银行存款""其他应收款"等科目，贷记"单位管理费用"科目。

（8）期末，将本科目本期发生额转入本期盈余，借记"本期盈余"科目，贷记"单位管理费用"科目。

"单位管理费用"主要业务和事项账务处理如表 5-2 所示。

表 5-2　　　　　　　　　　　　"单位管理费用"的账务处理

序号	业务和事项内容		账务处理
（1）	管理活动人员职工薪酬	计提时，按照计算的金额	借：单位管理费用 　贷：应付职工薪酬
		实际支付给职工并代扣代缴个人所得税时	借：应付职工薪酬 　贷：财政拨款收入/零余额账户用款额度/银行存款等 　　　其他应交税费——应交个人所得税
		实际缴纳税款时	借：其他应交税费——应交个人所得税 　贷：零余额账户用款额度/银行存款等
（2）	为开展管理活动发生的外部人员劳务费	计提时，按照计算的金额	借：单位管理费用 　贷：其他应付款
		实际支付给职工并代扣代缴个人所得税时	借：其他应付款 　贷：财政拨款收入/零余额账户用款额度/银行存款等 　　　其他应交税费——应交个人所得税
		实际缴纳税款时	借：其他应交税费——应交个人所得税 　贷：零余额账户用款额度/银行存款等
（3）	开展管理活动发生的预付款项	预付账款 支付款项时	借：预付账款 　贷：财政拨款收入/零余额账户用款额度/银行存款等
		预付账款 结算时	借：单位管理费用 　贷：预付账款 　　　财政拨款收入/零余额账户用款额度/银行存款等
		暂付款项 支付款项时	借：其他应收款 　贷：银行存款等
		暂付款项 结算或报销时	借：单位管理费用 　贷：其他应收款

续表

序号	业务和事项内容		账务处理
(4)	购买资产或支付在建工程款时	按照实际支付或应支付的金额	借：库存物品/固定资产/无形资产/在建工程 　贷：财政拨款收入/零余额账户用款额度/银行存款等
(5)	领用库存物品	按照领用的库存物品的成本	借：单位管理费用 　贷：库存物品
(6)	开展管理活动计提的折旧、摊销等		借：单位管理费用 　贷：固定资产累计折旧/无形资产累计摊销等
(7)	开展管理活动发生的税费	确认其他应交税费时	借：单位管理费用 　贷：其他应交税费
		支付其他税费时	借：其他应交税费 　贷：银行存款等
(8)	开展管理活动发生的其他各项费用		借：单位管理费用 　贷：财政拨款收入/零余额账户用款额度/银行存款/应付账款/其他应付款等
(9)	购货退回等	当年发生的	借：财政拨款收入/零余额账户用款额度/银行存款/应收账款等 　贷：库存物品/单位管理费用
(10)	期末/年末结转		借：单位管理费用 　贷：本期盈余

【工作实例 5-2】 某高职院校全年开展管理活动发生有关的经济业务如下：

（1）计提单位行政和后勤人员职工薪酬 500 000 元和外部人员劳务费 20 000 元，代扣个人所得税 10 800 元。

（2）以财政零余额账户用款额度支付审计费 20 000 元。

（3）以财政零余额账户用款额度缴纳个人所得税 10 800 元。

（4）管理部门领用拖把、毛巾等卫生用品 980 元。

（5）以财政零余额账户用款额度支付绿化费 46 900 元。

（6）计提管理用固定资产折旧 5 600 元。

（7）工会开展活动购买奖品 35 000 元。

（8）年末，将"单位管理费用"账户本期发生额 86 000 000 元结转到"本期盈余"账户（假定各项支出均为财政拨款资金支付）。

任务处理如下：

（1）计提单位行政和后勤人员职工薪酬和外部人员劳务费时

借：单位管理费用　　　　　　　　　　　　　　　　　　　　　530 800
　　贷：应付职工薪酬　　　　　　　　　　　　　　　　　　　500 000
　　　　其他应付款　　　　　　　　　　　　　　　　　　　　 20 000
　　　　其他应交税费——应交个人所得税　　　　　　　　　　 10 800

(2) 以财政零余额账户用款额度支付审计时

借：单位管理费用　　　　　　　　　　　　　　　　20 000
　　贷：零余额账户用款额度　　　　　　　　　　　　　　20 000

(3) 以财政零余额账户用款额度缴纳个人所得税时

借：其他应交税费——应交个人所得税　　　　　　10 800
　　贷：零余额账户用款额度　　　　　　　　　　　　　　10 800

(4) 领用拖把、毛巾等卫生用品时

借：业务活动费用　　　　　　　　　　　　　　　　　980
　　贷：库存物品　　　　　　　　　　　　　　　　　　　980

(5) 以财政零余额账户用款额度支付绿化费时

借：业务活动费用　　　　　　　　　　　　　　　　46 900
　　贷：零余额账户用款额度　　　　　　　　　　　　　　46 900

(6) 计提固定资产折旧时

借：业务活动费用　　　　　　　　　　　　　　　　5 600
　　贷：固定资产累计折旧　　　　　　　　　　　　　　　5 600

(7) 工会开展活动购买奖品时

借：单位管理费用　　　　　　　　　　　　　　　　35 000
　　贷：零余额账户用款额度　　　　　　　　　　　　　　35 000

(8) 年末，将"单位管理费用"账户本期发生额结转到"本期盈余"账户

借：本期盈余　　　　　　　　　　　　　　　　86 000 000
　　贷：单位管理费用　　　　　　　　　　　　　　　86 000 000

任务三　经营费用的核算

一、经营费用的概念

经营费用是指事业单位在专业业务活动及其辅助活动之外开展非独立核算经营活动发生的各项费用。

对于经营活动中发生的各项费用，事业单位应正确归集。直接用于经营活动的材料费、人工费和其他直接费用，应直接计入经营费用；无法直接归集的，应按规定的比例合理分摊。事业单位经营活动中取得的收入要与经营费用相互配比。

二、经营费用的核算

(一) 设置"经营费用"科目

为核算事业单位在专业业务活动及其辅助活动之外开展非独立核算经营活动发生的各项费用，事业单位应设置"经营费用"科目。本科目应当按照经营活动类别、项目、支付对象等进行明细核算。为了满足成本核算需要，本科目下还可按照"工资福利费用""商品和

服务费用""对个人和家庭的补助费用""固定资产折旧费""无形资产推销费"等成本项目设置明细科目,归集能够直接计入单位经营活动或采用一定方法计算后计入单位经营活动的费用。年末应将余额转入"本期盈余"科目,结转后无余额。

(二) 经营费用的主要账务处理

经营费用的主要账务处理如下:

(1) 为经营活动人员计提的薪酬,按照计算确定的金额,借记"经营费用"科目,贷记"应付职工薪酬"科目。

(2) 开展经营活动领用或发出库存物品,按照物品实际成本,借记"经营费用"科目,贷记"库存物品"科目。

(3) 为经营活动所使用固定资产、无形资产计提的折旧、摊销,按照应提折旧、摊销额,借记"经营费用"科目,贷记"固定资产累计折旧""无形资产累计摊销"科目。

(4) 开展经营活动发生城市维护建设税、教育费附加、地方教育费附加、车船税、房产税、城镇土地使用税等,按照计算确定应交纳的金额,借记"经营费用"科目,贷记"其他应交税费"等科目。

(5) 发生与经营活动相关的其他各项费用时,按照费用确认金额,借记"经营费用"科目,贷记"银行存款""其他应付款""其他应收款"等科目。涉及增值税业务的,相关账务处理参见"应交增值税"科目。

(6) 发生当年购货退回等业务,对于已计入本年经营费用的按照收回或应收的金额,借记"银行存款""其他应收款"等科目,贷记"经营费用"科目。

(7) 期末,将本科目本期发生额转入本期盈余,借记"本期盈余"科目,贷记"经营费用"科目。

"经营费用"主要业务和事项账务处理如表 5-3 所示。

表 5-3 "经营费用"的账务处理

序号	业务和事项内容		账务处理
(1)	为经营活动人员支付职工薪酬	计提时,按照计算的金额	借:经营费用 　贷:应付职工薪酬
		实际支付给职工并代扣代缴个人所得税时	借:应付职工薪酬 　贷:银行存款 　　　其他应交税费——应交个人所得税
		实际缴纳税款时	借:其他应交税费——应交个人所得税 　贷:银行存款等
(2)	开展经营活动购买资产或支付工程款	按照实际支付或应支付的金额	借:库存物品/固定资产/无形资产/在建工程 　贷:银行存款等
(3)	开展经营活动发生的预付款项	预付时,按照预付的金额	借:预付账款 　贷:银行存款
		结算时	借:经营费用 　贷:预付账款 　　　银行存款

续表

序号	业务和事项内容		账务处理
(4)	开展经营活动发生的税费	确认其他应交税费时	借：经营费用 　　贷：其他应交税费
		支付其他税费时	借：其他应交税费 　　贷：银行存款等
(5)	开展经营活动时，按照领用的库存物品的成本		借：经营费用 　　贷：库存物品
(6)	开展经营活动计提的折旧、摊销等		借：经营费用 　　贷：固定资产累计折旧/无形资产累计摊销等
(7)	开展管理活动发生的其他各项费用		借：经营费用 　　贷：银行存款/应付账款等
(8)	计提专用基金	按照经营收入的一定比例计提并列入费用	借：经营费用 　　贷：专用基金
(9)	购货退回等	当年发生的	借：银行存款/应收账款等 　　贷：库存物品/经营费用
(10)	期末/年末结转		借：经营费用 　　贷：本期盈余

【工作实例 5-3】 某事业单位全年开展经营活动发生有关的经济业务如下：

（1）开展经营活动计算应付经营人员薪酬 220 000 元，代扣个人所得税 6 400 元。
（2）以银行存款支付开展经营活动发生的水电费 5 800 元。
（3）购入经营活动用设备 1 台，价值 40 000 元，款已付。
（4）按规定计提经营活动用固定资产修购基金 2 000 元。
（5）经营活动领用物品 32 000 元。
（6）按规定计提经营活动用固定资产折旧费 27 000 元。
（7）按规定计提本期应负担的税金及附加 10 000 元。
（8）年终将"经营费用"科目借方余额 640 000 元全数转入"经营结余"科目。

任务处理如下：
（1）开展经营活动计算应付经营人员薪酬时
借：经营费用　　　　　　　　　　　　　　　　　　226 400
　　贷：应付职工薪酬　　　　　　　　　　　　　　　　220 000
　　　　其他应交税费——应交个人所得税　　　　　　　 6 400
（2）以银行存款支付开展经营活动发生的水电费时
借：经营费用　　　　　　　　　　　　　　　　　　 5 800
　　贷：银行存款　　　　　　　　　　　　　　　　　　 5 800
（3）购入经营活动用设备时
借：固定资产　　　　　　　　　　　　　　　　　　 40 000
　　贷：银行存款　　　　　　　　　　　　　　　　　　 40 000

（4）按规定计提经营活动用固定资产修购基金时
借：经营费用　　　　　　　　　　　　　　　　　　　　　2 000
　　贷：专用基金——修购基金　　　　　　　　　　　　　　　　　2 000
（5）领用物品时
借：经营费用　　　　　　　　　　　　　　　　　　　　　32 000
　　贷：库存物品　　　　　　　　　　　　　　　　　　　　　　　32 000
（6）计提固定资产折旧时
借：经营费用　　　　　　　　　　　　　　　　　　　　　27 000
　　贷：固定资产累计折旧　　　　　　　　　　　　　　　　　　　27 000
（7）按规定计提本期应负担的税金及附加时
借：经营费用　　　　　　　　　　　　　　　　　　　　　10 000
　　贷：其他应交税费　　　　　　　　　　　　　　　　　　　　　10 000
（8）年终将"经营费用"科目借方余额全数转入"经营结余"科目
借：经营结余　　　　　　　　　　　　　　　　　　　　　640 000
　　贷：经营费用　　　　　　　　　　　　　　　　　　　　　　　640 000

【小思考5-1】如何区分事业单位的经营费用和单位管理费用？

任务四　资产处置费用的核算

一、资产处置费用的概念

资产处置形式一般包括无偿调拨、出售、出让、转让、置换、对外捐赠、报废、毁损以及货币性资产损失核销等。资产处置费用是指单位经批准处置资产时发生的费用，包括转销的被处置资产价值，以及在处置过程中发生的相关费用或者处置收入小于相关费用形成的净支出。

二、资产处置费用的核算

（一）设置"资产处置费用"科目

为了核算经批准处置资产时发生的费用，政府单位应设置"资产处置费用"科目。政府单位在资产清查中查明的资产盘亏、毁损以及资产报废等，应当先通过"待处理财产损溢"科目进行核算，再将处理资产价值和处理净支出计入本科目。短期投资、长期股权投资、长期债券投资的处置，按照相关资产科目的规定进行账务处理。本科目应当按照处置资产的类别、资产处置的形式等进行明细核算。期末结转后，本科目年末应无余额。

（二）资产处置费用的主要账务处理

资产处置费用的主要账务处理如下：

1. 不通过"待处理财产损溢"科目核算的资产处置

(1) 按照规定报经批准处置资产时，按照处置资产的账面价值，借记"资产处置费用"科目（处置固定资产、无形资产、公共基础设施、保障性住房的，还应借记"固定资产累计折旧""无形资产累计摊销""公共基础设施累计折旧（摊销）""保障性住房累计折旧"科目），按照处置资产的账面余额，贷记"库存物品""固定资产""无形资产""公共基础设施""政府储备物资""文化文物资产""保障性住房""其他应收款""在建工程"等科目。

(2) 处置资产过程中发生相关费用的，按照实际发生金额，借记"资产处置费用"科目，贷记"银行存款""库存现金"等科目。

(3) 处置资产过程中取得收入的，按照取得的价款，借记"银行存款""库存现金"等科目，按照处置资产过程中发生的相关费用，贷记"银行存款""库存现金"等科目，按照其差额，借记"资产处置费用"科目或贷记"应缴财政款"等科目。

涉及增值税业务的，相关账务处理参见"应交增值税"科目。

2. 通过"待处理财产损溢"科目核算的资产处置

(1) 单位账款核对发现的现金短缺，属于无法查明原因的，报经批准核销时，借记"资产处置费用"科目，贷记"待处理财产损溢"科目。

(2) 单位资产清查过程中盘亏或者毁损、报废的存货、固定资产、无形资产、公共基础设施、政府储备物资、文物文化资产、保障性住房等，报经批准处理时，按照处理资产价值，借记"资产处置费用"科目，贷记"待处理财产损溢——待处理财产价值"科目。处理收支结清时，处理过程中所取得收入小于所发生相关费用的，按照相关费用减去处理收入后的净支出，借记"资产处置费用"科目，贷记"待处理财产损溢——处理净收入"科目。

3. 期末处理

期末，将本科目本期发生额转入本期盈余，借记"本期盈余"科目，贷记"资产处置费用"科目。

【小思考5-2】如果毁损或者报废的固定资产在处理收支结清时，处理过程中所取得收入大于所发生相关费用的差额，应计入什么科目？

"资产处置费用"主要业务和事项账务处理如表5-4所示。

【工作实例5-4】某行政单位发生与资产处置有关的经济业务如下：

(1) 期末，盘点短少的50元现金，经批准予以核销。

(2) 将一套不需要的专用设备出售，取得价款35 100元，款已存入银行。经查，该设备的账面成本80 000元，已计提折旧30 000元。假定不考虑相关税费。

(3) 报废10台打印机，账面成本32 000元，已提折旧28 000元。取得残值收入1 500元存入银行。

(4) 期末，将"资产处置费用"科目借方余额全数转入"本期盈余"科目。

任务处理如下：

表 5-4　　　　　　　　　　　"资产处置费用"的账务处理

序号	业务和事项内容			账务处理
(1)	不通过"待处理财产损溢"科目核算的资产处置	转销被处置资产账面价值		借：资产处置费用 　　固定资产累计折旧/无形资产累计摊销/公共基础设施累计折旧（摊销）/保障性住房累计折旧 　贷：固定资产/无形资产/公共基础设施/政府储备物资/文物文化资产/保障性住房/在建工程等 　　其他应收款（行政单位）
		处置资产过程中仅发生相关费用的		借：资产处置费用 　贷：银行存款/库存现金
		处置资产过程中发生收入时		借：银行存款/库存现金等（取得的价款） 　贷：银行存款/库存现金等（支付的相关费用） 　　应缴财政款
(2)	通过"待处理财产损溢"科目核算的资产处置	账款核对中发现的现金短缺，属于无法查明原因的，报经批准核销时		借：资产处置费用 　贷：待处理财产损溢
		盘亏、毁损、报废的资产	经批准处理时	借：资产处置费用 　贷：待处理财产损溢
			处理过程中所发生的费用大于取得收入的	借：资产处置费用 　贷：待处理财产损溢
(3)	期末/年末结转			借：本期盈余 　贷：资产处置费用

（1）经批准予以核销盘点短少的现金时

借：资产处置费用　　　　　　　　　　　　　　　　　　　　　50
　　贷：待处理财产损溢　　　　　　　　　　　　　　　　　　　　　50

（2）出售专用设备时

借：资产处置费用　　　　　　　　　　　　　　　　　　　　50 000
　　固定资产累计折旧　　　　　　　　　　　　　　　　　　30 000
　　贷：固定资产　　　　　　　　　　　　　　　　　　　　　　　80 000

借：银行存款　　　　　　　　　　　　　　　　　　　　　　35 100
　　贷：应缴财政款　　　　　　　　　　　　　　　　　　　　　　35 100

（3）报废打印机时

借：待处理财产损溢　　　　　　　　　　　　　　　　　　 4 000
　　固定资产累计折旧　　　　　　　　　　　　　　　　　　28 000
　　贷：固定资产　　　　　　　　　　　　　　　　　　　　　　　32 000

借：银行存款　　　　　　　　　　　　　　　　　　　　　　 1 500
　　贷：待处理财产损溢　　　　　　　　　　　　　　　　　　　　 1 500

借：资产处置费用　　　　　　　　　　　　　　　　　　　　　　2 500
　　　贷：待处理财产损溢　　　　　　　　　　　　　　　　　　　　2 500
（4）期末，将"资产处置费用"科目借方余额全数转入"本期盈余"科目时
借：本期盈余　　　　　　　　　　　　　　　　　　　　　　　　52 500
　　　贷：资产处置费用　　　　　　　　　　　　　　　　　　　　　52 500

任务五　上缴上级费用和对附属单位补助费用的核算

一、上缴上级费用的核算

（一）上缴上级费用的概念

上缴上级费用是指事业单位按照财政部门和主管部门的规定上缴上级单位款项发生的费用。

附属于上级单位的有经营活动的、独立核算的事业单位，按规定的标准或比例上缴上级的纯收入，才纳入"上缴上级费用"科目核算。

（二）上缴上级费用的核算

为核算事业单位按照财政部门和主管部门的规定上缴上级单位款项发生的费用，事业单位应设置"上缴上级费用"科目。该科目借方登记上缴上级费用的增加数，期末将贷方发生额转入"本期盈余"科目。年终结账后，该科目无余额。本科目应当按照收缴款项单位、缴款项目等进行明细核算。

上缴上级费用的主要账务处理如下：

（1）单位发生上缴上级支出的，按照实际上缴的金额或者按照规定计算出应当上缴上级单位的金额，借记"上缴上级费用"科目，贷记"银行存款""其他应付款"等科目。

（2）期末，将本科目本期发生额转入本期盈余，借记"本期盈余"科目，贷记"上缴上级费用"科目。

"上缴上级费用"主要业务和事项账务处理如表5-5所示。

表5-5　　　　　　　　　　　　　"上缴上级费用"的账务处理

序号	业务和事项内容	账务处理
（1）	按照实际上缴的金额或者按照规定计算出应上缴的金额	借：上缴上级费用 　　贷：银行存款/其他应付款等
（2）	实际上缴应缴的金额	借：其他应付款 　　贷：银行存款等
（3）	期末/年末结转	借：本期盈余 　　贷：上缴上级费用

【工作实例 5-5】某事业单位发生如下业务：
(1) 按规定的标准上缴上级单位款项 60 000 元，以银行存款支付。
(2) 年终，将"上缴上级费用"科目借方余额 60 000 元全数转入"本期盈余"科目。
任务处理如下：
(1) 按规定的标准上缴上级单位款项时
借：上缴上级费用　　　　　　　　　　　　　　　　　60 000
　　贷：银行存款　　　　　　　　　　　　　　　　　　　　60 000
(2) 年终，将"上缴上级费用"科目借方余额转入"本期盈余"科目时
借：本期盈余　　　　　　　　　　　　　　　　　　　60 000
　　贷：上缴上级费用　　　　　　　　　　　　　　　　　　60 000

二、对附属单位补助费用的核算

(一) 对附属单位补助费用的概念

对附属单位补助费用是指事业单位用财政拨款收入之外的收入对附属单位补助发生的费用。在实际工作中，有些附属单位除财政拨款收入以外的其他收入很少，维持单位正常活动和职工福利较为困难，为了保证事业活动的正常开展，上级事业单位往往对这些单位给予一定资金支持。这部分支出就属于对附属单位补助费用。

(二) 对附属单位补助费用的核算

为核算对附属单位补助费用业务，事业单位应设置"对附属单位补助费用"科目。该科目借方登记对附属单位拨款数，期末将贷方发生额转入"本期盈余"科目。年终结转后，该科目应无余额。该科目应接受补助的附属单位名称设置明细账。

对附属单位补助费用的主要账务处理如下：

(1) 单位发生对附属单位补助支出的，按照实际补助的金额或者按照规定计算出应当对附属单位补助的金额，借记"对附属单位补助费用"科目，贷记"银行存款""其他应付款"等科目。

(2) 期末，将本科目本期发生额转入本期盈余，借记"本期盈余"科目，贷记"对附属单位补助费用"科目。

"对附属单位补助费用"主要业务和事项账务处理如表 5-6 所示。

表 5-6　　　　　　　　　　　"对附属单位补助费用"的账务处理

序号	业务和事项内容	账务处理
(1)	按照实际补助的金额或者按照规定计算出应补助的金额	借：对附属单位补助费用 　　贷：银行存款/其他应付款等
(2)	实际支出应补助的金额	借：其他应付款 　　贷：银行存款等
(3)	期末/年末结转	借：本期盈余 　　贷：对附属单位补助费用

【工作实例 5-6】某事业单位发生如下业务：

(1) 用自有资金拨给附属甲单位一次性补助 50 000 元。
(2) 年终，将"对附属单位补助费用"科目借方余额 50 000 元全数转入"本期盈余"科目。

任务处理如下：
(1) 对附属单位补助时
借：对附属单位补助费用　　　　　　　　　　　　　　　　50 000
　　贷：银行存款　　　　　　　　　　　　　　　　　　　　　　50 000
(2) 年终，将"对附属单位补助费用"科目借方余额转入"本期盈余"科目时
借：本期盈余　　　　　　　　　　　　　　　　　　　　　50 000
　　贷：对附属单位补助费用　　　　　　　　　　　　　　　　　50 000

任务六　所得税费用和其他费用的核算

一、所得税费用的核算

（一）所得税费用的概念

所得税费用是指有企业所得税缴纳义务的事业单位按规定缴纳企业所得税所形成的费用。在实际工作中，有些事业单位从事生产经营活动，按企业所得税税法的规定具有纳税义务，应缴纳企业所得税的，这项费用就属于所得税费用。

（二）所得税费用的核算

为核算有企业所得税缴纳义务的事业单位按规定缴纳企业所得税所形成的费用，事业单位应设置"所得税费用"科目。该科目借方登记按照税法规定计算的应交企业所得税的金额，贷方登记对年末转入"本年盈余"科目的金额。年终结转后，该科目无余额。

所得税费用的主要账务处理如下：

(1) 发生企业所得税纳税义务的，按照税法规定计算的应交税金数额，借记"所得税费用"科目，贷记"其他应交税费——单位应交所得税"科目。

实际缴纳时，按照缴纳金额，借记"其他应交税费——单位应交所得税"科目，贷记"银行存款"科目。

(2) 年末，将本科目本年发生额转入本期盈余，借记"本期盈余"科目，贷记"所得税费用"科目。

"所得税费用"主要业务和事项账务处理如表 5-7 所示。

表 5-7　　　　　　　　　"所得税费用"的账务处理

序号	业务和事项内容	账务处理
(1)	按照税法规定计算出应交企业所得税的金额	借：所得税费用 　　贷：其他应交税费——单位应交所得税

续表

序号	业务和事项内容	账务处理
（2）	实际缴纳企业所得税时	借：其他应交税费——单位应交所得税 　贷：银行存款等
（3）	年末结转	借：本期盈余 　贷：所得税费用

【工作实例 5－7】 某事业单位发生如下业务：

（1）按税法规定计算本年应交企业所得税 44 000 元。

（2）年终，将"所得税费用"科目借方余额 44 000 元全数转入"本期盈余"科目。

任务处理如下：

（1）计算应交企业所得税时

借：所得税费用　　　　　　　　　　　　　　　　　　　　　44 000
　　贷：其他应交税费——单位应交所得税　　　　　　　　　　　　44 000

（2）年终，将"所得税费用"科目借方余额转入"本期盈余"科目时

借：本期盈余　　　　　　　　　　　　　　　　　　　　　　　44 000
　　贷：所得税费用　　　　　　　　　　　　　　　　　　　　　44 000

二、其他费用的核算

（一）其他费用的概念

其他费用是指单位发生的除业务活动费用、单位管理费用、经营费用、资产处置费用、上缴上级费用、附属单位补助费用、所得税费用以外的各项费用，包括利息费用、坏账损失、罚没支出、现金资产捐赠支出以及相关税费、运输费等。

（二）其他费用的核算

为核算单位发生的其他费用，政府会计应设置"其他费用"科目。该科目借方登记发生的其他费用，贷方登记对年末转入"本年盈余"科目的金额。年终结转后，该科目无余额。本科目应当按照其他费用的类别等进行明细核算。单位发生的利息费用较多的，可以单独设置"5701 利息费用"科目。

其他费用的主要账务处理如下：

（1）利息费用。按期计算确认借款利息费用时，按照计算确定的金额，借记"在建工程"科目或"其他费用"科目，贷记"应付利息""长期借款——应计利息"科目。

（2）坏账损失。年末，事业单位按照规定对收回后不需上缴财政的应收账款和其他应收款计提坏账准备时，按照计提金额，借记本科目，贷记"坏账准备"科目；冲减多提的坏账准备时，按照冲减金额，借记"坏账准备"科目，贷记"其他费用"科目。

（3）罚没支出。单位发生罚没支出的，按照实际缴纳或应当缴纳的金额，借记"其他费用"科目，贷记"银行存款""库存现金""其他应付款"等科目。

（4）现金资产捐赠。单位对外捐赠现金资产的，按照实际捐赠的金额，借记"其他费用"科目，贷记"银行存款""库存现金"等科目。

（5）其他相关费用。单位接受捐赠（或无偿调入）以名义金额计量的存货、固定资产、无形资产，以及成本无法可靠取得的公共基础设施、文物文化资产等发生的相关税费、运输费等，按照实际支付的金额，借记"其他费用"科目，贷记"财政拨款收入""零余额账户用款额度""银行存款""库存现金"等科目。

单位发生的与受托代理资产相关的税费、运输费、保管费等，按照实际支付或应付的金额，借记"其他费用"科目，贷记"零余额账户用款额度""银行存款""库存现金""其他应付款"等科目。

（6）期末，将"其他费用"科目本期发生额转入本期盈余，借记"本期盈余"科目，贷记"其他费用"科目。

"其他费用"主要业务和事项账务处理如表5-8所示。

表5-8　　　　　　　　　　　"其他费用"的账务处理

序号	业务和事项内容		账务处理
（1）	利息费用	计算确定借款利息费用时	借：其他费用/在建工程 　贷：应付利息/长期借款——应计利息
		实际支付利息时	借：应付利息/长期借款——应计利息 　贷：银行存款等
（2）	现金资产对外捐赠	按照实际捐赠的金额	借：其他费用 　贷：银行存款/库存现金等
（3）	坏账损失	按照规定对应收账款、其他应收款计提坏账准备	借：其他费用 　贷：坏账准备
		冲减多提的坏账准备时	借：坏账准备 　贷：其他费用
（4）	罚没支出	按照实际发生金额	借：其他费用 　贷：银行存款/库存现金等
（5）	支付其他相关税费		借：其他费用 　贷：零余额账户用款额度/银行存款等
（6）	年末结转		借：本期盈余 　贷：其他费用

【工作实例5-8】某事业单位发生如下业务：

（1）因违法经营，被税务机关处以5 000元税收罚款，以银行存款支付。
（2）以银行存款向地震灾区捐款100 000元。
（3）以零余额账户用款额度180 000元支付扶贫。
（4）以银行存款支付短期借款利息9 800元（以前为确认应付利息）。
（5）年终，将"其他费用"科目借方余额全数转入"本期盈余"科目。

任务处理如下：

（1）支付税收罚款时
借：其他费用　　　　　　　　　　　　　　　　　　　5 000
　　贷：银行存款　　　　　　　　　　　　　　　　　　　　5 000
（2）向灾区捐款时
借：其他费用　　　　　　　　　　　　　　　　　　　100 000
　　贷：银行存款　　　　　　　　　　　　　　　　　　　　100 000
（3）支付扶贫资金时
借：其他费用　　　　　　　　　　　　　　　　　　　180 000
　　贷：零余额账户用款额度　　　　　　　　　　　　　　　180 000
（4）支付借款利息时
借：其他费用　　　　　　　　　　　　　　　　　　　9 800
　　贷：银行存款　　　　　　　　　　　　　　　　　　　　9 800
（5）年终，将"其他费用"科目借方余额转入"本期盈余"科目时
借：本期盈余　　　　　　　　　　　　　　　　　　　294 800
　　贷：所得税费用　　　　　　　　　　　　　　　　　　　294 800

项目小结

本项目主要介绍政府财务会计下各项费用的核算。

费用是指报告期内导致政府会计主体净资产减少的、含有服务潜力或者经济利益的经济资源的流出。费用应当在满足费用的确认条件时予以确认。费用包括业务活动费用、单位管理费用、经营费用、资产处置费用、上缴上级费用、对附属单位补助费用、所得税费用和其他费用等项目。为了加强对单位各项费用的管理与核算，应设置"业务活动费用""单位管理费用""经营费用""资产处置费用""上缴上级费用""对附属单位补助费用""所得税费用"和"其他费用"等账户进行核算，提供各项费用的增减变化及其结果的会计信息。

复习思考题

1. 政府会计的费用主要包括哪些费用？
2. 政府会计的费用应满足什么条件才能确认？
3. 业务活动费用和单位管理费用有什么区别？
4. 哪些费用是行政单位和事业单位共有的费用项目？
5. 哪些费用属于事业单位特有的费用项目？
6. 年末，政府会计的费用应结转到什么会计科目？

习题与实训

一、单项选择题

1. 行政事业单位为实现其职能目标，依法履职或开展专业业务活动及其辅助活动所发生的各项费用称为（　　）。
   A. 业务活动费用　　　　　　　　　B. 单位管理费用
   C. 行政支出　　　　　　　　　　　D. 事业支出

2. 从事业收入中按照一定比例提取基金并计入（　　）。
   A. 业务活动费用　　　　　　　　　B. 单位管理费用
   C. 行政支出　　　　　　　　　　　D. 事业支出

3. 下列支出中应记入"业务活动费用"的是（　　）。
   A. 开展经营活动发生的费用　　　　B. 开展基建活动发生的费用
   C. 开展专业业务活动发生的费用　　D. 挖潜改造发生的费用

4. 事业单位本级行政及后勤管理部门开展管理活动发生的各项费用称为（　　）。
   A. 业务活动费用　　　　　　　　　B. 单位管理费用
   C. 行政支出　　　　　　　　　　　D. 事业支出

5. 下列各项中，属于事业单位"单位管理费用"科目核算的有（　　）。
   A. 工资福利费用　　　　　　　　　B. 离退休人员经费
   C. 商品和服务费用　　　　　　　　D. 对个人和家庭的补助费用

6. 某高职院校后勤管理部门领用材料，用于维修教学楼，应计入（　　）。
   A. 业务活动费用　　　　　　　　　B. 单位管理费用
   C. 行政支出　　　　　　　　　　　D. 事业支出

7. 下列项目中，不影响资产处置费用的因素有（　　）。
   A. 转销的被处置资产价值
   B. 处置过程中发生的相关费用
   C. 处置收入小于相关费用形成的净支出
   D. 处置资产发生的应交增值税

8. 下列费用项目中，不属于行政单位发生的是（　　）。
   A. 业务活动费用　　　　　　　　　B. 资产处置费用
   C. 单位管理费用　　　　　　　　　D. 其他费用

9. 政府单位账款核对中发现的现金短缺，属于无法查明原因的，报经批准核销时，借记（　　）科目，贷记"待处理财产损溢"科目。
   A. 业务活动费用　　　　　　　　　B. 单位管理费用
   C. 资产处置费用　　　　　　　　　D. 营业外支出

10. 处置无形资产过程中取得收入，并发生相关费用的，其费用应（　　）。
    A. 列入"资产处置费用"科目
    B. 列入"业务活动费用"科目

C. 列入"其他费用"科目
D. 按照收入扣除费用的差额列入"应缴财政款"科目

11. 下列会计科目中，仅适用于行政单位财务会计核算的有（　　）。
    A. 业务活动费用　　　　　　　　B. 单位管理费用
    C. 上缴上级费用　　　　　　　　D. 对附属单位补助费用

12. 附属于上级单位的有经营活动的、独立核算的事业单位，按规定的标准或比例上缴上级的纯收入，应通过（　　）科目核算。
    A. "对附属单位补助费用"　　　　B. "上缴上级费用"
    C. "业务活动费用"　　　　　　　D. "单位管理费用"

13. 事业单位在支付银行借款利息时，按照实际支付金额，借记（　　）科目，贷记"资金结存"科目。
    A. 其他费用　　　　　　　　　　B. 单位管理费用
    C. 资产处置费用　　　　　　　　D. 其他支出

14. 下列费用中，不属于"其他费用"的是（　　）。
    A. 短期借款利息费用　　　　　　B. 计提的坏账准备
    C. 购买办公用品的费用　　　　　D. 现金资产捐赠支出

15. 单位发生的各项费用，在年末都结转到（　　）科目。
    A. 本期盈余　　　　　　　　　　B. 本年利润
    C. 本年盈余分配　　　　　　　　D. 累计盈余

二、多项选择题

1. 下列各项中，属于行政事业单位业务活动费用的有（　　）。
   A. 工资福利费用　　　　　　　　B. 商品和服务费用
   C. 对个人和家庭的补助费用　　　D. 固定资产折旧费

2. 下列各项中，属于行政事业单位业务活动费用的有（　　）。
   A. 无形资产摊销费　　　　　　　B. 公共基础设施折旧（摊销）费
   C. 保障性住房折旧费　　　　　　D. 固定资产折旧费

3. 行政事业单位发生当年购货退回等业务，按照收回或应收的金额，借记（　　）科目，贷记"业务活动费用"科目。
   A. 财政拨款收入　　　　　　　　B. 零余额账户用款额度
   C. 银行存款　　　　　　　　　　D. 其他应收款

4. 下列各项中，属于事业单位"单位管理费用"科目核算的有（　　）。
   A. 工资福利费用　　　　　　　　B. 离退休人员经费
   C. 工会经费　　　　　　　　　　D. 诉讼费、中介费

5. 事业单位计提的固定资产折旧费，可以计入的会计科目有（　　）。
   A. 业务活动费用　　　　　　　　B. 单位管理费用
   C. 经营费用　　　　　　　　　　D. 其他费用

6. 下列属于事业单位经营收入的包括（　　）。
   A. 学校学费收入　　　　　　　　B. 学校电影院收入

C. 学校招待所收入   D. 学校电脑培训收入

7. 下列项目中，影响资产处置费用的因素有（   ）。
A. 转销的被处置资产价值
B. 处置过程中发生的相关费用
C. 处置收入小于相关费用形成的净支出
D. 处置收入大于相关费用形成的净收益

8. 下列项目中，不需要通过"待处理财产损溢"科目进行核算的有（   ）。
A. 无偿调拨资产   B. 出售、出让资产
C. 报废、毁损资产   D. 货币性资产损失核销

9. 下列会计科目中，适用于行政单位财务会计核算的有（   ）。
A. 业务活动费用   B. 单位管理费用
C. 经营费用   D. 其他费用

10. 下列会计科目中，仅适用于事业单位财务会计核算的有（   ）。
A. 业务活动费用   B. 单位管理费用
C. 上缴上级费用   D. 对附属单位补助费用

11. 下列项目中，属于单位其他费用的有（   ）。
A. 罚没支出   B. 利息费用
C. 所得税费用   D. 现金资产捐赠支出

12. 下列项目中，应通过"资产处置费用"科目核算的有（   ）。
A. 转销的被处置资产价值
B. 在处置过程中发生的相关费用
C. 处置收入小于相关费用形成的净支出
D. 处置收入大于相关费用形成的净支出

13. 下列费用，应该计入行政单位"业务活动费用"科目的有（   ）。
A. 固定资产折旧费   B. 无形资产摊销费
C. 保障性住房折旧费   D. 公共基础设施折旧（摊销）费

三、判断题

1. 事业单位的业务活动费用还包括计提专用基金。（   ）
2. "业务活动费用"科目应当按照项目、服务或者业务类别、支付对象等进行明细核算。（   ）
3. "业务活动费用"和"单位管理费用"是行政事业单位共有的会计科目。（   ）
4. 经营费用是指事业单位在专业业务活动及其辅助活动之外开展独立核算经营活动发生的各项费用。（   ）
5. 行政事业单位计提固定资产折旧时可能涉及"业务活动费用"科目。（   ）
6. 事业单位经营活动中取得的收入要与经营费用相互配比。（   ）
7. 事业单位的经营费用与经营支出一定相等。（   ）
8. 一般来说，行政单位的"财政拨款收入"与预算会计的"行政支出"直接对应。（   ）

9. 年末应将"经营费用"的余额转入"经营结余"科目，结转后无余额。（   ）
10. 处置固定资产过程中仅发生相关费用的，列入"资产处置费用"科目。（   ）
11. 处置无形资产过程中取得收入的扣除发生的相关费用的差额，列入"应缴财政款"等科目。（   ）
12. 上缴上级费用是指事业单位按照主管部门的规定上缴上级单位款项发生的费用。（   ）
13. 上缴上级费用和对附属单位补助费用都是事业单位使用的会计科目。（   ）
14. 单位资产清查过程中盘亏或者毁损、报废的各项资产，按其账面价值转入"资产处置费用"科目进行核算。（   ）
15. 所得税费用是指有企业所得税缴纳义务的行政、事业单位按规定缴纳企业所得税所形成的费用。（   ）

四、实训题

实训一

1. 目的：练习行政单位费用科目的核算。
2. 资料：某行政单位6月发生的经济业务如下：
（1）计提当月在编职工薪酬600 000元和外部人员劳务费50 000元。
（2）领用甲材料，账面余额1 500元。
（3）发出救灾药品一批，账面余额350 000元。
（4）计提本月固定资产折旧20 000元，公共基础设施折旧200 000元，保障性住房折旧300 000元，无形资产摊销50 000元。
（5）购买办公文具一批，通过单位零余额账户支付款项820元。
（6）获得批准处置盘亏的专用材料，账面余额1 600元。
（7）向希望工程捐赠现金50 000元，已通过银行转账。
（8）收到接受A公司捐赠的采用名义金额计量的技术设备一台，以银行存款支付相关税费200元。
（9）报废4台打印机，账面成本7 800元，已提折旧7 000元。出售取得现金收入100元。
（10）以财政零余额账户用款额度发放当月在编职工薪酬和外部人员劳务费，并代扣个人所得税4 500元。
（11）以财政零余额账户用款额度缴纳个人所得税4 500元。
（12）计算当期的各项费用发生额，期末转入"本期盈余"科目。
3. 要求：根据上述经济业务编制财务会计核算下的相应会计分录（不要求明细核算）。

实训二

1. 目的：练习事业单位费用科目的核算。
2. 资料：某事业单位5月发生的经济业务如下：
（1）计提本月在编职工薪酬500 000元，其中专业活动部门300 000元、行政及后勤部门150 000元、经营部门50 000元。
（2）后勤部门领用维修材料，账面余额5 000元。

(3) 专业活动部门领用专用材料，账面余额 50 000 元。

(4) 计提本月固定资产折旧 200 000 元，其中，专业活动部门计提折旧 100 000 元，行政及后勤部门计提折旧 80 000 元，经营部门计提折旧 20 000 元。

(5) 专业活动部门计提本月无形资产摊销 50 000 元。

(6) 购买办公文具一批，通过单位零余额账户支付款项 10 000 元，其中专业活动部门领取 6 000 元、行政及后勤部门领取 4 000 元。

(7) 获得批准处置盘亏的专用材料，账面余额 5 000 元。

(8) 向希望工程捐赠现金 180 000 元，已通过银行转账。

(9) 按核定的预算定额上缴上级单位款项 100 000 元。

(10) 用非财政拨款收入支付附属单位补助款项 200 000 元。

(11) 年末，支付长期借款利息 50 000 元，该借款分年付息到期一次还本。

(12) 年末，按照应收账款和其他应收账款年末余额计提坏账准备 30 000 元。

(13) 发放当月在编职工薪酬，并代扣个人所得税 8 720 元。

(14) 以财政零余额账户余款额度缴纳个人所得税 8 720 元。

(15) 计算当期的各项费用发生额，期末转入"本期盈余"科目。

3. 要求：根据上述经济业务编制财务会计核算下的相应会计分录（不要求明细核算）。

项目六
净资产的核算

 职业能力目标

通过本项目的学习，熟悉单位财务会计下的净资产的核算范围，能够正确进行计算本期盈余并进行合理分配，正确完成无偿调拨净资产、以前年度盈余调整、累计盈余、专用基金和权益法调整的会计核算，提供各类净资产方面的会计信息。

 典型工作任务

本期盈余及分配的核算；无偿调拨净资产的核算；以前年度盈余调整的核算；累计盈余的核算；专用基金的核算；权益法调整的核算。

任务一　本期盈余及分配的核算

一、本期盈余及分配的概念

本期盈余是指政府会计主体在一定期间各项收入相抵各项费用后的余额。它相当于企业会计中的"本年利润"。本期盈余并不能说明行政事业单位业务活动和管理活动努力的结果，只能说明单位在开展业务活动和管理活动中的各项收入保证对各项费用支出的程度。

本期盈余 = 本期收入 – 本期费用

本期收入 = 财政拨款收入 + 事业收入 + 上级补助收入 + 附属单位上缴收入 + 非同级财政拨款收入 + 投资收益 + 捐赠收入 + 利息收入 + 租金收入 + 其他收入

本期费用 = 业务活动费用 + 单位管理费用 + 经营费用 + 资产处置费用 + 上缴上级费用 + 对附属单位补助费用 + 所得税费用 + 其他费用

本期盈余分配是指政府会计主体根据有关规定从本年度非财政拨款结余或经营结余中提取各项专用基金而进行的分配。

二、本期盈余及分配的核算

（一）账户设置

为核算本期盈余及分配业务，单位应设置"本期盈余"和"本年盈余分配"科目。

"本期盈余"科目核算单位在一定期间内各项收入、费用相抵的余额。该科目贷方登记从"财政拨款收入""事业收入""上级补助收入""附属单位上缴收入""经营收入""非同级财政拨款收入""投资收益""捐赠收入""利息收入""租金收入""其他收入"科目的转入数，借方登记从"业务活动费用""单位管理费用""经营费用""所得税费用""资产处置费用""上缴上级费用""对附属单位补助费用""其他费用"科目的转入数，期末如为贷方余额，反映单位自年初至当期期末累计实现的盈余；如为借方余额，反映单位自年初至当期期末累计发生的亏损。年度终了，将本科目余额转入"本年盈余分配"科目。年末结账后，该科目应无余额。

"本年盈余分配"科目核算单位本年度盈余分配的情况和结果。该科目贷方登记从"本期盈余"科目余额转入数；借方登记根据有关规定从本年度非财政拨款结余或经营结余中提取专用基金的数。年末，将本科目余额转入"累计盈余"科目。年末结账后，本科目应无余额。

（二）本期盈余的主要账务处理

（1）期末，将各类收入科目的本期发生额转入本期盈余，借记"财政拨款收入""事业收入""上级补助收入""附属单位上缴收入""经营收入""非同级财政拨款收入""投资收益""捐赠收入""利息收入""租金收入""其他收入"科目，贷记"本期盈余"科目；将各类费用科目本期发生额转入本期盈余，借记"本期盈余"科目，贷记"业务活动费用""单位管理费用""经营费用""所得税费用""资产处置费用""上缴上级费用""对附属单位补助费用""其他费用"科目。

（2）年末，完成上述结转后，将本科目余额转入"本年盈余分配"科目，借记或贷记"本期盈余"科目，贷记或借记"本年盈余分配"科目。年末结账后，"本期盈余"科目应无余额。

"本期盈余"主要业务和事项账务处理如表 6-1 所示。

表 6-1 "本期盈余"的账务处理

序号	业务和事项内容	账务处理
（1）	期末结转各项收入时	借：财政拨款收入 　　事业收入 　　上级补助收入 　　附属单位上缴收入 　　经营收入 　　非同级财政拨款收入 　　投资收益 　　捐赠收入 　　利息收入 　　租金收入 　　其他收入 　贷：本期盈余

续表

序号	业务和事项内容	账务处理
(2)	期末结转各项费用时	借：本期盈余 　　贷：业务活动费用 　　　　单位管理费用 　　　　经营费用 　　　　所得税费用 　　　　资产处置费用 　　　　上缴上级费用 　　　　对附属单位补助费用 　　　　其他费用
(3)	年末结转时 — 本期盈余科目为贷方余额时	借：本期盈余 　　贷：本年盈余分配
	年末结转时 — 本期盈余科目为借方余额时	借：本年盈余分配 　　贷：本期盈余

【小思考6-1】 如果"投资收益"科目年末为借方净额时，如何会计处理？

（三）本年盈余分配的主要账务处理

（1）年末，将"本期盈余"科目余额转入"本年盈余分配"科目，借记或贷记"本期盈余"科目，贷记或借记"本年盈余分配"科目。

（2）年末，根据有关规定从本年度非财政拨款结余或经营结余中提取专用基金的，按照预算会计下计算的提取金额，借记"本年盈余分配"科目，贷记"专用基金"科目。

（3）年末，按照规定完成上述（1）、（2）处理后，将本科目余额转入累计盈余，借记或贷记"本年盈余分配"科目，贷记或借记"累计盈余"科目。年末结账后，"本年盈余分配"科目应无余额。

"本年盈余分配"主要业务和事项账务处理如表6-2所示。

表6-2　　　　　　　　　"本年盈余分配"的账务处理

序号	业务和事项内容		账务处理
(1)	年末，将本期盈余科目余额转入	本期盈余科目为贷方余额时	借：本期盈余 　　贷：本年盈余分配
		本期盈余科目为借方余额时	借：本年盈余分配 　　贷：本期盈余
(2)	年末，按照有关规定提取	按照预算会计下计算的提取金额	借：本年盈余分配 　　贷：专用基金
(3)	年末，将本科目余额转入累计盈余	本期盈余分配科目为贷方余额时	借：本年盈余分配 　　贷：累计盈余
		本期盈余分配科目为借方余额时	借：累计盈余 　　贷：本年盈余分配

【工作实例 6-1】 某事业单位 2019 年 12 月 31 日年终结账前有关收入、费用科目的余额如表 6-3 所示。

表 6-3　　　　　　　　　　年末，各项收入和费用科目余额　　　　　　　　　　单位：元

科目名称	贷方余额	科目名称	借方余额
财政拨款收入	34 900 000	业务活动费用	31 600 000
事业收入	14 550 000	单位管理费用	11 200 000
上级补助收入	600 000	经营费用	620 000
附属单位上缴收入	420 000	资产处置费用	30 000
经营收入	980 000	上缴上级费用	589 000
非同级财政拨款收入	246 000	对附属单位补助费用	120 000
投资收益	60 000	所得税费用	24 000
捐赠收入	890 000	其他费用	68 000
利息收入	25 000		
租金收入	18 000		
其他收入	34 000		
合　计	52 723 000	合　计	44 251 000

任务处理如下：

(1) 将各项收入转入"本期盈余"账户的贷方时

借：财政拨款收入	34 900 000
事业收入	14 550 000
上级补助收入	600 000
附属单位上缴收入	420 000
经营收入	980 000
非同级财政拨款收入	246 000
投资收益	60 000
捐赠收入	890 000
利息收入	25 000
租金收入	18 000
其他收入	34 000
贷：本期盈余	52 723 000

(2) 将各项费用转入"本期盈余"账户的借方时

借：本期盈余	44 251 000
贷：业务活动费用	31 600 000
单位管理费用	11 200 000
经营费用	620 000
所得税费用	24 000
资产处置费用	30 000
上缴上级费用	589 000

对附属单位补助费用	120 000
其他费用	68 000

（3）年末，将"本期盈余"账户贷方余额结转到"本期盈余分配"科目时

借：本期盈余	8 472 000
贷：本年盈余分配	8 472 000

（4）年末，按照规定计提职工福利基金 3 380 000 元时

借：本年盈余分配	3 380 000
贷：专用基金	3 380 000

（5）年末，将本期盈余分配的余额转入累计盈余时

借：本年盈余分配	5 092 000
贷：累计盈余	5 092 000

任务二　无偿调拨净资产的核算

一、无偿调拨净资产的概念

无偿调拨是指经过主管部门批准，政府会计主体将资产由一个部门或单位调拨给其他部门或单位使用，而不需要由调入单位支付任何代价的资产调拨方式。无常调拨一般包括无偿调入和无偿调出两种。

无常调拨的资产主要有存货、长期股权投资、固定资产、无形资产、公共基础设施、政府储备物资、文物文化资产、保障性住房等相关资产。无论是无常调入还是无常调出资产，调入方和调出方对调拨的资产的价款均不进行结算，只需按调拨资产的账面价值（也称净值）予以入账或注销，这就涉及无常调拨净资产。所谓无偿调拨净资产，是指单位无偿调入或调出非现金资产所引起的净资产变动金额。

二、无偿调拨净资产的核算

（一）设置"无偿调拨净资产"科目

"无偿调拨净资产"科目核算单位无偿调入或调出非现金资产所引起的净资产变动金额。按照规定取得无偿调入非现金资产时，计入该科目贷方；按照规定取得无偿调出非现金资产时，计入该科目借方。年末，将本科目余额转入"累计盈余"科目。年末结账后，本科目应无余额。

（二）无偿调拨净资产的主要账务处理

1. 无偿调入非现金资产的核算

按照规定取得无偿调入的存货、长期股权投资、固定资产、无形资产、公共基础设施、政府储备物资、文物文化资产、保障性住房等，按照确定的成本，借记"库存物品""长期股权投资""固定资产""无形资产""公共基础设施""政府储备物资""文物文化资产"

"保障性住房"等科目,按照调入过程中发生的归属于调入方的相关费用,贷记"零余额账户用款额度""银行存款"等科目,按照其差额,贷记"无偿调拨净资产"科目。

2. 无偿调出非现金资产的核算

按照规定经批准无偿调出存货、长期股权投资、固定资产、无形资产、公共基础设施、政府储备物资、文物文化资产、保障性住房等,按照调出资产的账面余额或账面价值,借记"无偿调拨净资产"科目,按照固定资产累计折旧、无形资产累计摊销、公共基础设施累计折旧或摊销、保障性住房累计折旧的金额,借记"固定资产累计折旧""无形资产累计摊销""公共基础设施累计折旧(摊销)""保障性住房累计折旧"科目,按照调出资产的账面余额,贷记"库存物品""长期股权投资""固定资产""无形资产""公共基础设施""政府储备物资""文物文化资产""保障性住房"等科目;同时,按照调出过程中发生的归属于调出方的相关费用,借记"资产处置费用"科目,贷记"零余额账户用款额度""银行存款"等科目。

【小思考6-2】如果调入或调出资产发生归属于调入方或调出方的相关费用,应通过什么会计科目核算?

"无偿调拨净资产"主要业务和事项账务处理如表6-4所示。

表6-4 "无偿调拨净资产"的账务处理

序号	业务和事项内容		账务处理
(1)	取得无偿调入的资产时		借:库存物品/固定资产/无形资产/长期股权投资/公共基础设施/保障性住房等 　　贷:无偿调拨净资产 　　　　零余额账户用款额度/银行存款
(2)	无偿调出资产	经批准无偿调出资产时	借:无偿调拨净资产 　　固定资产累计折旧/无形资产累计摊销/公共基础设施累计折旧(摊销)/保障性住房累计折旧等 　贷:库存物品/固定资产/无形资产/长期股权投资/公共基础设施/保障性住房等
		支付相关费用时	借:资产处置费用 　贷:零余额账户用款额度/银行存款
(3)	年末,将本科目余额转入累计盈余	科目为贷方余额时	借:无偿调拨净资产 　贷:累计盈余
		科目为借方余额时	借:累计盈余 　贷:无偿调拨净资产

【工作实例6-2】某事业单位2019年发生无偿调入和调出资产业务如下:

(1) 无偿调出专用设备一批,成本380 000元,已计提折旧90 000元。

(2) 以银行存款支付归属于调出方的运输费1 200元。

(3) 接受上级单位无偿调入办公设备一批,发票上注明的价格89 500元。

(4) 以银行存款支付归属于调入方的运输费 2 200 元。

(5) 年末将"无偿调拨净资产"转入到"累计盈余"账户。

任务处理如下:

(1) 无偿调出专用设备一批时

借:无偿调拨净资产　　　　　　　　　　　　　290 000
　　固定资产累计折旧　　　　　　　　　　　　 90 000
　　贷:固定资产　　　　　　　　　　　　　　　　　380 000

(2) 以银行存款支付归属于调出方的运输费时

借:资产处置费用　　　　　　　　　　　　　　1 200
　　贷:银行存款　　　　　　　　　　　　　　　　　1 200

(3) 接受上级单位无偿调入办公设备时

借:固定资产　　　　　　　　　　　　　　　　89 500
　　贷:无偿调拨净资产　　　　　　　　　　　　　　89 500

(4) 以银行存款支付归属于调入方的运输费时

借:固定资产　　　　　　　　　　　　　　　　2 200
　　贷:银行存款　　　　　　　　　　　　　　　　　2 200

(5) 年末将"无偿调拨净资产"转入到"累计盈余"账户时

借:累计盈余　　　　　　　　　　　　　　　　200 500
　　贷:无偿调拨净资产　　　　　　　　　　　　　　200 500

任务三　以前年度盈余调整的核算

一、以前年度盈余调整的概念

以前年度盈余调整是指单位本年度发生的调整以前年度盈余的事项,包括本年度发生的重要前期差错更正涉及调整以前年度盈余的事项,以及盘盈非流动资产的事项。

单位在会计处理过程中,如果发生以前年度重要会计差错而涉及收入、费用金额,进而影响以前年度盈余的,应该予以调整。

二、以前年度盈余调整的核算

(一) 设置"以前年度盈余调整"账户

为核算单位本年度发生的重要前期差错更正涉及调整以前年度盈余增减变化的,应设置"以前年度盈余调整"科目进行核算。该科目贷方反映本年度发生的属于以前年度增加收入或减少费用的金额,以及盘盈非流动资产的金额;借方反映本年度发生的属于以前年度减少收入或增加费用的金额。经上述调整后,将本科目余额转入"累计盈余"科目。结转后,本科目应无余额。

(二) 以前年度盈余调整主要账务处理

(1) 调整增加以前年度收入时,按照调整增加的金额,借记有关科目,贷记"以前年度盈余调整"科目。调整减少的,做相反会计分录。

(2) 调整增加以前年度费用时,按照调整增加的金额,借记"以前年度盈余调整"科目,贷记有关科目。调整减少的,做相反会计分录。

(3) 盘盈的各种非流动资产,报经批准后处理时,借记"待处理财产损溢"科目,贷记"以前年度盈余调整"科目。

(4) 经上述调整后,应将本科目的余额转入累计盈余,借记或贷记"累计盈余"科目,贷记或借记"以前年度盈余调整"科目。

【小思考6-3】单位本年度发生的调整以前年度盈余的事项,是否都需要涉及"以前年度盈余调整"科目?

"以前年度盈余调整"主要业务和事项账务处理如表6-5所示。

表6-5 "以前年度盈余调整"的账务处理

序号	业务和事项内容		账务处理
(1)	调整以前年度收入	增加以前年度收入时	借：有关资产或负债科目 贷：以前年度盈余调整
		减少以前年度收入时	借：以前年度盈余调整 贷：有关资产或负债科目
(2)	调整以前年度费用	增加以前年度费用时	借：以前年度盈余调整 贷：有关资产或负债科目
		减少以前年度费用时	借：有关资产或负债科目 贷：以前年度盈余调整
(3)	盘盈非流动资产		借：待处理财产损溢 贷：以前年度盈余调整
(4)	将本科目余额转入累计盈余	科目为贷方余额时	借：以前年度盈余调整 贷：累计盈余
		科目为借方余额时	借：累计盈余 贷：以前年度盈余调整

【工作实例6-3】某事业单位2019年初发生业务如下:

(1) 盘盈通用设备一台,成本40 000元,估计六成新。

(2) 上年涉及一项未决诉讼,已经估计预计负债50 000元。今年年初,经法院裁决实际支付38 000元。

(3) 经批准将盘盈的设备价值列入收入。

(4) 将"以前年度盈余调整"转入到"累计盈余"账户。

任务处理如下:

（1）盘盈固定资产时

借：固定资产　　　　　　　　　　　　　　　　　　24 000
　　贷：待处理财产损溢　　　　　　　　　　　　　　　　24 000

（2）调整未决诉讼确认的负债金额时

借：预计负债　　　　　　　　　　　　　　　　　　12 000
　　贷：以前年度盈余调整　　　　　　　　　　　　　　　12 000

（3）经批准将盘盈的设备价值列入收入时

借：待处理财产损溢　　　　　　　　　　　　　　　24 000
　　贷：以前年度盈余调整　　　　　　　　　　　　　　　24 000

（4）将"以前年度盈余调整"转入到"累计盈余"账户时

借：以前年度盈余调整　　　　　　　　　　　　　　36 000
　　贷：累计盈余　　　　　　　　　　　　　　　　　　　36 000

任务四　累计盈余的核算

一、累计盈余的概念

累计盈余是指单位历年实现的盈余扣除盈余分配后滚存的金额，以及因无偿调入调出资产产生的净资产变动额。按照规定上缴、缴回、单位间调剂结转结余资金产生的净资产变动额，以及对以前年度盈余的调整金额，属于累计盈余的范畴。

二、累计盈余的核算

（一）设置"累计盈余"科目

为核算单位历年实现的盈余扣除盈余分配后滚存的金额，以及因无偿调入调出资产产生的净资产变动额，行政事业单位应设置"累计盈余"科目。按照规定上缴、缴回、单位间调剂结转结余资金产生的净资产变动额，以及对以前年度盈余的调整金额，也通过本科目核算。该科目贷方反映累计盈余的转入数，借方反映累计盈余的转出数。年末余额，反映单位未分配盈余（或未弥补亏损）以及无偿调拨净资产变动的累计数。

（二）累计盈余的账务处理

（1）年末，将"本年盈余分配"科目的余额转入累计盈余，借记或贷记"本年盈余分配"科目，贷记或借记"累计盈余"科目。

（2）年末，将"无偿调拨净资产"科目的余额转入累计盈余，借记或贷记"无偿调拨净资产"科目，贷记或借记"累计盈余"科目。

（3）按照规定上缴财政拨款结转结余、缴回非财政拨款结转资金、向其他单位调出财政拨款结转资金时，按照实际上缴、缴回、调出金额，借记"累计盈余"科目，贷记"财政应返还额度""零余额账户用款额度""银行存款"等科目。

按照规定从其他单位调入财政拨款结转资金时，按照实际调入金额，借记"零余额账户用款额度""银行存款"等科目，贷记"累计盈余"科目。

（4）将"以前年度盈余调整"科目的余额转入本科目，借记或贷记"以前年度盈余调整"科目，贷记或借记"累计盈余"科目。

（5）按照规定使用专用基金购置固定资产、无形资产的，按照固定资产、无形资产成本金额，借记"固定资产""无形资产"科目，贷记"银行存款"等科目；同时，按照专用基金使用金额，借记"专用基金"科目，贷记"累计盈余"科目。

"累计盈余"主要业务和事项账务处理如表6-6所示。

表6-6　　　　　　　　　　　"累计盈余"的账务处理

序号	业务和事项内容	账务处理
（1）	年末，将"本年盈余分配"科目的余额转入	借：本年盈余分配 　　贷：累计盈余 或做相反方向的会计分录
（2）	年末，将"无偿调拨净资产"科目的余额转入	借：无偿调拨净资产 　　贷：累计盈余 或做相反方向的会计分录
（3）	按照规定上缴财政拨款结转结余、缴回非财政拨款结转资金、向其他单位调出财政拨款结转资金时	借：累计盈余 　　贷：财政拨款收入/零余额账户用款额度/银行存款等
	按照规定从其他单位调入财政拨款结转资金时	借：零余额账户用款额度/银行存款等 　　贷：累计盈余
（4）	将"以前年度盈余调整"科目的余额转入	借：以前年度盈余调整 　　贷：累计盈余 或做相反方向的会计分录
（5）	使用专用基金购置固定资产、无形资产的	借：固定资产/无形资产 　　贷：银行存款等 同时： 借：专用基金 　　贷：累计盈余

【工作实例6-4】某事业单位2019年发生与"累计盈余"相关的经济业务如下：

（1）年末，将盘盈通用设备价值24 000元，转入"累计盈余"账户。

（2）年末，将"无偿调拨净资产"借方余额200 500元转入到"累计盈余"账户。

（3）年末，将"本期盈余"账户贷方余额8 472 000元结转到"本期盈余分配"账户。

（4）按照规定从其他单位调入财政拨款结转资金80 000元存入零余额账户用款额度。

（5）使用专用基金购置固定资产156 000元。

任务处理如下：

（1）经批准将盘盈的设备价值列入收入时

借：以前年度盈余调整   24 000
　　贷：累计盈余   24 000
（2）年末，将"无偿调拨净资产"转入到"累计盈余"账户时
借：累计盈余   200 500
　　贷：无偿调拨净资产   200 500
（3）年末，将"本期盈余"账户贷方余额结转到"本期盈余分配"科目时
借：本期盈余   8 472 000
　　贷：本年盈余分配   8 472 000
（4）按照规定从其他单位调入财政拨款结转资金时
借：零余额账户用款额度   80 000
　　贷：累计盈余   80 000
（5）使用专用基金购置固定资产时
借：固定资产   156 000
　　贷：银行存款   156 000
同时：
借：专用基金   156 000
　　贷：累计盈余   156 000

任务五　专用基金的核算

一、专用基金的概念和内容

专用基金是指事业单位按规定提取或者设置的具有专门用途的净资产，主要包括职工福利基金、科技成果转换基金、修购基金等。

按照《事业单位财务规则》规定，职工福利基金是事业单位按照非财政补助结余和经营结余的一定比例提取以及按照其他规定提取转入的，专门用于单位职工集体福利设施、集体福利待遇等的资金。职工福利基金一般不得用于职工个人方面的支出。按照财政部《关于事业单位提取专用基金比例问题的通知》（财教［2012］32号），事业单位职工福利基金的提取比例，在单位年度非财政补助结余的40%以内确定。国家另有规定的，从其规定。

科技成果转换基金是指事业单位为加速推动科技成果转化与应用，引导社会力量和地方政府加大科技成果转化投入而设立科技成果转化引导基金。

修购基金是指按事业收入和经营收入的一定比例提取的，专门用于单位固定资产修理或购置的资金。修购基金的提取比例，应根据事业单位的收入情况和修缮购置的需要，由财政部门和事业主管部门商定。

二、专用基金的管理要求

事业单位的专用基金应当遵循先提后用、收支平衡、专款专用的原则，支出不得超出基

金规模。根据专用基金的管理原则，在实际工作中，应实施以下管理办法：

（1）先提后用。即各项专用基金必须根据规定的来源渠道，在取得了资金以后，才能安排使用。

（2）专设账户。即对各项专用基金应单独设置会计账户进行管理和核算，不能将不同性质的专用基金混合核算。

（3）专款专用。即各项专用基金都应当按照规定的用途使用，不得挪作他用。事业单位对各项专用基金必须编制收支计划，做到量入为出，实现收支平衡。

三、专用基金的核算

1. 设置"专用基金"科目

为了核算专用基金增减变动业务，事业单位应设置"专用基金"科目。该科目贷方登记按规定提取或设置的各种专用基金，借方登记各种专用基金的使用数，期末贷方余额反映事业单位累计提取或设置的尚未使用的专用基金。该科目应当按照专用基金的类别进行明细核算。

2. 专用基金的主要账务处理

（1）年末，根据有关规定从本年度非财政拨款结余或经营结余中提取专用基金的，按照预算会计下计算的提取金额，借记"本年盈余分配"科目，贷记"专用基金"科目。

（2）根据有关规定从收入中提取专用基金并计入费用的，一般按照预算会计下基于预算收入计算提取的金额，借记"业务活动费用"等科目，贷记"专用基金"科目。国家另有规定的，从其规定。

（3）根据有关规定设置的其他专用基金，按照实际收到的基金金额，借记"银行存款"等科目，贷记"专用基金"科目。

（4）按照规定使用提取的专用基金时，借记"专用基金"科目，贷记"银行存款"等科目。

使用提取的专用基金购置固定资产、无形资产的，按照固定资产、无形资产成本金额，借记"固定资产""无形资产"科目，贷记"银行存款"等科目；同时，按照专用基金使用金额，借记"专用基金"科目，贷记"累计盈余"科目。

"专用基金"主要业务和事项账务处理如表6-7所示。

表6-7 "专用基金"的账务处理

序号	业务和事项内容	账务处理
（1）	年末，根据有关规定从本年度非财政拨款结余或经营结余中提取专用基金的	借：本年盈余分配 　贷：专用基金（按照预算会计下计算的提取金额）
（2）	根据有关规定从收入中提取专用基金并计入费用的	借：业务活动费用等 　贷：专用基金（一般按预算收入计算提取的金额）
（3）	根据有关规定设置的其他专用基金，按照实际收到的基金金额	借：银行存款 　贷：专用基金

续表

序号	业务和事项内容	账务处理
(4)	使用专用基金时	如果购置固定资产、无形资产的： 借：固定资产/无形资产 　　贷：银行存款等 同时： 借：专用基金 　　贷：累计盈余

【工作实例6-5】 某事业单位本年发生与专用基金有关的业务如下：

（1）年末，根据规定非财政拨款结余或经营结余计提职工福利基金198 000元。

（2）年度事业收入6 000 000元，经营收入200 000元，按事业收入和经营收入的3%提取固定资产修购基金。

（3）用修购基金购置专用设备一台，价值120 000元，以银行存款支付。

（4）从职工福利基金中开支75 000元用于补助职工食堂，以银行存款支付。

任务处理如下：

（1）提取职工福利基金时

借：本年盈余分配　　　　　　　　　　　　　　　　　　198 000
　　贷：专用基金——职工福利基金　　　　　　　　　　　　198 000

（2）提取固定资产修购基金时

借：业务活动费用　　　　　　　　　　　　　　　　　　180 000
　　经营费用　　　　　　　　　　　　　　　　　　　　　6 000
　　贷：专用基金——修购基金　　　　　　　　　　　　　186 000

（3）用修购基金购置专用设备时

借：专用基金——修购基金　　　　　　　　　　　　　　120 000
　　贷：累计盈余　　　　　　　　　　　　　　　　　　　120 000

借：固定资产　　　　　　　　　　　　　　　　　　　　120 000
　　贷：银行存款　　　　　　　　　　　　　　　　　　　120 000

（4）使用职工福利基金时

借：专用基金——职工福利基金　　　　　　　　　　　　75 000
　　贷：累计盈余　　　　　　　　　　　　　　　　　　　75 000

任务六　权益法调整的核算

一、权益法调整的概念

权益法调整是指事业单位持有的长期股权投资采用权益法核算时，按照被投资单位除净损益和利润分配以外的所有者权益变动份额调整长期股权投资账面余额而计入净资产的金额。

二、权益法调整的核算

（一）设置"权益法调整"科目

为了核算权益法调整增减变动业务，事业单位应设置"权益法调整"科目。该科目贷方登记被投资单位除净损益和利润分配以外的所有者权益变动份额调整增加的金额；借方登记被投资单位除净损益和利润分配以外的所有者权益变动份额调整减少的金额。期末贷余额反映事业单位在被投资单位除净损益和利润分配以外的所有者权益变动中累积享有（或分担）的份额。

（二）权益法调整的主要账务处理

（1）年末，按照被投资单位除净损益和利润分配以外的所有者权益变动应享有（或应分担）的份额，借记或贷记"长期股权投资——其他权益变动"科目，贷记或借记"权益法调整"科目。

（2）采用权益法核算的长期股权投资，因被投资单位除净损益和利润分配以外的所有者权益变动而将应享有（或应分担）的份额计入单位净资产的，处置该项投资时，按照原计入净资产的相应部分金额，借记或贷记"权益法调整"科目，贷记或借记"投资收益"科目。

"权益法调整"主要业务和事项账务处理如表 6－8 所示。

表 6－8 "权益法调整"的账务处理

序号	业务和事项内容		账务处理
（1）	年末，按照被投资单位除净损益和利润分配以外的所有者权益变动应增加的份额		借：长期股权投资——其他权益变动 　贷：权益法调整
（2）	年末，按照被投资单位除净损益和利润分配以外的所有者权益变动应减少的份额		借：权益法调整 　贷：长期股权投资——其他权益变动
（3）	长期股权投资处置时	权益法调整科目为借方余额	借：投资收益 　贷：权益法调整
		权益法调整科目为贷方余额	借：权益法调整 　贷：投资收益

【工作实例 6－6】某事业单位本年发生与权益法调整有关的业务如下：

（1）2018 年 4 月以银行存款 5 000 000 元购入新道科技公司 30% 的股权，并采用权益法核算。

（2）2018 年新道科技公司实现净利润 2 000 000 元，增加资本公积 150 000 元。

（3）2019 年 5 月，将该公司股权全部转让，取得价款 5 700 000 元存入银行。

任务处理如下：

（1）确认长期股权投资权益法时

借：长期股权投资——成本　　　　　　　　　　　　　　　　　5 000 000

　　　　贷：银行存款　　　　　　　　　　　　　　　　　　5 000 000
（2）年末，确认享有的净损益及资本公积份额时
　　借：长期股权投资——损益调整　　　　　　　　　　　　600 000
　　　　　　　　　　——其他权益变动　　　　　　　　　　 45 000
　　　　贷：投资收益　　　　　　　　　　　　　　　　　　 600 000
　　　　　　权益法调整　　　　　　　　　　　　　　　　　 45 000
（3）将该公司股权全部转让时
　　借：银行存款　　　　　　　　　　　　　　　　　　　5 700 000
　　　　贷：长期股权投资——成本　　　　　　　　　　　 5 000 000
　　　　　　　　　　　　——损益调整　　　　　　　　　　 600 000
　　　　　　　　　　　　——其他权益变动　　　　　　　　　45 000
　　　　　　投资收益　　　　　　　　　　　　　　　　　　 55 000
　　借：权益法调整　　　　　　　　　　　　　　　　　　　 45 000
　　　　贷：投资收益　　　　　　　　　　　　　　　　　　 45 000

项目小结

本项目介绍财务会计的净资产的核算。

净资产是指单位资产扣除负债后的余额，包括累计盈余、专用基金、权益法调整、本期盈余、本年盈余分配、无偿调拨净资产和以前年度盈余调整等项目。为了加强对单位净资产的管理与核算，应设置"累计盈余""专用基金""权益法调整""本期盈余""本年盈余分配""无偿调拨净资产"和"以前年度盈余调整"等账户进行核算，提供各项净资产的增减变化及其结果的会计信息。

复习思考题

1. 政府会计的净资产包括哪些项目？
2. 政府会计的盈余应通过什么科目核算？
3. 无偿调拨资产发生的相关税费应该如何处理？
4. 单位净资产中，哪些账户年末没有余额？
5. 专用基金包括哪些内容？
6. 累计盈余是如何形成的？
7. "权益法调整"科目在什么情况下使用？
8. 单位为什么会发生以前年度盈余调整？

习题与实训

一、单项选择题

1. 下列项目中，属于事业单位特有而行政单位没有的净资产的是（   ）。
   A. 本期盈余   B. 无偿调拨净资产
   C. 累计盈余   D. 权益法调整

2. 下列项目中，不影响政府单位本期盈余的是（   ）。
   A. 事业收入   B. 资产处置费用
   C. 所得税费用   D. 权益法调整

3. 下列项目中，影响政府单位本期盈余的是（   ）。
   A. 行政支出   B. 本年盈余分配
   C. 所得税费用   D. 权益法调整

4. 下列项目中，不影响单位"无偿调拨净资产"科目发生额的有（   ）。
   A. 无偿调拨货币资金   B. 无偿调拨长期股权投资
   C. 无偿调拨存货   D. 无偿调拨文物文化资产

5. 下列项目中，不影响单位"累计盈余"科目发生额的有（   ）。
   A. 本期盈余   B. 本期盈余分配
   C. 无偿调拨净资产   D. 权益法调整

6. 事业单位职工福利基金的提取比例，在单位年度非财政补助结余的（   ）以内确定。
   A. 30%   B. 40%
   C. 45%   D. 60%

7. 在长期股权投资权益法下，下列项目影响单位"权益法调整"科目的是（   ）。
   A. 被投资单位实现净利润   B. 被投资单位发生净亏损
   C. 被投资单位增加资本公积   D. 被投资单位宣告分配现金股利

8. 下列项目中，影响政府单位净资产的是（   ）。
   A. 行政支出   B. 事业支出
   C. 本期盈余   D. 资金结存

9. 下列项目中，年末结转后应无余额的科目是（   ）。
   A. 本期盈余   B. 专用基金
   C. 无偿调拨净资产   D. 累计盈余

10. 经批准将盘盈以前年度非流动资产转入（   ）。
    A. 待处理财产损溢   B. 其他收入
    C. 以前年度盈余调整   D. 本期盈余

二、多项选择题

1. 下列项目中，属于政府单位净资产项目的有（   ）。

A. 本期盈余 B. 专用基金
C. 累计盈余 D. 权益法调整

2. 下列项目中，属于事业单位和行政单位共有的净资产的有（ ）。

A. 本期盈余 B. 无偿调拨净资产
C. 累计盈余 D. 权益法调整

3. 本期盈余分配是指行政事业单位根据有关规定从本年度（ ）中提取各项专用基金而进行的分配。

A. 财政拨款结余 B. 非财政拨款结余
C. 经营结余 D. 事业结余

4. 下列科目中，年末应无余额的有（ ）。

A. 本期盈余 B. 本年盈余分配
C. 累计盈余 D. 权益法调整

5. 下列项目中，影响单位"无偿调拨净资产"科目发生额的有（ ）。

A. 无偿调拨固定资产 B. 无常调拨无形资产
C. 无常调拨公共基础设施 D. 无常调拨保障性住房

6. 下列项目中，影响单位"以前年度盈余调整"科目发生额的有（ ）。

A. 本年度发生的重要前期差错更正涉及调整以前年度盈余的事项
B. 本年度发生的本期差错更正涉及调整本年度盈余的事项
C. 盘盈非流动资产
D. 盘盈流动资产

7. 下列项目中，影响单位"累计盈余"科目发生额的有（ ）。

A. 本期盈余 B. 本期盈余分配
C. 无偿调拨净资产 D. 以前年度盈余调整

8. 下列项目中，属于事业单位计提的专用基金的有（ ）。

A. 职工福利基金 B. 科技成果转换基金
C. 修购基金 D. 奖学金

9. 下列项目中，影响单位"本期盈余"科目发生额的有（ ）。

A. 财政拨款收入 B. 事业收入
C. 业务活动费用 D. 单位管理费用

10. 下列科目中，在年末结转前既可能为借方余额也可能为贷方余额的有（ ）。

A. 本期盈余 B. 本年盈余分配
C. 无常调拨净资产 D. 以前年度盈余调整

三、判断题

1. 政府单位的净资产是政府单位资产扣除负债后的净额。（ ）
2. 政府单位的净资产的金额取决于资产和负债的计量。（ ）
3. 本期盈余是指行政事业单位在一定期间各项收入相抵各项费用后的余额。（ ）
4. "本期盈余"科目年末既可能为贷方余额，也可能为借方余额。（ ）
5. "本期盈余"科目期末如为贷方余额，反映单位历年累计实现的盈余。（ ）

6. 本期盈余分配是指行政事业单位根据有关规定从本年度财政拨款结余或经营结余中提取各项专用基金。（   ）

7. 年度终了，将"本期盈余"科目余额转入"本年盈余分配"科目。年末结账后，"本期盈余"科目应无余额。（   ）

8. 无偿调拨净资产是指单位无偿调入或调出资产所引起的的净资产变动金额。（   ）

9. 专用基金是指行政事业单位按规定提取或者设置的具有专门用途的净资产。（   ）

10. 事业单位的专用基金应当遵循先提后用、收支平衡、专款专用的原则。（   ）

11. 为了核算专用基金增减变动业务，行政事业单位应设置"专用基金"科目。（   ）

12. 权益法调整是指事业单位持有的长期股权投资采用权益法核算时才能使用的会计科目。（   ）

13. 年末，将"无偿调拨净资产"科目的余额转入"累计盈余"科目。（   ）

14. "累计盈余"科目年末余额反映单位未分配盈余（或未弥补亏损）的累计数。（   ）

15. "权益法调整"科目核算事业单位持有的长期股权投资采用权益法核算时，按照被投资单位净损益变动份额调整长期股权投资账面余额而计入净资产的金额。（   ）

四、实训题

实训一

1. 目的：练习行政单位净资产的核算。

2. 资料：某行政单位有关资料如下：

（1）1月1日"累计盈余"科目贷方余额为120 000元。

（2）全年各项收入和费用发生额如表6-9所示。

表6-9　　　　　　　　　　　　　　　　　　　　　　　　　　　　　　　　　　　　　　单位：元

收入科目名称	贷方余额	费用科目名称	借方余额
财政拨款收入	45 210 000	业务活动费用	43 600 000
非同级财政拨款收入	326 000	资产处置费用	62 700
捐赠收入	80 000	其他费用	37 000
利息收入	18 000		
租金收入	244 000		
其他收入	51 000		
合　计	45 929 000	合　计	43 699 700

（3）截至12月31日，单位"无偿调拨净资产"科目贷方余额793 000元；"以前年度盈余调整"科目借方余额42 000元。

3. 要求：

（1）年末，结转全年的收入和费用的发生额至"本期盈余"科目。

（2）年末，将"本期盈余"结转到"本年盈余分配"科目。

（3）年末，将"本期盈余分配"结转到"累计盈余"科目。

（4）年末，将"无偿调拨净资产"结转到"累计盈余"科目。

(5) 年末，将"以前年度盈余调整"结转到"累计盈余"科目。
(6) 计算"累计盈余"科目年末余额。

实训二

1. 目的：练习事业单位净资产的核算。
2. 资料：某事业单位有关资料如下：
(1) 1月1日"累计盈余"科目贷方余额为580 000元。
(2) 全年各项收入和费用发生额如表6-10所示。

表6-10   单位：元

收入科目名称	贷方余额	费用科目名称	借方余额
财政拨款收入	78 900 000	业务活动费用	81 400 000
事业收入	64 360 000	单位管理费用	41 200 000
上级补助收入	3 600 000	经营费用	620 000
附属单位上缴收入	320 000	资产处置费用	45 000
经营收入	560 000	上缴上级费用	500 000
非同级财政拨款收入	3 246 000	对附属单位补助费用	80 000
投资收益	75 000	其他费用	73 000
捐赠收入	120 000		
利息收入	725 000		
租金收入	88 000		
其他收入	64 000		
合　　计	152 058 000	合　　计	123 918 000

(3) 截至12月31日，单位"无偿调拨净资产"科目贷方余额512 000元；"以前年度盈余调整"科目贷方余额75 000元。

3. 要求：
(1) 年末，结转全年的收入和费用的发生额至"本期盈余"科目。
(2) 年末，将"本期盈余"结转到"本年盈余分配"科目。
(3) 年末，按其他结余资金585 000元的40%计提职工福利基金。
(4) 年末，将"本期盈余分配"结转到"累计盈余"科目。
(5) 年末，将"无偿调拨净资产"结转到"累计盈余"科目。
(6) 年末，将"以前年度盈余调整"结转到"累计盈余"科目。
(7) 计算"累计盈余"科目年末余额。

项目七 财务会计报告的编制

 职业能力目标

通过本项目的学习,熟悉政府单位会计报表的分类,掌握政府单位主要会计报表的编制原理和编制方法,特别是年度终了前,根据财政部门或上级主管部门的决算编审工作要求,进行全面的清理核对,并在此基础上办理年度转账,提供会计报表。

典型工作任务

政府会计报告的认知;资产负债表的编制;收入费用表的编制;现金流量表的编制;附注的编制。

任务一 财务会计报告的认知

一、财务会计报告的基本知识

政府会计由预算会计和财务会计构成,政府会计报告也就分为政府决算报告和政府财务报告两部分。

(一)政府财务报告的概念、目标和种类

1. 财务会计报告的概念

财务会计报告是反映政府会计主体某一特定日期的财务状况和某一会计期间的运行情况和现金流量等信息的文件,应当包括财务报表和其他应当在财务报告中披露的相关信息和资料。

2. 财务会计报告的目标

财务报告的目标是向财务报告使用者提供与政府的财务状况、运行情况(含运行成本,下同)和现金流量等有关信息,反映政府会计主体公共受托责任履行情况,有助于财务报告使用者作出决策或者进行监督和管理。政府财务报告使用者包括各级人民代表大会常务委员会、债权人、各级政府及其有关部门、政府会计主体自身和其他利益相关者。

政府财务报告的编制主要以权责发生制为基础,以财务会计核算生成的数据为准。

3. 财务会计报告的种类

(1) 按经济内容分类,政府财务报告包括资产负债表、收入费用表、净资产变动表、现金流量表和附注,简称"四表一注"。

(2) 按编报时间分类,政府财务报表分为月度报表和年度报表。月度报表是反映政府单位截至报告月度的财务状况、运行情况的报表。月度报表要求编制资产负债表和收入费用表。年度报表是全面反映政府单位年度财务状况、运行情况和现金流量的报表。年度报表要求编制资产负债表、收入费用表、净资产变动表、现金流量表和附注。

财务会计报表的经济内容分类和编制时间参见表7-1所示。

表7-1　　　　　　　财务会计报表的经济内容分类和编制时间分类

编号	报表名称	编制期
会政财01表	资产负债表	月度、年度
会政财02表	收入费用表	月度、年度
会政财03表	净资产变动表	年度
会政财04表	现金流量表	年度
	附注	年度

(3) 按编报主体分类,政府财务报告包括政府部门财务报告和政府综合财务报告。政府部门编制部门财务报告,反映本部门的财务状况和运行情况;财政部门编制政府综合财务报告,反映政府整体的财务状况、运行情况和财政中长期可持续性。

(4) 按照编报的级次分类,政府财务报告可分为本级报表和汇总报表。本级报表又称单位报表,是反映各单位预算执行情况和财务状况的报表;汇总报表是各主管部门对所属单位会计报表及本单位会计报表汇总后编制的会计报表。

(二) 财务会计报告编报

1. 政府部门财务报告编报

(1) 清查核实资产负债。各部门、各单位要按照统一要求有计划、有步骤清查核实固定资产、无形资产以及代表政府管理的储备物资、公共基础设施、企业国有资产、应收税款等资产,按规定界定产权归属、开展价值评估;分类清查核实部门负债情况。清查核实后的资产负债统一按规定进行核算和反映。

(2) 编制政府部门财务报告。各单位应在政府会计准则体系和政府财务报告制度框架体系内,按时编制以资产负债表、收入费用表等财务报表为主要内容的财务报告。各部门应合并本部门所属单位的财务报表,编制部门财务报告。

(3) 开展政府部门财务报告审计。部门财务报告应保证报告信息的真实性、完整性及合规性,接受审计。

(4) 报送并公开政府部门财务报告。部门财务报告及其审计报告应报送本级政府财政部门,并按规定向社会公开。

(5) 加强部门财务分析。各部门应充分利用财务报告反映的信息,加强对资产状况债务风险、成本费用、预算执行情况的分析，促进预算管理、资产负债管理和绩效管理有机衔接。

2. 政府综合财务报告编报

（1）清查核实财政直接管理的资产负债。财政部门要清查核实代表政府持有的相关国际组织和企业的出资人权益；代表政府发行的国债、地方政府债券，举借的国际金融组织和外国政府贷款、其他政府债务以及或有债务。清查核实后的资产负债统一按规定进行核算和反映。

（2）编制政府综合财务报告。各级政府财政部门应合并各部门和其他纳入合并范围主体的财务报表，编制以资产负债表、收入费用表等财务报表为主要内容的本级政府综合财务报告。县级以上政府财政部门要合并汇总本级政府综合财务报告和下级政府综合财务报告，编制本行政区政府综合财务报告。

（3）开展政府综合财务报告审计。政府综合财务报告应保证报告信息的真实性、完整性及合规性，接受审计。

（4）报送并公开政府综合财务报告。政府综合财务报告及其审计报告，应依法报送本级人民代表大会常务委员会备案，并按规定向社会公开。

（5）应用政府综合财务报告信息。政府综合财务报告中的相关信息可作为考核地方政府绩效、分析政府财务状况、开展地方政府信用评级、编制全国和地方资产负债表以及制定财政中长期规划和其他相关规划的重要依据。

二、财务会计报告编制前的准备工作

（一）年终清理结算

各政府单位在年度终了前，应根据财政部门或上级主管部门的决算编审工作要求，对各项收支项目、往来款项、货币资金及财产物资进行全面的清理核对，并在此基础上办理年度转账、编制财务会计报告。

年终清理是指对单位全年预算资金收支、其他资金收支活动进行的全面的清查、核对、整理结算的工作，也是单位编报年度决算的重要环节和保证单位决算报表数字准确、真实、完整的一项基础工作。其主要内容如下：

1. 清理核对各项收入和费用

按照权责发生制的要求，凡属于本年的各项收入都应及时入账，凡属于本年的各项费用，应按费用归属期进行摊销和提取，不得推迟和提前。

2. 清理各项往来款项

单位的往来款项，年终前应尽量清理完毕。按照有关规定应当转作各项收入或各项支出的往来款项要及时转入各有关账户，编入本年决算。

3. 清理货币资金

清理货币资金，就要及时与开户银行对账，银行存款的账面余额，要同银行送来的对账单余额核对相符。现金账面余额与库存现金核对相符。有价证券的账面数字，要同实存有价证券的实际情况核对相符。

4. 清理财产物资

年终，应对各项财产物资进行清理盘点。如有盘盈盘亏，要及时分清原因，报请处理，及时调整账面，做到账实相符。

(二) 年终结账

行政单位在年终清理的基础上进行年终结账。年终结账包括年终转账、结算旧账和记入新账三个环节。

1. 年终转账

账目核对无误后，首先计算出各账户借方或贷方的12月份合计数和全年累计数，结出12月末的余额；然后，编制结账前的"资产负债表"，试算平衡；最后，将应对冲结转的各个收支账户的余额按年终冲转办法，填制12月31日的记账凭证，办理结账冲转。

按上述程序转账后，年终，单位的各项收入账户、费用账户、预算收入账户和预算支出账户等科目应无余额，单位应按照结清旧账的方法结束账簿记录。

对年终转账后仍有余额的账户，应按规定程序将余额结转下年。

2. 结清旧账

将转账后无余额的账户结出全年总累计数，然后在下面划双红线，表示本账户全部结清；对年终有余额的账户，在"全年累计数"下行的"摘要"栏内注明"结转下年"字样，再在下面划双红线，表示年终余额转入新账，结束旧账。

3. 记入新账

根据本年度各科目余额，编制"资产负债表"和有关明细表。将表列各科目的年终余额数，不编制记账凭证，直接记入新年度相应的各有关账户的余额栏内，并在摘要栏注明"上年结转"字样，以区别新年度的发生数。

任务二　财务会计报告的编制

一、资产负债表的编制

(一) 资产负债表概念和结构

1. 资产负债表的概念

资产负债表是反映政府单位在某一特定日期的财务状况的报表，它是政府单位最基本、最重要的报表，属于静态报表。资产负债表可以反映政府单位在某一特定日期的全部资产、负债和净资产的情况；某一日期资产的总额及其结构，表明政府单位拥有或控制的资源及其分布情况；某一日期的负债总额及其结构，表明政府单位未来需要用多少资产或劳务清偿债务以及清偿时间；某一日期净资产的总额及其结构，表明政府单位拥有的盈余、专用基金等情况。

资产负债表按编制的时间不同，可分为月度报表和年度报表。

2. 资产负债表的结构

资产负债表按照"资产 = 负债 + 净资产"的平衡公式设置，分为左右两方，左方列示资产各项目，反映资产的分布及存在形态；右方列示负债和净资产各项目，反映负债和净资产的内容及构成情况。资产负债表左右两方平衡，资产总计等于负债和净资产总计。资产负债表中的资产应当分流动资产、非流动资产和受托代理资产列示;负债应当分流动负债、非流动负债和受托代理负债列示。

为了使会计信息使用者通过比较不同时点资产负债表的数据,判断政府单位财务状况变动情况及发展趋势,政府单位需要提供比较资产负债表。由此,资产负债表也就各项目再分为"年初余额"和"期末余额"两栏分别填列,"资产总计"项项目期末(年初)余额应当与"负债和净资产总计"项目期末(年初)余额相等。

资产负债表的基本格式参见表7-3。

(二) 资产负债表的"年初余额"的填列方法

资产负债表中"年初余额"栏内各项数字,应当根据上年年末资产负债表"期末余额"栏内数字填列。如果本年度资产负债表规定的项目的名称和内容同上年度不一致,应当对上年年末资产负债表项目的名称和数字按照本年度的规定进行调整,将调整后数字填入本表"年初余额"栏内。如果本年度单位发生了因前期差错更正、会计政策变更等调整以前年度盈余的事项,还应当对"年初余额"栏中的有关项目金额进行相应调整。

(三) 资产负债表的"期末余额"的填列方法

1. 资产类项目

(1) "货币资金"项目,反映单位期末库存现金、银行存款、零余额账户用款额度、其他货币资金的合计数。本项目应当根据"库存现金""银行存款""零余额账户用款额度""其他货币资金"科目的期末余额的合计数填列;若单位存在通过"库存现金""银行存款"科目核算的受托代理资产还应当按照前述合计数扣减"库存现金""银行存款"科目下"受托代理资产"明细科目的期末余额后的金额填列。

(2) "短期投资"项目,反映事业单位期末持有的短期投资账面余额。本项目应当根据"短期投资"科目的期末余额填列。

(3) "财政应返还额度"项目,反映单位期末财政应返还额度的金额。本项目应当根据"财政应返还额度"科目的期末余额填列。

(4) "应收票据"项目,反映事业单位期末持有的应收票据的票面金额。本项目应当根据"应收票据"科目的期末余额填列。

(5) "应收账款净额"项目,反映单位期末尚未收回的应收账款减去已计提的坏账准备后的净额。本项目应当根据"应收账款"科目的期末余额,减去"坏账准备"科目中对应收账款计提的坏账准备的期末余额后的金额填列。

(6) "预付账款"项目,反映单位期末预付给商品或者劳务供应单位的款项。本项目应当根据"预付账款"科目的期末余额填列。

(7) "应收股利"项目,反映事业单位期末因股权投资而应收取的现金股利或应当分得的利润。本项目应当根据"应收股利"科目的期末余额填列。

(8) "应收利息"项目,反映事业单位期末因债券投资等而应收取的利息。事业单位购入的到期一次还本付息的长期债券投资持有期间应收的利息,不包括在本项目内。本项目应当根据"应收利息"科目的期末余额填列。

(9) "其他应收款净额"项目,反映单位期末尚未收回的其他应收款减去已计提的坏账准备后的净额。本项目应当根据"其他应收款"科目的期末余额减去"坏账准备"科目中对其他应收款计提的坏账准备的期末余额后的金额填列。

（10）"存货"项目，反映单位期末存储的存货的实际成本。本项目应当根据"在途物品""库存物品""加工物品"科目的期末余额的合计数填列。

（11）"待摊费用"项目，反映单位期末已经支出，但应当由本期和以后各期负担的分摊期在1年以内（含1年）的各项费用。本项目应当根据"待摊费用"科目的期末余额填列。

（12）"一年内到期的非流动资产"项目，反映单位期末非流动资产项目中将在1年内（含1年）到期的金额，如事业单位将在1年内（含1年）到期的长期债券投资金额。本项目应当根据"长期债券投资"等科目的明细科目的期末余额分析填列。

（13）"其他流动资产"项目，反映单位期末除本表中上述各项之外的其他流动资产的合计金额。本项目应当根据有关科目期末余额的合计数填列。

（14）"流动资产合计"项目，反映单位期末流动资产的合计数。本项目应当根据本表中"货币资金""短期投资""财政应返还额度""应收票据""应收账款净额""预付账款""应收股利""应收利息""其他应收款净额""存货""待摊费用""一年内到期的非流动资产""其他流动资产"项目金额的合计数填列。

（15）"长期股权投资"项目，反映事业单位期末持有的长期股权投资的账面余额。本项目应当根据"长期股权投资"科目的期末余额填列。

（16）"长期债券投资"项目，反映事业单位期末持有的长期债券投资的账面余额。本项目应当根据"长期债券投资"科目的期末余额减去其中将于1年内（含1年）到期的长期债券投资余额后的金额填列。

（17）"固定资产原值"项目，反映单位期末固定资产的原值。本项目应当根据"固定资产"科目的期末余额填列。

"固定资产累计折旧"项目，反映单位期末固定资产已计提的累计折旧金额。本项目应当根据"固定资产累计折旧"科目的期末余额填列"固定资产净值"项目，反映单位期末固定资产的账面价值。本项目应当根据"固定资产"科目期末余额减去"固定资产累计折旧"科目期末余额后的金额填列。

（18）"工程物资"项目，反映单位期末为在建工程准备的各种物资的实际成本。本项目应当根据"工程物资"科目的期末余额填列。

（19）"在建工程"项目，反映单位期末所有的建设项目工程的实际成本。本项目应当根据"在建工程"科目的期末余额填列。

（20）"无形资产原值"项目，反映单位期末无形资产的原值。本项目应当根据"无形资产"科目的期末余额填列。

"无形资产累计摊销"项目，反映单位期末无形资产已计提的累计摊销金额。本项目应当根据"无形资产累计摊销"科目的期末余额填列。

"无形资产净值"项目，反映单位期末无形资产的账面价值。本项目应当根据"无形资产"科目期末余额减去"无形资产累计摊销"科目期末余额后的金额填列。

（21）"研发支出"项目，反映单位期末正在进行的无形资产开发项目开发阶段发生的累计支出数。本项目应当根据"研发支出"科目的期末余额填列。

（22）"公共基础设施原值"项目，反映单位期末控制的公共基础设施的原值。本项目应当根据"公共基础设施"科目的期末余额填列。

"公共基础设施累计折旧（摊销）"项目，反映单位期末控制的公共基础设施已计提的累计折旧和累计摊销金额。本项目应当根据"公共基础设施累计折旧（摊销）"科目的期末余额填列。

"公共基础设施净值"项目，反映单位期末控制的公共基础设施的账面价值。本项目应当根据"公共基础设施"科目期末余额减去"公共基础设施累计折旧（摊销）"科目期末余额后的金额填列。

（23）"政府储备物资"项目，反映单位期末控制的政府储备物资的实际成本。本项目应当根据"政府储备物资"科目的期末余额填列。

（24）"文物文化资产"项目，反映单位期末控制的文物文化资产的成本。本项目应当根据"文物文化资产"科目的期末余额填列。

（25）"保障性住房原值"项目，反映单位期末控制的保障性住房的原值。本项目应当根据"保障性住房"科目的期末余额填列。

"保障性住房累计折旧"项目，反映单位期末控制的保障性住房已计提的累计折旧金额。本项目应当根据"保障性住房累计折旧"科目的期末余额填列。

"保障性住房净值"项目，反映单位期末控制的保障性住房的账面价值。本项目应当根据"保障性住房"科目期末余额减去"保障性住房累计折旧"科目期末余额后的金额填列。

（26）"长期待摊费用"项目，反映单位期末已经支出，但应由本期和以后各期负担的分摊期限在1年以上（不含1年）的各项费用。本项目应当根据"长期待摊费用"科目的期末余额填列。

（27）"待处理财产损溢"项目，反映单位期末尚未处理完毕的各种资产的净损失或净溢余。本项目应当根据"待处理财产损溢"科目的期末借方余额填列；如"待处理财产损溢"科目期末为贷方余额，以"－"号填列。

（28）"其他非流动资产"项目，反映单位期末除本表中上述各项之外的其他非流动资产的合计数。本项目应当根据有关科目的期末余额合计数填列。

（29）"非流动资产合计"项目，反映单位期末非流动资产的合计数。本项目应当根据本表中"长期股权投资""长期债券投资""固定资产净值""工程物资""在建工程""无形资产净值""研发支出""公共基础设施净值""政府储备物资""文物文化资产""保障性住房净值""长期待摊费用""待处理财产损溢""其他非流动资产"项目金额的合计数填列。

（30）"受托代理资产"项目，反映单位期末受托代理资产的价值。本项目应当根据"受托代理资产"科目的期末余额与"库存现金""银行存款"科目下"受托代理资产"明细科目的期末余额的合计数填列。

（31）"资产总计"项目，反映单位期末资产的合计数。本项目应当根据本表中"流动资产合计""非流动资产合计""受托代理资产"项目金额的合计数填列。

2. 负债类项目

（1）"短期借款"项目，反映事业单位期末短期借款的余额。本项目应当根据"短期借款"科目的期末余额填列。

（2）"应交增值税"项目，反映单位期末应缴未缴的增值税税额。本项目应当根据"应交增值税"科目的期末余额填列；如"应交增值税"科目期末为借方余额，以"-"号填列。

（3）"其他应交税费"项目，反映单位期末应缴未缴的除增值税以外的税费金额。本项目应当根据"其他应交税费"科目的期末余额填列；如"其他应交税费"科目期末为借方余额，以"-"号填列。

（4）"应缴财政款"项目，反映单位期末应当上缴财政但尚未缴纳的款项。本项目应当根据"应缴财政款"科目的期末余额填列。

（5）"应付职工薪酬"项目，反映单位期末按有关规定应付给职工及为职工支付的各种薪酬。本项目应当根据"应付职工薪酬"科目的期末余额填列。

（6）"应付票据"项目，反映事业单位期末应付票据的金额。本项目应当根据"应付票据"科目的期末余额填列。

（7）"应付账款"项目，反映单位期末应当支付但尚未支付的偿还期限在1年以内（含1年）的应付账款的金额。本项目应当根据"应付账款"科目的期末余额填列。

（8）"应付政府补贴款"项目，反映负责发放政府补贴的行政单位期末按照规定应当支付给政府补贴接受者的各种政府补贴款余额。本项目应当根据"应付政府补贴款"科目的期末余额填列。

（9）"应付利息"项目，反映事业单位期末按照合同约定应支付的借款利息。事业单位到期一次还本付息的长期借款利息不包括在本项目内。本项目应当根据"应付利息"科目的期末余额填列。

（10）"预收账款"项目，反映事业单位期末预先收取但尚未确认收入和实际结算的款项余额。本项目应当根据"预收账款"科目的期末余额填列。

（11）"其他应付款"项目，反映单位期末其他各项偿还期限在1年内（含1年）的应付及应收款项余额。本项目应当根据"其他应付款"科目的期末余额填列。

（12）"预提费用"项目，反映单位期末已预先提取的已经发生但尚未支付的各项费用。本项目应当根据"预提费用"科目的期末余额填列。

（13）"一年内到期的非流动负债"项目，反映单位期末将于1年内（含1年）偿还的非流动负债的余额。本项目应当根据"长期应付款""长期借款"等科目的明细科目的期末余额分析填列。

（14）"其他流动负债"项目，反映单位期末除本表中上述各项之外的其他流动负债的合计数。本项目应当根据有关科目的期末余额的合计数填列。

（15）"流动负债合计"项目，反映单位期末流动负债合计数。

本项目应当根据本表"短期借款""应交增值税""其他应交税费""应缴财政款""应付职工薪酬""应付票据""应付账款""应付政府补贴款""应付利息""预收账款""其他应付款""预提费用""一年内到期的非流动负债""其他流动负债"项目金额的合计数填列。

（16）"长期借款"项目，反映事业单位期末长期借款的余额。本项目应当根据"长期借款"科目的期末余额减去其中将于1年内（含1年）到期的长期借款余额后的金额填列。

（17）"长期应付款"项目，反映单位期末长期应付款的余额。本项目应当根据"长期应付款"科目的期末余额减去其中将于1年内（含1年）到期的长期应付款余额后的金额填列。

（18）"预计负债"项目，反映单位期末已确认但尚未偿付的预计负债的余额。本项目应当根据"预计负债"科目的期末余额填列。

（19）"其他非流动负债"项目，反映单位期末除本表中上述各项之外的其他非流动负债的合计数。本项目应当根据有关科目的期末余额合计数填列。

（20）"非流动负债合计"项目，反映单位期末非流动负债合计数。本项目应当根据本表中"长期借款""长期应付款""预计负债""其他非流动负债"项目金额的合计数填列。

（21）"受托代理负债"项目，反映单位期末受托代理负债的金额。本项目应当根据"受托代理负债"科目的期末余额填列。

（22）"负债合计"项目，反映单位期末负债的合计数。本项目应当根据本表中"流动负债合计""非流动负债合计""受托代理负债"项目金额的合计数填列。

3. 净资产类项目

（1）"累计盈余"项目，反映单位期末未分配盈余（或未弥补亏损）以及无偿调拨净资产变动的累计数。本项目应当根据"累计盈余"科目的期末余额填列。

（2）"专用基金"项目，反映事业单位期末累计提取或设置但尚未使用的专用基金余额。本项目应当根据"专用基金"科目的期末余额填列。

（3）"权益法调整"项目，反映事业单位期末在被投资单位除净损益和利润分配以外的所有者权益变动中累积享有的份额。本项目应当根据"权益法调整"科目的期末余额填列。如"权益法调整"科目期末为借方余额，以"－"号填列。

（4）"无偿调拨净资产"项目，反映单位本年度截至报告期期末无偿调入的非现金资产价值扣减无偿调出的非现金资产价值后的净值。本项目仅在月度报表中列示，年度报表中不列示。月度报表中本项目应当根据"无偿调拨净资产"科目的期末余额填列；"无偿调拨净资产"科目期末为借方余额时，以"－"号填列。

（5）"本期盈余"项目，反映单位本年度截至报告期期末实现的累计盈余或亏损。本项目仅在月度报表中列示，年度报表中不列示。月度报表中本项目应当根据"本期盈余"科目的期末余额填列；"本期盈余"科目期末为借方余额时，以"－"号填列。

（6）"净资产合计"项目，反映单位期末净资产合计数。本项目应当根据本表中"累计盈余""专用基金""权益法调整""无偿调拨净资产"[月度报表]、"本期盈余"[月度报表]项目金额的合计数填列。

（7）"负债和净资产总计"项目，应当按照本表中"负债合计""净资产合计"项目金额的合计数填列。

【工作实例7-1】新华机电职业学院2019年12月31日资产、负债及净资产的科目余额表如表7-2所示。

表 7-2　　　　　　　　　　　　　　　　科目余额表

编制单位：新华机电职业学院　　　2019 年 12 月 31 日　　　　　　　　　　　　　单位：元

科目名称	借方金额	科目名称	贷方金额
库存现金	12 000	坏账准备	6 200
银行存款	189 000	其中：应收账款坏账准备	4 500
其他货币资金	45 000	其他应收款坏账准备	1 700
财政应返还额度	128 000	固定资产累计折旧	46 587 000
应收账款	56 000	无形资产累计摊销	208 000
其他应收款	30 900	短期借款	1 800 000
预付账款	12 000	应交增值税	25 000
在途物品	8 000	其他应交税费	12 000
库存物品	24 000	应付职工薪酬	678 000
待摊费用	18 000	应付账款	569 500
固定资产	134 798 000	应付利息	481 900
在建工程	1 568 900	其他应付款	168 000
无形资产	890 000	长期借款	5 890 000
文物文化资产	560 000	其中：一年内到期的长期借款	90 000
长期待摊费用	87 000	受托代理负债	42 000
受托代理资产	42 000	累计盈余	73 532 200
		专用基金	8 469 000
合　　计	138 468 800	合　　计	138 468 800

根据上述资料，编制资产负债表，如表 7-3 所示。

表 7-3　　　　　　　　　　　　　　　　资产负债表

会政财 01 表

编制单位：新华机电职业学院　　　2019 年 12 月 31 日　　　　　　　　　　　　　单位：元

资产	期末余额	年初余额	负债和净资产	期末余额	年初余额
流动资产：			流动负债：		
货币资金	246 000		短期借款	1 800 000	
短期投资			应交增值税	25 000	
财政应返还额度	128 000		其他应交税费	12 000	
应收票据			应缴财政款		
应收账款净额	51 500		应付职工薪酬	678 000	
预付账款	12 000		应付票据		
应收股利			应付账款	569 500	
应收利息			应付政府补贴款		
其他应收款净额	29 200		应付利息	481 900	
存货	32 000		预收账款		

续表

资　产	期末余额	年初余额	负债和净资产	期末余额	年初余额
待摊费用	18 000		其他应付款	168 000	
一年内到期的非流动资产			预提费用		
其他流动资产			一年内到期的非流动负债	90 000	
流动资产合计	516 700		其他流动负债		
非流动资产：			流动负债合计	3 824 400	
长期股权投资			非流动负债：		
长期债券投资			长期借款	5 800 000	
固定资产原值	134 798 000		长期应付款		
减：固定资产累计折旧	46 587 000		预计负债		
固定资产净值	88 211 000		其他非流动负债		
工程物资			非流动负债合计	5 800 000	
在建工程	1 568 900		受托代理负债	42 000	
无形资产	890 000		负债合计	9 666 400	
无形资产净值	682 000				
研发支出					
公共基础设施原值					
减：公共基础设施累计折旧					
公共基础设施净值					
政府储备物资					
文物文化资产	560 000				
保障性住房原值					
减：保障性住房累计折旧			净资产：		
保障性住房净值			累计盈余	73 532 200	
长期待摊费用	87 000		专用基金	8 469 000	
待处理财产损溢			权益法调整		
其他非流动资产			无常调拨净资产*		
非流动资产合计	91 108 900		本期盈余*		
受托代理资产	42 000		净资产合计	82 001 200	
资产总计	91 667 600		负债和净资产总计	91 667 600	

注："*"标识项目为月报项目，年报中不需列示。

二、收入费用表的编制

（一）收入费用表的概念和结构

收入费用表是反映政府会计主体在一定会计期间运行情况的报表。通过收入费用表，可以提供政府单位在某一会计期间内的各项收入实现、费用耗费以及盈余实现情况。收入费用表应当按照收入、费用的构成分项列示，总体反映单位在某一会计期间内发生的收入、费用及当期盈余情况。

收入费用表按编制的时间不同，分为月度报表和年度报表。

（二）收入费用表的结构

收入费用表应当按照本期收入、本期费用和本期盈余分项列示。本期收入列示财政拨款收入、事业收入、上级补助收入、附属单位上缴收入、经营收入、非同级财政拨款收入、投资收益、捐赠收入、利息收入、租金收入和其他收入；本期费用列示业务活动费用、单位管理费用、经营费用、资产处置费用、上缴上级费用、对附属单位补助费用、所得税费用和其他费用。本期盈余是本期收入减去本期费用后的差额。

月度收入费用表各项目分别按"本月数"和"本年累计数"填列。年度收入费用表各项则分为"本年数"和"上年数"两栏填列，其目的在于使报表使用者通过比较不同时期的盈余的实现情况，判断政府单位运行情况的未来发展趋势。

收入费用表"本月数"栏反映各项目的本月实际发生数，编制年度收入费用表时应当将本栏改为"本年数"，反映本年度各项目的实际发生数；"本年累计数"栏反映各项目自年初至报告期期末的累计实际发生数，编制年度收入费用表时，应当将本栏改为"上年数"，反映上年度各项目的实际发生数，"上年数"栏应当根据上年度收入费用表中"本年数"栏内所列数字填列。如果本年度收入费用表规定的项目的名称和内容同上年度不一致，应当对上年度收入费用表项目的名称和数字按照本年度的规定进行调整，将调整后的金额填入本年度收入费用表的"上年数"栏内。如果本年度单位发生了因前期差错更正、会计政策变更等调整以前年度盈余的事项，还应当对年度收入费用表中"上年数"栏中的有关项目金额进行相应调整。

收入费用表的基本格式参见表7-5所示。

（三）收入费用表的"本月数"的填列方法

1. 本期收入

（1）"本期收入"项目，反映单位本期收入总额。本项目应当根据本表中"财政拨款收入""事业收入""上级补助收入""附属单位上缴收入""经营收入""非同级财政拨款收入""投资收益""捐赠收入""利息收入""租金收入""其他收入"项目金额的合计数填列。

（2）"财政拨款收入"项目，反映单位本期从同级政府财政部门取得的各类财政拨款。本项目应当根据"财政拨款收入"科目的本期发生额填列。

"政府性基金收入"项目，反映单位本期取得的财政拨款收入中属于政府性基金预算拨款的金额。本项目应当根据"财政拨款收入"相关明细科目的本期发生额填列。

（3）"事业收入"项目，反映事业单位本期开展专业业务活动及其辅助活动实现的收入。本项目应当根据"事业收入"科目的本期发生额填列。

（4）"上级补助收入"项目，反映事业单位本期从主管部门和上级单位收到或应收的非财政拨款收入。本项目应当根据"上级补助收入"科目的本期发生额填列。

（5）"附属单位上缴收入"项目，反映事业单位本期收到或应收的独立核算的附属单位按照有关规定上缴的收入。本项目应当根据"附属单位上缴收入"科目的本期发生额填列。

（6）"经营收入"项目，反映事业单位本期在专业业务活动及其辅助活动之外开展非独立核算经营活动实现的收入。本项目应当根据"经营收入"科目的本期发生额填列。

（7）"非同级财政拨款收入"项目，反映单位本期从非同级政府财政部门取得的财政拨款，不包括事业单位因开展科研及其辅助活动从非同级财政部门取得的经费拨款。本项目应当根据"非同级财政拨款收入"科目的本期发生额填列。

（8）"投资收益"项目，反映事业单位本期股权投资和债券投资所实现的收益或发生的损失。本项目应当根据"投资收益"科目的本期发生额填列；如为投资净损失，以"－"号填列。

（9）"捐赠收入"项目，反映单位本期接受捐赠取得的收入。本项目应当根据"捐赠收入"科目的本期发生额填列。

（10）"利息收入"项目，反映单位本期取得的银行存款利息收入。本项目应当根据"利息收入"科目的本期发生额填列。

（11）"租金收入"项目，反映单位本期经批准利用国有资产出租取得并按规定纳入本单位预算管理的租金收入。本项目应当根据"租金收入"科目的本期发生额填列。

（12）"其他收入"项目，反映单位本期取得的除以上收入项目外的其他收入的总额。本项目应当根据"其他收入"科目的本期发生额填列。

2. 本期费用

（1）"本期费用"项目，反映单位本期费用总额。本项目应当根据本表中"业务活动费用""单位管理费用""经营费用""资产处置费用""上缴上级费用""对附属单位补助费用""所得税费用"和"其他费用"项目金额的合计数填列。

（2）"业务活动费用"项目，反映单位本期为实现其职能目标，依法履职或开展专业业务活动及其辅助活动所发生的各项费用。本项目应当根据"业务活动费用"科目本期发生额填列。

（3）"单位管理费用"项目，反映事业单位本期本级行政及后勤管理部门开展管理活动发生的各项费用，以及由单位统一负担的离退休人员经费、工会经费、诉讼费、中介费等。本项目应当根据"单位管理费用"科目的本期发生额填列。

（4）"经营费用"项目，反映事业单位本期在专业业务活动及其辅助活动之外开展非独立核算经营活动发生的各项费用。本项目应当根据"经营费用"科目的本期发生额填列。

（5）"资产处置费用"项目，反映单位本期经批准处置资产时转销的资产价值以及在处置过程中发生的相关费用或者处置收入小于处置费用形成的净支出。本项目应当根据"资产处置费用"科目的本期发生额填列。

（6）"上缴上级费用"项目，反映事业单位按照规定上缴上级单位款项发生的费用。本项目应当根据"上缴上级费用"科目的本期发生额填列。

（7）"对附属单位补助费用"项目，反映事业单位用财政拨款收入之外的收入对附属单位补助发生的费用。本项目应当根据"对附属单位补助费用"科目的本期发生额填列。

（8）"所得税费用"项目，反映有企业所得税缴纳义务的事业单位本期计算应交纳的企业所得税。本项目应当根据"所得税费用"科目的本期发生额填列。

（9）"其他费用"项目，反映单位本期发生的除以上费用项目外的其他费用的总额。本项目应当根据"其他费用"科目的本期发生额填列。

3. 本期盈余

（1）"本期盈余"项目，反映单位本期收入扣除本期费用后的净额。本项目应当根据本表中"本期收入"项目金额减去"本期费用"项目金额后的金额填列；如为负数，以"－"号填列。

【工作实例 7－2】新华机电职业学院 2018 年有关收入和费用的本年累计发生额如表 7－4 所示。

表 7－4　　　　　新华机电职业学院 2018 年有关收入和费用的本年累计发生额　　　单位：元

收入科目名称	贷方发生额	费用科目名称	借方发生额
财政拨款收入	242 600 000	业务活动费用	318 423 000
事业收入	189 908 000	单位管理费用	82 500 000
上级补助收入	500 000	经营费用	515 900
附属单位上缴收入	850 000	资产处置费用	23 890
经营收入	780 000	上缴上级费用	245 600
非同级财政拨款收入	912 000	对附属单位补助费用	180 000
投资收益	56 000	所得税费用	28 000
捐赠收入	88 000	其他费用	35 700
利息收入	23 000		
租金收入	156 900		
其他收入	22 100		

（2）根据上述资料，编制收入费用表如表 7－5 所示。

表 7－5　　　　　　　　　　　　　　收入费用表

会政财 02 表

编制单位：新华机电职业学院　　　　　2019 年　　　　　　　　　　　　单位：元

项　目	本年数	上年数（略）
一、本期收入	435 896 000	
（一）财政拨款收入	242 600 000	
其中：政府性基金收入		
（二）事业收入	189 908 000	
（三）上级补助收入	500 000	
（四）附属单位上缴收入	850 000	
（五）经营收入	780 000	
（六）非同级财政拨款收入	912 000	
（七）投资收益	56 000	
（八）捐赠收入	88 000	
（九）利息收入	23 000	
（十）租金收入	156 900	

续表

项　目	本年数	上年数（略）
（十一）其他收入	22 100	
二、本期费用	401 952 090	
（一）业务活动费用	318 423 000	
（二）单位管理费用	82 500 000	
（三）经营费用	515 900	
（四）资产处置费用	23 890	
（五）上缴上级费用	245 600	
（六）对附属单位补助费用	180 000	
（七）所得税费用	28 000	
（八）其他费用	35 700	
三、本期盈余	33 943 910	

三、净资产变动表的编制

(一) 净资产变动表的概念和结构

净资产变动表是反映政府会计主体在某一会计年度内净资产项目的变动情况。通过净资产变动表，可以提供政府单位在某一会计期间内的累计盈余、专用基金、权益法调整以及净资产合计的情况。

净资产变动表分别横向和纵向按照不同项目列示，横向按照累计盈余、专用基金、权益法调整以及净资产合计分项列示；纵向按照上年年末余额、以前年度盈余调整、本年年初余额、本年变动金额和本年年末余额分项列示。

此外，为了使报表使用者通过比较不同年度净资产变动表的数据，掌握政府单位净资产各项目变动情况及发展趋势，政府单位需要提供比较净资产变动表，净资产变动表还就各项目再分为"本年数"和"上年数"两栏分别填列。

净资产变动表的格式如表7-6所示。

(二) 净资产变动表的编制方法

1. "上年数"栏填列方法

本表"上年数"栏反映上年度各项目的实际变动数，应当根据上年度净资产变动表中"本年数"栏内所列数字填列。如果上年度净资产变动表规定的项目的名称和内容与本年度不一致，应对上年度净资产变动表项目的名称和数字按照本年度的规定进行调整，将调整后金额填入本年度净资产变动表"上年数"栏内。

2. "本年数"栏各项目的内容和填列方法

(1) "上年年末余额"行，反映单位净资产各项目上年年末的余额。本行各项目应当根据"累计盈余""专用基金""权益法调整"科目上年年末余额填列。

(2) "以前年度盈余调整"行，反映单位本年度调整以前年度盈余的事项对累计盈余进行调整的金额。本行"累计盈余"项目应当根据本年度"以前年度盈余调整"科目转入

"累计盈余"科目的金额填列，如调整减少累计盈余，以"-"号填列。

（3）"本年年初余额"行，反映经过以前年度盈余调整后，单位净资产各项目的本年年初余额。本行"累计盈余""专用基金""权益法调整"项目应当根据其各自在"上年年末余额"和"以前年度盈余调整"行对应项目金额的合计数填列。

（4）"本年变动金额"行，反映单位净资产各项目本年变动总金额。本行"累计盈余""专用基金""权益法调整"项目应当根据其各自在"本年盈余""无偿调拨净资产""归集调整预算结转结余""提取或设置专用基金""使用专用基金""权益法调整"行对应项目金额的合计数填列。

（5）"本年盈余"行，反映单位本年发生的收入、费用对净资产的影响。本行"累计盈余"项目应当根据年末由"本期盈余"科目转入"本年盈余分配"科目的金额填列；如转入时借记"本年盈余分配"科目，则以"-"号填列。

（6）"无偿调拨净资产"行，反映单位本年无偿调入、调出非现金资产事项对净资产的影响。本行"累计盈余"项目应当根据年末由"无偿调拨净资产"科目转入"累计盈余"科目的金额填列；如转入时借记"累计盈余"科目，则以"-"号填列。

（7）"归集调整预算结转结余"行，反映单位本年财政拨款结转结余资金归集调入、归集上缴或调出，以及非财政拨款结转资金缴回对净资产的影响。本行"累计盈余"项目应当根据"累计盈余"科目明细账记录分析填列；如归集调整减少预算结转结余，则以"-"号填列。

（8）"提取或设置专用基金"行，反映单位本年提取或设置专用基金对净资产的影响。本行"累计盈余"项目应当根据"从预算结余中提取"行"累计盈余"项目的金额填列。本行"专用基金"项目应当根据"从预算收入中提取""从预算结余中提取""设置的专用基金"行"专用基金"项目金额的合计数填列。"从预算收入中提取"行，反映单位本年从预算收入中提取专用基金对净资产的影响。本行"专用基金"项目应当通过对"专用基金"科目明细账记录的分析，根据本年按有关规定从预算收入中提取基金的金额填列。

"从预算结余中提取"行，反映单位本年根据有关规定从本年度非财政拨款结余或经营结余中提取专用基金对净资产的影响。本行"累计盈余""专用基金"项目应当通过对"专用基金"科目明细账记录的分析，根据本年按有关规定从本年度非财政拨款结余或经营结余中提取专用基金的金额填列；本行"累计盈余"项目以"-"号填列。

"设置的专用基金"行，反映单位本年根据有关规定设置的其他专用基金对净资产的影响。本行"专用基金"项目应当通过对"专用基金"科目明细账记录的分析，根据本年按有关规定设置的其他专用基金的金额填列。

（9）"使用专用基金"行，反映单位本年按规定使用专用基金对净资产的影响。本行"累计盈余""专用基金"项目应当通过对"专用基金"科目明细账记录的分析，根据本年按规定使用专用基金的金额填列；本行"专用基金"项目以"-"号填列。

（10）"权益法调整"行，反映单位本年按照被投资单位除净损益和利润分配以外的所有者权益变动份额而调整长期股权投资账面余额对净资产的影响。本行"权益法调整"项目应当根据"权益法调整"科目本年发生额填列；若本年净发生额为借方时，以"-"号填列。

（11）"本年年末余额"行，反映单位本年各净资产项目的年末余额。本行"累计盈余""专用基金""权益法调整"项目应当根据其各自在"本年年初余额""本年变动金额"行对应项目金额的合计数填列。

（12）本表各行"净资产合计"项目，应当根据所在行"累计盈余专用基金""权益法调整"项目金额的合计数填列。

【工作实例 7-3】 沿用工作实例 7-1 和 7-2 的资料，新华机电职业学院 2018 年的其他资料为：

（1）从非财政拨款结余中提取职工福利基金 1 465 000 元。

（2）本年度从职工福利基金中支取 980 000 元用于职工集体福利设施支出。

（3）从本年事业预算收入和经营结余中提取科技成果转换基金 2 555 000 元。

（4）年末结转前"以前年度损益调整"科目余额 480 000 元。

（5）"无偿调拨净资产"科目余额 420 000 元。

（6）本年从其他单位调入财政拨款结转资金 200 000 元。

（7）调出财政拨款结转 70 000 元。

（8）上缴财政拨款结转和财政拨款结余分别为 100 000 元和 62 000 元。

（9）上年年末"累计盈余"金额为 39 588 290 元。

（10）上年年末"专用基金"金额为 6 894 000 元。

根据上述资料，编制新华机电职业学院 2018 年净资产变动表，如表 7-6 所示。

表 7-6　　　　　　　　　　　　净资产变动表　　　　　　　　　　　　会政财 03 表

编制单位：新华机电职业学院　　　　　　　2019 年　　　　　　　　　　　　单位：元

项　目	本年数				上年数（略）			
	累计盈余	专用基金	权益法调整	净资产合计	累计盈余	专用基金	权益法调整	净资产合计
一、上年年末余额	39 205 290	5 429 000		44 634 290				
二、以前年度盈余调整（减少以"-"号填列）	480 000	—	—	480 000				
三、本年年初余额	39 685 290	5 429 000		45 114 290				
四、本年变动金额（减少以"-"号填列）	33 846 910	3 040 000		36 886 910				
（一）本年盈余	33 943 910	—	—	33 943 910		—	—	
（二）无常调拨净资产	420 000	—	—	420 000				
（三）归集调整预算结转结余	-32 000	—	—	-32 000				
（四）提取或设置专用基金	-1 465 000	4 020 000	—	2 555 000				
其中：从预算收入中提取	—	2 555 000	—	2 555 000	—			

续表

项 目	本年数				上年数（略）			
	累计盈余	专用基金	权益法调整	净资产合计	累计盈余	专用基金	权益法调整	净资产合计
从预算结余中提取	-1 465 000	1 465 000	—			—		
设置的专用基金	—	—	—		—	—		
（五）使用专用基金	980 000	-980 000				—		
（六）权益法调整	—	—			—	—		
五、本年年末余额	73 532 200	8 469 000		82 001 200				

四、现金流量表的编制

（一）现金流量表的概念和内容

现金流量表反映单位在某一会计年度内现金流入和流出的信息报表，是政府单位主要会计报表之一。政府单位现金流量表只编制年度报表。

现金流量表是反映政府单位在一定会计期间现金及现金等价物流入和流出情况的。

现金流量表，按照收付实现制编制，将权责发生制下的盈余信息调整为收付实现制下的现金流量信息，便于信息使用者了解政府单位盈余的质量。从内容上看，现金流量表被划分为日常活动、投资活动、筹资活动三个部分，每类活动又分为各具体项目，这些项目从不同角度反映政府单位业务活动的现金流入和流出，弥补了资产负债表和收入费用表提供信息的不足。通过现金流量表，报表使用者能够了解现金流量的影响因素，可以评价政府单位的支付能力和偿债能力，为其决策提供依据。

（二）现金流量表的结构

在现金流量表中，现金是指政府单位的库存现金以及其他可以随时用于支付的款项，包括库存现金、可以随时用于支付的银行存款、其他货币资金、零余额账户用款额度、财政应返还额度，以及通过财政直接支付方式支付的款项；现金流量是指现金的流入和流出。根据政府单位业务活动性质和现金流量来源，现金流量在结构上将政府单位一定期间产生的现金流量分为三类：日常活动产生的现金流量、投资活动产生的现金流量和筹资活动产生的现金流量。

为了使报表使用者通过比较不同年度现金流量变动表的数据，掌握政府单位各类现金流量及其各项目变动情况及发展趋势，政府单位需要提供比较现金流量，现金流量和各项目再分为"本年金额"和"上年金额"两栏分别填列。其中，"本年金额"栏反映各项目的本年实际发生数，"上年金额"栏反映各项目的上年实际发生数，应当根据上年现金流量表中"本年金额"栏内所列数字填列。

政府单位现金流量表应当采用直接法编制。按照《政府单位会计制度》的规定，政府单位可根据实际情况自行选择编制现金流量表。

现金流量表的基本格式如表 7-7 所示。

表 7-7　　　　　　　　　　　　　　现金流量表

会政财 04 表

编制单位：　　　　　　　　　　　　　　　年　　　　　　　　　　　　　　　　单位：元

项　目	本年金额	上年金额
一、日常活动产生的现金流量：		
财政基本支出拨款收到的现金		
财政非资本性项目拨款收到的现金		
事业活动收到的除财政拨款以外的现金		
收到的其他与日常活动有关的现金		
日常活动的现金流入小计		
购买商品、接受劳务支付的现金		
支付给职工以及为职工支付的现金		
支付的各项税费		
支付的其他与日常活动有关的现金		
日常活动的现金流出小计		
日常活动产生的现金流量净额		
二、投资活动产生的现金流量：		
收回投资收到的现金		
取得投资收益收到的现金		
处置固定资产、无形资产、公共基础设施等收回的现金净额		
收到的其他与投资活动有关的现金		
投资活动的现金流入小计		
购建固定资产、无形资产、公共基础设施等支付的现金		
对外投资支付的现金		
上缴处置固定资产、无形资产、公共基础设施等净收入支付的现金		
支付的其他与投资活动有关的现金		
投资活动的现金流出小计		
投资活动产生的现金流量净额		
三、筹资活动产生的现金流量：		
财政资本性项目拨款收到的现金		
取得借款收到的现金		
收到的其他与筹资活动有关的现金		
筹资活动的现金流入小计		
偿还借款支付的现金		
偿还利息支付的现金		
支付的其他与筹资活动有关的现金		
筹资活动的现金流出小计		
筹资活动产生的现金流量净额		
四、汇率变动对现金的影响额		

（三）现金流量表的"本年金额"的填列方法

1. 日常活动产生的现金流量

（1）"财政基本支出拨款收到的现金"项目，反映单位本年接受财政基本支出拨款取得的现金。本项目应当根据"零余额账户用款额度""财政拨款收入""银行存款"等科目及其所属明细科目的记录分析填列。

（2）"财政非资本性项目拨款收到的现金"项目，反映单位本年接受除用于购建固定资产、无形资产、公共基础设施等资本性项目以外的财政项目拨款取得的现金。本项目应当根据"银行存款""零余额账户用款额度""财政拨款收入"等科目及其所属明细科目的记录分析填列。

（3）"事业活动收到的除财政拨款以外的现金"项目，反映事业单位本年开展专业业务活动及其辅助活动取得的除财政拨款以外的现金。本项目应当根据"库存现金""银行存款""其他货币资金""应收账款""应收票据""预收账款""事业收入"等科目及其所属明细科目的记录分析填列。

（4）"收到的其他与日常活动有关的现金"项目，反映单位本年收到的除以上项目之外的与日常活动有关的现金。本项目应当根据"库存现金""银行存款""其他货币资金""上级补助收入""附属单位上缴收入""经营收入""非同级财政拨款收入""捐赠收入""利息收入""租金收入""其他收入"等科目及其所属明细科目的记录分析填列。

（5）"日常活动的现金流入小计"项目，反映单位本年日常活动产生的现金流入的合计数。本项目应当根据本表中"财政基本支出拨款收到的现金""财政非资本性项目拨款收到的现金""事业活动收到的除财政拨款以外的现金""收到的其他与日常活动有关的现金"项目金额的合计数填列。

（6）"购买商品、接受劳务支付的现金"项目，反映单位本年在日常活动中用于购买商品、接受劳务支付的现金。本项目应当根据"库存现金""银行存款""财政拨款收入""零余额账户用款额度""预付账款""在途物品""库存物品""应付账款""应付票据""业务活动费用""单位管理费用""经营费用"等科目及其所属明细科目的记录分析填列。

（7）"支付给职工以及为职工支付的现金"项目，反映单位本年支付给职工以及为职工支付的现金。本项目应当根据"库存现金""银行存款""零余额账户用款额度""财政拨款收入""应付职工薪酬""业务活动费用""单位管理费用""经营费用"等科目及其所属明细科目的记录分析填列。

（8）"支付的各项税费"项目，反映单位本年用于缴纳日常活动相关税费而支付的现金。本项目应当根据"库存现金""银行存款""零余额账户用款额度""应交增值税""其他应交税费""业务活动费用""单位管理费用""经营费用""所得税费用"等科目及其所属明细科目的记录分析填列。

（9）"支付的其他与日常活动有关的现金"项目，反映单位本年支付的除上述项目之外与日常活动有关的现金。本项目应当根据"库存现金""银行存款""零余额账户用款额度""财政拨款收入""其他应付款""业务活动费用""单位管理费用""经营费用""其他费用"等科目及其所属明细科目的记录分析填列。

（10）"日常活动的现金流出小计"项目，反映单位本年日常活动产生的现金流出的合计数。本项目应当根据本表中"购买商品、接受劳务支付的现金""支付给职工以及为职工支付的现金""支付的各项税费""支付的其他与日常活动有关的现金"项目金额的合计数填列。

(11)"日常活动产生的现金流量净额"项目，应当按照本表中"日常活动的现金流入小计"项目金额减去"日常活动的现金流出小计"项目金额后的金额填列；如为负数，以"-"号填列。

2. 投资活动产生的现金流量

(1)"收回投资收到的现金"项目，反映单位本年出售、转让或者收回投资收到的现金。本项目应该根据"库存现金""银行存款""短期投资""长期股权投资""长期债券投资"等科目的记录分析填列。

(2)"取得投资收益收到的现金"项目，反映单位本年因对外投资而收到被投资单位分配的股利或利润，以及收到投资利息而取得的现金。本项目应当根据"库存现金""银行存款""应收股利""应收利息""投资收益"等科目的记录分析填列。

(3)"处置固定资产、无形资产、公共基础设施等收回的现金净额"项目，反映单位本年处置固定资产、无形资产、公共基础设施等非流动资产所取得的现金，减去为处置这些资产而支付的有关费用之后的净额。由于自然灾害所造成的固定资产等长期资产损失而收到的保险赔款收入，也在本项目反映。本项目应当根据"库存现金""银行存款""待处理财产损溢"等科目的记录分析填列。

(4)"收到的其他与投资活动有关的现金"项目，反映单位本年收到的除上述项目之外与投资活动有关的现金。对于金额较大的现金流入，应当单列项目反映。本项目应当根据"库存现金""银行存款"等有关科目的记录分析填列。

(5)"投资活动的现金流入小计"项目，反映单位本年投资活动产生的现金流入的合计数。本项目应当根据本表中"收回投资收到的现金""取得投资收益收到的现金""处置固定资产、无形资产、公共基础设施等收回的现金净额""收到的其他与投资活动有关的现金"项目金额的合计数填列。

(6)"购建固定资产、无形资产、公共基础设施等支付的现金"项目，反映单位本年购买和建造固定资产、无形资产、公共基础设施等非流动资产所支付的现金；融资租入固定资产支付的租赁费不在本项目反映，在筹资活动的现金流量中反映。本项目应当根据"库存现金""银行存款""固定资产""工程物资""在建工程""无形资产""研发支出""公共基础设施""保障性住房"等科目的记录分析填列。

(7)"对外投资支付的现金"项目，反映单位本年为取得短期投资、长期股权投资、长期债券投资而支付的现金。本项目应当根据"库存现金""银行存款""短期投资""长期股权投资""长期债券投资"等科目的记录分析填列。

(8)"上缴处置固定资产、无形资产、公共基础设施等净收入支付的现金"项目，反映本年单位将处置固定资产、无形资产、公共基础设施等非流动资产所收回的现金净额予以上缴财政所支付的现金。本项目应当根据"库存现金""银行存款""应缴财政款"等科目的记录分析填列。

(9)"支付的其他与投资活动有关的现金"项目，反映单位本年支付的除上述项目之外与投资活动有关的现金。对于金额较大的现金流出，应当单列项目反映。本项目应当根据

"库存现金""银行存款"等有关科目的记录分析填列。

（10）"投资活动的现金流出小计"项目，反映单位本年投资活动产生的现金流出的合计数。本项目应当根据本表中"购建固定资产无形资产、公共基础设施等支付的现金""对外投资支付的现金""上缴处置固定资产、无形资产、公共基础设施等净收入支付的现金""支付的其他与投资活动有关的现金"项目金额的合计数填列。

（11）"投资活动产生的现金流量净额"项目，应当按照本表中投资活动的现金流入小计"项目金额减去"投资活动的现金流出小计"项目金额后的金额填列；如为负数，以"－"号填列。

3. 筹资活动产生的现金流量

（1）"财政资本性项目拨款收到的现金"项目，反映单位本年接受用于购建固定资产、无形资产、公共基础设施等资本性项目的财政项目拨款取得的现金。本项目应当根据"银行存款""零余额账户用款额度""财政拨款收入"等科目及其所属明细科目的记录分析填列。

（2）"取得借款收到的现金"项目，反映事业单位本年举借短期、长期借款所收到的现金。本项目应当根据"库存现金""银行存款""短期借款""长期借款"等科目记录分析填列。

（3）"收到的其他与筹资活动有关的现金"项目，反映单位本年收到的除上述项目之外与筹资活动有关的现金。对于金额较大的现金流入，应当单列项目反映。本项目应当根据"库存现金""银行存款"等有关科目的记录分析填列。

（4）"筹资活动的现金流入小计"项目，反映单位本年筹资活动产生的现金流入的合计数。本项目应当根据本表中"财政资本性项目拨款收到的现金""取得借款收到的现金""收到的其他与筹资活动有关的现金"项目金额的合计数填列。

（5）"偿还借款支付的现金"项目，反映事业单位本年偿还借款本金所支付的现金。本项目应当根据"库存现金""银行存款""短期借款""长期借款"等科目的记录分析填列。

（6）"偿付利息支付的现金"项目，反映事业单位本年支付的借款利息等。本项目应当根据"库存现金""银行存款""应付利息""长期借款"等科目的记录分析填列。

（7）"支付的其他与筹资活动有关的现金"项目，反映单位本年支付的除上述项目之外与筹资活动有关的现金，如融资租入固定资产所支付的租赁费。本项目应当根据"库存现金""银行存款""长期应付款"等科目的记录分析填列。

（8）"筹资活动的现金流出小计"项目，反映单位本年筹资活动产生的现金流出的合计数。本项目应当根据本表中"偿还借款支付的现金""偿付利息支付的现金""支付的其他与筹资活动有关的现金"项目金额的合计数填列。

（9）"筹资活动产生的现金流量净额"项目，应当按照本表中"筹资活动的现金流入小计"项目金额减去"筹资活动的现金流出小计"金额后的金额填列；如为负数，以"－"号填列。

4. "汇率变动对现金的影响额"项目

"汇率变动对现金的影响额"项目，反映单位本年外币现金流量折算为人民币时，所采用的现金流量发生日的汇率折算的人民币金额与外币现金流量净额按期末汇率折算的人民币金额之间的差额。

5. "现金净增加额"项目

"现金净增加额"项目,反映单位本年现金变动的净额。本项目应当根据本表中"日常活动产生的现金流量净额""投资活动产生的现金流量净额""筹资活动产生的现金流量净额"和"汇率变动对现金的影响额"项目金额的合计数填列;如为负数,以"-"号填列。

五、附注

附注是对在会计报表中列示的项目所作的进一步说明,以及对未能在会计报表中列示项目的说明。附注是财务报表的重要组成部分。凡对报表使用者的决策有重要影响的会计信息,不论《政府单位会计制度》是否有明确规定,单位均应当充分披露。附注要包括下列内容:

(一)单位的基本情况

政府单位应当简要披露其基本情况,包括单位主要职能、主要业务活动、所在地预算管理关系等。

(二)会计报表编制基础

财务报表的编制基础是指财务报表是在持续运行基础上还是非持续运行基础上编制的。行政事业单位一般是在持续运行基础上编制财务报表,清算、破产属于非持续运行基础。

(三)遵循政府会计准则、制度的声明

行政事业单位应当声明编制的财务会计报告符合政府会计准则的要求,真实、完整地反映了行政事业单位的财务状况、运行情况和现金流量等有关信息。

(四)重要会计政策和会计估计

政府单位应当采用与其业务特点相适应的具体会计政策,并充分披露报告期内采用的重要会计政策和会计估计。主要包括以下内容:

(1)会计期间。
(2)记账本位币,外币折算汇率。
(3)坏账准备的计提方法。
(4)存货类别、发出存货的计价方法、存货的盘存制度,以及低值易耗品和包装物的摊销方法。
(5)长期股权投资的核算方法。
(6)固定资产分类、折旧方法、折旧年限和年折旧率;融资租入固定资产的计价和折旧方法。
(7)无形资产的计价方法;使用寿命有限的无形资产,其使用寿命估计情况;使用寿命不确定的无形资产,其使用寿命不确定的判断依据;单位内部研究开发项目划分研究阶段和开发阶段的具体标准。
(8)公共基础设施的分类、折旧(摊销)方法、折旧(摊销)年限,以及其确定依据。
(9)政府储备物资分类,以及确定其发出成本所采用的方法。

（10）保障性住房的分类、折旧方法、折旧年限。

（11）其他重要的会计政策和会计估计。

（12）本期发生重要会计政策和会计估计变更的，变更的内容和原因、受其重要影响的报表项目名称和金额、相关审批程序，以及会计估计变更开始适用的时点。

（五）会计报表重要项目说明

政府单位应当按照资产负债表和收入费用表项目列示顺序，采用文字和数据描述相结合的方式披露重要项目的明细信息。报表重要项目的明细金额合计，应当与报表项目金额相衔接。报表重要项目说明应包括但不限于下列内容。

1. 货币资金的披露格式

见表7-8。

表7-8　　　　　　　　　　　　　　货币资金的披露格式

项　目	期末余额	年初余额
库存现金		
银行存款		
其他货币资金		
合　计		

2. 应收账款按照债务人类别的披露格式

见表7-9。

表7-9　　　　　　　　　　　应收账款按照债务人类别的披露格式

债务人类别	期末余额	年初余额
政府会计主体：		
部门内部单位		
单位1		
……		
部门外部单位		
单位1		
……		
其他：		
单位1		
……		
合　计		

注：1. "部门内部单位"是指纳入单位所属部门财务报告合并范围的单位（下同）。

2. 有应收票据、预付账款、其他应收款的，可比照应收账款进行披露。

3. 存货的披露格式

见表7-10。

表 7 – 10　　　　　　　　　　　存货的披露格式

存货种类	期末余额	年初余额
1.		
……		
合　计		

4. 其他流动资产的披露格式

见表 7 – 11。

表 7 – 11　　　　　　　　　其他流动资产的披露格式

项　目	期末余额	年初余额
1.		
……		
合　计		

注：有长期待摊费用、其他流动资产的，可比照其他流动资产进行披露。

5. 长期投资

（1）长期债券投资的披露格式如表 7 – 12 所示：

表 7 – 12

债券发行主体	年初余额	本期增加额	本期减少额	期末余额
1.				
……				
合　计				

注：有短期投资的，可比照长期债券投资进行披露。

（2）长期股权投资的披露格式如表 7 – 13 所示：

表 7 – 13

被投资单位	核算方法	年初余额	本期增加额	本期减少额	期末余额
1.					
……					
合　计					

（3）当期发生的重大投资损益项目、金额及原因。

6. 固定资产

（1）固定资产的披露格式如表 7 – 14 所示：

表 7 – 14

项　目	年初余额	本期增加额	本期减少额	期末余额
一、原值合计				
其中：房屋及建筑物				
通用设备				

续表

项 目	年初余额	本期增加额	本期减少额	期末余额
专用设备				
文物和陈列品				
图书、档案				
家具、用具、装具及动植物				
二、累计折旧合计				
其中：房屋及建筑物				
通用设备				
专用设备				
家具、用具、装具				
三、账面价值合计				
其中：房屋及建筑物				
通用设备				
专用设备				
文物和陈列品				
图书、档案				
家具、用具、装具及动植物				

（2）已提足折旧的固定资产名称、数量等情况。

（3）出租、出借固定资产以及固定资产对外投资等情况。

7. 在建工程的披露格式

在建工程的披露格式如表 7-15 所示。

表 7-15

项 目	年初余额	本期增加额	本期减少额	期末余额
1.				
……				
合 计				

8. 无形资产

（1）各类无形资产的披露格式如表 7-16 所示：

表 7-16

项 目	年初余额	本期增加额	本期减少额	期末余额
一、原值合计				
1.				
……				

续表

项　目	年初余额	本期增加额	本期减少额	期末余额
二、累计摊销合计				
1.				
……				
三、账面价值合计				
1.				
……				

（2）计入当期损益的研发支出金额、确认为无形资产的研发支出金额。

（3）无形资产出售、对外投资等处置情况。

9. 公共基础设施

（1）公共基础设施的披露格式如表 7-17 所示：

表 7-17

项　目	年初余额	本期增加额	本期减少额	期末余额
原值合计				
市政基础设施				
1.				
……				
累计摊销合计				
市政基础设施				
1.				
……				
账面价值合计				
市政基础设施				
1.				
……				

（2）确认为公共基础设施的单独计价入账的土地使用权的账面余额、累计摊销额及变动情况。

（3）已提足折旧继续使用的公共基础设施的名称、数量等。

10. 政府储备物资的披露格式

政府储备物资的披露格式如表 7-18 所示。

表 7-18

物资类别	年初余额	本期增加额	本期减少额	期末余额
1.				
……				
合　计				

注：如单位有动用而发出需要收回或者预期可能收回、但期末尚未收回的政府储备物资，应当单独披露其期末账面金额。

11. 受托代理资产的披露格式

受托代理资产的披露格式如表 7-19 所示。

表 7-19

物资类别	年初余额	本期增加额	本期减少额	期末余额
货币资金				
受托转赠物资				
受托存储保管物资				
罚没物资				
其他				
合　计				

12. 应付账款按照债权人类别的披露格式

应付账款按照债权人类别的披露格式如表 7-20 所示。

表 7-20

债权人类别	期末余额	年初余额
政府会计主体：		
部门内部单位		
单位 1		
……		
部门外部单位		
单位 1		
……		
其他：		
单位 1		
……		
合　计		

注：有应付票据、预收账款、其他应付款、长期应付款的，可比照应付账款进行披露。

13. 其他流动负债的披露格式

其他流动负债的披露格式如表 7-21 所示。

表 7-21

项　　目	期末余额	年初余额
1.		
……		
合　计		

注：有预计负债、其他非流动负债的，可比照其他流动负债进行披露。

14. 长期借款

（1）长期借款按照债权人披露的格式如表 7-22 所示：

表 7-22

债权人	期末余额	年初余额
1.		
……		
合　计		

注：有短期借款的，可比照长期借款进行披露。

（2）单位有基建借款的，应当分基建项目披露长期借款年初数、本年变动数、年末数及到期期限。

15. 事业收入按照收入来源的披露格式

事业收入按照收入来源的披露格式如表 7-23 所示。

表 7-23

收入来源	本期发生额	上期发生额
来自财政专户管理资金		
本部门内部单位		
单位 1		
……		
本部门以外同级政府单位		
单位 1		
……		
其他		
单位 1		
……		
合　计		

16. 非同级财政拨款收入按照收入来源的披露格式

非同级财政拨款收入按照收入来源的披露格式如表 7-24 所示。

表 7-24

收入来源	本期发生额	上期发生额
本部门以外同级政府单位		
单位 1		
……		
其他		
单位 1		
……		
合　计		

17. 其他收入按照收入来源的披露格式

其他收入按照收入来源的披露格式如表 7-25 所示。

表 7-25

收入来源	本期发生额	上期发生额
本部门内部单位		
单位1		
……		
本部门以外同级政府单位		
单位1		
……		
本部门以外非同级政府单位		
单位1		
……		
其他		
单位1		
……		
合　计		

18. 业务活动费用

（1）按经济分类的披露格式如表 7-26 所示：

表 7-26

项　目	本期发生额	上期发生额
工资福利费用		
商品和服务费用		
对个人和家庭的补助费用		
对企业补助费用		
固定资产折旧费		
无形资产摊销费		
公共基础设施折旧（摊销）费		
保障性住房折旧费		
计提专用基金		
……		
合　计		

（2）按支付对象的披露格式如表 7-27 所示：

表 7-27

支付对象	本期发生额	上期发生额
本部门内部单位		
单位1		
……		

续表

支付对象	本期发生额	上期发生额
本部门以外同级政府单位		
单位1		
……		
其他		
单位1		
……		
合　计		

注：有单位管理费用、经营费用的，比照（业务活动费用）此表进行披露。

19. 其他费用按照类别披露的格式

其他费用按照类别披露的格式如表7-28所示。

表7-28

费用类别	本期发生额	上期发生额
利息费用		
坏账损失		
罚没支出		
……		
合　计		

20. 本期费用按经济分类的披露格式

本期费用按经济分类的披露格式如表7-29所示。

表7-29

项　目	本期发生额	上期发生额
工资福利费用		
商品和服务费用		
对个人和家庭的补助费用		
对企业补助费用		
固定资产折旧费		
无形资产摊销费		
公共基础设施折旧（摊销）费		
保障性住房折旧费		
计提专用基金		
所得税费用		
资产处置费用		
上缴上级费用		
对附属单位补助费用		
其他费用		
合　计		

注：单位在按照本制度规定编制收入费用表的基础上，可以根据需要按照此表披露的内容编制收入费用表。

（六）本年盈余与预算结余的差异情况说明

为了反映单位财务会计和预算会计因核算基础和核算范围不同产生的本年盈余数与本年预算结余数之间的差异，单位应当按照重要性原则，对本年度发生的各类影响收入（预算收入）和费用（预算支出）的业务进行适度归并和分析，披露将年度预算收入支出表中"本年预算收支差额"调节为年度收入费用表中"本期盈余"的信息。有关披露格式如表 7-30 所示：

表 7-30

项 目	金 额
一、本年预算结余（本年预算收支差额）	
二、差异调节	
（一）重要事项的差异	
加：1. 当期确认为收入但没有确认为预算收入	
（1）应收款项、预收账款确认的收入	
（2）接受非货币性资产捐赠确认的收入	
2. 当期确认为预算支出但没有确认为费用	
（1）支付应付款项、预付账款确认的支出	
（2）为取得存货、政府储备物资等计入物资成本的支出	
（3）为购建固定资产等的资本性支出	
（4）偿还借款本息支出	
减：1. 当期确认为预算收入但没有确认为收入	
（1）收到应收款项、预收账款确认的预算收入	
（2）取得借款确认的预算收入	
2. 当期确认为费用但没有确认为预算支出	
（1）应付款项、预付账款确认的费用	
（2）发出存货、政府储备物资等确认的费用	
（3）计提的折旧费和摊销费用	
（4）确认的支出处置费用	
（二）其他事项差异	
三、本年盈余（本年收入与费用的差额）	

（七）其他重要事项说明

（1）资产负债表日存在的重要或有事项说明。没有重要或有事项的，也应说明。

（2）以名义金额计量的资产名称、数量等情况，以及以名义金额计量理由的说明。

（3）通过债务资金形成的固定资产、公共基础设施、保障性住房等资产的账面价值、使用情况、收益情况及与此相关的债务偿还情况等的说明。

（4）重要资产置换、无偿调入（出）、捐入（出）、报废、重大毁损等情况的说明。

（5）事业单位将单位内部独立核算单位的会计信息纳入本单位财务报表情况的说明。

(6) 政府会计具体准则中要求附注披露的其他内容。
(7) 有助于理解和分析单位财务报表需要说明的其他事项。

项目小结

政府会计由预算会计和财务会计构成，政府会计报告也就分为政府决算报告和政府财务报告两部分。

政府财务报告是反映政府会计主体某一特定日期的财务状况和某一会计期间的运行情况和现金流量等信息的文件，包括资产负债表、收入费用表、净资产变动表、现金流量表和附注，简称"三表一注"。

根据政府会计制度的规定，单位应编制资产负债表、收入费用表、净资产变动表、现金流量表和附注。

各项报表及附表应按照政府会计制度规定的报表格式和要求填报。

复习思考题

1. 单位在编制会计报表前应做好哪些准备工作？
2. 政府单位的财务报表包括哪些？
3. 政府单位的财务报表按年编制的报表有哪些？
4. 政府单位如果编制年度收入费用表，报表中的栏次有何变化？
5. 年度收入费用表的与净资产变动表有没有勾稽关系？
6. 现金流量表中的"现金"包括哪些内容？

习题与实训

一、单项选择题

1. 下列报表中，不属于政府单位的会计报表的是（   ）。
   A. 资产负债表　　　　　　　　B. 利润表
   C. 收入费用表　　　　　　　　D. 净资产变动表
2. 预算款项截止日期一般为（   ）。
   A. 12月20日　　　　　　　　B. 12月25日
   C. 12月28日　　　　　　　　D. 12月31日
3. 年度支出决算，应以基层用款单位截至（   ）本年实际支出数为准。
   A. 12月20日　　　　　　　　B. 12月25日
   C. 12月28日　　　　　　　　D. 12月31日
4. 年终结账后，下列账户年末无余额的是（   ）。
   A. 财政拨款结余　　　　　　　B. 其他应付款
   C. 其他应收款　　　　　　　　D. 财政拨款收入

5. 下列报表中，不属于政府单位的财务会计报表的是（　　）。
   A. 资产负债表　　　　　　　　　B. 预算收入支出表
   C. 收入费用表　　　　　　　　　D. 净资产变动表
6. 下列报表中，不属于政府单位的预算会计报表的是（　　）。
   A. 预算结转结余变动表　　　　　B. 预算收入支出表
   C. 财政拨款预算收入支出表　　　D. 净资产变动表
7. 政府单位最基本、最重要的报表是（　　）。
   A. 资产负债表　　　　　　　　　B. 现金流量表
   C. 收入费用表　　　　　　　　　D. 净资产变动表
8. 反映政府单位在某一特定日期的财务状况的报表是（　　）。
   A. 资产负债表　　　　　　　　　B. 现金流量表
   C. 收入费用表　　　　　　　　　D. 净资产变动表
9. 在政府资产负债表中，根据总账科目余额直接填列的项目是（　　）。
   A. 货币资金　　　　　　　　　　B. 存货
   C. 固定资产净值　　　　　　　　D. 政府储备物资
10. 在年度资产负债表中，项目金额为零的是（　　）。
    A. 长期待摊费用　　　　　　　　B. 应交增值税
    C. 无偿调拨净资产　　　　　　　D. 累计盈余
11. 在资产负债表中，"一年内到期的非流动资产"项目主要来自于（　　）。
    A. 固定资产　　　　　　　　　　B. 长期股权投资
    C. 长期应付款　　　　　　　　　D. 长期债券投资
12. 在净资产变动表中，不能提供的项目是（　　）。
    A. 累计盈余　　　　　　　　　　B. 专用基金
    C. 权益法调整　　　　　　　　　D. 财政拨款收入
13. 现金流量表中的现金不包括（　　）。
    A. 库存现金　　　　　　　　　　B. 应缴财政款
    C. 零余额账户用款额度　　　　　D. 财政应返还额度
14. 下列项目中，影响投资活动的现金流量的是（　　）。
    A. 财政基本支出拨款收到的现金
    B. 购建固定资产支付的现金
    C. 取得借款收到的现金
    D. 偿还利息支付的现金

二、多项选择题

1. 下列报表中，属于政府单位的财务会计报表的有（　　）。
   A. 资产负债表　　　　　　　　　B. 预算收入支出表
   C. 收入费用表　　　　　　　　　D. 净资产变动表
2. 下列项目中，属于附注披露的内容有（　　）。
   A. 单位主要职能　　　　　　　　B. 单位性质

C. 主要业务活动 D. 所在地预算管理关系

3. 在政府财务会计报表中，需要按月编制的有（　　）。
   A. 资产负债表 B. 现金流量表
   C. 收入费用表 D. 净资产变动表

4. 在政府财务会计报表中，需要提供年度报表的有（　　）。
   A. 资产负债表 B. 现金流量表
   C. 收入费用表 D. 净资产变动表

5. 行政单位在编制会计报表前应做好的基础工作有（　　）。
   A. 年终清理 B. 年终转账
   C. 编制报表 D. 试算平衡

6. 下列账户中，属于行政单位年终清理内容的有（　　）。
   A. 清理核对各项收支款项 B. 清理各项往来款项
   C. 清理货币资金 D. 清理财产物资

7. 行政单位年终结账应包括（　　）。
   A. 年终算账 B. 年终转账
   C. 结清旧账 D. 记入新账

8. 行政单位会计报表按编报的层次不同，可以分为（　　）。
   A. 本级报表 B. 动态报表
   C. 静态报表 D. 汇总报表

9. 政府资产负债表的"货币资金"项目应根据期末（　　）合计数填列。
   A. 库存现金 B. 银行存款
   C. 零余额账户用款额度 D. 其他货币资金

10. 在政府资产负债表中，根据总账科目余额直接填列的项目有（　　）。
    A. 货币资金 B. 短期投资
    C. 财政应返还额度 D. 长期股权投资

11. 在政府资产负债表中，应根据总账科目余额减去备抵账户填写的项目有（　　）。
    A. 应收账款净额 B. 存货
    C. 固定资产净值 D. 无形资产净值

12. 在年度资产负债表中，项目金额为零的是（　　）。
    A. 预计负债 B. 预提费用
    C. 无偿调拨净资产 D. 本期盈余

13. 在资产负债表中，"一年内到期的非流动负债"项目主要来自于（　　）。
    A. 长期借款 B. 受托代理负债
    C. 长期应付款 D. 预计负债

14. 下列项目中，在资产负债表中填写时可能以"－"号填列的有（　　）。
    A. 待处理财产损溢 B. 应交增值税
    C. 无偿调拨净资产 D. 本期盈余

15. 下列项目中，属于收入费用表项目的有（　　）。
    A. 本期收入 B. 本期费用

C. 本期盈余　　　　　　　　　　D. 本期结余
16. 净资产变动表可以提供政府单位在某一会计期间内的（　　）。
A. 累计盈余　　　　　　　　　　B. 专用基金
C. 权益法调整　　　　　　　　　D. 本期盈余
17. 现金流量表中的现金是指（　　）。
A. 库存现金　　　　　　　　　　B. 可以随时用于支付的银行存款
C. 零余额账户用款额度　　　　　D. 财政应返还额度
18. 下列项目中，影响日常活动的现金流量的有（　　）。
A. 财政基本支出拨款收到的现金
B. 购买商品、接受劳务支付的现金
C. 支付给职工以及为职工支付的现金
D. 购建固定资产支付的现金

三、判断题

1. 政府财务报告的编制主要以收付实现制为基础。（　　）
2. 资产负债表按照"资产＝负债＋净资产"的平衡公式设置。（　　）
3. 资产负债表中的流动负债各项目的金额直接根据相关总账科目余额填列。（　　）
4. 资产负债表"存货"项目，应当根据"在途物品""库存物品""加工物品""工程物资"科目的期末余额的合计数填列。（　　）
5. 年终清理后，"财政拨款结转"和"财政拨款结余"均无余额。（　　）
6. 资产负债表的"年初余额"栏各项目数字，应当根据上年年末资产负债表"期末余额"栏内数字填列。（　　）
7. 年度资产负债表"无偿调拨净资产"项目金额应该为零。（　　）
8. 收入费用表是反映政府会计主体在某一特定日期运行情况的报表。（　　）
9. 月度收入费用表各项目分别按"本月数"和"本年累计数"填列。（　　）
10. 年度收入费用表各项目分别按"本年数"和"上年数"填列。（　　）
11. 净资产变动表是反映政府会计主体在某一会计年度内净资产项目的变动情况。（　　）
12. 在现金流量表中，现金是指政府单位的库存现金以及其他可以随时用于支付的款项。（　　）

四、实训题

实训一

1. 目的：实训行政单位资产负债表的编制。
2. 资料：临江市统计局12月初有关账户余额如表7-31所示。

表7-31　　　　　　　　　临江市统计局12月初有关账户余额表　　　　　　　　　单位：元

账户名称	借方余额	账户名称	贷方余额
库存现金	3 000	累计折旧	645 000

续表

账户名称	借方余额	账户名称	贷方余额
银行存款	118 000	其中：固定资产累计折旧	515 000
财政应返还额度	80 000	公共基础设施累计折旧	130 000
应收账款	5 000	累计摊销	12 000
预付账款	9 000	应付职工薪酬	15 000
其他应收款	6 000	应付账款	35 000
存货	12 000	其他应付款	11 000
固定资产	8 350 000	受托代理负债	35 000
在建工程	600 000	累计盈余	8 815 000
无形资产	50 000		9 568 000
公共基础设施	300 000		
受托代理资产	35 000		
合　　计	9 568 000	合　　计	9 568 000

3. 要求：根据上述资料，编制资产负债表（见表7-32）。

表7-32　　　　　　　　　资产负债表（简表）

会政财01表

编制单位：　　　　　　　　　　　年　月　日　　　　　　　　　　　单位：元

资产	期末余额	年初余额	负债和净资产	期末余额	年初余额
流动资产：			流动负债：		
货币资金			短期借款		
短期投资			应交增值税		
财政应返还额度			其他应交税费		
应收票据			应缴财政款		
应收账款净额			应付职工薪酬		
预付账款			应付票据		
应收股利			应付账款		
应收利息			应付政府补贴款		
其他应收款净额			应付利息		
存货			预收账款		
待摊费用			其他应付款		
其他流动资产			其他流动负债		
流动资产合计			流动负债合计		
非流动资产：					
长期股权投资			非流动负债：		
长期债券投资			长期借款		
固定资产原值			长期应付款		

续表

资产	期末余额	年初余额	负债和净资产	期末余额	年初余额
减：固定资产累计折旧			预计负债		
固定资产净值			其他非流动负债		
在建工程					
无形资产					
无形资产净值					
公共基础设施原值			非流动负债合计		
减：公共基础设施累计折旧			受托代理负债		
公共基础设施净值			负债合计		
政府储备物资					
文物文化资产			净资产：		
保障性住房原值			累计盈余		
减：保障性住房累计折旧			专用基金		
保障性住房净值			权益法调整		
长期待摊费用			无常调拨净资产*		
待处理财产损溢			本期盈余*		
非流动资产合计					
受托代理资产			净资产合计		
资产总计			负债和净资产总计		

实训二

1. 目的：实训事业单位资产负债表的编制。

2. 资料：江城商贸职业学院 2019 年 12 月 31 日资产、负债及净资产的科目余额表如表 7-33 所示。

表 7-33　　　　　　　　　　　　　　科目余额表　　　　　　　　　　　　　　单位：元

科目名称	借方金额	科目名称	贷方金额
库存现金	5 000	坏账准备	8 200
银行存款	199 600	其中：应收账款坏账准备	5 500
其他货币资金	45 000	其他应收款坏账准备	2 700
财政应返还额度	78 000	固定资产累计折旧	8 587 000
应收账款	26 000	无形资产累计摊销	78 000
其他应收款	6 900	短期借款	2 800 000
预付账款	8 000	其他应交税费	12 000
在途物品	3 000	应付职工薪酬	68 000
库存物品	24 000	应付账款	89 000
待摊费用	12 000	应付利息	90 900
固定资产	75 708 000	其他应付款	28 000

续表

科目名称	借方金额	科目名称	贷方金额
在建工程	238 900	累计盈余	56 661 300
无形资产	450 000	专用基金	8 469 000
文物文化资产	60 000		
长期待摊费用	27 000		
合　计	76 891 400	合　计	76 891 400

3. 要求：根据上述资料，编制资产负债表，如表 7-34 所示。

表 7-34　　　　　　　　　　　资产负债表

会政财 01 表

编制单位：　　　　　　　　　　　　　年　月　日　　　　　　　　　　　　　单位：元

资　产	期末余额	年初余额	负债和净资产	期末余额	年初余额
流动资产：			流动负债：		
货币资金			短期借款		
短期投资			应交增值税		
财政应返还额度			其他应交税费		
应收票据			应缴财政款		
应收账款净额			应付职工薪酬		
预付账款			应付票据		
应收股利			应付账款		
应收利息			应付政府补贴款		
其他应收款净额			应付利息		
存货			预收账款		
待摊费用			其他应付款		
一年内到期的非流动资产			预提费用		
其他流动资产			一年内到期的非流动负债		
流动资产合计			其他流动负债		
非流动资产：			流动负债合计		
长期股权投资			非流动负债：		
长期债券投资			长期借款		
固定资产原值			长期应付款		
减：固定资产累计折旧			预计负债		
固定资产净值			其他非流动负债		
工程物资			非流动负债合计		
在建工程			受托代理负债		
无形资产			负债合计		
无形资产净值					

续表

资产	期末余额	年初余额	负债和净资产	期末余额	年初余额
研发支出					
公共基础设施原值					
减：公共基础设施累计折旧					
公共基础设施净值					
政府储备物资					
文物文化资产					
保障性住房原值					
减：保障性住房累计折旧			净资产：		
保障性住房净值			累计盈余		
长期待摊费用			专用基金		
待处理财产损溢			权益法调整		
其他非流动资产			无常调拨净资产*		
非流动资产合计			本期盈余*		
受托代理资产			净资产合计		
资产总计			负债和净资产总计		

实训三

1. 目的：实训事业单位收入费用表的编制。

2. 资料：江城商贸职业学院 2019 年有关收入和费用的本年累计发生额如表 7-35 所示。

表 7-35　　　　　　　　2019 年有关收入和费用的本年累计发生额　　　　　　　单位：元

收入科目名称	贷方发生额	费用科目名称	借方发生额
财政拨款收入	412 800 000	业务活动费用	512 411 000
事业收入	315 258 000	单位管理费用	202 500 000
上级补助收入	800 000	经营费用	345 000
附属单位上缴收入	150 000	资产处置费用	15 890
经营收入	380 000	上缴上级费用	512 600
非同级财政拨款收入	75 000	对附属单位补助费用	590 000
投资收益	26 000	其他费用	35 700
捐赠收入	28 000		
利息收入	23 000		
租金收入	76 900		
其他收入	12 100		

3. 要求：根据上述资料，编制收入费用表如表 7-36 所示。

表 7-36　　　　　　　　　　　　收入费用表

会政财 02 表

编制单位：　　　　　　　　　　　　年　　　　　　　　　　　　　　　单位：元

项　目	本年数	上年数（略）
一、本期收入		
（一）财政拨款收入		
其中：政府性基金收入		
（二）事业收入		
（三）上级补助收入		
（四）附属单位上缴收入		
（五）经营收入		
（六）非同级财政拨款收入		
（七）投资收益		
（八）捐赠收入		
（九）利息收入		
（十）租金收入		
（十一）其他收入		
二、本期费用		
（一）业务活动费用		
（二）单位管理费用		
（三）经营费用		
（四）资产处置费用		
（五）上缴上级费用		
（六）对附属单位补助费用		
（七）所得税费用		
（八）其他费用		
三、本期盈余		

第三篇
政府预算会计

《政府会计准则——基本准则》明确规定：政府会计由预算会计和财务会计构成。预算会计通过预算收入、预算支出与预算结余三个要素，对政府会计主体预算执行过程中发生的全部预算收入和全部预算支出进行会计核算，主要反映和监督预算收支执行情况。

预算收入是指政府会计主体在预算年度内依法取得的并纳入预算管理的现金流入。预算收入一般在实际收到时予以确认，以实际收到的金额计量。

预算支出是指政府会计主体在预算年度内依法发生并纳入预算管理的现金流出。预算支出一般在实际支付时予以确认，以实际支付的金额计量。

预算结余是指政府会计主体预算年度内预算收入扣除预算支出后的资金余额，以及历年滚存的资金余额。预算结余包括结余资金和结转资金。

符合预算收入、预算支出和预算结余定义及其确认条件的项目应当列入政府预算会计报告。政府预算会计报告的编制主要以收付实现制为基础，以预算会计核算生成的数据为准。

政府单位预算会计报告包括预算收入支出表、预算结转结余变动表和财政拨款预算收入支出表。这些报表均按照年度编制。

预算收入支出表是反映政府单位在某一会计年度内各项预算收入、预算支出和预算收支差额的情况的报表。

预算结转结余变动表是反映政府单位在某一会计年度内预算结转结余的变动情况的报表。

财政拨款收入支出表是反映行政单位在某一会计期间财政拨款收入、支出、结转及结余情况的报表。

项目八 预算收入的核算

 职业能力目标

通过本项目的学习，熟悉政府单位预算收入的核算范围，能够正确地进行各项预算收入的核算，提供各项预算收入的会计信息。

 **典型工作任务**

财政拨款预算收入的核算；事业预算收入的核算；上级补助预算收入的核算；附属单位上缴预算收入的核算；经营预算收入的核算；非同级财政拨款预算收入的核算；债务预算收入的核算；投资预算收益的核算；其他预算收入的核算。

任务一 财政拨款预算收入的核算

一、财政拨款预算收入的核算

（一）财政拨款预算收入的管理

财政拨款预算收入是指行政事业单位从同级政府财政部门取得的各类财政拨款，包括基本支出经费和项目支出经费。这部分资金是国家预算的组成部分，为有计划地、合理地财政拨款预算收入，必须加强管理。具体要求是：

（1）按预算和计划取得经费。单位应根据经上级主管部门或财政部门核定的月度或季度用款计划，按经费领报关系向同级财政部门申请拨款。

（2）按规定用途使用经费。单位应按预算规定的用途使用拨入资金，坚持专款专用，未经同级财政部门批准，不得擅自更改用途，违者必究。

（3）按预算级次申请拨款。各预算单位必须严格按照国家规定的预算级次领拨经费。各级主管部门不能向没有经费领拨关系的单位直接拨款，同级主管部门之间也不能发生横向经费领拨关系。如有必要，也必须在同级财政部门间办理预算划转手续。

(二) 财政拨款预算收入的核算

为了核算和监督单位从同级政府财政部门取得的各类财政拨款的增减变动情况,设置"财政拨款预算收入"科目。该科目应设置"基本支出""项目支出"两个二级科目,并按照《政府收支分类科目》中"支出功能分类科目"的项级科目进行明细核算;同时,在"基本支出"明细科目下按照"人员经费"和"日常公用经费"进行明细核算,在"项目支出"明细科目下按照具体项目进行明细核算。有一般公共预算财政拨款、政府性基金预算财政拨款等两种或两种以上财政拨款的单位,还应当按照财政拨款的种类进行明细核算。

财政拨款预算收入的主要账务处理如下:

(1) 财政直接支付方式下,单位根据收到的"财政直接支付入账通知书"及相关原始凭证,按照通知书中的直接支付金额,借记"行政支出""事业支出"等科目,贷记"财政拨款预算收入"科目。年末,根据本年度财政直接支付预算指标数与当年财政直接支付实际支出数的差额,借记"资金结存——财政应返还额度"科目,贷记"财政拨款预算收入"科目。

(2) 财政授权支付方式下,单位根据收到的"财政授权支付额度到账通知书",按照通知书中的授权支付额度,借记"资金结存——零余额账户用款额度"科目,贷记"财政拨款预算收入"科目。年末,单位本年度财政授权支付预算指标数大于零余额账户用款额度下达数的,按照两者差额,借记"资金结存——财政应返还额度"科目,贷记"财政拨款预算收入"科目。

(3) 其他方式下,单位按照本期预算收到财政拨款预算收入时按照实际收到的金额,借记"资金结存——货币资金"科目,贷记"财政拨款预算收入"科目。单位收到下期预算的财政预拨款,应当在下个预算期,按照预收的金额,借记"资金结存——货币资金"科目,贷记"财政拨款预算收入"科目。

(4) 因差错更正、购货退回等发生国库直接支付款项退回的拨款结转,借记"财政拨款预算收入"科目下各专项资金收入明细科目,贷记"非财政拨款结转——本年收支结转"科目;将"财政拨款预算收入"科目本年发生额中的非专项资金收入转入其他结余,借记"财政拨款预算收入"科目下各非专项资金收入明细科目,贷记"其他结余"科目。年末结转后,"财政拨款预算收入"科目应无余额。

"财政拨款预算收入"具体核算主要业务和事项会计处理如表 8-1 所示。

表 8-1　　"财政拨款预算收入"的账务处理

序号	业务和事项内容		账务处理	
			预算会计	财务会计
(1)	收到拨款	财政直接支付方式	借:行政支出/事业支出等 贷:财政拨款预算收入	借:库存物品/固定资产/业务活动费用/ 　　单位管理费用/应付职工薪酬等 贷:财政拨款收入
		财政授权支付方式	借:资金结存——零余额账户 　　用款额度 贷:财政拨款预算收入	借:零余额账户用款额度 贷:财政拨款收入
		其他方式下	借:资金结存——货币资金 贷:财政拨款预算收入	借:银行存款 贷:财政拨款收入

续表

序号	业务和事项内容		账务处理	
			预算会计	财务会计
(2) 年末确认拨款差额	据本年度财政直接支付预算指标数与当年财政直接支付实际支出数的差额		借：资金结存——财政应返还额度 　贷：财政拨款预算收入	借：财政应返还额度——财政直接支付 　贷：财政拨款收入
	本年度财政授权支付预算指标数大于零余额账户用款额度下达数的差额		借：资金结存——财政应返还额度 　贷：财政拨款预算收入	借：财政应返还额度——财政授权支付 　贷：财政拨款收入
(3) 因差错更正或购货退回等发生的国库直接支付款项退回的	属于本年度支付的款项		借：财政拨款预算收入 　贷：行政支出/事业支出等	借：财政拨款收入 　贷：业务活动费用/库存物品等
	属于以前年度支付的款项（财政拨款结转资金）		借：资金结存——财政应返还额度 　贷：财政拨款结转——年初余额调整	借：财政应返还额度——财政直接支付 　贷：以前年度盈余调整/库存物品等
	属于以前年度支付的款项（财政拨款结余资金）		借：资金结存——财政应返还额度 　贷：财政拨款结转——年初余额调整	借：财政拨款收入 　贷：本期盈余
(4)	期末/年末结转		借：财政拨款预算收入 　贷：财政拨款结转——本年收支结转	借：财政拨款收入 　贷：本期盈余

【小思考8-1】"财政拨款预算收入"的全年发生额与"财政拨款收入"的全年发生额是否相等？

【工作实例8-1】某行政单位发生业务如下：

（1）收到"财政直接支付入账通知书"及相关原始凭证，本月购入88 000元的材料已经验收入库。

（2）收到财政部门委托代理银行转来的财政直接支付入账通知书及相关凭证，财政部门为行政单位支付了在职人员工资290 000元。

（3）收到财政部门委托代理银行转来的财政授权支付到账通知书，收到财政授权支付额度50 000元。

（4）年末，"财政拨款预算收入"贷方余额为6 500 000元转入"财政拨款结转"科目。

任务处理如下：

（1）财政直接支付购买材料款时

借：行政支出　　　　　　　　　　　　　　　　　　　　　　　88 000

    贷：财政拨款预算收入   88 000
  同时财务会计作：
   借：库存物品   88 000
    贷：财政拨款收入   88 000
  （2）财政直接支付在职人员工资时
   借：行政支出   290 000
    贷：财政拨款预算收入   290 000
  同时财务会计作：
   借：业务活动费用   290 000
    贷：应付职工薪酬   290 000
  （3）收到零余额账户用款额度时
   借：资金结存——零余额账户用款额度   30 000
    贷：财政拨款预算收入   30 000
  同时财务会计作：
   借：零余额账户用款额度   30 000
    贷：财政拨款收入   30 000
  （4）年末结转财政拨款收入时
   借：财政拨款预算收入   6 500 000
    贷：财政拨款结转——本年收支结转   6 500 000
  同时财务会计作：
   借：财政拨款预算收入   6 500 000
    贷：财政拨款结转   6 500 000

二、非同级财政拨款预算收入的核算

（一）非同级财政拨款预算收入的概念

非同级财政拨款预算收入是指单位从非同级政府财政部门取得的财政拨款，包括本级横向转拨财政款和非本级财政拨款。

（二）非同级财政拨款预算收入的核算

为了核算和监督单位从非同级政府财政部门取得的财政拨款的增减变动情况，设置"非同级财政拨款预算收入"科目。本科目应当按照非同级财政拨款预算收入的类别、来源、《政府收支分类科目》中"支出功能分类科目"的项级科目等进行明细核算。非同级财政拨款预算收入中如有专项资金收入，还应按照具体项目进行明细核算。

对于因开展科研及其辅助活动从非同级政府财政部门取得的经费拨款，应当通过"事业预算收入——非同级财政拨款"科目进行核算，不通过本科目核算。

非同级财政拨款预算收入的主要账务处理如下：

（1）取得非同级财政拨款预算收入时，按照实际收到的金额，借记"资金结存——货币资金"科目，贷记"非同级财政拨款预算收入"科目。

（2）年末，将"非同级财政拨款预算收入"科目本年发生额中的专项资金收入转入非财政拨款结转，借记"非同级财政拨款预算收入"科目下各专项资金收入明细科目，贷记"非财政拨款结转"等科目；将"非同级财政拨款预算收入"科目本年发生额中的非专项资金收入转入其他结余，借记"非同级财政拨款预算收入"科目下各非专项资金收入明细科目，贷记"其他结余"科目。年末结转后，"非同级财政拨款预算收入"科目应无余额。

"非同级财政拨款收入"主要业务和事项账务处理如表8-2所示。

表8-2　　　　　　　　　　　"非同级财政拨款预算收入"的账务处理

序号	业务和事项内容		账务处理	
			预算会计	财务会计
（1）	确认收入时	按照应收或实际收到的金额	借：资金结存——货币资金 　　贷：非同级财政拨款预算收入	借：银行存款/其他应收款等 　　贷：非同级财政拨款收入
（2）	收到应收的款项时	按照实际收到的金额		借：银行存款 　　贷：其他应收款等
（3）	期末/年末结转	专项资金收入	借：非同级财政拨款预算收入 　　贷：非财政拨款结转	借：非同级财政拨款收入 　　贷：本期盈余
		非专项资金收入	借：非同级财政拨款预算收入 　　贷：其他结余	

【工作实例8-2】某高职院校发生与非同级财政拨款收入业务如下：

（1）收到财政部下拨优质专业建设经费1 800 000元，款项存入银行。

（2）年终，将"非同级财政拨款预算收入"科目贷方余额1 800 000元转入"非财政拨款结转"科目。

任务处理如下：

（1）收到财政部下拨非同级财政拨款收入时

借：资金结存——货币资金　　　　　　　　　　　　　　　1 800 000
　　贷：非同级财政拨款预算收入　　　　　　　　　　　　　　　1 800 000

同时财务会计作：

借：银行存款　　　　　　　　　　　　　　　　　　　　　1 800 000
　　贷：非同级财政拨款收入　　　　　　　　　　　　　　　　　1 800 000

（2）年终，将"非同级财政拨款收入"科目贷方余额转入"非财政拨款结转"科目时

借：非同级财政拨款预算收入　　　　　　　　　　　　　　1 800 000
　　贷：非财政拨款结转　　　　　　　　　　　　　　　　　　　1 800 000

同时财务会计作：

借：非同级财政拨款收入　　　　　　　　　　　　　　　　1 800 000
　　贷：本期盈余　　　　　　　　　　　　　　　　　　　　　　1 800 000

任务二 事业预算收入的核算

一、事业预算收入的管理

事业预算收入是指事业单位开展专业业务活动及其辅助活动取得的现金流入。例如，学校开展的教学活动取得学费收入；科研院所取得科研经费收入，设计院取得规划设计收入等。

事业单位因开展科研及其辅助活动从非同级政府财政部门取得的经费拨款，也属于事业预算收入，而不列入非同级财政拨款预算收入核算范围。

二、事业预算收入的核算

（一）设置"事业预算收入"科目

为了核算和监督事业单位开展专业业务活动及其辅助活动取得的现金流入的增减变动情况，设置"事业预算收入"科目。本科目应当按照事业预算收入类别、项目、来源、《政府收支分类科目》中"支出功能分类科目"项级科目等进行明细核算。对于因开展科研及其辅助活动从非同级政府财政部门取得的经费拨款，应当在本科目下单设"非同级财政拨款"明细科目进行明细核算；事业预算收入中如有专项资金收入，还应按照具体项目进行明细核算。

（二）事业预算收入的主要账务处理

（1）采用财政专户返还方式管理的事业预算收入，收到从财政专户返还的事业预算收入时，按照实际收到的返还金额，借记"资金结存——货币资金"科目，贷记"事业预算收入"科目。

（2）收到其他事业预算收入时，按照实际收到的款项金额，借记"资金结存——货币资金"科目，贷记"事业预算收入"科目。

（3）年末，将"事业预算收入"科目本年发生额中的专项资金收入转入非财政拨款结转，借记"事业预算收入"科目下各专项资金收入明细科目，贷记"非财政拨款结转"科目；将"事业预算收入"科目本年发生额中的非专项资金收入转入其他结余，借记"事业预算收入"科目下各非专项资金收入明细科目，贷记"其他结余"科目。年末结转后，"事业预算收入"科目应无余额。

"事业预算收入"主要业务和事项账务处理如表8-3所示。

表8-3 "事业预算收入"的账务处理

序号	业务和事项内容	账务处理	
		预算会计	财务会计
（1）	收到从财政专户返还的事业收入时	借：资金结存——货币资金 贷：事业预算收入	借：银行存款 贷：事业收入

续表

序号	业务和事项内容		账务处理	
			预算会计	财务会计
(2)	采用预收款方式，实际收到款时		借：资金结存——货币资金 　　贷：事业预算收入	借：银行存款等 　　贷：预收账款
(3)	采用应收款方式，实际收到款时		借：资金结存——货币资金 　　贷：事业预算收入	借：银行存款等 　　贷：应收账款
(4)	采用其他方式，实际收到款时		借：资金结存——货币资金 　　贷：事业预算收入	借：银行存款/库存现金等 　　贷：事业收入
(5)	期末/年末结转	专项资金收入	借：事业预算收入 　　贷：非财政拨款结转	借：事业收入 　　贷：本期盈余
		非专项资金收入	借：事业预算收入 　　贷：其他结余	

【小思考8-2】事业单位的"事业预算收入"的全年发生额与"事业收入"的全年发生额是否相等？

【工作实例8-3】某高职院校本年发生与事业收入有关的业务如下：
（1）收到从财政专户返还的事业收入55 000 000元到零余额账户用款额度。
（2）采用应收款方式从财政取得其他事业收入790 000元存入银行。
（3）年终，将"事业预算收入"科目贷方余额85 000 000元，转入"其他结余"科目。

任务处理如下：
（1）收到从财政专户返还的学费收入时
借：资金结存——零余额账户用款额度　　　　　　　　　　　　　55 000 000
　　贷：事业预算收入　　　　　　　　　　　　　　　　　　　　　　　55 000 000
同时财务会计作：
借：零余额账户用款额度　　　　　　　　　　　　　　　　　　　55 000 000
　　贷：事业收入　　　　　　　　　　　　　　　　　　　　　　　　　55 000 000
（2）收到从财政取得的其他事业收入时
借：资金结存——零余额账户用款额度　　　　　　　　　　　　　　　790 000
　　贷：事业预算收入　　　　　　　　　　　　　　　　　　　　　　　　790 000
同时财务会计作：
借：银行存款　　　　　　　　　　　　　　　　　　　　　　　　　　790 000
　　贷：事业收入　　　　　　　　　　　　　　　　　　　　　　　　　　790 000
（3）年终，将"事业预算收入"转入"其他结余"时
借：事业预算收入　　　　　　　　　　　　　　　　　　　　　　85 000 000
　　贷：其他结余　　　　　　　　　　　　　　　　　　　　　　　　　85 000 000
同时财务会计作：
借：事业收入　　　　　　　　　　　　　　　　　　　　　　　　85 000 000

贷：本期盈余　　　　　　　　　　　　　　　　　　　　　　　　85 000 000

任务三　上级补助预算收入和附属单位上缴预算收入的核算

一、上级补助预算收入的核算

（一）上级补助预算收入的概念

上级补助预算收入是指事业单位从主管部门和上级单位取得的非财政补助现金流入。

（二）上级补助预算收入的核算

为了核算和监督事业单位从主管部门和上级单位取得的非财政补助现金流入的增减变动情况，设置"上级补助预算收入"科目。该科目应当按照发放补助单位、补助项目、《政府收支分类科目》中"支出功能分类科目"的项级科目等进行明细核算。上级补助预算收入中如有专项资金收入，还应按照具体项目进行明细核算。

上级补助预算收入的主要账务处理如下：

（1）收到上级补助预算收入时，按照实际收到的金额，借记"资金结存——货币资金"科目，贷记"上级补助预算收入"科目。

（2）年末，将"上级补助预算收入"科目本年发生额中的专项资金收入转入非财政拨款结转，借记"上级补助预算收入"科目下各专项资金收入明细科目，贷记"非财政拨款结转"科目；将"上级补助预算收入"科目本年发生额中的非专项资金收入转入其他结余，借记"上级补助预算收入"科目下各非专项资金收入明细科目，贷记"其他结余"科目。年末结转后，"上级补助预算收入"科目应无余额。

"上级补助预算收入"主要业务和事项账务处理如表8-4所示。

表8-4　　　　　　　　　　"上级补助预算收入"的账务处理

序号	业务和事项内容		账务处理	
			预算会计	财务会计
（1）	日常核算	确认时，按照应收或实际收到的金额	借：资金结存——货币资金 　　贷：上级补助预算收入	借：其他应收款/银行存款等 　　贷：上级补助收入
		收到应收的上级补助收入时		借：银行存款 　　贷：其他应收款
（2）	期末/年末结转	专项资金收入	借：上级补助预算收入 　　贷：非财政拨款结转	借：上级补助收入 　　贷：本期盈余
		非专项资金收入	借：事业预算收入 　　贷：其他结余	

【工作实例8-4】某高职院校发生与上级补助预算收入业务如下：

（1）接银行通知，收到上级单位拨来的会计技能大赛专项补助款300 000元存入银行。

（2）接银行通知，收到上级单位拨来的非专项资金 180 000 元存入银行。

（3）年终，将"上级补助预算收入"科目贷方余额 480 000 元转入到"非财政拨款结转"和"其他结余"科目。

任务处理如下：

（1）收到上级单位拨来的补助款时

借：资金结存——货币资金　　　　　　　　　　　　300 000
　　贷：上级补助预算收入　　　　　　　　　　　　　　300 000

同时财务会计作：

借：银行存款　　　　　　　　　　　　　　　　　　300 000
　　贷：上级补助收入　　　　　　　　　　　　　　　　300 000

（2）收到上级单位拨来的非专项资金时

借：资金结存——货币资金　　　　　　　　　　　　180 000
　　贷：上级补助预算收入　　　　　　　　　　　　　　180 000

同时财务会计作：

借：银行存款　　　　　　　　　　　　　　　　　　180 000
　　贷：上级补助收入　　　　　　　　　　　　　　　　180 000

（3）年终，将"上级补助收入"转入"本期盈余"时

借：上级补助预算收入　　　　　　　　　　　　　　480 000
　　贷：其他结余　　　　　　　　　　　　　　　　　　180 000
　　　　非财政拨款结转　　　　　　　　　　　　　　　300 000

同时财务会计作：

借：上级补助收入　　　　　　　　　　　　　　　　480 000
　　贷：本期盈余　　　　　　　　　　　　　　　　　　480 000

二、附属单位上缴预算收入的核算

（一）附属单位上缴预算收入的概念

附属单位上缴预算收入是指事业单位取得附属独立核算单位根据有关规定上缴的现金流入。

（二）附属单位上缴预算收入的核算

为了核算和监督事业单位取得附属独立核算单位根据有关规定上缴的现金流入的增减变动情况，设置"附属单位上缴预算收入"科目。该科目应当按照附属单位、缴款项目、《政府收支分类科目》中"支出功能分类科目"的项级科目等进行明细核算。附属单位上缴预算收入中如有专项资金收入，还应按照具体项目进行明细核算。

附属单位上缴预算收入的主要账务处理如下：

（1）收到附属单位缴来款项时，按照实际收到的金额，借记"资金结存——货币资金"科目，贷记"附属单位上缴预算收入"科目。

（2）年末，将"附属单位上缴预算收入"科目本年发生额中的专项资金收入转入非财政拨款结转，借记"附属单位上缴预算收入"科目下各专项资金收入明细科目，贷记"非

财政拨款结转"科目;将"附属单位上缴预算收入"科目本年发生额中的非专项资金收入转入其他结余,借记"附属单位上缴预算收入"科目下各非专项资金收入明细科目,贷记"其他结余"科目。年末结转后,"附属单位上缴预算收入"科目应无余额。

"附属单位上缴收入"主要业务和事项账务处理如表 8-5 所示。

表 8-5　　　　　　　　　"附属单位上缴预算收入"的账务处理

序号	业务和事项内容		账务处理	
			预算会计	财务会计
(1)	日常核算	确认时,按照应收或实际收到的金额	借:资金结存——货币资金 　　贷:附属单位上缴预算收入	借:其他应收款/银行存款等 　　贷:附属单位上缴收入
		收到应收的上级补助收入时		借:银行存款 　　贷:其他应收款
(2)	期末/年末结转	专项资金收入	借:附属单位上缴预算收入 　　贷:非财政拨款结转	借:附属单位上缴收入 　　贷:本期盈余
		非专项资金收入	借:附属单位上缴预算收入 　　贷:其他结余	

【小思考 8-3】"上缴上级预算收入"与"附属单位上缴预算收入"在会计处理上有什么相同之处?

【工作实例 8-5】某高职院校发生与附属单位上缴预算收入业务如下:
(1) 收到所属独立核算的新天地酒店上缴的利润 680 000 元,存入银行。
(2) 年终,将"附属单位上缴预算收入"科目贷方余额 680 000 元全数转入"其他结余"科目。

任务处理如下:
(1) 收到所属独立核算的假日酒店上缴的利润时
　　借:资金结存——货币资金　　　　　　　　　　　　　680 000
　　　　贷:附属单位上缴预算收入　　　　　　　　　　　　680 000
同时财务会计作:
　　借:银行存款　　　　　　　　　　　　　　　　　　　680 000
　　　　贷:附属单位上缴收入　　　　　　　　　　　　　　680 000
(2) 年终,将"附属单位上缴收入"转入"本期盈余"时
　　借:附属单位上缴预算收入　　　　　　　　　　　　　680 000
　　　　贷:其他结余　　　　　　　　　　　　　　　　　　680 000
同时财务会计作:
　　借:附属单位上缴收入　　　　　　　　　　　　　　　680 000
　　　　贷:本期盈余　　　　　　　　　　　　　　　　　　680 000

任务四　经营预算收入和投资预算收益的核算

一、经营预算收入的核算

（一）经营预算收入的概念

经营预算收入是指事业单位在专业业务活动及其辅助活动之外开展非独立核算经营活动取得的现金流入。

（二）经营预算收入的核算

为了核算和监督事业单位开展非独立核算经营活动取得的现金流入的增减变动情况，设置"经营预算收入"科目。本科目应当按照经营活动类别、项目、《政府收支分类科目》中"支出功能分类科目"的项级科目等进行明细核算。

经营预算收入的主要账务处理如下：

（1）收到经营预算收入时，按照实际收到的金额，借记"资金结存——货币资金"科目，贷记"经营预算收入"科目。

（2）年末，将"经营预算收入"科目本年发生额转入经营结余，借记"经营预算收入"科目，贷记"经营结余"科目。年末结转后，"经营预算收入"科目应无余额。

"经营预算收入"主要业务和事项账务处理如表 8-6 所示。

表 8-6　　　　　　　　　　"经营收入"的账务处理

序号	业务和事项内容	账务处理	
		预算会计	财务会计
（1）	确认经营收入时	借：资金结存——货币资金 　贷：经营预算收入	借：银行存款/应收账款/应收票据等 　贷：经营收入
（2）	收到应收的上级补助收入时		借：银行存款 　贷：应收账款/应收票据等
（3）	期末/年末结转	借：经营预算收入 　贷：经营结余	借：经营收入 　贷：本期盈余

【工作实例 8-6】 某高职院校发生与经营预算收入业务如下：

（1）本月，非独立核算单位交来经营收入 8 000 元，款项存入银行。

（2）年终，将全年"经营预算收入"科目贷方余额 142 000 元转入"经营结余"科目。

任务处理如下：

（1）非独立核算单位交来经营收入时

借：资金结存——货币资金　　　　　　　　　　　　　　　　8 000
　　贷：经营预算收入　　　　　　　　　　　　　　　　　　　　　8 000

同时财务会计作：

借：银行存款 8 000
　　贷：经营收入 8 000

（2）年终，将"经营预算收入"科目贷方余额转入"经营结余"科目

借：经营预算收入 142 000
　　贷：经营结余 142 000

同时财务会计作：

借：经营收入 142 000
　　贷：本期盈余 142 000

二、投资预算收益的核算

（一）投资预算收益的概念

投资预算收益是指事业单位取得的按照规定纳入部门预算管理的属于投资收益性质的现金流入，包括股权投资收益、出售或收回债券投资所取得的收益和债券投资利息收入。

（二）投资预算收益的核算

为了核算和监督事业单位投资收益的增减变动情况，设置"投资预算收益"科目。本科目应当按照《政府收支分类科目》中"支出功能分类科目"的项级科目等进行明细核算。

投资预算收益的主要账务处理如下：

（1）出售或到期收回本年度取得的短期、长期债券，按照实际取得的价款或实际收到的本息金额，借记"资金结存——货币资金"科目，按照取得债券时"投资支出"科目的发生额，贷记"投资支出"科目，按照其差额，贷记或借记"投资预算收益"科目。出售或到期收回以前年度取得的短期、长期债券，按照实际取得的价款或实际收到的本息金额，借记"资金结存——货币资金"科目，按照取得债券时"投资支出"科目的发生额，贷记"其他结余"科目，按照其差额，贷记或借记"投资预算收益"科目。

出售、转让以货币资金取得的长期股权投资的，其账务处理参照出售或到期收回债券投资。

（2）持有的短期投资以及分期付息、一次还本的长期债券投资收到利息时，按照实际收到的金额，借记"资金结存——货币资金"科目，贷记"投资预算收益"科目。

（3）持有长期股权投资取得被投资单位分派的现金股利或利润时，按照实际收到的金额，借记"资金结存——货币资金"科目，贷记"投资预算收益"科目。

（4）出售、转让以非货币性资产取得的长期股权投资时，按照实际取得的价款扣减支付的相关费用和应缴财政款后的余额（按照规定纳入单位预算管理的），借记"资金结存——货币资金"科目，贷记"投资预算收益"科目。

（5）年末，将"投资预算收益"科目本年发生额转入其他结余，借记或贷记"投资预算收益"科目，贷记或借记"其他结余"科目。年末结转后，"投资预算收益"科目应无余额。

"投资预算收益"主要业务和事项账务处理如表8-7所示。

表 8-7　"投资预算收益"的账务处理

序号	业务和事项内容		账务处理	
			预算会计	财务会计
(1)	出售或到期收回短期债券投资本息		借：资金结存——货币资金 借或贷：投资预算收益 　　贷：投资支出/其他结余	借：银行存款 借或贷：投资收益 　　贷：短期投资
(2)	持有的分期付息、一次还本付息的长期债券投资，实际收到利息		借：资金结存——货币资金 　　贷：投资预算收益	借：银行存款 　　贷：应收利息
(3)	出售或到期收回长期债券投资本息		借：资金结存——货币资金 借或贷：投资预算收益 　　贷：投资支出/其他结余	借：银行存款 借或贷：投资收益 　　贷：长期债券投资 　　　　应收利息
(4)	成本法下的长期股权投资应确认的股利等，实际收到股利时		借：资金结存——货币资金 　　贷：投资预算收益	借：银行存款 　　贷：应收股利
(5)	权益法下的长期股权投资持有期间，实际收到股利时		借：资金结存——货币资金 　　贷：投资预算收益	借：银行存款 　　贷：应收股利
(6)	期末/年末结转	投资收益年末贷方余额	借：投资预算收益 　　贷：其他结余	借：投资收益 　　贷：本期盈余
		投资收益年末借方余额	借：其他结余 　　贷：投资预算收益	借：本期盈余 　　贷：投资收益

【工作实例 8-7】某事业单位发生与投资预算收益有关的经济业务如下：

（1）出售上年购入的短期持有的国库券取得收入 520 000 元。该债券的投资成本为 500 000 元。

（2）收到长期股权投资（成本法核算）被投资单位发放的现金股利 60 000 元存入银行。

（3）年终，将全年的"投资预算收益"科目贷方余额全部转入"其他结余"科目。

任务处理如下：

（1）出售短期持有的国库券时

借：资金结存——货币资金　　　　　　　　　　　　　　520 000
　　贷：其他结余　　　　　　　　　　　　　　　　　　　500 000
　　　　投资预算收益　　　　　　　　　　　　　　　　　 20 000

同时财务会计作：

借：银行存款　　　　　　　　　　　　　　　　　　　　520 000

　　　　贷：短期投资　　　　　　　　　　　　　　　　　　　　　　　　500 000
　　　　　　投资收益　　　　　　　　　　　　　　　　　　　　　　　　 20 000

【小思考8-4】 为什么这里的会计分录不冲减"投资支出"科目？

　（2）收到被投资单位发放的现金股利时
　借：资金结存——货币资金　　　　　　　　　　　　　　　　　　　　60 000
　　　　贷：投资预算收益　　　　　　　　　　　　　　　　　　　　　　60 000
　同时财务会计作：
　借：银行存款　　　　　　　　　　　　　　　　　　　　　　　　　　60 000
　　　　贷：应收股利　　　　　　　　　　　　　　　　　　　　　　　　60 000
　（3）年终，将"投资预算收益"科目贷方余额转入"其他结余"科目时
　借：投资预算收益　　　　　　　　　　　　　　　　　　　　　　　　80 000
　　　　贷：其他结余　　　　　　　　　　　　　　　　　　　　　　　　80 000
　同时财务会计作：
　借：投资收益　　　　　　　　　　　　　　　　　　　　　　　　　　80 000
　　　　贷：本期盈余　　　　　　　　　　　　　　　　　　　　　　　　80 000

任务五　其他相关预算收入的核算

一、债务预算收入的核算

（一）债务预算收入的概念

债务预算收入是指事业单位按照规定从银行和其他金融机构等借入的、纳入部门预算管理的、不以财政资金作为偿还来源的债务本金。

（二）债务预算收入的核算

为了核算和监督事业单位从银行和其他金融机构等借入的、纳入部门预算管理的、不以财政资金作为偿还来源的债务本金的增减变动情况，设置"债务预算收入"科目。科目应当按照贷款单位、贷款种类、《政府收支分类科目》中"支出功能分类科目"的项级科目等进行明细核算。债务预算收入中如有专项资金收入，还应按照具体项目进行明细核算。

债务预算收入的主要账务处理如下：

（1）借入各项短期或长期借款时，按照实际借入的金额，借记"资金结存——货币资金"科目，贷记"债务预算收入"科目。

（2）年末，将"债务预算收入"科目本年发生额中的专项资金收入转入非财政拨款结转，借记"债务预算收入"科目下各专项资金收入明细科目，贷记"非财政拨款结转"科目；将"债务预算收入"科目本年发生额中的非专项资金收入转入其他结余，借记"债务预算收入"科目下各非专项资金收入明细科目，贷记"其他结余"科目。年末结转后，"债

务预算收入"科目应无余额。

"债务预算收入"主要业务和事项账务处理如表8-8所示。

表8-8 "债务预算收入"的账务处理

序号	业务和事项内容		账务处理	
			预算会计	财务会计
（1）	借入各种短期借款时		借：资金结存——货币资金 　　贷：债务预算收入	借：银行存款 　　贷：短期借款
（2）	借入各种长期借款时		借：资金结存——货币资金 　　贷：债务预算收入	借：银行存款 　　贷：长期借款——本金
（3）	期末/年末结转	专项资金	借：债务预算收入 　　贷：非财政拨款结转	—
		非专项资金	借：债务预算收入 　　贷：其他结余	—

【小思考8-5】在政府财务会计中有没有"债务收入"科目？为什么？

【工作实例8-8】某事业单位全年发生与债务有关的经济业务如下：

（1）2月10日经批准向中国工商银行借入为期4个月、利率9%的借款400 000元。

（2）3月1日，经批准向建设银行借入新校区建设专项资金8 000 000元，期限3年，年利率为7.2%，到期一次还本付息。新校区假设工期18个月。

（3）6月2日，到期归还短期借款本金400 000元及借款利息12 000元。

（4）12月31日，确认长期借款利息480 000元。

（5）年终，将全年"债务预算收入""债务还本支出"科目余额转入"非财政拨款结转"及"其他结余"科目。

任务处理如下：

（1）经批准借入短期借款时

借：资金结存——货币资金　　　　　　　　　　　　　　　　400 000
　　贷：债务预算收入　　　　　　　　　　　　　　　　　　　　400 000

同时财务会计作：

借：银行存款　　　　　　　　　　　　　　　　　　　　　　　400 000
　　贷：短期借款　　　　　　　　　　　　　　　　　　　　　　400 000

（2）经批准借入长期借款时

借：资金结存——货币资金　　　　　　　　　　　　　　　　8 000 000
　　贷：债务预算收入　　　　　　　　　　　　　　　　　　　8 000 000

同时财务会计作：

借：银行存款　　　　　　　　　　　　　　　　　　　　　　　8 000 000
　　贷：长期借款　　　　　　　　　　　　　　　　　　　　　　8 000 000

（3）到期归还短期借款本金及利息时

借：债务还本支出　　　　　　　　　　　　　　　　　　　　　400 000

	其他支出	12 000
	贷：资金结存——货币资金	412 000

同时财务会计作：

	借：短期借款	400 000
	其他费用	12 000
	贷：银行存款	412 000

（4）年末，确认长期借款利息时

	借：在建工程	480 000
	贷：长期借款——应计利息	480 000

（5）年终，将全年"债务预算收入""债务还本支出"科目余额转入"非财政拨款结转"及"其他结余"科目

	借：其他结余	400 000
	贷：债务还本支出	400 000
	借：债务预算收入	8 400 000
	贷：非财政拨款结转	8 000 000
	其他结余	400 000

二、其他预算收入的核算

（一）其他预算收入的概念

其他预算收入是指单位除财政拨款预算收入、事业预算收入、上级补助预算收入、附属单位上缴预算收入、经营预算收入、债务预算收入、非同级财政拨款预算收入、投资预算收益之外的纳入部门预算管理的现金流入，包括捐赠预算收入、利息预算收入、租金预算收入、现金盘盈收入等。

预算会计中的其他预算收入与财务会计中捐赠收入、利息收入、租金收入、其他收入项目相对应。

（二）其他预算收入的核算

为了核算和监督单位捐赠预算收入、利息预算收入、租金预算收入、现金盘盈收入等的增减变动情况，设置"其他预算收入"科目。本科目应当按照其他收入类别、《政府收支分类科目》中"支出功能分类科目"的项级科目等进行明细核算。其他预算收入中如有专项资金收入，还应按照具体项目进行明细核算。

单位发生的捐赠预算收入、利息预算收入、租金预算收入金额较大或业务较多的，可单独设置"6603 捐赠预算收入""6604 利息预算收入"和"6605 租金预算收入"等科目。

其他预算收入的主要账务处理如下：

（1）接受捐赠现金资产、收到银行存款利息、收到资产承租人支付的租金时，按照实际收到的金额，借记"资金结存——货币资金"科目，贷记"其他预算收入"科目。

（2）每日现金账款核对中如发现现金溢余，按照溢余的现金金额，借记"资金结存——货币资金"科目，贷记"其他预算收入"科目。经核实，属于应支付给有关个人和单位的部分，按照实际支付的金额，借记"其他预算收入"科目，贷记"资金结存——货

币资金"科目。

（3）收到其他预算收入时，按照收到的金额，借记"资金结存——货币资金"科目，贷记"其他预算收入"科目。

（4）年末，将"其他预算收入"科目本年发生额中的专项资金收入转入非财政拨款结转，借记"其他预算收入"科目下各专项资金收入明细科目，贷记"非财政拨款结转——本年收支结转"科目；将"其他预算收入"科目本年发生额中的非专项资金收入转入其他结余，借记"其他预算收入"科目下各非专项资金收入明细科目，贷记"其他结余"科目。年末结转后，"其他预算收入"科目应无余额。

"其他预算收入""其他收入"主要业务和事项账务处理如表8-9所示。

表8-9　　　　　　　　　　"其他预算收入"的账务处理

序号	业务和事项内容		账务处理	
			预算会计	财务会计
(1)	捐赠收入	按实际收到捐赠的货币资金	借：资金结存——货币资金 　贷：其他预算收入	借：银行存款 　贷：捐赠收入
		接受捐赠的存货、固定资产等而承担的相关费用时	借：其他支出 　贷：资金结存——货币资金	借：库存物品/固定资产等 　贷：捐赠收入 　　　银行存款（支付的税费） 借：其他费用 　贷：银行存款（支付的税费）
		期末/年末结转 专项资金	借：其他预算收入 　贷：非财政拨款结转	借：捐赠收入 　贷：本期盈余
		期末/年末结转 非专项资金	借：其他预算收入 　贷：其他结余	
(2)	现金盘盈	发现现金溢余	借：资金结存——货币资金 　贷：其他预算收入	借：库存现金 　贷：待处理财产损溢
(3)	利息收入	确认的利息收入	借：资金结存——货币资金 　贷：其他预算收入	借：银行存款 　贷：利息收入
		期末/年末结转	借：其他预算收入 　贷：其他结余	借：利息收入 　贷：本期盈余
(4)	租金收入	收到预付的租金时	借：资金结存——货币资金 　贷：其他预算收入	借：银行存款等 　贷：预收账款
		收到后付的租金时	借：资金结存——货币资金 　贷：其他预算收入	借：银行存款等 　贷：应收账款
		分期收取租金，在收到租金时	借：资金结存——货币资金 　贷：其他预算收入	借：银行存款等 　贷：租金收入
		期末/年末结转	借：其他预算收入 　贷：其他结余	借：租金收入 　贷：本期盈余

续表

序号	业务和事项内容		账务处理	
			预算会计	财务会计
(5) 其他收入	按照规定留归本单位的科技成果转化收入部分		借：资金结存——货币资金 　　贷：其他预算收入	借：银行存款等 　　贷：其他收入
	行政单位收回已核销的其他应收款在实际收到时			
	其他情况，发生其他收入时		借：资金结存——货币资金 　　贷：其他预算收入	借：其他应收款/银行存款/库存现金等 　　贷：其他收入
	期末/年末结转	专项资金	借：其他预算收入 　　贷：非财政拨款结转	借：其他收入 　　贷：本期盈余
		非专项资金	借：其他预算收入 　　贷：其他结余	

【工作实例 8-9】 某行政单位全年发生与租金收入有关的经济业务如下：

（1）接受现金捐赠 200 000 元（未限定用途），存入银行。
（2）收回已核销其他应收款 3 500 元存入银行。
（3）预收租金 9 000 元存入银行。
（4）出售过期报刊杂志，取得现金收入 150 元。
（5）年终，将全年"其他收入"科目贷方余额转入"本期盈余"科目。

任务处理如下：

（1）无法查明现金原因，列入收入时

借：资金结存——货币资金　　　　　　　　　　　　　　　　200 000
　　贷：其他预算收入　　　　　　　　　　　　　　　　　　　　200 000

同时财务会计作：

借：银行存款　　　　　　　　　　　　　　　　　　　　　　200 000
　　贷：捐赠收入　　　　　　　　　　　　　　　　　　　　　　200 000

（2）上年已核销的其他应收款又收回时

借：资金结存——货币资金　　　　　　　　　　　　　　　　　3 500
　　贷：其他预算收入　　　　　　　　　　　　　　　　　　　　　3 500

同时财务会计作：

借：银行存款　　　　　　　　　　　　　　　　　　　　　　　3 500
　　贷：其他收入　　　　　　　　　　　　　　　　　　　　　　　3 500

（3）收到预收租金时

借：资金结存——货币资金　　　　　　　　　　　　　　　　　9 000
　　贷：其他预算收入　　　　　　　　　　　　　　　　　　　　　9 000

同时财务会计作：
借：银行存款　　　　　　　　　　　　　　　　　　　　　　9 000
　　贷：预收账款　　　　　　　　　　　　　　　　　　　　　　　9 000
（4）出售过期报刊杂志，取得现金时
借：资金结存——货币资金　　　　　　　　　　　　　　　　150
　　贷：其他预算收入　　　　　　　　　　　　　　　　　　　　150
同时财务会计作：
借：库存现金　　　　　　　　　　　　　　　　　　　　　　150
　　贷：其他收入　　　　　　　　　　　　　　　　　　　　　　150
（5）年终，将"其他预收收入"科目贷方余额转入"其他结余"科目时
借：其他预算收入　　　　　　　　　　　　　　　　　　　212 650
　　贷：其他结余　　　　　　　　　　　　　　　　　　　　　212 650
同时：
借：其他收入　　　　　　　　　　　　　　　　　　　　　212 650
　　贷：本期盈余　　　　　　　　　　　　　　　　　　　　　212 650

项目小结

本项目介绍政府预算会计的预算收入的核算。

预算收入是指政府会计主体在预算年度内依法取得的并纳入预算管理的现金流入。预算收入一般在实际收到时予以确认，以实际收到的金额计量。预算收入包括财政拨款预算收入、事业预算收入、上级补助预算收入、附属单位上缴预算收入、经营预算收入、非同级财政拨款预算收入、债务预算收入、投资预算收益和其他预算收入等项目。为了加强对单位各项预算收入的管理与核算，应设置"财政拨款预算收入""事业预算收入""上级补助预算收入""附属单位上缴预算收入""经营预算收入""非同级财政拨款预算收入""债务预算收入""投资预算收益"和"其他预算收入"等账户进行核算，提供各项预算收入的增减变化及其结果的会计信息。

复习思考题

1. 政府会计的收入与预算收入有没有联系？
2. 政府会计的预算收入在什么情况下确认收入？
3. 哪些预算收入是行政单位和事业单位共有的收入项目？
4. 年末，政府会计的预算收入应结转到哪些会计科目？
5. 财务会计的其他收入和预算会计的其他预算收入是否存在一一对应关系？
6. 政府会计的债务预算收入与财务会计的哪些会计科目相对应？
7. 年末，财务会计的收入合计数与预算收入的合计数是否相等？
8. 其他预算收入一般包括财务会计哪些收入项目？

习题与实训

一、单项选择题

1. 行政单位最主要的预算收入来源是（　　）。
   A. 财政拨款预算收入　　　　B. 事业预算收入
   C. 专用基金收入　　　　　　D. 经营预算收入

2. 单位的财政拨款预算收入是指单位从（　　）取得的各类财政拨款，包括基本支出经费和项目支出经费。
   A. 上级财政部门　　　　　　B. 同级财政部门
   C. 其他部门　　　　　　　　D. 税务机关

3. 行政单位收到"财政直接支付入账通知书"及相关原始凭证，借记"行政支出"科目，贷记（　　）科目。
   A. 资金结存　　　　　　　　B. 应缴财政款
   C. 事业预算收入　　　　　　D. 财政拨款预算收入

4. 行政单位从上级主管部门等取得的用于完成专项任务的资金时，应借记"资金结存——货币资金"科目，贷记（　　）科目。
   A. 财政拨款预算收入　　　　B. 其他预算收入
   C. 非同级财政拨款预算收入　D. 事业预算收入

5. 在财政授权支付核算时，当收到授权支付额度时，预算会计的会计处理是（　　）。
   A. 借记"零余额账户用款额度"科目，贷记"财政拨款收入"科目
   B. 借记"资金结存——零余额账户用款额度"科目，贷记"财政拨款预算收入"科目
   C. 借记"财政拨款收入"科目，贷记"应缴财政款"科目
   D. 借记"应缴财政款"科目，贷记"财政拨款收入"科目

6. 年末，单位本年度财政授权支付预算指标数大于零余额账户用款额度下达数的，按照两者差额，应（　　）。
   A. 借记"零余额账户用款额度"科目，贷记"财政拨款收入"科目
   B. 借记"资金结存——零余额账户用款额度"科目，贷记"财政拨款预算收入"科目
   C. 借记"资金结存——财政应返还额度"科目，贷记"财政拨款预算收入"科目
   D. 借记"应缴财政款"科目，贷记"财政拨款收入"科目

7. 年末，根据本年度财政直接支付预算指标数与当年财政直接支付实际支出数的差额，应（　　）。
   A. 借记"零余额账户用款额度"科目，贷记"财政拨款收入"科目
   B. 借记"资金结存——零余额账户用款额度"科目，贷记"财政拨款预算收入"科目
   C. 借记"资金结存——财政应返还额度"科目，贷记"财政拨款预算收入"科目
   D. 借记"资金结存——财政应返还额度"科目，贷记"财政拨款预算收入"科目

8. 下列收入中，在会计核算过程中不需要分为专项资金收入和非专项资金收入的是（　　）。

A. 财政拨款预算收入　　　　　　　B. 非同级财政拨款预算收入
C. 上级补助预算收入　　　　　　　D. 附属单位上缴预算收入

9. 事业单位取得附属独立核算单位根据有关规定上缴的现金流入应作为（　　）。
A. 经营预算收入　　　　　　　　　B. 附属单位上缴预算收入
C. 事业预算收入　　　　　　　　　D. 投资预算收益

10. 事业单位在专业业务活动及其辅助活动之外开展非独立核算经营活动取得的现金流入应作为（　　）。
A. 经营预算收入　　　　　　　　　B. 其他预算收入
C. 事业预算收入　　　　　　　　　D. 附属单位上缴预算收入

11. 下列项目中，既属于行政单位，又属于事业单位的预算收入的是（　　）。
A. 经营预算收入　　　　　　　　　B. 投资预算收益
C. 财政拨款预算收入　　　　　　　D. 附属单位上缴预算收入

12. 采用财政专户返还方式管理的事业预算收入，收到从财政专户返还的事业预算收入时，按照实际收到的返还金额，应（　　）。
A. 借记"资金结存——货币资金"科目，贷记"事业预算收入"科目
B. 借记"资金结存——零余额账户用款额度"科目，贷记"财政拨款预算收入"科目
C. 借记"资金结存——财政应返还额度"科目，贷记"财政拨款预算收入"科目
D. 借记"资金结存——财政应返还额度"科目，贷记"财政拨款预算收入"科目

13. 借入短期借款时，按照实际借入的金额，应（　　）。
A. 借记"银行存款"科目，贷记"债务预算收入"科目
B. 借记"资金结存——货币资金"科目，贷记"短期借款"科目
C. 借记"资金结存——货币资金"科目，贷记"债务预算收入"科目
D. 借记"资金结存——货币资金"科目，贷记"债务收入"科目

14. 行政单位收回已核销的其他应收款应列入（　　）。
A. 经营预算收入　　　　　　　　　B. 其他预算收入
C. 事业预算收入　　　　　　　　　D. 捐赠预算收入

15. 下列会计科目中，相对应的会计科目不正确的是（　　）。
A. 财政拨款收入和财政拨款预算收入　B. 债务收入和债务预算收入
C. 事业收入和事业预算收入　　　　D. 经营收入和经营预算收入

二、多项选择题

1. 财政拨款预算收入管理必须遵循以下要求的有（　　）。
A. 按预算和计划取得经费　　　　　B. 按规定用途使用经费
C. 按预算级次申请拨款　　　　　　D. 按规定的财政资金支付方式申请取得

2. 在国库集中收付制度下，财政拨款预算收入的的来源渠道包括（　　）。
A. 财政授权支付　　　　　　　　　B. 财政直接支付
C. 其他支付方式　　　　　　　　　D. 财政转移支付

3. 单位在财政授权支付方式下发生的财政拨款预算收入时，其预算会计处理可能涉及的会计科目有（　　）。

A. 财政拨款预算收入　　　　　　　B. 资金结存
C. 零余额账户用款额度　　　　　　D. 银行存款

4. 单位在财政直接支付方式下发生的财政拨款预算收入时，其预算会计处理可能涉及的会计科目有（　　）。
A. 财政拨款预算收入　　　　　　　B. 行政支出
C. 事业支出　　　　　　　　　　　D. 资金结存

5. 单位在财政其他支付方式下发生的财政拨款预算收入时，其预算会计处理可能涉及的会计科目有（　　）。
A. 财政拨款预算收入　　　　　　　B. 应缴财政款
C. 零余额账户用款额度　　　　　　D. 资金结存——货币资金

6. 财政直接支付方式下，单位根据收到的"财政直接支付入账通知书"及相关原始凭证，按照通知书中的直接支付金额，借记（　　）等科目，贷记"财政拨款预算收入"科目。
A. 业务活动费用　　　　　　　　　B. 行政支出
C. 事业支出　　　　　　　　　　　D. 资金结存

7. 事业单位确认"事业预算收入"的时间包括（　　）。
A. 收到从财政专户返还的事业收入时　B. 采用预收款方式，实际收到款时
C. 采用应收款方式，实际收到款时　　D. 采用其他方式，实际收到款时

8. 下列预算收入中，年末结转需要分为专项资金收入和非专项资金收入的有（　　）。
A. 财政拨款预算收入　　　　　　　B. 事业预算收入
C. 上级补助预算收入　　　　　　　D. 附属单位上缴预算收入

9. 非同级财政拨款预算收入是指单位从非同级政府财政部门取得的经费拨款，包括（　　）。
A. 从同级政府其他部门取得的横向转拨财政款
B. 从上级政府财政部门取得的经费拨款
C. 从下级政府财政部门取得的经费拨款
D. 附属单位按规定应上缴收入

10. 在预算会计下，其他预算收入核算的内容包括（　　）。
A. 捐赠预算收入　　　　　　　　　B. 利息预算收入
C. 租金预算收入　　　　　　　　　D. 现金盘盈收入

11. 下列预算收入中，不需要分为专项资金收入和非专项资金收入的有（　　）。
A. 财政拨款收入　　　　　　　　　B. 经营收入
C. 投资收益　　　　　　　　　　　D. 其他收入

12. 下列账户中，年末应无余额的有（　　）。
A. 财政拨款预算收入　　　　　　　B. 经营预算收入
C. 其他预算收入　　　　　　　　　D. 上级补助预算收入

13. 下列项目中，属于事业单位投资预算收益的有（　　）。
A. 债券投资利息收入　　　　　　　B. 银行存款利息收入
C. 股权投资的股利收入　　　　　　D. 附属单位上缴收入

14. 下列会计科目中，属于政府会计财务收入和预算收入相对应的会计科目的是（　　）。
   A. 财政拨款收入和财政拨款预算收入
   B. 其他收入和其他预算收入
   C. 事业收入和事业预算收入
   D. 经营收入和经营预算收入
15. "财政拨款预算收入"科目应设置（　　）二级科目进行明细核算。
   A. 基本支出
   B. 项目支出
   C. 人员支出
   D. 商品福利支出
16. 在预算会计下，事业单位偿还各项短期或长期借款时，涉及的会计科目有（　　）。
   A. 债务还本支出
   B. 其他支出
   C. 资金结存
   D. 其他费用

三、判断题

1. 单位在收到财政国库支付执行机构委托转来的"财政直接支付入账通知书"时，按入账通知书中标明的金额确认财政拨款预算收入，同时计入相关支出或相关资产科目。（　　）
2. 单位在收到代理银行转来的"财政授权支付到账通知书"时，按通知书标明的金额确认财政拨款预算收入。（　　）
3. 事业单位采用预收款方式确认的事业预算收入按合同进度确认。（　　）
4. 上级补助预算收入是指事业单位从主管部门和上级单位取得的财政补助收入。（　　）
5. 事业单位在专业业务活动及其辅助活动之外开展非独立核算经营活动取得的现金流入，应作为经营预算收入处理。（　　）
6. 行政单位可以从事生产经营活动取得经营预算收入。（　　）
7. 单位出租固定资产取得的租金收入属于其他预算收入。（　　）
8. 政府单位发生的各项预算收入在年末都应该转入"本期盈余"科目。（　　）
9. "财政拨款预算收入"核算内容和"财政拨款收入"的核算内容相同。（　　）
10. "其他收入"核算内容和"其他预算收入"的核算内容相同。（　　）
11. "财政拨款预算收入"科目应设置"基本支出""项目支出"两个二级科目进行明细核算。（　　）
12. 上级补助预算收入是指事业单位从主管部门和上级单位取得的非财政补助现金流入。（　　）
13. 收到经营预算收入时，按照实际收到的金额，借记"资金结存——货币资金"科目，贷记"经营收入"科目。（　　）
14. 债务预算收入是指事业单位按照规定从银行和其他金融机构等借入的、纳入部门预算管理的、以财政资金作为偿还来源的债务本金。（　　）
15. 预算会计中的其他预算收入与财务会计中捐赠收入、利息收入、租金收入、其他收入项目相对应。（　　）

四、实训题

实训一

1. 目的：实训行政单位预算收入的核算。
2. 资料：某行政单位发生如下经济业务：
（1）收到"财政直接支付入账通知书"及相关原始凭证，收到本月经费 5 000 000 元用于支付职工薪酬。
（2）收到"财政授权支付额度到账通知书"，本期取得零余额账户用款额度 78 000 元。
（3）收到银行利息收入通知，本期利息收入 3 400 元存入银行。
（4）收到出租会议室租金收入 6 000 元，存入银行。
（5）出售废旧报纸杂志收入，收到现金 300 元。
（6）期末，盘点发现溢余现金 20 元，原因待查。
（7）经仔细核查，无法确认溢余现金 20 元的原因，经批准列为收入。
（8）收到上级主管部门下拨的用于完成专项任务的资金 10 万元，存入银行。
（9）行政单位收回已核销的其他应收款 1 500 元存入银行。
（10）期末，将各预算收入（均为专项资金）发生额结转到相关"财政拨款结转"和"其他结余"账户。
3. 要求：根据上述经济业务编制预算会计下的相应会计分录。

实训二

1. 目的：实训收入和预算收入的核算。
2. 资料：某事业单位某年 5 月发生如下经济业务：
（1）收到"财政直接支付入账通知书"及相关原始凭证，收到本月经费 520 000 元用于购买固定资产，固定资产已经验收入库。
（2）收到"财政授权支付额度到账通知书"，本月取得零余额账户用款额度 740 000 元。
（3）收到上级主管单位拨入的经费拨款 50 000 元，款项存入银行。
（4）开展专业业务活动取得事业收入 8 300 000 元，款项存入银行。该款项应上缴财政专户管理。
（5）按规定：开展专业业务活动取得事业收入 60% 即上缴财政专户，40% 留归事业单位所有。应上缴的款项已经通过银行上缴。
（6）收到同级财政部门拨入专款 1 000 000 元存入银行，该资金主要用于开展会计技能大赛。
（7）开展经营活动向某企业销售货物一批，取得收入 100 000 元，应交增值税销项税额 16 000 元，款项已存入银行。
（8）收到附属独立核算单位上缴的款项 88 000 元，存入银行。
（9）收到被投资单位分来的利润 23 000 元，存入银行。
（10）收到债券投资的利息收入 1 800 元，存入银行。
3. 要求：根据上述经济业务编制财务会计和预算会计下的相应会计分录。

实训三

1. 目的：练习行政单位和事业单位共有收入的核算。
2. 资料：某政府单位（假设不考虑增值税）12月发生的经济业务如下：

（1）收到"财政直接支付入账通知书"及相关原始凭证，列明采购专用材料一批，用于依法履职或开展专业活动，直接支付入账金额450 000元，材料已经验收入库。

（2）收到"财政授权支付额度到账通知书"，列明本月财政授权支付额度为200 000元。

（3）收到"财政直接支付入账通知书"及相关原始凭证，列明采购专用设备一批，用于依法履职或开展专业活动，直接支付入账金额189 000元，设备已经验收入库。

（4）收到非同级财政部门的财政拨款收入150 000元，款项已存入银行。

（5）接受甲公司的捐赠货币资金200 000元存入银行。

（6）收到银行存款利息收入通知书，本月取得存款利息收入500元。

（7）盘点发现现金溢余300元，原因待查。

（8）使用财政资金直接支付职工薪酬1 780 000元。

（9）使用财政资金直接购买特准储备物资520 000元，物资已经验收入库。

（10）使用财政资金直接支付办公大楼的工程进度款280 000元。

3. 要求：根据上述经济业务编制财务会计和预算会计下的相应会计分录。

项目九 预算支出的核算

 职业能力目标

通过本项目的学习,熟悉政府单位预算支出的核算范围,能够正确地进行各项预算支出的核算,提供各项预算支出的会计信息。

 典型工作任务

行政支出的核算;事业支出的核算;上缴上级支出的核算;对附属单位补助支出的核算;债务还本支出的核算;投资支出的核算;其他支出的核算。

任务一 行政支出的核算

一、行政支出的概念

行政支出是指行政单位履行其职责实际发生的各项现金流出。行政支出是行政单位为实现公共管理职能、完成行政任务所必须发生的各项资金耗费,属于非生产性支出。它是行政单位对财政拨款收入和其他收入等综合安排使用的结果,是行政单位在预算执行过程中的实际资金消耗数。行政支出是日常行政工作任务完成的重要财力保障。

二、行政支出的分类

行政支出按照不同标准,可以分为不同类型。

(一)按经济用途分类

按经济用途,行政支出分为工资福利支出、商品和服务支出、对个人和家庭的补助、基本建设支出和其他资本性支出。行政支出按经济用途分类的直接依据是政府收支分类科目中的"部门预算支出经济分类科目"。政府收支分类科目中的"部门预算支出经济分类科目"

分为类、款两级科目。按照《2018年政府收支分类科目》中的"部门预算支出经济分类科目",行政单位的行政支出主要可分为以下7类:

1. 工资福利支出

工资福利支出,反映行政单位开支的在职职工和编制外长期聘用人员的各类劳动报酬,以及为上述人员缴纳的各项社会保险费。其款级科目包括:基本工资、津贴补贴、奖金、伙食补助费、机关事业单位基本养老保险缴费、职业年金缴费、职工基本医疗保险缴费、公务员医疗补助缴费、其他社会保障缴费、住房公积金、医疗费、其他工资福利支出等。

2. 商品和服务支出

商品和服务支出,反映行政单位购买商品和服务的支出(不包括用于购置固定资产的支出、战略性和应急性储备支出,但包括军事方面的耐用消费品和设备购置费、军事性建设费以及军事建筑物的购置费)。其款级科目包括:办公费、印刷费、咨询费、手续费、水费、电费、邮电费、取暖费、物业管理费、差旅费、因公出国(境)费、维修(护)费、租赁费、会议费、培训费、公务接待费、专用材料费、被装购置费、专用燃料费、劳务费、委托业务费、工会经费、福利费、公用车运行维护费、其他交通费、税金及附加费用、其他商品和服务支出等。

3. 对个人和家庭的补助

对个人和家庭的补助,反映政府用于个人和家庭的补助支出。其款级科目包括:离休费、退休费、退职(役)费、抚恤金、生活补助、救济费、医疗费、助学金、奖励金、个人生产补贴和其他对个人和家庭的补助支出等。

4. 基本建设支出

基本建设支出,反映各级发展和改革部门安排的基本建设支出。其款级科目包括:房屋建筑物购建、办公设备购置、专用设备购置、基础设施建设、大型修缮、信息网络及软件购置更新、物资储备、公务用车购置、其他交通工具购置、文化陈列品购置、无形资产购置和其他基本建设支出等。

5. 其他资本性支出

其他资本性支出,反映行政单位安排的资本性支出。由发展和改革部门安排的基本建设支出不在此科目反映。其款级科目主要包括:房屋建筑物购建、办公设备购置、专用设备购置、基础设施建设、大型修缮、信息网络及软件购置更新、物资储备、土地补偿、安置补助、地上附着物和青苗补偿、拆迁补偿、公务用车购置、其他交通工具购置、文化陈列品购置、无形资产购置和其他资本性支出等。

6. 对社会保障补助

对社会保障补助,反映政府对社会保险基金的补助以及补充全国社会保障基金的支出。其款级科目主要包括:对社会保险基金的补助和补充全国社会保障基金。

7. 其他支出

其他支出,反映不能划分到上述经济科目的其他支出。其款级科目主要包括:赠与、国家赔偿费用支出、对民间非营利组织和群众性自治组织补贴、其他支出。

(二)按部门预算管理要求分类

按部门预算管理要求,行政支出可分为基本支出和项目支出。

1. 基本支出

基本支出是指行政单位为保障正常运转和完成日常工作任务发生的支出，包括人员经费和日常公用经费。人员经费是指为了开展专业活动而用于个人方面的开支如基本工资、津贴补贴及奖金、社会保障缴费、离休费、退休费、助学金、医疗费、住房补贴等。人员经费在"部门预算支出经济分类科目"中体现为"工资福利支出"和"对个人和家庭的补助"两部分。日常公用经费是指为了完成业务活动而用于公共管理方面的开支，包括办公费、印刷费、咨询费、水电费、邮电费、取暖费、物业管理费、差旅费、维修（护）费、租赁费等。日常公用经费在"部门预算支出经济分类科目"中体现为"商品和服务支出""其他资本性支出"等科目中属于基本支出的内容。

2. 项目支出

项目支出是行政单位为完成其特定的工作任务发生的支出，包括基本建设专项业务、大型修缮、大型购置、大型会议等项目支出。项目支出在"部门预算支出经济分类科目"中体现为"基本建设支出""商品和服务支出""其他资本性支出"科目中属于项目支出的内容。项目支出具有专项性、独立性和完整性的特点。其中，专项性是指项目支出具有特定目标，为了完成特定工作任务，目标不同项目不同；独立性是指每个项目支出都有支出的明确范围，各项目之间支出不能交叉，项目支出与基本支出之间也不能交叉；完整性是指项目支出完整，体现为完成特定目标或任务的全部支出内容。

（三）按资金类型分类

按资金类型，行政支出可分为财政拨款支出、非财政专项资金支出和其他资金支出。

1. 财政拨款支出

财政拨款支出是行政单位使用财政拨款预算收入安排的行政支出。

2. 非财政专项资金支出

非财政专项资金支出是行政单位使用财政拨款预算收入之外的预算收入安排的有指定项目和用途的专项资金支出。该支出应当专款专用、单独核算，并按照规定向财政部门或者主管部门报送专项资金的使用情况；项目完成后，应当报送专项资金支出决算和使用效果的书面报告，接受财政部门或者主管部门的检查、验收。

3. 其他资金支出

其他资金支出是行政单位使用除财政拨款预算收入和非财政专项资金以外的资金安排的行政支出。该支出为行政支出中的非财政非专项资金支出。

（四）按照资金来源分类

按资金来源，行政支出可分为一般公共预算财政拨款支出、政府性基金预算财政拨款支出。

1. 一般公共预算财政拨款支出

一般公共预算财政拨款支出是指行政单位使用一般公共预算财政拨款安排的行政支出。

2. 政府性基金预算财政拨款支出

政府性基金预算财政拨款支出是指行政单位使用政府性基金预算财政拨款安排的行政支出。

三、行政支出的核算

(一) 设置"行政支出"科目

为了核算履行其职责实际发生的各项现金流出,行政单位应设置"行政支出"科目。本科目应当分别按照"财政拨款支出""非财政专项资金支出"和"其他资金支出","基本支出"和"项目支出"等进行明细核算,并按照《政府收支分类科目》中"支出功能分类科目"的项级科目进行明细核算;"基本支出"和"项目支出"明细科目下应当按照《政府收支分类科目》中"部门预算支出经济分类科目"的款级科目进行明细核算,同时在"项目支出"明细科目下按照具体项目进行明细核算。有一般公共预算财政拨款、政府性基金预算财政拨款等两种或两种以上财政拨款的行政单位,还应当在"财政拨款支出"明细科目下按照财政拨款的种类进行明细核算。对于预付款项,可通过在本科目下设置"待处理"明细科目进行核算,待确认具体支出项目后再转入本科目下相关明细科目。年末结账前,应将本科目"待处理"明细科目余额全部转入本科目下相关明细科目。

(二) 行政支出的主要账务处理

(1) 支付单位职工薪酬。向单位职工个人支付薪酬时,按实际支付的金额,借记"行政支出"科目,贷记"财政拨款预算收入""资金结存"科目。按照规定代扣代缴个人所得税以及代扣代缴或为职工缴纳职工社会保险费、住房公积金等时,按照实际缴纳的金额,借记"行政支出"科目,贷记"财政拨款预算收入""资金结存"科目。

(2) 支付外部人员劳务费。按照实际支付给外部人员个人的金额,借记"行政支出"科目,贷记"财政拨款预算收入""资金结存"科目。按照规定代扣代缴个人所得税时,按照实际缴纳的金额,借记"行政支出"科目,贷记"财政拨款预算收入""资金结存"科目。

(3) 为购买存货、固定资产、无形资产等以及在建工程支付相关款项时,按照实际支付的金额,借记"行政支出"科目,贷记"财政拨款预算收入""资金结存"科目。

(4) 发生预付账款时,按照实际支付的金额,借记"行政支出"科目,贷记"财政拨款预算收入""资金结存"科目。对于暂付款项,在支付款项时可不做预算会计处理,待结算或报销时,按照结算或报销的金额,借记"行政支出"科目,贷记"资金结存"科目。

(5) 发生其他各项支出时,按照实际支付的金额,借记"行政支出"科目,贷记"财政拨款预算收入""资金结存"科目。

(6) 因购货退回等发生款项退回,或者发生差错更正的,属于当年支出收回的,按收回或更正金额,借记"财政拨款预算收入""资金结存"科目,贷记"行政支出"科目。

(7) 年末,将"行政支出"科目本年发生额中的财政拨款支出转入财政拨款结转,借记"财政拨款结转"科目,贷记"行政支出"科目下各财政拨款支出明细科目;将"行政支出"科目本年发生额中的非财政专项资金支出转入非财政拨款结转,借记"非财政拨款结转"科目,贷记"行政支出"科目下各非财政专项资金支出明细科目;将"行政支出"科目本年发生额中的其他资金支出(非财政非专项资金支出)转入其他结余,借记"其他结余"科目,贷记"行政支出"科目下其他资金支出明细科目。年末结转后,本科目应无余额。

【小思考 9-1】 是否涉及"行政支出"科目的会计业务都需要在财务会计和预算会计中分别进行账务处理?

"行政支出"主要业务和事项账务处理如表 9-1 所示。

表 9-1　　　　　　　　　　　　"行政支出"的账务处理

序号	业务和事项内容		账务处理	
			预算会计	财务会计
(1)	支付为履行或开展业务活动人员的薪酬	实际支付给职工并代扣代缴个人所得税时	借:行政支出(按照支付给个人的部分) 贷:财政拨款预算收入/资金结存	借:应付职工薪酬 贷:财政拨款收入/零余额账户用款额度/银行存款等 　　其他应交税费——应交个人所得税
		实际缴纳税款时	借:行政支出(按照实际缴纳的金额) 贷:资金结存等	借:其他应交税费——应交个人所得税应付职工薪酬 贷:零余额账户用款额度/银行存款等
(2)	为履职或开展业务活动发生的外部人员劳务费	实际支付给职工并代扣代缴个人所得税时	借:行政支出(按照支付给个人的部分) 贷:财政拨款预算收入/资金结存	借:其他应付款 贷:财政拨款收入/零余额账户用款额度/银行存款等 　　其他应交税费——应交个人所得税
		实际缴纳税款时	借:行政支出(按照实际缴纳的金额) 贷:资金结存等	借:其他应交税费——应交个人所得税 贷:零余额账户用款额度/银行存款等
(3)	为履职或开展业务活动发生的预付款项	预付账款 - 支付款项时	借:行政支出 贷:财政拨款预算收入/资金结存	借:预付账款 贷:财政拨款收入/零余额账户用款额度/银行存款等
		预付账款 - 结算时	借:行政支出 贷:财政拨款预算收入/资金结存(补付金额)	借:业务活动费用 贷:预付账款 　　财政拨款收入/零余额账户用款额度/银行存款等
		暂付款项 - 结算或报销时	借:行政支出 贷:资金结存等	借:业务活动费用 贷:其他应收款

续表

序号	业务和事项内容		账务处理	
			预算会计	财务会计
(4)	购买资产或支付在建工程款时	按照实际支付或应支付的金额	借：行政支出 　贷：财政拨款预算收入/资金结存	借：库存物品/固定资产/无形资产/在建工程等 　贷：财政拨款收入/零余额账户用款额度/银行存款等
(5)	为履职或开展业务活动发生的税费，支付其他税费时		借：行政支出 　贷：资金结存等	借：其他应交税费 　贷：银行存款等
(6)	为履职或开展业务活动发生的其他各项费用		借：行政支出 　贷：财政拨款预算收入/资金结存（实付金额）	借：业务活动费用 　贷：财政拨款收入/零余额账户用款额度/银行存款/应付账款/其他应付款等
(7)	当年发生的购货退回等		借：财政拨款预算收入/资金结存 　贷：行政支出	借：财政拨款收入/零余额账户用款额度/银行存款/应收账款等 　贷：库存物品/业务活动费用
(8)	期末/年末结转		借：财政拨款结转 　　非财政拨款结转 　　其他结余 　贷：行政支出	借：业务活动费用 　贷：本期盈余

【工作实例9-1】某市卫生局全年发生与履职或开展业务活动发生有关的经济业务如下：

（1）以财政资金直接支付在编职工薪酬700 000元和外部人员劳务费30 000元，代扣个人所得税21 400元。

（2）以财政零余额账户用款额度采购办公用品4 500元，材料已交付各部门使用。

（3）以财政零余额账户用款额度缴纳个人所得税21 400元。

（4）以财政零余额账户用款额度支付日常维修费21 000元。

（5）招标采购一批办公用电脑，价值120 000元，电脑已经验收入库，价款采用财政直接支付。

（6）年末，将上述"行政支出"账户本期发生额结转到"财政拨款结转"账户（假定各项支出均为财政拨款资金支付）；将"业务活动费用"账户本期发生额结转到"本期盈余"账户。

任务处理如下：

（1）以财政资金直接支付职工薪酬和外部人员劳务费时

借：行政支出　　　　　　　　　　　　　　　　　　　　　　　730 000
　　贷：财政拨款预算收入　　　　　　　　　　　　　　　　　　　730 000

同时财务会计作：

借：应付职工薪酬　　　　　　　　　　　　　　　　　　　　　751 400

　　　　贷：财政拨款收入　　　　　　　　　　　　　　　　　　　　　730 000
　　　　　　其他应交税费——应交个人所得税　　　　　　　　　　　 21 400
　　（2）以财政零余额账户用款额度采购办公用品时
　　　　借：行政支出　　　　　　　　　　　　　　　　　　　　　　 4 500
　　　　　　贷：资金结存——零余额账户用款额度　　　　　　　　　　4 500
　　同时财务会计作：
　　　　借：业务活动费用　　　　　　　　　　　　　　　　　　　　 4 500
　　　　　　贷：零余额账户用款额度　　　　　　　　　　　　　　　　4 500
　　（3）以财政零余额账户用款额度缴纳个人所得税时
　　　　借：行政支出　　　　　　　　　　　　　　　　　　　　　　 21 400
　　　　　　贷：资金结存——零余额账户用款额度　　　　　　　　　 21 400
　　同时财务会计作：
　　　　借：其他应交税费——应交个人所得税　　　　　　　　　　　 21 400
　　　　　　贷：零余额账户用款额度　　　　　　　　　　　　　　　 21 400
　　（4）以财政零余额账户用款额度支付维修费时
　　　　借：行政支出　　　　　　　　　　　　　　　　　　　　　　 21 000
　　　　　　贷：资金结存——零余额账户用款额度　　　　　　　　　 21 000
　　同时财务会计作：
　　　　借：业务活动费用　　　　　　　　　　　　　　　　　　　　 21 000
　　　　　　贷：零余额账户用款额度　　　　　　　　　　　　　　　 21 000
　　（5）以财政资金直接支付固定资产时
　　　　借：行政支出　　　　　　　　　　　　　　　　　　　　　　120 000
　　　　　　贷：财政拨款预算收入　　　　　　　　　　　　　　　　120 000
　　同时财务会计作：
　　　　借：固定资产　　　　　　　　　　　　　　　　　　　　　　120 000
　　　　　　贷：财政拨款收入　　　　　　　　　　　　　　　　　　120 000
　　（6）年末，将上述"行政支出"账户本期发生额结转到"财政拨款结转"账户；将"业务活动费用"账户本期发生额结转到"本期盈余"账户
　　　　借：财政拨款结转　　　　　　　　　　　　　　　　　　　　896 900
　　　　　　贷：行政支出　　　　　　　　　　　　　　　　　　　　896 900
　　同时财务会计作：
　　　　借：本期盈余　　　　　　　　　　　　　　　　　　　　　　 25 500
　　　　　　贷：业务活动费用　　　　　　　　　　　　　　　　　　 25 500

【小思考9-2】为什么行政单位的"行政支出"科目本期发生额与"业务活动费用"的发生额不相等？

任务二　事业支出的核算

一、事业支出的概念

事业支出是指事业单位开展专业业务活动及其辅助活动实际发生的各项现金流出。

事业支出是事业单位支出的主要内容，是考核事业成果和资金使用效益的重要依据。事业单位应当根据财政拨款预算收入、上级补助预算收入、事业预算收入、附属单位上缴预算收入、非同级财政拨款收入和其他预算收入等情况统筹安排事业支出。财政拨款收入必须按规定的用途使用，不得自行改变资金用途。

有经营活动的事业单位应当正确划分事业支出与经营支出的界线。对于能分清的支出，要合理归集；对于不能分清的支出，应按一定的标准进行分配，不得将应列入经营支出的项目列入事业支出，也不得将应列入事业支出的项目列入经营支出。事业单位应当适当控制人员经费支出，相对增加日常公用经费支出，以促进事业活动的不断发展。

二、事业支出的分类

事业支出的分类与行政支出的分类基本相同，只是在按照经济用途分类时增加了"绩效工资"和"债务利息及费用支出"项目。

（一）按经济用途分类

按经济用途，事业支出分为工资福利支出、绩效工资、商品和服务支出、对个人和家庭的补助、基本建设支出、债务利息及费用支出和其他资本性支出。事业支出按经济用途分类的直接依据是政府收支分类科目中的"部门预算支出经济分类科目"。政府收支分类科目中的"部门预算支出经济分类科目"分为类、款两级科目。

（二）按部门预算管理要求分类

按部门预算管理要求，事业支出可分为基本支出和项目支出。

（1）基本支出是指事业单位为保障正常运转和完成日常工作任务发生的支出，包括人员经费和日常公用经费。

（2）项目支出是事业单位为完成其特定的工作任务发生的支出。

（三）按资金类型分类

按资金类型，事业支出可分为财政拨款支出、非财政专项资金支出和其他资金支出。

（四）按照资金来源分类

按资金来源，事业支出可分为一般公共预算财政拨款支出、政府性基金预算财政拨款支出。

三、事业支出的列支口径

事业支出的列支口径主要是：

（1）发给个人的工资、津贴、补贴和抚恤救济费等，应根据实有人数和实发金额，并经取得本人签收的凭证后列报支出。

（2）购入办公用品可直接列报支出。购入其他各种材料可在领用时列报支出。

（3）社会保障费、职工福利费和管理部门支付的工会经费，按照规定标准和实有人数每月计算提取，直接列报支出。

（4）固定资产修购基金按核定的比例提取，直接列报支出。

（5）购入固定资产、无形资产等，经验收后列报支出。

（6）其他各项费用，均以实际报销数列报支出。

四、事业支出的核算

（一）设置"事业支出"科目

为了核算事业单位开展专业业务活动及其辅助活动实际发生的各项现金流出，事业单位应设置"事业支出"科目。本科目应当分别按照"财政拨款支出""非财政专项资金支出""其他资金支出""基本支出"和"项目支出"等进行明细核算，并按照《政府收支分类科目》中"支出功能分类科目"的项级科目进行明细核算。"基本支出"和"项目支出"明细科目下应当按照《政府收支分类科目》中"部门预算支出经济分类科目"的款级科目进行明细核算，同时在"项目支出"明细科目下按照具体项目进行明细核算。有一般公共预算财政拨款、政府性基金预算财政拨款等两种或两种以上财政拨款的事业单位，还应当在"财政拨款支出"明细科目下按照财政拨款的种类进行明细核算。对于预付款项，可通过在本科目下设置"待处理"明细科目进行明细核算，待确认具体支出项目后再转入本科目下相关明细科目。年末结账前，应将本科目"待处理"明细科目余额全部转入本科目下相关明细科目。

（二）事业支出的主要账务处理

（1）支付单位职工（经营部门职工除外）薪酬向单位职工个人支付薪酬时，按照实际支付的数额，借记"事业支出"科目，贷记"财政拨款预算收入""资金结存"科目。按照规定代扣代缴个人所得税以及代扣代缴或为职工缴纳职工社会保险费、住房公积金等时，按照实际缴纳的金额，借记"事业支出"科目，贷记"财政拨款预算收入""资金结存"科目。

（2）为专业业务活动及其辅助活动支付外部人员劳务费时，按照实际支付给外部人员个人的金额，借记"事业支出"科目，贷记"财政拨款预算收入""资金结存"科目。按照规定代扣代缴个人所得税时，按照实际缴纳的金额，借记"事业支出"科目，贷记"财政拨款预算收入""资金结存"科目。

（3）开展专业业务活动及其辅助活动过程中为购买存货、固定资产、无形资产等以及在建工程支付相关款项时，按照实际支付的金额，借记"事业支出"科目，贷记"财政拨款预算收入""资金结存"科目。

（4）开展专业业务活动及其辅助活动过程中发生预付账款时，按照实际支付的金额，借记"事业支出"科目，贷记"财政拨款预算收入""资金结存"科目。

对于付款项，在支付款项时可不做预算会计处理，待结算或报销时，按照结算或报销的金额，借记"事业支出"科目，贷记"资金结存"科目。

（5）开展专业业务活动及其辅助活动过程中缴纳的相关税费以及发生的其他各项支出，按照实际支付的金额，借记"事业支出"科目，贷记"财政拨款预算收入""资金结存"科目。

（6）开展专业业务活动及其辅助活动过程中因购货退回等发生款项退回，或者发生差错更正的，属于当年支出收回的，按照收回或更正金额，借记"财政拨款预算收入""资金结存"科目，贷记"事业支出"科目。

（7）年末，将"事业支出"科目本年发生额中的财政拨款支出转入财政拨款结转，借记"财政拨款结转——本年收支结转"科目，贷记"事业支出"科目下各财政拨款支出明细科目；将"事业支出"科目本年发生额中的非财政专项资金支出转入非财政拨款结转，借记"非财政拨款结转——本年收支结转"科目，贷记"事业支出"科目下各非财政专项资金支出明细科目；将"事业支出"科目本年发生额中的其他资金支出（非财政非专项资金支出）转入其他结余，借记"其他结余"科目，贷记本科目下其他资金支出明细科目。年末结转后，"事业支出"科目应无余额。

【小思考9-3】是否涉及"事业支出"科目的会计业务都需要在财务会计和预算会计中分别进行账务处理？

"事业支出"主要业务和事项账务处理如表9-2所示。

表9-2　　　　　　　　　　"事业支出"的账务处理

序号	业务和事项内容		账务处理	
			预算会计	财务会计
（1）	向单位职工个人支付薪酬时	实际支付给职工并代扣代缴个人所得税时	借：事业支出（按照支付给个人的部分） 贷：财政拨款预算收入/资金结存	借：应付职工薪酬 贷：财政拨款收入/零余额账户用款额度/银行存款等 　　其他应交税费——应交个人所得税
		实际缴纳税款时	借：事业支出（按照实际缴纳的金额） 贷：资金结存等	借：其他应交税费——应交个人所得税应付职工薪酬 贷：零余额账户用款额度/银行存款等
（2）	为履职或开展业务活动发生的外部人员劳务费	实际支付给职工并代扣代缴个人所得税时	借：事业支出（按照支付给个人的部分） 贷：财政拨款预算收入/资金结存	借：其他应付款 贷：财政拨款收入/零余额账户用款额度/银行存款等 　　其他应交税费——应交个人所得税
		实际缴纳税款时	借：事业支出（按照实际缴纳的金额） 贷：资金结存等	借：其他应交税费——应交个人所得税 贷：零余额账户用款额度/银行存款等

续表

序号	业务和事项内容			账务处理	
				预算会计	财务会计
（3）	为履职或开展业务活动发生的预付款项	预付账款	支付款项时	借：事业支出 　贷：财政拨款预算收入/资金结存	借：预付账款 　贷：财政拨款收入/零余额账户用款额度/银行存款等
			结算时	借：事业支出 　贷：财政拨款预算收入/资金结存（补付金额）	借：业务活动费用/单位管理费用 　贷：预付账款 　　财政拨款收入/零余额账户用款额度/银行存款等
		暂付款项	结算或报销时	借：事业支出 　贷：资金结存等	借：业务活动费用/单位管理费用 　贷：其他应收款
（4）	购买资产或支付在建工程款时	按照实际支付或应支付的金额		借：事业支出 　贷：财政拨款预算收入/资金结存	借：库存物品/固定资产/无形资产/在建工程等 　贷：财政拨款收入/零余额账户用款额度/银行存款等
（5）	为履职或开展业务活动发生的税费，支付其他税费时			借：事业支出 　贷：资金结存等	借：其他应交税费 　贷：银行存款等
（6）	为履职或开展业务活动发生的其他各项费用			借：事业支出 　贷：财政拨款预算收入/资金结存（实付金额）	借：业务活动费用/单位管理费用 　贷：财政拨款收入/零余额账户用款额度/银行存款/应付账款/其他应付款等
（7）	当年发生的购货退回等			借：财政拨款预算收入/资金结存 　贷：事业支出	借：财政拨款收入/零余额账户用款额度/银行存款/应收账款等 　贷：库存物品/业务活动费用/单位管理费用
（8）	期末/年末结转			借：财政拨款结转 　　非财政拨款结转 　　其他结余 　贷：事业支出	借：业务活动费用/单位管理费用 　贷：本期盈余

【工作实例9-2】某高职院校全年开展管理活动发生有关的经济业务如下：

（1）计提单位行政和后勤人员职工薪酬500 000元和外部人员劳务费20 000元，代扣个人所得税10 800元。

（2）以财政零余额账户用款额度支付审计费20 000元。

（3）以财政零余额账户用款额度缴纳个人所得税10 800元。

（4）管理部门领用拖把、毛巾等卫生用品980元。

（5）以财政零余额账户用款额度支付绿化费46 900元。

（6）计提管理用固定资产折旧5 600元。

(7) 工会开展活动购买奖品 35 000 元。

(8) 年末，将"事业支出"账户本期发生额 86 000 000 元结转到"财政拨款结转"账户（假定各项支出均为财政拨款资金支付）。

(9) 年末，将"业务活动费用"账户本期发生额 104 200 000 元结转到"本期盈余"账户。

(10) 年末，将"单位管理费用"账户本期发生额 98 000 000 元结转到"本期盈余"账户。

任务处理如下：

(1) 计提单位行政和后勤人员职工薪酬和外部人员劳务费时

借：单位管理费用　　　　　　　　　　　　　　　　　　　530 800
　　贷：应付职工薪酬　　　　　　　　　　　　　　　　　　500 000
　　　　其他应付款　　　　　　　　　　　　　　　　　　　 20 000
　　　　其他应交税费——应交个人所得税　　　　　　　　　 10 800

(2) 以财政零余额账户用款额度支付审计时

借：事业支出　　　　　　　　　　　　　　　　　　　　　　20 000
　　贷：资金结存——零余额账户用款额度　　　　　　　　　 20 000

同时财务会计作：

借：单位管理费用　　　　　　　　　　　　　　　　　　　　20 000
　　贷：零余额账户用款额度　　　　　　　　　　　　　　　 20 000

(3) 以财政零余额账户用款额度缴纳个人所得税时

借：事业支出　　　　　　　　　　　　　　　　　　　　　　10 800
　　贷：资金结存——零余额账户用款额度　　　　　　　　　 10 800

同时财务会计作：

借：其他应交税费——应交个人所得税　　　　　　　　　　　10 800
　　贷：零余额账户用款额度　　　　　　　　　　　　　　　 10 800

(4) 领用拖把、毛巾等卫生用品时

借：业务活动费用　　　　　　　　　　　　　　　　　　　　　 980
　　贷：库存物品　　　　　　　　　　　　　　　　　　　　　 980

(5) 以财政零余额账户用款额度支付绿化费时

借：事业支出　　　　　　　　　　　　　　　　　　　　　　46 900
　　贷：资金结存——零余额账户用款额度　　　　　　　　　 46 900

同时财务会计作：

借：业务活动费用　　　　　　　　　　　　　　　　　　　　46 900
　　贷：零余额账户用款额度　　　　　　　　　　　　　　　 46 900

(6) 计提固定资产折旧时

借：业务活动费用　　　　　　　　　　　　　　　　　　　　 5 600
　　贷：固定资产累计折旧　　　　　　　　　　　　　　　　　5 600

(7) 工会开展活动购买奖品时

借：事业支出　　　　　　　　　　　　　　　　　　　　　　35 000

　　　　贷：资金结存——零余额账户用款额度　　　　　　　　　　　　　35 000
同时财务会计作：
　　借：单位管理费用　　　　　　　　　　　　　　　　　　　　　　35 000
　　　　贷：零余额账户用款额度　　　　　　　　　　　　　　　　　　　35 000
（8）年末，将"事业支出"账户本期发生额结转到"财政拨款结转"账户
　　借：财政拨款结转——本年收支结转　　　　　　　　　　　　86 000 000
　　　　贷：资金结存——零余额账户用款额度　　　　　　　　　　86 000 000
（9）年末，将"业务活动费用"账户本期发生额结转到"本期盈余"账户
　　借：本期盈余　　　　　　　　　　　　　　　　　　　　　 104 200 000
　　　　贷：业务活动费用　　　　　　　　　　　　　　　　　　 104 200 000
（10）年末，将"单位管理费用"账户本期发生额结转到"本期盈余"账户
　　借：本期盈余　　　　　　　　　　　　　　　　　　　　　　98 000 000
　　　　贷：单位管理费用　　　　　　　　　　　　　　　　　　　98 000 000

任务三　经营支出的核算

一、经营支出的概念

经营支出是指事业单位在专业业务活动及其辅助活动之外开展非独立核算经营活动实际发生的各项现金流出。

事业单位对于开展非独立核算经营活动中发生的各项支出，应正确归集。直接用于经营活动的材料费、人工费和其他直接费用，应直接计入经营支出；无法直接归集的，应按规定的比例合理分摊。事业单位经营活动中取得的收入要与经营支出相互配比。由于经营支出属于事业单位的非财政非专项资金，事业单位经营支出不得使用财政资金、事业经费进行经营支出。但经营收入大于经营支出而产生的盈余可以补充事业经费，促进事业发展。

二、经营支出的核算

为核算事业单位在专业业务活动及其辅助活动之外开展非独立核算经营活动发生的各项支出，事业单位应设置"经营支出"科目。该科目应当按照经营活动类别、项目、《政府收支分类科目》中的"支出功能分类科目"的项级科目和"部门预算支出经济分类科目"科目的款级科目等进行明细核算。对于预付款项，可通过在本科目下设置"待处理"明细科目进行明细核算，待确认具体支出项目后再转入本科目下相关明细科目。年末结账前，应将本科目"待处理"明细科目全部转入本科目下相关明细科目。年末应将余额转入"经营结余"科目，结转后无余额。

经营支出的主要账务处理如下：

（1）支付经营部门职工薪酬。向职工个人支付薪酬时，按实际的金额，借记"经营支出"科目，贷记"资金结存"科目。按规定代扣代缴个人所得税以及代扣代缴或为职工缴

纳职工社会保险费、住房公积金时，按照实际缴纳的金额，借记"经营支出"科目，贷记"资金结存"科目。

（2）为经营活动支付外部人员劳务费。按照实际支付给外部人员个人的金额，借记"经营支出"科目，贷记"资金结存"科目。按照规定代扣代缴个人所得税时，按照实际缴纳的金额，借记"经营支出"科目，贷记"资金结存"科目。

（3）开展经营活动过程中为购买存货、固定资产、无形资产等以及在建工程支付相关款项时，按照实际支付的金额，借记"经营支出"科目，贷记"资金结存"科目。

（4）开展经营活动过程中发生预付账款时，按照实际支付的金额，借记"经营支出"科目，贷记"资金结存"科目。对于暂付款项，在支付款项时可不做预算会计处理，待结算或报销时，按照结算或报销的金额，借记"经营支出"科目，贷记"资金结存"科目。

（5）因开展经营活动缴纳的相关税费以及发生的其他各项支出，按照实际支付的金额，借记"经营支出"科目，贷记"资金结存"科目。

（6）开展经营活动中因购货退回等发生款项退回，或者发生差错更正的，属于当年支出收回的，按照收回或更正金额，借记"资金结存"科目，贷记"经营支出"科目。

（7）年末，将本科目本年发生额转入经营结余，借记"经营结余"科目，贷记"经营支出"科目。年末结转后，"经营支出"科目应无余额。

"经营支出"主要业务和事项账务处理如表9-3所示。

表9-3　　　　　　　　　　　"经营支出"的账务处理

序号	业务和事项内容		账务处理	
			预算会计	财务会计
（1）	支付经营部门人员薪酬时	实际支付给职工并代扣代缴个人所得税时	借：经营支出（按照支付给个人的部分） 　贷：资金结存——货币资金	借：应付职工薪酬 　贷：银行存款 　　　其他应交税费——应交个人所得税
		实际缴纳税款时	借：经营支出（按照实际缴纳的金额） 　贷：资金结存——货币资金	借：其他应交税费——应交个人所得税 　贷：银行存款
（2）	为开展经营活动购买资产或支付工程款，按照实际支付金额		借：经营支出 　贷：资金结存——货币资金	借：库存物品/固定资产/无形资产/在建工程等 　贷：银行存款
（3）	开展经营活动发生的预付款项	预付时，按照预付的金额	借：经营支出 　贷：资金结存——货币资金	借：预付账款 　贷：银行存款
		结算时	借：经营支出 　贷：资金结存——货币资金 　（补付金额）	借：经营费用 　贷：预付账款 　　　银行存款
（4）	支付经营活动发生的税费		借：经营支出 　贷：资金结存——货币资金	借：其他应交税费 　贷：银行存款

续表

序号	业务和事项内容	账务处理	
		预算会计	财务会计
(5)	开展经营活动发生的其他各项费用	借：经营支出 　　贷：资金结存——货币资金	借：经营费用 　　贷：银行存款
(6)	当年发生的购货退回等	借：资金结存——货币资金 　　贷：经营支出	借：银行存款/应收账款等 　　贷：库存物品/经营费用
(7)	期末/年末结转	借：经营结余 　　贷：经营支出	借：本期盈余 　　贷：经营费用

【工作实例9-3】 某事业单位全年开展经营活动发生有关的经济业务如下：

（1）开展经营活动应付经营人员薪酬380 000元，代扣个人所得税15 800元，按实际支付金额以银行存款支付。

（2）以银行存款支付开展经营活动发生的水电费45 910元。

（3）购入经营活动用设备4台，价值295 000元，款以银行存款支付。

（4）购入经营活动耗用的原材料一批，价值320 000元。材料已经验收入库，款以银行存款支付。

（5）以银行存款支付代扣个人所得税15 800元。

（6）以银行存款支付设备维修费9 100元。

（7）以银行存款支付本期应负担的税金及附加12 000元。

（8）年终，将"经营支出"科目借方余额740 000元全数转入"经营结余"科目；将"经营费用"科目借方发生额880 000元全数转入"本期盈余"科目。

任务处理如下：

（1）支付经营人员薪酬时

借：经营支出　　　　　　　　　　　　　　　　　　　　　364 200
　　贷：资金结存——货币资金　　　　　　　　　　　　　　364 200

同时财务会计作：

借：应付职工薪酬　　　　　　　　　　　　　　　　　　　380 000
　　贷：银行存款　　　　　　　　　　　　　　　　　　　　364 200
　　　　其他应交税费——应交个人所得税　　　　　　　　　 15 800

（2）以银行存款支付开展经营活动发生的水电费时

借：经营支出　　　　　　　　　　　　　　　　　　　　　 45 910
　　贷：资金结存——货币资金　　　　　　　　　　　　　　 45 910

同时财务会计作：

借：经营费用　　　　　　　　　　　　　　　　　　　　　 45 910
　　贷：银行存款　　　　　　　　　　　　　　　　　　　　 45 910

（3）购入经营活动用设备时

借：经营支出　　　　　　　　　　　　　　　　　　　　　295 000
　　贷：资金结存——货币资金　　　　　　　　　　　　　　295 000

同时财务会计作：
借：固定资产　　　　　　　　　　　　　　　　　　　295 000
　　贷：银行存款　　　　　　　　　　　　　　　　　　　　　295 000
（4）购入经营活动用材料时
借：经营支出　　　　　　　　　　　　　　　　　　　320 000
　　贷：资金结存——货币资金　　　　　　　　　　　　　　320 000
同时财务会计作：
借：库存物品　　　　　　　　　　　　　　　　　　　320 000
　　贷：银行存款　　　　　　　　　　　　　　　　　　　　　320 000
（5）以银行存款支付代扣个人所得税时
借：经营支出　　　　　　　　　　　　　　　　　　　 15 800
　　贷：资金结存——货币资金　　　　　　　　　　　　　　 15 800
同时财务会计作：
借：其他应交税费——应交个人所得税　　　　　　　 15 800
　　贷：银行存款　　　　　　　　　　　　　　　　　　　　　 15 800
（6）以银行存款支付设备维修费时
借：经营支出　　　　　　　　　　　　　　　　　　　　9 100
　　贷：资金结存——货币资金　　　　　　　　　　　　　　　9 100
同时财务会计作：
借：经营费用　　　　　　　　　　　　　　　　　　　　9 100
　　贷：银行存款　　　　　　　　　　　　　　　　　　　　　　9 100
（7）以银行存款支付本期应负担的税金及附加时
借：经营支出　　　　　　　　　　　　　　　　　　　 12 000
　　贷：资金结存——货币资金　　　　　　　　　　　　　　 12 000
同时财务会计作：
借：其他应交税费　　　　　　　　　　　　　　　　　 12 000
　　贷：银行存款　　　　　　　　　　　　　　　　　　　　　 12 000
（8）年终将"经营支出"科目借方余额全数转入"经营结余"科目；"经营费用"科目借方发生额全数转入"本期盈余"科目
借：经营结余　　　　　　　　　　　　　　　　　　　740 000
　　贷：经营支出　　　　　　　　　　　　　　　　　　　　　740 000
同时财务会计作：
借：本期盈余　　　　　　　　　　　　　　　　　　　880 000
　　贷：经营费用　　　　　　　　　　　　　　　　　　　　　880 000

【小思考9-4】预算会计中的"经营支出"和财务会计的"经营费用"核算的内容是否完全一致？为什么？

任务四 上缴上级支出和对附属单位补助支出的核算

一、上缴上级支出的核算

（一）上缴上级支出的概念

上缴上级支出是指事业单位按照财政部门和主管部门的规定上缴上级单位款项发生的现金流出。

（二）上缴上级支出的核算

为核算事业单位按照财政部门和主管部门的规定上缴上级单位款项发生的现金流出，事业单位应设置"上缴上级支出"科目。该科目应当按照收缴款项单位、缴款项目、《政府收支分类科目》中"支出功能分类科目"的项级科目和"部门预算支出经济分类科目"的款级科目等进行明细核算。年末应将余额转入"其他结余"科目，结转后无余额。

上缴上级支出的主要账务处理如下：

（1）按照规定将款项上缴上级单位的，按照实际上缴的金额，借记"上缴上级支出"科目，贷记"资金结存"科目。

（2）年末，将"上缴上级支出"科目本年发生额转入其他结余，借记"其他结余"科目，贷记"上缴上级支出"科目。年末结转后，"上缴上级支出"科目应无余额。

"上缴上级支出"主要业务和事项账务处理如表9-4所示。

表9-4 "上缴上级支出"的账务处理

序号	业务和事项内容	账务处理	
		预算会计	财务会计
（1）	按照实际上缴的金额或者按照规定计算出应上缴的金额	借：上缴上级支出 　　贷：资金结存——货币资金	借：上缴上级费用 　　贷：银行存款/其他应付款等
（2）	实际上缴应缴的金额		借：其他应付款 　　贷：银行存款等
（3）	期末/年末结转	借：其他结余 　　贷：上缴上级支出	借：本期盈余 　　贷：上缴上级费用

【工作实例9-4】某事业单位发生如下业务：

（1）按规定的上缴比例上缴上级单位款项75 000元，以银行存款支付。

（2）年终，将"上缴上级支出"科目借方余额75 000元全数转入"其他结余"科目；将"上缴上级费用"科目借方余额75 000元全数转入"本期盈余"科目。

任务处理如下：

（1）按规定的标准上缴上级单位款项时

借：上缴上级支出　　　　　　　　　　　　　　　　　75 000
　　贷：资金结存——货币资金　　　　　　　　　　　　　75 000
同时财务会计作：
借：上缴上级费用　　　　　　　　　　　　　　　　　75 000
　　贷：银行存款　　　　　　　　　　　　　　　　　　75 000
（2）年终，将"上缴上级费用"科目借方余额转入"本期盈余"科目时
借：其他结余　　　　　　　　　　　　　　　　　　　75 000
　　贷：上缴上级支出　　　　　　　　　　　　　　　　75 000
同时财务会计作：
借：本期盈余　　　　　　　　　　　　　　　　　　　75 000
　　贷：上缴上级费用　　　　　　　　　　　　　　　　75 000

【小思考9-5】预算会计中的"上缴上级支出"和财务会计的"上缴上级费用"核算的内容是否完全一致？

二、对附属单位补助支出的核算

（一）对附属单位补助支出的概念

对附属单位补助支出是指事业单位用财政拨款预算收入之外的收入对附属单位补助发生的现金流出。

（二）对附属单位补助支出的核算

为核算对附属单位补助支出业务，事业单位应设置"对附属单位补助支出"科目。该科目借方登记对附属单位拨款数，期末将贷方发生额转入"其他结余"科目。年终结转后，该科目应无余额。本科目应当按照接受补助单位、补助项目、《政府收支分类科目》中"支出功能分类科目"的项级科目和"部门预算支出经济分类科目"的款级科目等进行明细核算。

对附属单位补助支出的主要账务处理如下：

（1）发生对附属单位补助支出的，按照实际补助的金额，借记"对附属单位补助支出"科目，贷记"资金结存"科目。

（2）年末，将本科目本年发生额转入其他结余，借记"其他结余"科目，贷记"对附属单位补助支出"科目。年末结转后，"对附属单位补助支出"科目应无余额。

"对附属单位补助费用"主要业务和事项账务处理如表9-5所示。

表9-5　　　　　　　　　　"对附属单位补助支出"的账务处理

序号	业务和事项内容	账务处理	
		预算会计	财务会计
（1）	按照实际补助的金额或者按照规定计算出应补助的金额	借：对附属单位补助支出　　贷：资金结存——货币资金	借：对附属单位补助费用　　贷：银行存款/其他应付款等
（2）	实际支出应补助的金额		借：其他应付款　　贷：银行存款等

续表

序号	业务和事项内容	账务处理	
		预算会计	财务会计
(3)	期末/年末结转	借：其他结余 　　贷：对附属单位补助支出	借：本期盈余 　　贷：对附属单位补助费用

【工作实例9-5】某事业单位发生如下业务：

(1) 用自有创收收入拨给附属幼儿园一次性补助350 000元。

(2) 年终，将"对附属单位补助支出"科目借方余额350 000元全数转入"其他结余"科目；将"对附属单位补助费用"科目借方余额350 000元全数转入"本期盈余"科目。

任务处理如下：

(1) 对附属单位补助时

借：对附属单位补助支出　　　　　　　　　　　　　　　　350 000
　　贷：资金结存——货币资金　　　　　　　　　　　　　　　　350 000

同时财务会计作：

借：对附属单位补助费用　　　　　　　　　　　　　　　　350 000
　　贷：银行存款　　　　　　　　　　　　　　　　　　　　　　350 000

(2) 年终，将"对附属单位补助支出"科目借方余额转入"其他结余"科目时

借：其他结余　　　　　　　　　　　　　　　　　　　　　350 000
　　贷：对附属单位补助支出　　　　　　　　　　　　　　　　　350 000

同时财务会计作：

借：本期盈余　　　　　　　　　　　　　　　　　　　　　350 000
　　贷：对附属单位补助费用　　　　　　　　　　　　　　　　　350 000

任务五　其他相关预算支出的核算

一、投资支出的核算

(一) 投资支出的概念

投资支出是指事业单位以货币资金对外投资发生的现金流出。事业单位对外投资一般是为了取得投资收益。

事业单位主要从事非营利性活动，以社会效益为主。对外投资不是主要任务，不应该影响正常的事业活动，应按照规定程序审批，保证国有资产的安全、完整。

(二) 投资支出的核算

为核算事业单位以货币资金对外投资发生的现金流出，事业单位应设置"投资支出"科目。本科目应当按照投资类型、投资对象、《政府收支分类科目》中"支出功能分类科

目"的项级科目和"部门预算支出经济分类科目"的款级科目等进行明细核算。年末应将余额转入"其他结余"科目，结转后无余额。

投资支出主要账务处理如下：

（1）以货币资金对外投资时，按照投资金额和所支付的相关税费金额的合计数，借记"投资支出"科目，贷记"资金结存"科目。

（2）出售、对外转让或到期收回本年度以货币资金取得的对外投资的，如果按规定将投资收益纳入单位预算，按照实际收到的金额，借记"资金结存"科目，按照取得投资时"投资支出"科目的发生额，贷记"投资支出"科目，按照其差额，贷记或借记"投资预算收益"科目；如果按规定将投资收益上缴财政的，按照取得投资时"投资支出"科目的发生额，借记"资金结存"科目，贷记"投资支出"科目。

（3）出售、对外转让或到期收回以前年度以货币资金取得的对外投资的，如果按规定将投资收益纳入单位预算，按照实际收到的金额，借记"资金结存"科目，按照取得投资时"投资支出"科目的发生额，贷记"其他结余"科目，按照其差额，贷记或借记"投资预算收益"科目；如果按规定将投资收益上缴财政的，按照取得投资时"投资支出"科目的发生额，借记"资金结存"科目，贷记"其他结余"科目。

（4）年末，将"投资支出"科目本年发生额转入其他结余，借记"其他结余"科目，贷记"投资支出"科目。年末结转后，"投资支出"科目应无余额。

"投资支出"主要业务和事项账务处理如表9-6所示。

表9-6　　　　　　　　　　　　"投资支出"的账务处理

序号	业务和事项内容		账务处理	
			预算会计	财务会计
（1）	以货币资金对外投资时		借：投资支出 　　贷：资金结存——货币资金	借：短期投资/长期股权投资/长期债券投资 　　贷：银行存款
（2）	收到长期债券投资利息时	取得初始确认时的利息	借：资金结存——货币资金 　　贷：投资支出	借：银行存款 　　贷：应收利息
		持有期间收到利息	借：资金结存——货币资金 　　贷：投资预算收益	借：银行存款 　　贷：应收利息
（3）	出售、对外转让或到期收回以货币资金取得的对外债券投资的	实际收到价款大于投资成本的	借：资金结存——货币资金 　　贷：投资支出（或其他结余） 　　　　投资预算收益	借：银行存款（实际收到或收回的金额） 　　贷：短期投资/长期债券投资（投资额） 　　　　应收利息（账面余额） 　　　　投资收益
		实际收到价款小于投资成本的	借：资金结存——货币资金 　　　　投资预算收益 　　贷：投资支出（或其他结余）	借：银行存款（实际收到或收回的金额） 　　　　投资收益 　　贷：短期投资/长期债券投资（投资额） 　　　　应收利息（账面余额）

续表

序号	业务和事项内容	账务处理	
		预算会计	财务会计
(4)	处置以现金取得的长期股权投资	借：资金结存——货币资金 　　贷：投资支出（或其他结余） 　　　　投资预算收益	借：银行存款（实际收到或收回的金额） 　　投资收益 　　贷：长期股权投资（账面余额） 　　　　应收股利（尚未收到的股利或利润） 　　　　银行存款等（支付的相关税费） 　　　　投资收益
(5)	处置以现金以外的其他资产取得的长期股权投资	处置净收入上缴财政的 借：资金结存——货币资金 　　贷：投资预算收益	借：资产处置费用 　　贷：长期股权投资 借：银行存款（实际收到价款） 　　贷：应收股利 　　　　银行存款 　　　　应缴财政款
		借：资金结存——货币资金 　　贷：投资预算收益	借：资产处置费用 　　贷：长期股权投资 借：银行存款（实际收到价款） 　　贷：应收股利 　　　　银行存款 　　　　投资收益 　　　　应缴财政款
(6)	期末/年末结转	借：其他结余 　　贷：投资支出	—

【工作实例9-6】 某事业单位对长江公司投资业务如下：

(1) 以银行存款200 000元购买国库券作为短期投资。

(2) 以银行存款购入大江公司10%的股份300 000元准备长期持有，采用成本法进行核算。

(3) 以银行存款购入国库券1 000 000元，利率5%准备长期持有。

(4) 收到以前年度购买的、长期持有的国债投资利息6 000元存入银行。

(5) 将上半年购买国库券全部出售，取得价款203 000元存入银行。该国库券的投资成本为200 000元。

(6) 将上述发生的"投资支出"发生额转入"其他结余"账户。

任务处理如下：

(1) 以银行存款购买国库券作为短期投资时

借：投资支出　　　　　　　　　　　　　　　　　　　　　　　　200 000
　　贷：资金结存——货币资金　　　　　　　　　　　　　　　　　　　　200 000

同时财务会计作：

借：短期投资　　　　　　　　　　　　　　　　　　　　　　　　200 000

贷：银行存款 200 000
（2）对外长期股权投资时
借：投资支出 300 000
　　贷：资金结存——货币资金 300 000
同时财务会计作：
借：长期股权投资 300 000
　　贷：银行存款 300 000
（3）以银行存款购买国库券作为长期投资时
借：投资支出 1 000 000
　　贷：资金结存——货币资金 1 000 000
同时财务会计作：
借：长期债券投资 1 000 000
　　贷：银行存款 1 000 000
（4）收到长期投资国库券利息时
借：资金结存——货币资金 6 000
　　贷：投资预算收益 6 000
同时财务会计作：
借：银行存款 6 000
　　贷：投资收益 6 000
（5）出售当年购买的国库券时
借：资金结存——货币资金 203 000
　　贷：投资支出 200 000
　　　　投资预算收益 3 000
同时财务会计作：
借：银行存款 203 000
　　贷：短期投资 200 000
　　　　投资收益 3 000
（6）将上述发生的"投资支出"发生额转入"其他结余"账户
借：其他结余 1 300 000
　　贷：投资支出 1 300 000

> 【学中做9-1】如果单位出售上年购买的短期投资，上述第（5）题会计分录应该如何编制？

二、债务还本支出的核算

（一）债务还本支出的概念

债务还本支出是指事业单位偿还自身承担的纳入预算管理的从金融机构举借的债务本金的现金流出。

(二) 债务还本支出的核算

为核算事业单位偿还自身承担的纳入预算管理的从金融机构举借的债务本金的现金流出，事业单位应设置"债务还本支出"科目。本科目应当按照贷款单位、贷款种类、《政府收支分类科目》中"支出功能分类科目"的项级科目和"部门预算支出经济分类科目"的款级科目等进行明细核算。年末应将余额转入"其他结余"科目，结转后无余额。

债务还本支出主要账务处理如下：

(1) 偿还各项短期或长期借款时，按照偿还的借款本金，借记"债务还本支出"科目，贷记"资金结存"科目。

(2) 年末，将"债务还本支出"科目本年发生额转入其他结余，借记"其他结余"科目，贷记"债务还本支出"科目。年末结转后，"债务还本支出"科目应无余额。

"债务还本支出"主要业务和事项账务处理如表9-7所示。

表9-7　　　　　　　　　　"债务还本支出"的账务处理

序号	业务和事项内容	账务处理	
		预算会计	财务会计
(1)	归还短期借款本金	借：债务还本支出 　贷：资金结存——货币资金	借：短期借款 　贷：银行存款
(2)	归还长期借款本金	借：债务还本支出 　贷：资金结存——货币资金	借：长期借款——本金 　贷：银行存款
(3)	期末/年末结转	借：其他结余 　贷：债务还本支出	—

【工作实例9-7】某事业单位发生借款业务如下：

(1) 1月2日，向银行借入3个月的短期借款200 000元存入银行，年利率9%。按合同规定，借款本息到期一次支付。单位会计核算不预提利息费用。

(2) 4月2日，以银行存款支付到期借款本息。

(3) 11月18日，以银行存款归还到期长期借款本金900 000元。

(4) 12月31日，将本年发生的"债务还本支出"发生额转入"其他结余"科目。

任务处理如下：

(1) 1月2日借入借款时

借：资金结存——货币资金　　　　　　　　　　　　　　　200 000
　　贷：债务预算收入　　　　　　　　　　　　　　　　　　　　200 000

同时财务会计作：

借：银行存款　　　　　　　　　　　　　　　　　　　　　200 000
　　贷：短期借款　　　　　　　　　　　　　　　　　　　　　　200 000

(2) 4月2日支付借款本息时

借：债务还本支出　　　　　　　　　　　　　　　　　　　200 000
　　其他支出　　　　　　　　　　　　　　　　　　　　　　 4 500
　　贷：资金结存——货币资金　　　　　　　　　　　　　　　204 500

同时财务会计作：
借：短期借款　　　　　　　　　　　　　　　　　　　200 000
　　利息费用　　　　　　　　　　　　　　　　　　　　4 500
　　　贷：银行存款　　　　　　　　　　　　　　　　　　　　204 500
（3）以银行存款归还到期长期借款本金 900 000 元
借：债务还本支出　　　　　　　　　　　　　　　　　900 000
　　　贷：资金结存——货币资金　　　　　　　　　　　　　900 000
同时财务会计作：
借：长期借款——本金　　　　　　　　　　　　　　　900 000
　　　贷：银行存款　　　　　　　　　　　　　　　　　　　900 000
（4）将本年发生的"债务还本支出"发生额转入"其他结余"科目
借：其他结余　　　　　　　　　　　　　　　　　　1 100 000
　　　贷：债务还本支出　　　　　　　　　　　　　　　　　1 100 000

【小思考 9-6】政府预算会计"债务还本支出"与财务会计中的哪些会计科目相对应？

三、其他支出的核算

（一）其他支出的概念

其他支出是指单位除行政支出、事业支出、经营支出、上缴上级支出、对附属单位补助支出、投资支出、债务还本支出以外的各项现金流出，包括利息支出、对外捐赠现金支出、现金盘亏损失、接受捐赠（调入）和对外捐赠（调出）非现金资产发生的税费支出、资产置换过程中发生的相关税费支出、罚没支出等。

（二）其他支出的核算

为核算单位发生的其他各项现金流出，应设置"其他支出"科目。应当按照其他支出的类别，"财政拨款支出""非财政专项资金支出"和"其他资金支出"，《政府收支分类科目》中"支出功能分类科目"的项级科目和"部门预算支出经济分类科目"的款级科目等进行明细核算。其他支出中如有专项资金支出，还应按照具体项目进行明细核算。

有一般公共预算财政拨款、政府性基金预算财政拨款等两种或两种以上财政拨款的事业单位，还应当在"财政拨款支出"明细科目下按照财政拨款的种类进行明细核算。

单位发生利息支出、捐赠支出等其他支出金额较大或业务较多的，可单独设置"7902 利息支出""7903 捐赠支出"等科目。

其他支出主要账务处理如下：

（1）利息支出。支付银行借款利息时，按照实际支付金额，借记"其他支出"科目，贷记"资金结存"科目。

（2）对外捐赠现金资产。对外捐赠现金资产时，按照捐赠金额，借记"其他支出"科目，贷记"资金结存——货币资金"科目。

（3）现金盘亏损失。每日现金账款核对中如发现现金短缺，按照短缺的现金金额，借记"其他支出"科目，贷记"资金结存——货币资金"科目。经核实，属于应当由有关人员赔偿的，按照收到的赔偿金额，借记"资金结存——货币资金"科目，贷记"其他支出"科目。

（4）接受捐赠（无偿调入）和对外捐赠（无偿调出）非现金资产发生的税费支出。接受捐赠（无偿调入）非现金资产发生的归属于捐入方（调入方）的相关税费、运输费等，以及对外捐赠（无偿调出）非现金资产发生的归属于捐出方（调出方）的相关税费、运输费等，按照实际支付金额，借记"其他支出"科目，贷记"资金结存"科目。

（5）资产置换过程中发生的相关税费支出。资产置换过程中发生的相关税费，按照实际支付金额，借记"其他支出"科目，贷记"资金结存"科目。

（6）其他支出。发生罚没等其他支出时，按照实际支出金额，借记"其他支出"科目，贷记"资金结存"科目。

（7）年末，将"其他支出"科目本年发生额中的财政拨款支出转入财政拨款结转，借记"财政拨款结转——本年收支结转"科目，贷记"其他支出"科目下各财政拨款支出明细科目；将"其他支出"科目本年发生额中的非财政专项资金支出转入非财政拨款结转，借记"非财政拨款结转本年收支结转"科目，贷记"其他支出"科目下各非财政专项资金支出明细科目；将"其他支出"科目本年发生额中的其他资金支出（非财政专项资金支出）转入其他结余，借记"其他结余"科目，贷记"其他支出"科目下各其他资金支出明细科目。年末结转后，"其他支出"科目应无余额。

"其他支出"主要业务和事项账务处理如表 9-8 所示。

表 9-8　　　　　　　　　　"其他支出"的账务处理

序号	业务和事项内容		账务处理	
			预算会计	财务会计
（1）	利息费用	实际支付利息时	借：其他支出 　贷：资金结存——货币资金	借：应付利息/长期借款——应计利息 　贷：银行存款等
（2）	现金资产对外捐赠	按照实际捐赠的金额	借：其他支出 　贷：资金结存——货币资金	借：其他费用 　贷：银行存款/库存现金等
（3）	罚没支出	按照实际发生金额	借：其他支出 　贷：资金结存——货币资金	借：其他费用 　贷：银行存款/库存现金等
（4）	现金盘亏损失	按照短缺的现金金额	借：其他支出 　贷：资金结存——货币资金	借：其他费用 　贷：待处理财产损溢
		收到责任人的赔偿金额	借：资金结存——货币资金 　贷：其他支出	借：银行存款/库存现金等 　贷：其他应收款
（5）	支付其他相关税费		借：其他支出 　贷：资金结存	借：其他费用 　贷：零余额账户用款额度/银行存款等
（6）	年末结转		借：财政拨款结转（财政拨款资金支出） 　　非财政拨款结转（非财政专项资金支出） 　　其他结余（非财政、非专项资金支出） 　贷：其他支出	借：本期盈余 　贷：其他费用

【工作实例 9-8】 某事业单位发生如下业务：
（1）因违法经营，被税务机关处以 8 000 元税收罚款，以银行存款支付。
（2）以银行存款向地震灾区捐款 100 000 元。
（3）以零余额账户用款额度 180 000 元支付扶贫。
（4）以银行存款支付短期借款利息 9 800 元（以前为确认应付利息）。
（5）年终，将"其他费用"科目借方余额全数转入"本期盈余"科目。

任务处理如下：

（1）支付税收罚款时

借：其他支出	8 000	
贷：资金结存——货币资金		8 000

同时财务会计作：

借：其他费用	8 000	
贷：银行存款		8 000

（2）向灾区捐款时

借：其他支出	100 000	
贷：资金结存——货币资金		100 000

同时财务会计作：

借：其他费用	100 000	
贷：银行存款		100 000

（3）支付扶贫资金时

借：其他支出	180 000	
贷：资金结存——零余额账户用款额度		180 000

同时财务会计作：

借：其他费用	180 000	
贷：零余额账户用款额度		180 000

（4）支付借款利息时

借：其他支出	9 800	
贷：资金结存——货币资金		9 800

同时财务会计作：

借：其他费用	9 800	
贷：银行存款		9 800

（5）年终，将"其他支出"科目借方余额转入"财政拨款结转"和"其他结余"科目时

借：财政拨款结转	180 000	
其他结余	114 800	
贷：其他支出		294 800

同时财务会计作：

借：本期盈余	294 800	
贷：其他费用		294 800

项目小结

本项目介绍政府预算会计的预算支出的核算。

预算支出是指政府会计主体在预算年度内依法发生并纳入预算管理的现金流出。预算支出一般在实际支付时予以确认，以实际支付的金额计量。预算支出包括行政支出、事业支出、经营支出、上缴上级支出、对附属单位补助支出、投资支出、债务还本支出和其他支出等项目。为了加强对单位各项预算支出的管理与核算，应设置"行政支出""事业支出""经营支出""上缴上级支出""对附属单位补助支出""投资支出""债务还本支出"和"其他支出"等账户进行核算，提供各项预算支出的增减变化及其结果的会计信息。

复习思考题

1. 政府会计的费用与预算支出有没有联系？
2. 政府会计的预算支出包括哪些项目？
3. 政府会计的预算支出在什么情况下确认？
4. 哪些预算支出是行政单位和事业单位共有的支出项目？
5. 哪些支出属于事业单位特有的支出项目？
6. 年末，政府会计发生的各项支出应结转到哪些会计科目？
7. 年末，预算会计的"其他支出"与财务会计哪些会计科目相对应？
8. 财务会计的其他费用和政府会计的其他支出是否存在一一对应关系？
9. 政府会计的债务还本支出与财务会计的哪些会计科目相对应？
10. 年末，政府会计的费用合计数与预算支出的借方余额合计数是否相等？

习题与实训

一、单项选择题

1. 核算行政单位履行其职责实际发生的各项现金流出的会计科目是（   ）。
   A. 事业支出   B. 其他支出
   C. 行政支出   D. 事业支出
2. 行政单位从按照规定代扣代缴个人所得税时，按照实际缴纳的金额，借记（   ）科目，贷记"财政拨款预算收入""资金结存"科目。
   A. 应付职工薪酬   B. 其他应交税费
   C. 行政支出   D. 其他应付款
3. 下列支出中应记入"事业支出"的是（   ）。
   A. 开展经营活动支出   B. 开展基建活动支出
   C. 开展专业业务活动支出 D. 挖潜改造支出
4. 核算事业单位开展专业业务活动及其辅助活动实际发生的各项现金流出的会计科目

是（　　）。

A. 业务活动费用　　　　　　　　B. 单位管理费用
C. 行政支出　　　　　　　　　　D. 事业支出

5. 事业单位开展专业业务活动及其辅助活动过程中发生预付账款时，按照实际支付的金额，借记（　　）科目，贷记"财政拨款预算收入""资金结存"科目。

A. 预付账款　　　　　　　　　　B. 事业支出
C. 银行存款　　　　　　　　　　D. 应付职工薪酬

6. 下列会计科目中，仅适用于行政单位预算会计核算的有（　　）。

A. 行政支出　　　　　　　　　　B. 事业支出
C. 经营支出　　　　　　　　　　D. 对附属单位补助支出

7. 年末，将"行政支出"科目本年发生额中的财政拨款支出转入到（　　）。

A. 财政拨款结转　　　　　　　　B. 非财政拨款结转
C. 本期盈余　　　　　　　　　　D. 其他结余

8. 事业单位在支付银行借款利息时，按照实际支付金额，借记（　　）科目，贷记"资金结存"科目。

A. 其他费用　　　　　　　　　　B. 单位管理费用
C. 资产处置费用　　　　　　　　D. 其他支出

9. 下列支出应该列入"其他支出"的是（　　）。

A. 投资支出　　　　　　　　　　B. 现金盘亏损失
C. 债务还本支出　　　　　　　　D. 上缴上级支出

10. 下列支出中，年末直接结转到"其他结余"科目的是（　　）。

A. 其他支出　　　　　　　　　　B. 经营支出
C. 事业支出　　　　　　　　　　D. 上缴上级支出

二、多项选择题

1. 下列各项中，属于行政单位为履行其职责实际发生的各项现金流出的有（　　）。

A. 工资福利支出　　　　　　　　B. 商品和服务支出
C. 对个人和家庭的补助支出　　　D. 固定资产折旧费

2. 下列各项中，属于"行政支出"按照《政府收支分类科目》中"支出功能分类科目"的项级科目进行明细核算项目有（　　）。

A. "财政拨款支出"　　　　　　　B. "非财政专项资金支出"
C. "其他资金支出"　　　　　　　D. "基本支出"和"项目支出"

3. 按部门预算管理要求，行政支出可分为（　　）。

A. 基本支出　　　　　　　　　　B. 项目支出
C. 商品和服务支出　　　　　　　D. 工资福利支出

4. 按资金来源，行政支出可分为（　　）。

A. 一般公共预算财政拨款支出　　B. 非财政专项资金支出
C. 政府性基金预算财政拨款支出　D. 其他资金支出

5. 下列关于"行政支出"年末结转表述正确的有（　　）。

A. 将"行政支出"科目本年发生额中的财政拨款支出转入财政拨款结转
B. 将"行政支出"科目本年发生额中的非财政专项资金支出转入非财政拨款结转
C. 将"行政支出"科目本年发生额中的其他资金支出转入其他结余
D. 年末结转后,"行政支出"科目应无余额

6. 下列关于"事业支出"列支口径表述正确的有(　　)。
A. 购入零星的办公用品可直接列报支出
B. 购入存货、固定资产、无形资产等,经验收后列报支出
C. 发给个人的薪酬等,应根据实发金额列报支出
D. 其他各项费用,均以实际报销数或应报销数列报支出

7. 下列关于"事业支出"年末结转表述正确的有(　　)。
A. 将"事业支出"科目本年发生额中的财政拨款支出转入财政拨款结转
B. 将"事业支出"科目本年发生额中的非财政专项资金支出转入非财政拨款结转
C. 将"事业支出"科目本年发生额中的其他资金支出转入其他结余
D. 年末结转后,"事业支出"科目应无余额

8. 下列各项中,属于"行政支出"按照《政府收支分类科目》中"部门预算支出经济分类科目"的款级科目进行明细核算项目有(　　)。
A. "财政拨款支出"　　　　　　　B. "非财政专项资金支出"
C. "基本支出"　　　　　　　　　D. "项目支出"

9. 下列会计科目中,财务会计与预算会计存在一一对应的有(　　)。
A. 业务活动费用与行政支出　　　B. 经营费用与经营支出
C. 单位活动费用与事业支出　　　D. 上缴上级费用与上缴上级支出

10. 预算会计下的"其他支出"科目核算的内容包括(　　)。
A. 利息支出　　　　　　　　　　B. 经营支出
C. 对外捐赠现金支出　　　　　　D. 罚没支出

三、判断题

1. "行政支出"和"事业支出"年末结转方法完全相同。(　　)
2. 对于预付款项和暂付款项,在支付款项时可不做预算会计处理。(　　)
3. 上缴上级费用和上缴上级支出核算内容相同。(　　)
4. 投资支出是指事业单位以货币资金、存货、固定资产或无形资产等对外投资发生的支出。(　　)
5. 债务还本支出是指事业单位偿还自身承担的纳入预算管理的从金融机构举借的债务本金的现金流出。(　　)
6. 债务还本支出包括偿还的债务利息支出。(　　)
7. 年末,将"行政支出"科目本年发生额中全部结转到"财政拨款结转"科目。(　　)
8. 年末,将"事业支出"科目本年发生额中全部结转到"非财政政拨款结转"科目。(　　)
9. "上缴上级支出"核算事业单位按照财政部门和主管部门的规定上缴上级单位款项

发生的现金流出。   (   )

10. 年末，将"投资支出"科目本年发生额中全部结转到"其他结余"科目。(   )

四、实训题

实训一

1. 目的：练习行政单位各项预算支出的核算。

2. 资料：某行政单位12月发生如下经济业务：

（1）购买办公文具一批，通过单位零余额账户支付款项5 000元。收到后立即发放各部门。

（2）通过财政直接支付方式支付职工薪酬500 000元。

（3）购入用于专业活动的计算机一批，取得的增值税专用发票上注明的材料价款为100 000元，增值税税额13 000元，款项通过单位零余额账户支付。另以现金800元支付运费。

（4）购入救灾物资一批，取得的增值税专用发票上注明的材料价款为250 000元，增值税税额32 500元，款项通过财政直接支付方式支付。

（5）收到代理银行转来的"财政直接支付入账通知书"，使用上年未使用的财政直接支付购买专用材料一批，材料价款850 000元，增值税税额110 500元。

（6）向希望工程捐赠现金80 000元，已通过财政直接支付。

（7）收到接受A公司捐赠的技术设备一台，发票上注明的价值35 000元，另以银行存款支付相关税费500元。

（8）出纳员将上月盘点发现的现金短缺100元予以赔偿。

（9）本月应付职工薪酬350 000元，代扣个人所得税8 100元后财政拨款直接支付。

（10）将代扣个人所得税8 100元后以财政拨款直接支付。

3. 要求：根据上述经济业务编制财务会计和预算会计下的相应会计分录，其中涉及"资金结存"科目的要求列出明细科目。

实训二

1. 目的：练习事业单位各项预算支出和费用科目的核算。

2. 资料：某事业单位7月发生如下经济业务：

（1）购买办公文具一批，通过单位零余额账户支付款项5 000元。

（2）通过财政直接支付方式将专业活动人员薪酬500 000元转入个人工资账户。

（3）以银行存款将经营活动人员薪酬200 000元转入职工个人工资账户。

（4）购入用于专业活动的计算机一批，取得的增值税专用发票上注明的材料价款为100 000元，增值税税额13 000元。款项通过单位零余额账户支付。另以现金800元支付运费。

（5）收到代理银行转来的"财政直接支付入账通知书"，使用上年未使用的财政直接支付额度购买专用材料一批，材料价款70 000元，增值税税额9 100元。

（6）购入用于经营活动的材料一批，取得的增值税专用发票上注明的材料价款为785 000元，增值税税额102 050元，款项通过银行支付。另以现金500元支付运费。

（7）按核定的预算定额上缴上级单位款项100 000元，以银行存款支付。

（8）用非财政拨款预算收入支付附属单位补助款项 200 000 元，以银行存款支付。

（9）以银行存款购入 5 年期、票面利率为 5% 的国库券，实际支付价款 300 000 元。

（10）以银行存款偿还 10 个月的短期借款本金 100 000 元，支付利息 5 000 元。

3. 要求：根据上述经济业务编制财务会计和预算会计下的相应会计分录，其中涉及"资金结存"科目的要求列出明细科目。

实训三

1. 目的：实训事业单位预算支出和费用科目的核算。

2. 资料：某事业单位某年 12 月开展事业活动发生如下经济业务：

（1）以现金 1 500 元购买办公用品，直接交有关业务部门使用。

（2）以银行存款支付水电费 9 400 元。

（3）以现金支付邮电费 620 元。

（4）以财政资金直接支付办公楼大修理费 350 000 元。

（5）计提本月职工薪酬，工资汇总表的情况如下：应付基本工资 1 750 000 元，津贴 45 000 元，应付职工薪酬金额合计 2 200 000 元。代扣住房公积金 220 000 元，代扣养老保险金 85 000 元，代扣个人所得税 6 500 元。

（6）根据上述资料，以财政零余额账户用款额度发放本月职工薪酬。

（7）将代扣的各项款项以财政零余额账户用款额度支付。

（8）以银行存款购买通用设备一台，价款 15 000 元。

（9）按规定计提本月固定资产修购基金 23 000 元。

（10）银行存款偿还本年借入的短期借款 358 000 元，利息 54 000 元。

（11）以银行存款对外长期股权投资 280 000 元。

（12）对附属单位补助支出 250 000 元，以银行存款支付。

3. 要求：根据以上经济业务，编制财务会计和预算会计相关会计分录。

项目十 结转和结余的核算

职业能力目标

通过本项目的学习,熟悉单位预算会计下的资金结存、各项结转和结余的核算范围,能够正确完成各项结转和结余的核算,提供资金结存、各类预算结转和结余方面的会计信息。

典型工作任务

资金结存的核算;财政拨款结转和结余的核算;非财政拨款结转和结余的核算;专用结余的核算;经营结余的核算;其他结余的核算;非财政拨款结余分配的核算等。

任务一 资金结存的核算

一、资金结存的概念

资金结存是指留存在行政事业单位的预算内、预算外及其他资金形成的结余性资金。行政事业单位在从事业务活动、管理活动及其他经营活动过程中,必然会发生资金流入、资金流出、资金调整等情况。有时因本期盈余,导致资金结余的变动。这些结余资金有时按规定留存于单位,导致资金滚存。

二、资金结存的核算

(一)设置"资金结存"科目

为了核算单位纳入部门预算管理的资金的流入、流出、调整和滚存等情况,政府会计应设置"资金结存"科目进行核算。该科目下设"零余额账户用款额度""货币资金"和"财政应返还额度"三个二级科目。

"零余额账户用款额度"明细科目,核算实行国库集中支付的单位根据财政部门批复的用款计划收到和支用的零余额账户用款额度。年末结账后，本明细科目应无余额。

"货币资金"明细科目，核算单位以库存现金、银行存款、其他货币资金形态存在的资金。本明细科目年末借方余额，反映单位尚未使用的货币资金。

"财政应返还额度"明细科目，核算实行国库集中支付的单位可以使用的以前年度财政直接支付资金额度和财政应返还的财政授权支付资金额度。本明细科目下可设置"财政直接支付""财政授权支付"两个明细科目进行明细核算。本明细科目年末借方余额，反映单位应收财政返还的资金额度的余额。

（二）资金结存的主要账务处理

1. 结存资金增加时

在财政授权支付方式下，单位根据代理银行转来的财政授权支付额度到账通知书，按照通知书中的授权支付额度，借记"资金结存——零余额账户用款额度"科目，贷记"财政拨款预算收入"科目。以国库集中支付以外的其他支付方式取得预算收入时，按照实际收到的金额，借记"资金结存——货币资金"科目，贷记"财政拨款预算收入""事业预算收入""经营预算收入"等科目。

2. 结存资金减少时

在财政授权支付方式下，发生相关支出时，按照实际支付的金额，借记"行政支出""事业支出"等科目，贷记"资金结存——零余额账户用款额度"科目。从零余额账户提取现金时，借记"资金结存——货币资金"科目，贷记"资金结存——零余额账户用款额度"。退回现金时，做相反会计分录。使用以前年度财政直接支付额度发生支出时，按照实际支付金额，借记"行政支出""事业支出"等科目，贷记"资金结存——财政应返还额度"。

国库集中支付以外的其他支付方式下，发生相关支出时，按照实际支付的金额，借记"事业支出""经营支出"等科目，贷记"资金结存——货币资金"科目。

3. 上缴、注销、缴回和调入结转结余资金时

（1）按据规定上缴财政拨款结转结余资金或注销财政拨款结转结余资金额度的，按照实际上缴资金数额或注销的资金额度数额，借记"财政拨款结转——归集上缴"或"财政拨款结余——归集上缴"科目，贷记"资金结存——财政应返还额度、零余额账户用款额度、货币资金"科目。

（2）按规定向原资金拨入单位缴回非财政拨款结转资金的，按照实际缴回资金数额，借记"非财政拨款结转——缴回资金"科目，贷记"资金结存——货币资金"科目。

（3）收到从其他单位调入的财政拨款结转资金的，按照实际调入资金数额，借记"资金结存——财政应返还额度、零余额账户用款额度、货币资金"科目，贷记"财政拨款结转——归集调入"科目。

4. 按照规定使用专用基金时

按照规定使用专用基金时，按照实际支付金额，借记"专用结余"科目（从非财政拨款结余中提取的专用基金）或"事业支出"等科目（从预算收入中计提的专用基金），贷记"资金结存——货币资金"科目。

5. 退回国库款项或收回资金时

因购货退回、发生差错更正等退回国库直接支付、授权支付款项，或者收回货币资金

的，属于本年度支付的，借记"财政拨款预算收入"科目或"资金结存——零余额账户用款额度、货币资金"科目，贷记相关支出科目；属于以前年度支付的，借记"资金结存——财政应返还额度、零余额账户用款额度、货币资金"科目，贷记"财政拨款结转""财政拨款结余""非财政拨款结转""非财政拨款结余"科目。

6. 缴纳企业所得税时

有企业所得税缴纳义务的事业单位缴纳所得税时，按照实际缴纳金额，借记"非财政拨款结余——累计结余"科目，贷记"资金结存——货币资金"科目。

7. 确认财政直接支付应返还额度时

年末，根据本年度财政直接支付预算指标数与当年财政直接支付实际支出数的差额，借记"资金结存——财政应返还额度"科目，贷记"财政拨款预算收入"科目。

8. 确认财政授权支付应返还额度时

年末，单位依据代理银行提供的对账单作注销额度的相关账务处理，借记"资金结存——财政应返还额度"科目，贷记"资金结存——零余额账户用款额度"科目；本年度财政授权支付预算指标数大于零余额账户用款额度下达数的，根据未下达的用款额度，借记"资金结存——财政应返还额度"科目，贷记"财政拨款预算收入"科目。下年初，单位依据代理银行提供的额度恢复到账通知书作恢复额度的相关账务处理，借记"资金结存——零余额账户用款额度"科目，贷记"资金结存——财政应返还额度"科目。单位收到财政部门批复的上年末未下达零余额账户用款额度的，借记"资金结存——零余额账户用款额度"科目，贷记"资金结存——财政应返还额度"科目。

【小思考10-1】在什么情况下，编制会计分录时不需要涉及"资金结存"科目？

"资金结存"主要业务和事项账务处理如表10-1所示。

表10-1　　　　　　　　　　　"资金结存"的账务处理

序号	业务和事项内容		账务处理	
			预算会计	财务会计
(1)	取得预算收入	财政授权支付方式下	借：资金结存——零余额账户用款额度 贷：财政拨款预算收入	借：零余额账户用款额度 贷：财政拨款收入
		国库集中支付以外的其他支付方式下	借：资金结存——货币资金 贷：财政拨款预算收入/事业预算收入/经营预算收入等	借：银行存款 贷：财政拨款收入/事业收入/经营收入等
(2)	从零余额账户提取现金		借：资金结存——货币资金 贷：资金结存——零余额账户用款额度	借：库存现金 贷：零余额账户用款额度
(3)	发生预算支出时	财政授权支付方式下	借：行政支出/事业支出等 贷：资金结存——零余额账户用款额度	借：业务活动费用/单位管理费用/库存物品/固定资产等 贷：零余额账户用款额度
		使用以前年度财政直接支付额度	借：行政支出/事业支出等 贷：财政应返还额度	借：业务活动费用/单位管理费用/库存物品/固定资产等 贷：零余额账户用款额度
		国库集中支付以外的其他支付方式下	借：行政支出/事业支出等 贷：资金结存——货币资金	借：业务活动费用/单位管理费用/库存物品/固定资产等 贷：银行存款/库存现金等

续表

序号	业务和事项内容		账务处理	
			预算会计	财务会计
(4)	按照规定使用提取的专用基金	一般情况下	使用从非财政拨款结余或经营结余中计提的专用基金： 借：专用结余 　　贷：资金结存——货币资金 使用从收入中提取并列入费用的专用基金： 借：事业支出等 　　贷：资金结存——货币资金	借：专用基金 　　贷：银行存款等
		购买固定资产、无形资产等		借：固定资产/无形资产 　　贷：银行存款等 同时： 借：专用基金 　　贷：累计盈余
(5)	预算结余结转调整	按照规定上缴财政拨款结转结余资金或注销财政拨款结转结余额度的	借：财政拨款结转——归集上缴/财政拨款结余——归集上缴 　　贷：资金结存——财政应返还额度/零余额账户用款额度/货币资金	借：累计盈余 　　贷：财政应返还额度/零余额账户用款额度/银行存款
		按规定缴回非财政拨款结转资金的	借：资金结存——财政应返还额度/零余额账户用款额度/货币资金 　　贷：财政拨款结转——归集上缴	借：累计盈余 　　贷：银行存款
(6)	应购货退回、发生差错更正等退回国库直接支付或者收回货币资金的	属于本年度的	借：财政拨款预算收入/资金结存——零余额账户用款额度、货币资金 　　贷：行政支出/事业支出等	借：财政拨款收入/零余额账户用款额度/银行存款等 　　贷：业务活动费用/库存物品等
		属于以前年度的	借：资金结存——财政应返还额度/零余额账户用款额度/货币资金 　　贷：财政拨款结转/财政拨款结余/非财政拨款结转/非财政拨款结余（年初余额调整）	借：财政拨款收入/零余额账户用款额度/银行存款等 　　贷：以前年度盈余调整
(7)	有企业所得税缴纳义务的事业单位实际缴纳企业所得税时		借：非财政拨款结余——累计结余 　　贷：资金结存——货币资金	借：其他应交税费——单位应交所得税 　　贷：银行存款
(8)	年末确认未下达的财政用款额度	财政直接支付	借：资金结存——财政应返还额度 　　贷：财政拨款预算收入	借：财政应返还额度——财政直接支付 　　贷：财政拨款收入
		财政授权支付		借：财政应返还额度——财政授权支付 　　贷：财政拨款收入

续表

序号	业务和事项内容	账务处理	
		预算会计	财务会计
(9)	年末注销零余额账户用款额度	借：资金结存——财政应返还额度 贷：资金结存——零余额用款额度	借：财政应返还额度——财政授权支付 贷：零余额用款额度
(10)	下年初，恢复零余额账户用款额度或收到上年末未下达的零余额账户用款额度的	借：资金结存——零余额账户用款额度 贷：资金结存——财政应返还额度	借：零余额账户用款额度 贷：财政应返还额度——财政授权支付

【工作实例10-1】 某行政单位本年发生与资金结存有关的业务如下：

(1) 收到开户银行转来的"授权支付到账通知书"本年下达零余额账户用款额度180 000元。

(2) 从零余额账户用款额度提取现金6 000元。

(3) 以库存现金购买零星办公用品2 800元。

(4) 接受外单位捐款35 000元存入银行。

(5) 年末根据计算确认未下达的零余额账户用款额度50 000元。

(6) 本年度财政直接支付下达指标800 000元，实际支付740 000元。

(7) 下年初，使用上年财政直接支付额度购买业务材料42 000元。

(8) 下年初，收到上年末未下达的零余额账户用款额度的50 000元。

任务处理如下：

(1) 收到开户银行转来的"授权支付到账通知书"时

借：资金结存——零余额账户用款额度　　　　　　　　　　180 000
　　贷：财政拨款预算收入　　　　　　　　　　　　　　　180 000

同时财务会计作：

借：零余额账户用款额度　　　　　　　　　　　　　　　　180 000
　　贷：财政拨款收入　　　　　　　　　　　　　　　　　180 000

(2) 从零余额账户用款额度提取现金时

借：资金结存——货币资金　　　　　　　　　　　　　　　6 000
　　贷：资金结存——零余额账户用款额度　　　　　　　　6 000

同时财务会计作：

借：库存现金　　　　　　　　　　　　　　　　　　　　　6 000
　　贷：零余额账户用款额度　　　　　　　　　　　　　　6 000

(3) 以库存现金购买零星办公用品时

借：行政支出　　　　　　　　　　　　　　　　　　　　　2 800
　　贷：资金结存——货币资金　　　　　　　　　　　　　2 800

同时财务会计作：

借：业务活动费用 2 800
　　贷：库存现金 2 800
（4）接受外单位捐款时
借：资金结存——货币资金 35 000
　　贷：其他预算收入 35 000
同时财务会计作：
借：银行存款 35 000
　　贷：捐赠收入 35 000
（5）年末根据计算确认未下达的零余额账户用款额度时
借：资金结存——财政应返还额度 50 000
　　贷：财政拨款预算收入 50 000
同时财务会计作：
借：财政应返还额度——财政授权支付 50 000
　　贷：财政拨款收入 50 000
（6）确认财政应返还额度时
借：资金结存——财政应返还额度 60 000
　　贷：财政拨款预算收入 60 000
同时财务会计作：
借：财政应返还额度——财政直接支付 60 000
　　贷：财政拨款收入 60 000
（7）下年初，使用上年财政直接支付额度购买业务材料时
借：行政支出 42 000
　　贷：资金结存——财政应返还额度 42 000
同时财务会计作：
借：库存物品 42 000
　　贷：财政应返还额度——财政直接支付 42 000
（8）下年初，收到上年末未下达的零余额账户用款额度时
借：资金结存——零余额账户用款额度 50 000
　　贷：资金结存——财政应返还额度 50 000
同时财务会计作：
借：零余额账户用款额度 50 000
　　贷：财政应返还额度——财政授权支付 50 000

【学中做10-1】假定上例为事业单位，请你完成上述会计分录。

任务二　财政拨款结转和结余的核算

一、财政拨款结转的核算

（一）财政拨款结转的概念

财政拨款结转是指单位当年支出预算已执行但尚未完成或因故未执行，下年度需要按照原用途继续使用的财政拨款资金，是政府单位调整、结转和滚存的同级财政拨款结转资金。

调整包括因会计差错更正、以前年度支出收回引起的年初余额调整、按规定从其他单位调入的财政拨款结转资金、按照规定向其他单位调出的财政拨款结转资金、按照规定上缴财政拨款结转资金或注销财政拨款结转资金额度以及经财政部门批准改变用途调整用于本单位基本支出或其他未完成项目支出的财政拨款结余资金。

结转是指当年政府单位财政拨款收入与其相关支出相抵后的余额，包括基本支出结转和项目支出结转。

基本支出结转，是指用于基本支出的财政拨款收入减去财政拨款基本支出后的差额，包括人员经费和日常公用经费。基本支出结转原则上结转下年继续使用，用于增人增编等人员支出和公用支出，但在人员支出和公用支出间不得挪用，不得用于提高人员开支标准。

项目支出结转，是尚未完成项目支出的财政拨款收入减去财政拨款项目支出后的差额，具体包括：项目当年已执行但尚未完成而形成的结转资金；项目因故当年未执行，需要推迟到下年执行形成的结转资金；项目需要跨年度执行，但项目支出预算已一次性安排形成的结转资金。项目支出结转资金结转至下年按原用途继续使用。

（二）财政拨款结转核算的明细科目设置

为了核算取得的同级财政拨款结转资金的调整、结转和滚存情况，政府单位应设置"财政拨款结转"科目。该科目期末贷方余额，反映单位滚存的财政拨款结转资金数额。

"财政拨款结转"科目一般设置"年初余额调整""归集调入""归集调出""归集上缴""单位内部调剂""累计结转"和"本年收支结转"等明细科目，进行明细科目进行日常核算。

年末，将"财政拨款结转"科目所属的"年初余额调整""归集调入""归集调出""归集上缴""单位内部调剂"等明细科目的余额转入"财政拨款结转——累计结转"科目；将财政拨款预算收入本年发生额及行政支出或事业支出中的财政拨款支出余额都转入"财政拨款结转——本年收支结转"科目。

转账后，"财政拨款结转"科目除"累计结转"明细科目外，其他明细科目应无余额。"财政拨款结转"下设各明细科目介绍如表10-2所示。

表 10-2　"财政拨款结转"的明细科目介绍

序号	业务类型	明细科目	核算内容
(1)	与会计差错更正、以前年度支出收回相关的	年初余额调整	核算因发生会计差错更正、以前年度支出收回等原因，需要调整财政拨款结转的金额。 年末结账后，本明细科目应无余额。
(2)	与财政拨款调拨业务相关的	归集调入	核算按照规定从其他单位调入财政拨款结转资金时，实际调增的额度数额或调入的资金数额。 年末结账后，本明细科目应无余额。
		归集调出	核算按照规定向其他单位调出财政拨款结转资金时，实际调减的额度数额或调出的资金数额。 年末结账后，本明细科目应无余额。
		归集上缴	核算按照规定上缴财政拨款结转资金时，实际核销的额度数额或上缴的资金数额。 年末结账后，本明细科目应无余额。
		单位内部调剂	核算经财政部门批准对财政拨款结余资金改变用途，调整用于本单位其他未完成项目等的调整金额。 年末结账后，本明细科目应无余额。
(3)	与年末财政拨款结转业务相关的	本年收支结转	核算单位本年度财政拨款收支相抵后的余额。 年末结账后，本明细科目应无余额。
		累计结转	核算单位滚存的财政拨款结转资金。 本明细科目年末贷方余额，反映单位财政拨款滚存的结转资金数额。

"财政拨款结转"科目还应当设置"基本支出结转""项目支出结转"两个明细科目进行明细核算。在"基本支出结转"明细科目下按照"人员经费"和"日常公用经费"进行明细核算，在"项目支出结转"明细科目下按照具体项目进行明细核算；该科目还应当按照《政府收支分类科目》中"支出功能分类科目"的项级科目进行明细核算。

有一般公共预算财政拨款、政府性基金预算财政拨款等两种或两种以上财政拨款的，还应当在本科目下按照财政拨款的种类进行明细核算。

【小思考 10-2】"财政拨款结转"科目中的明细科目中，哪些科目是年末才使用一次的？

(三) 财政拨款结转的主要账务处理

财政拨款结转的主要账务处理包括：

1. 与会计差错更正、以前年度支出收回相关的账务处理

(1) 因发生会计差错更正退回以前年度国库直接支付、授权支付款项或财政性货币资金，或者因发生会计差错更正增加以前年度国库直接支付、授权支付支出或财政性货币资金支出，属于以前年度财政拨款结转资金的，借记或贷记"资金结存——财政应返还额度、零余额账户用款额度、货币资金"科目，贷记或借记"财政拨款结转——年初余额调整"科目。

(2) 因购货退回、预付款项收回等发生以前年度支出又收回国库直接支付、授权支付款项或收回财政性货币资金，属于以前年度财政拨款结转资金的，借记"资金结存——财政应返还额度、零余额账户用款额度、货币资金"科目，贷记"财政拨款结转——年初余

额调整"科目。

2. 与财政拨款结转结余资金调整业务相关的账务处理

（1）按照规定从其他单位调入财政拨款结转资金的，按照实际调增的额度数额或调入的资金数额，借记"资金结存——财政应返还额度零余额账户用款额度、货币资金"科目，贷记"财政拨款结转——归集调入"科目。

（2）按照规定向其他单位调出财政拨款结转资金的，按照实际调减的额度数额或调出的资金数额，借记"财政拨款结转——归集调出"科目，贷记"资金结存——财政应返还额度、零余额账户用款额度、货币资金"科目。

（3）按照规定上缴财政拨款结转资金或注销财政拨款结转资金额度的，按照实际上缴资金数额或注销的资金额度数额，借记"财政拨款结转——归集上缴"科目，贷记"资金结存——财政应返还额度、零余额账户用款额度、货币资金"科目。

（4）经财政部门批准对财政拨款结余资金改变用途，调整用于本单位基本支出或其他未完成项目支出的，按照批准调剂的金额，借记"财政拨款结余——单位内部调剂"科目，贷记"财政拨款结转——单位内部调剂"科目。

3. 与年末财政拨款结转和结余业务相关的账务处理

（1）年末，将财政拨款预算收入本年发生额转入"财政拨款结转"科目，借记"财政拨款预算收入"科目，贷记"财政拨款结转——本年收支结转"科目；将行政支出、事业支出中财政拨款支出本年发生额转入"财政拨款结转"科目，借记"财政拨款结转——本年收支结转"科目，贷记各项支出（财政拨款支出）科目。

（2）年末冲销有关明细科目余额。将"财政拨款结转"科目（本年收支——结转、年初余额调整、归集调入、归集调出、归集上缴、单位内部调剂）余额转入"财政拨款结转——累计结转"科目。结转后，"财政拨款结转"科目除"累计结转"明细科目外，其他明细科目应无余额。

（3）年末完成上述结转后，应当对财政拨款结转各明细项目执行情况进行分析，按照有关规定将符合财政拨款结余性质的项目余额转入财政拨款结余，借记"财政拨款结转——累计结转"科目，贷记"财政拨款结余——结转转入"科目。

具体业务和事项账务处理如表 10-3 所示。

表 10-3 "财政拨款结转"的账务处理

序号	业务和事项内容		账务处理	
			预算会计	财务会计
（1）	因会计差错更正、购货退回、预付款项收回等发生以前年度调整事项	调整增加相关资产	借：资金结存——零余额账户用款额度/货币资金等 贷：财政拨款结转——年初余额调整	借：零余额账户用款额度/银行存款等 贷：以前年度盈余调整
		因会计差错更正调整减少相关资产	借：财政拨款结转——年初余额调整 贷：资金结存——零余额账户用款额度/货币资金等	借：以前年度盈余调整 贷：零余额账户用款额度/银行存款等

续表

序号	业务和事项内容		账务处理	
			预算会计	财务会计
(2)	从其他单位调入财政拨款结转资金	按照实际调增的额度数额或调入的资金数额	借：资金结存——财政应返还额度/零余额账户用款额度/货币资金 贷：财政拨款结转——归集调入	借：财政应返还额度/零余额账户用款额度/银行存款 贷：累计盈余
(3)	向其他单位调出财政拨款结转资金	按照实际调减的额度数额或调减的资金数额	借：财政拨款结转——归集调出 贷：资金结存——财政应返还额度/零余额账户用款额度/货币资金	借：累计盈余 贷：财政应返还额度/零余额账户用款额度/银行存款
(4)	按照规定上缴财政拨款结转结余资金或注销财政拨款结转额度	按照实际上缴资金数额或注销的资金数额	借：财政拨款结转——归集上缴 贷：资金结存——财政应返还额度/零余额账户用款额度/货币资金	借：累计盈余 贷：财政应返还额度/零余额账户用款额度/银行存款
(5)	单位内部调剂财政拨款结余资金	按照调整的金额	借：财政拨款结余——单位内部调剂 贷：财政拨款结转——单位内部调剂	—
(6)	年末结转	结转财政拨款预算收入	借：财政拨款预算收入 贷：财政拨款结转——本年收支结转	—
		结转财政拨款预算支出	借：财政拨款结转——本年收支结转 贷：行政支出/事业支出等（财政拨款部分）	—
(7)	年末冲销本科目有关明细科目余额		借：财政拨款结转——年初余额调整/归集调入/单位内部调剂/本年收支结转 贷：财政拨款结转——累计结转 借：财政拨款结转——累计结转 贷：财政拨款结转——年初余额调整/归集调出/单位内部调剂/本年收支结转	—
(8)	转入财政拨款结余	按照有关规定将符合财政拨款结余性质的项目余额转入财政拨款结余	借：财政拨款结转——累计结转 贷：财政拨款结余——结转转入	—

【工作实例10-2】 年初，收到去年预付款项35 000元收回，款存零余额账户用款额度，需调整以前年度盈余。年末，某行政单位"财政拨款预算收入"和"行政支出"本年发生

额如下：

财政拨款预算收入——基本支出拨款　　　　5 000 000
财政拨款预算收入——项目支出拨款　　　　2 000 000
行政支出——财政拨款支出——基本支出　　5 000 000
行政支出——财政拨款支出——项目支出　　1 800 000（项目已完成）

根据资料，任务处理如下：

(1) 收到去年预付款项 35 000 元收回，款存零余额账户用款额度

借：资金结存——零余额账户用款额度　　　　　　　　　35 000
　　贷：财政拨款结转——年初余额调整　　　　　　　　　　　　35 000

同时财务会计作：

借：零余额账户用款额度　　　　　　　　　　　　　　　35 000
　　贷：以前年度盈余调整　　　　　　　　　　　　　　　　　　35 000

(2) 结转财政拨款预算收入

借：财政拨款预算收入——基本支出拨款　　　　　　　5 000 000
　　　　　　　　　　　——项目支出拨款　　　　　　　2 000 000
　　贷：财政拨款结转——本年收支转账——基本支出结转　　　5 000 000
　　　　　　　　　　　　　　　　　　　——项目支出结转　　　2 000 000

(3) 结转行政支出中的财政拨款支出

借：财政拨款结转——本年收支转账——基本支出结转　5 000 000
　　　　　　　　　　　　　　　　　——项目支出结转　1 800 000
　　贷：行政支出——财政拨款支出——基本支出　　　　　　5 000 000
　　　　　　　　　　　　　　　　　——项目支出　　　　　　1 800 000

(4) 年末冲销有关明细科目余额时

借：财政拨款结转——本年收支转账——项目支出结转　　200 000
　　　　　　　　　——年初余额调整　　　　　　　　　　35 000
　　贷：财政拨款结转——累计结转——项目支出结转　　　　　235 000

(5) 年末，将"财政拨款结转——累计结转"转入到"财政拨款结余——结转转入"

借：财政拨款结转——累计结转——项目支出结转　　　　235 000
　　贷：财政拨款结余——结转转入　　　　　　　　　　　　　235 000

二、财政拨款结余的核算

（一）财政拨款结余的概念

财政拨款结余是指单位当年取得的同级财政拨款项目支出预算工作目标已经完成，或由于受政策变化、计划调整等因素影响工作终止，当年剩余的财政拨款资金。

（二）财政拨款结余核算的明细科目设置

为核算单位取得的同级财政拨款项目支出结余资金的调整、结转和滚存情况的增减变化，行政单位应设置"财政拨款结余"科目。该科目贷方反映按照实际核销的额度数额、上缴的资金数额和内部调剂数，借方反映因发生差错更正、以前年度支出收回等原因，需要

调整数。期末贷方余额，反映滚存的财政拨款结余资金数额。

"财政拨款结余"科目一般设置"年初余额调整""归集上缴""单位内部调剂""结转转入"和"累计结余"等明细科目进行明细核算，其核算内容如表10-4所示。

表10-4　　　　　　　　　　　　　"财政拨款结余"的明细账户介绍

序号	业务类型	明细科目	核算内容
（1）	与会计差错更正、以前年度支出收回相关的	年初余额调整	核算因发生会计差错更正、以前年度支出收回等原因，需要调整财政拨款结余的金额。 年末结账后，本明细科目应无余额。
（2）	与财政拨款结余资金调整业务有关的	归集上缴	核算按照规定上缴财政拨款结余资金时，实际核销的额度数额或上缴的资金数额。 年末结账后，本明细科目应无余额。
		单位内部调剂	核算经财政部门批准对财政拨款结余资金改变用途，调整用于本单位其他未完成项目等的调整金额。 年末结账后，本明细科目应无余额。
（3）	与年末财政拨款结余业务相关的	结转转入	核算单位按照规定转入财政拨款结余的财政拨款结转资金。 年末结账后，本明细科目应无余额。
		累计结余	核算单位滚存的财政拨款结余资金。 本明细科目年末贷方余额，反映单位财政拨款滚存的结余资金数额。

【小思考10-3】单位的"财政拨款结转"和"财政拨款结余"有何联系？

年末，与财政拨款结余业务相关的科目有"结转转入"和"累计结余"明细科目。年末将本科目所属的"年初余额调整""归集调入""归集上缴"和"单位内部调剂"等明细科目的余额转入"财政拨款结余——累计结余"科目；将"财政拨款结转——累计结转"余额转入"财政拨款结余——累计结余"科目。本科目除"累计结余"明细科目外，其他明细科目应无余额。

（三）财政拨款结余的主要账务处理

财政拨款结余的主要账务处理包括：

1. 与会计差错更正、以前年度支出收回相关的账务处理

（1）因发生会计差错更正退回以前年度国库直接支付、授权支付款项或财政性货币资金，或者因发生会计差错更正增加以前年度国库直接支付、授权支付支出或财政性货币资金支出，属于以前年度财政拨款结余资金的，借记或贷记"资金结存——财政应返还额度、零余额账户用款额度、货币资金"科目，贷记或借记"财政拨款结余——年初余额调整"科目。

（2）因购货退回、预付款项收回等发生以前年度支出又收回国库直接支付、授权支付款项或收回财政性货币资金，属于以前年度财政拨款结余资金的，借记"资金结存——财政应返还额度、零余额账户用款额度、货币资金"科目，贷记"财政拨款结余——年初余

额调整"科目。

2. 与财政拨款结余资金调整业务相关的账务处理

（1）经财政部门批准对财政拨款结余资金改变用途，调整用于本单位基本支出或其他未完成项目支出的，按照批准调剂的金额，借记"财政拨款结余——单位内部调剂"科目，贷记"财政拨款结转——单位内部调剂"科目。

（2）按照规定上缴财政拨款结余资金或注销财政拨款结余资金额度的，按照实际上缴资金数额或注销的资金额度数额，借记"财政拨款结余——归集上缴"科目，贷记"资金结存——财政应返还额度、零余额账户用款额度、货币资金"科目。

3. 与年末财政拨款结转和结余业务相关的账务处理

（1）年末，对财政拨款结转各明细项目执行情况进行分析，按照有关规定将符合财政拨款结余性质的项目余额转入财政拨款结余，借记"财政拨款结转——累计结转"科目，贷记"财政拨款结余——结转转入"科目。

（2）年末冲销有关明细科目余额。将"财政拨款结余——年初余额调整、归集上缴、单位内部调剂、结转转入"明细科目余额转入"财政拨款结余——累计结余"科目。结转后，"财政拨款结余"科目除"累计结余"明细科目外，其他明细科目应无余额。

"财政拨款结余"主要业务和事项账务处理如表10-5所示。

表10-5　　　　　　　　　　　"财政拨款结余"的账务处理

序号	业务和事项内容		账务处理	
			预算会计	财务会计
(1)	因会计差错更正、购货退回等发生以前年度调整事项	调整增加相关资产	借：资金结存——零余额账户用款额度/货币资金等 贷：财政拨款结余——年初余额调整	借：零余额账户用款额度/银行存款等 贷：以前年度盈余调整
		因会计差错更正调整减少相关资产	借：财政拨款结余——年初余额调整 贷：资金结存——零余额账户用款额度/货币资金等	借：以前年度盈余调整 贷：零余额账户用款额度/银行存款等
(2)	按照规定上缴财政拨款结余资金或注销财政拨款结余额度	按照实际上缴资金数额或注销的资金数额	借：财政拨款结余——归集上缴 贷：资金结存——财政应返还额度/零余额账户用款额度/货币资金	借：累计盈余 贷：财政应返还额度/零余额账户用款额度/银行存款
(3)	单位内部调剂财政拨款结余资金	按照调整的金额	借：财政拨款结余——单位内部调剂 贷：财政拨款结转——单位内部调剂	—
(4)	年末，转入财政拨款结余	按照有关规定将符合财政拨款结余性质的项目余额转入财政拨款结余	借：财政拨款结转——累计结转 贷：财政拨款结转——结转转入	—

续表

序号	业务和事项内容	账务处理	
		预算会计	财务会计
(5)	年末，冲销本科目有关明细科目余额	借：财政拨款结余——年初余额调整 　　贷：财政拨款结余——累计结余 借：财政拨款结余——累计结余 　　贷：财政拨款结余——年初余额调整/ 　　　　归集上缴/单位内部调剂	—

【工作实例10-3】 某行政单位发生与财政拨款结余有关业务如下：

(1) 经审计发现上年已完成的保障性住房开发工程有一笔不当支出，有关资金使用者已经将该笔资金支出258 000元退回单位零余额账户用款额度。

(2) 上年保障性住房工程已经完成，结余资金300 000元应上缴财政。现收到代理银行通知已扣减零余额账户用款额度。

(3) 上年保障性住房工程已经完成，除上缴财政资金外，尚有结余资金95 200元转入本年保障性住房的建设项目。

(4) 年末，将"财政拨款结余"科目所属明细科目余额转入该科目的"累计结余"明细科目。

任务处理如下：

(1) 收回上年已完工程错误支出时

借：资金结存——零余额账户用款额度　　　　　　　　　　258 000
　　贷：财政拨款结余——年初余额调整　　　　　　　　　　258 000

同时财务会计作：

借：零余额账户用款额度　　　　　　　　　　　　　　　　258 000
　　贷：以前年度盈余调整　　　　　　　　　　　　　　　　258 000

(2) 上缴上年已完成工程的结余资金时

借：财政拨款结余——归集上缴　　　　　　　　　　　　　300 000
　　贷：资金结存——零余额账户用款额度　　　　　　　　　300 000

同时财务会计作：

借：累计盈余　　　　　　　　　　　　　　　　　　　　　300 000
　　贷：零余额账户用款额度　　　　　　　　　　　　　　　300 000

(3) 调剂上年已完成工程的结余资金时

借：财政拨款结余——单位内部调剂　　　　　　　　　　　95 200
　　贷：财政拨款结转——单位内部调剂　　　　　　　　　　95 200

(4) 年末，将"财政拨款结余"科目所属明细科目余额转入该科目的"累计结余"明细科目时

借：财政拨款结余——年初余额调整　　　　　　　　　　　258 000
　　贷：财政拨款结余——累计结余　　　　　　　　　　　　258 000
借：财政拨款结余——累计结余　　　　　　　　　　　　　395 200
　　贷：财政拨款结余——归集上缴　　　　　　　　　　　　300 000
　　　　　　　　　　——单位内部调剂　　　　　　　　　　95 200

任务三 非财政拨款结转和结余的核算

一、非财政拨款结转的核算

（一）非财政拨款结转的概念

非财政拨款结转是指政府单位除财政拨款收支、经营收支以外各非同级财政拨款专项资金的调整、结转和滚存的资金。其中，调整主要包括因发生会计差错更正、以前年度支出收回等原因的年初余额调整、按照规定政府单位从取得的科研项目预算收入中计提的间接费用或管理费。结转是指政府单位财政拨款收支、经营收支以外各非同级财政拨款专项资金收入与其相关支出相抵后的余额。

（二）非财政拨款结转核算的明细科目设置

为核算单位除财政拨款收支、经营收支以外各非同级财政拨款专项资金的调整、结转和滚存情况的增减变化，单位应设置"非财政拨款结转"科目。该科目期末贷方余额，反映单位滚存的非财政拨款专项资金数额。

"非财政拨款结转"科目还可以根据管理需要按照非财政拨款结转变动原因，设置"年初余额调整""缴回资金""项目间接费用或管理费""本年收支结转""累计结转"等明细科目，进行明细核算。

"非财政拨款结转"下设各明细科目介绍如表10-6所示。

表 10-6　　　　　　　　　"非财政拨款结转"的明细账户介绍

序号	业务类型	明细科目	核算内容
（1）	按照规定从科研项目预算收入中计提的项目间接费用或管理费	项目间接费用或管理费	核算单位取得的科研项目预算收入中，按照规定计提项目间接费用或管理费的数额。 年末结账后，本明细科目应无余额。
（2）	与会计差错更正、购货退回等发生以前年度支出收回相关的	年初余额调整	核算因发生会计差错更正、以前年度支出收回等原因，需要调整非财政拨款结转的资金。 年末结账后，本明细科目应无余额。
（3）	与非财政拨款上缴业务相关的	缴回资金	核算按照规定缴回非财政拨款结转资金时，实际缴回的资金数额。 年末结账后，本明细科目应无余额。
（4）	与年末非财政拨款结转业务相关的	本年收支结转	核算单位本年度非同级财政拨款专项收支相抵后的余额。 年末结账后，本明细科目应无余额。
		累计结转	核算单位历年滚存的非同级财政拨款、非专项结余资金。 本明细科目年末贷方余额，反映单位非同级财政拨款滚存的专项结转资金数额。

年末收支转账后,将"非财政拨款结转"科目所属"年初余额调整""缴回资金""项目间接费用或管理费""本年收支结转"等明细科目余额转入"累计结转"明细科目;转账后,"非财政拨款结转"科目除"累计结转"明细科目外,其他明细科目应无余额。

【小思考10-4】哪些总分类科目下设置"本年收支结转"和"累计结转"明细科目?

(三) 非财政拨款结转核算的主要账务处理

(1) 按照规定从科研项目预算收入中提取项目管理费或间接费时,按照提取金额,借记"非财政拨款结转——项目间接费用或管理费"科目,贷记"非财政拨款结余——项目间接费用或管理费"科目。

(2) 因会计差错更正收到或支出非同级财政拨款货币资金,属于非财政拨款结转资金的,按照收到或支出的金额,借记或贷记"资金结存——货币资金"科目,贷记或借记"非财政拨款结转——年初余额调整"科目。

因收回以前年度支出等收到非同级财政拨款货币资金,属于非财政拨款结转资金的,按照收到的金额,借记"资金结存——货币资金"科目,贷记"非财政拨款结转——年初余额调整"科目。

(3) 按照规定缴回非财政拨款结转资金的,按照实际缴回资金数额,借记"非财政拨款结转——缴回资金"科目,贷记"资金结存——货币资金"科目。

(4) 年末,将事业预算收入、上级补助预算收入、附属单位上缴预算收入、非同级财政拨款预算收入、债务预算收入、其他预算收入本年发生额中的专项资金收入转入"非财政拨款结转"科目,借记"事业预算收入""上级补助预算收入""附属单位上缴预算收入""非同级财政拨款预算收入""债务预算收入""其他预算收入"科目下各专项资金收入明细科目,贷记"非财政拨款结转——本年收支结转"科目;将行政支出、事业支出、其他支出本年发生额中的非财政拨款专项资金支出转入本科目,借记"非财政拨款结转——本年收支结转"科目,贷记"行政支出""事业支出""其他支出"科目下各非财政拨款专项资金支出明细科目。

(5) 年末冲销有关明细科目余额。将"非财政拨款结转——年初余额调整、项目间接费用或管理费、缴回资金、本年收支结转"科目余额转入"非财政拨款结转——累计结转"科目。结转后,"非财政拨款结转"科目除"累计结转"明细科目外,其他明细科目应无余额。

(6) 年末完成上述结转后,应当对非财政拨款专项结转资金各项目情况进行分析,将留归本单位使用的非财政拨款专项(项目已完成)剩余资金转入非财政拨款结余,借记"非财政拨款结转——累计结转"科目,贷记"非财政拨款结余——结转转入"科目。

"非财政拨款结转"主要业务和事项账务处理如表10-7所示。

【工作实例10-4】某事业单位年末除了财政拨款预算收入以外的各专项资金收入和支出余额如表10-8所示。

假设本年没有发生年初余额调整和缴回资金事项。专项资金均用于办公楼新建项目,年初开工年末已经完工,专项结余资金留归单位使用。单位规定,按教科研预算收入提取10%的项目管理费。

表 10-7　"非财政拨款结转"的账务处理

序号	业务和事项内容		账务处理	
			预算会计	财务会计
(1)	因会计差错更正、购货退回等发生以前年度调整事项	调整增加相关资产	借：资金结存——货币资金 　贷：非财政拨款结转——年初余额调整	借：银行存款等 　贷：以前年度盈余调整
		调整减少相关资产	借：非财政拨款结转——年初余额调整 　贷：资金结存——货币资金等	借：以前年度盈余调整 　贷：银行存款等
(2)	按照规定从科研项目预算收入中提取项目管理费或间接费		借：非财政拨款结转——项目管理费或间接费 　贷：非财政拨款结余——项目管理费或间接费	借：单位管理费用 　贷：预提费用——项目管理费或间接费
(3)	按照规定缴回非财政资金拨款结转资金	按照实际缴回的资金	借：非财政拨款结转——缴回资金 　贷：资金结存——货币资金	借：累计盈余 　贷：银行存款
(4)	年末结转	结转非财政拨款专项收入	借：事业预算收入/上级补助预算收入/附属单位上缴预算收入/非同级财政拨款预算收入/债务预算收入/其他预算收入 　贷：非财政拨款结转——本年收支结转	—
		结转非财政拨款专项支出	借：非财政拨款结转——本年收支结转 　贷：行政支出/事业支出/其他支出	—
(5)	年末冲销本科目有关明细科目余额		借：非财政拨款结转——年初余额调整/归集调入/本年收支结转 　贷：非财政拨款结转——累计结转 借：非财政拨款结转——累计结转 　贷：非财政拨款结转——年初余额调整/缴回资金/项目管理费或间接费/本年收支结转	—
(6)	将留归本单位使用的非财政拨款剩余资金转入非财政拨款结余		借：非财政拨款结转——累计结转 　贷：非财政拨款结余——结转转入	—

表 10-8　　　　　　　　专项资金收入和支出年末余额

预算收入和预算支出科目名称	借方余额	贷方余额
事业预算收入——专项资金收入		500 000
事业预算收入——科研项目预算收入		300 000
上级补助预算收入——专项资金收入		230 000
债务预算收入——专项资金收入		370 000
其他预算收入——专项资金收入		456 000
事业支出——非财政专项资金支出	1 250 000	
其他支出——非财政专项资金支出	350 000	

任务处理如下：

(1) 计提教科研项目管理费时

借：非财政拨款结转——项目管理费或间接费　　200 000
　　贷：非财政拨款结余——项目管理费或间接费　　　　200 000

同时财务会计作：

借：单位管理费用　　200 000
　　贷：预提费用——项目管理费　　　　200 000

(2) 结转本年非财政专项资金收入时

借：事业预算收入——专项资金收入　　500 000
　　　　　　　　——科研项目预算收入　　300 000
　　上级补助预算收入——专项资金收入　　230 000
　　债务预算收入——专项资金收入　　370 000
　　其他预算收入——专项资金收入　　456 000
　　贷：非财政拨款结转——本年收支结转　　　　1 856 000

(3) 结转本年非财政专项资金支出时

借：非财政拨款结转——本年收支结转　　1 600 000
　　贷：事业支出——非财政专项资金支出　　　　1 250 000
　　　　其他支出——非财政专项资金支出　　　　350 000

(4) 计算结转已完工程项目留归单位结余资金时

借：非财政拨款结转——累计结转　　256 000
　　贷：非财政拨款结余——结转转入　　　　256 000

(5) 年末，将"非财政拨款结转"科目所属明细科目余额转入该科目的"累计结转"明细科目时

借：非财政拨款结余——累计结转　　200 000
　　贷：非财政拨款结转——项目管理费或间接费　　　　200 000

借：非财政拨款结转——本年收支结转　　256 000
　　贷：非财政拨款结余——累计结转　　　　256 000

二、非财政拨款结余的核算

(一) 非财政拨款结余的概念

非财政拨款结余是指单位历年滚存的非限定用途的非同级财政拨款结余资金,主要为非财政拨款结余扣除结余分配后滚存的金额。

(二) 非财政拨款结余核算的科目设置

为核算历年滚存的非限定用途的非同级财政拨款结余资金的增减变化,政府单位应设置"非财政拨款结余"科目。本科目的贷方余额,反映单位非同级财政拨款结余资金的累计滚存数额。

"非财政拨款结余"科目还可以根据管理需要按照非财政拨款结余变动原因,设置"年初余额调整""项目间接费用或管理费""结转转入""累计结余"等明细科目进行明细核算。

"非财政拨款结余"下设各明细科目介绍如表 10-9 所示。

表 10-9 "非财政拨款结余"的明细账户介绍

序号	业务类型	明细科目	核算内容
(1)	与会计差错更正、以前年度支出收回相关	年初余额调整	核算因发生会计差错更正、以前年度支出收回等原因,需要调整非财政拨款结转的资金。 年末结账后,本明细科目应无余额。
(2)	按照规定从科研项目预算收入中计提的项目间接费用或管理费	项目间接费用或管理费	核算单位取得的科研项目预算收入中,按照规定计提项目间接费用或管理费的数额。 年末结账后,本明细科目应无余额。
(3)	按照规定留归单位使用的非同级财政拨款专项剩余资金	结转转入	核算按照规定留归单位使用,由单位统筹调配,纳入单位非财政拨款结余的非同级财政拨款专项剩余资金。 年末结账后,本明细科目应无余额。
(4)	与年末非财政拨款结余业务相关的	累计结余	核算单位历年滚存的非同级财政拨款、非专项结余资金。本明细科目年末贷方余额,反映单位非同级财政拨款滚存的非专项结余资金数额。

年末将"非财政拨款结余"科目所属明细科目"年初余额调整""项目间接费用或管理费""结转转入"余额结转入"非财政拨款结余——累计结余"科目。结转后,"非财政拨款结余"科目除"累计结余"明细科目外,其他明细科目应无余额。

此外,年末,行政单位将"其他结余"科目余额、事业单位将"非财政拨款结余分配"科目余额也一并转入"非财政拨款结余——累计结余"科目。

【小思考 10-5】 哪些总分类科目下设置"结转转入"和"累计结余"明细科目?

(三) 非财政拨款结余核算的主要账务处理

(1) 按照规定从科研项目预算收入中提取项目管理费或间接费时,借记"非财政拨款结转项目间接费用或管理费"科目,贷记"非财政拨款结余——项目间接费用或管理费"科目。

(2) 有企业所得税缴纳义务的事业单位实际缴纳企业所得税时,按照缴纳金额,借记"非财政拨款结余——累计结余"科目,贷记"资金结存——货币资金"科目。

(3) 因会计差错更正收到或支出非同级财政拨款货币资金,属于非财政拨款结余资金的,按照收到或支出的金额,借记或贷记"资金结存——货币资金"科目,贷记或借记"非财政拨款结余——年初余额调整"科目。

因收回以前年度支出等收到非同级财政拨款货币资金,属于非财政拨款结余资金的,按照收到的金额,借记"资金结存——货币资金"科目,贷记"非财政拨款结余——年初余额调整"科目。

(4) 年末,将留归本单位使用的非财政拨款专项(项目已完成)剩余资金转入"非财政拨款结余"科目,借记"非财政拨款结转——累计结转"科目,贷记"非财政拨款结余——结转转入"科目。

(5) 年末冲销有关明细科目余额。将"非财政拨款结余——年初余额调整、项目间接费用或管理费、结转转入"科目余额结转入"非财政拨款结余——累计结余"科目,结转后,"非财政拨款结余"科目除"累计结余"明细科目外,其他明细科目应无余额。

(6) 年末,事业单位将"非财政拨款结余分配"科目余额转入非财政拨款结余。"非财政拨款结余分配"科目为借方余额的,借记"非财政拨款结余——累计结余"科目,贷记"非财政拨款结余分配"科目;"非财政拨款结余分配"科目为贷方余额的,借记"非财政拨款结余分配"科目,贷记"非财政拨款结余——累计结余"科目。

(7) 年末,行政单位将"其他结余"科目余额转入非财政拨款结余"其他结余"科目为借方余额的,借记"非财政拨款结余——累计结余"科目,贷记"其他结余"科目;"其他结余"科目为贷方余额的,借记"其他结余"科目,贷记"非财政拨款结余——累计结余"科目。

"非财政拨款结余"主要业务和事项账务处理如表 10-10 所示。

表 10-10 "非财政拨款结余"的账务处理

序号	业务和事项内容		账务处理	
			预算会计	财务会计
(1)	因会计差错更正、以前年度支出收回等原因	调整增加相关资产	借:资金结存——货币资金 贷:非财政拨款结余——年初余额调整	借:银行存款等 贷:以前年度盈余调整
		调整减少相关资产	借:非财政拨款结余——年初余额调整 贷:资金结存——货币资金等	借:以前年度盈余调整 贷:银行存款等
(2)	按照规定从科研项目预算收入中提取项目管理费或间接费		借:非财政拨款结转——项目管理费或间接费 贷:非财政拨款结余——项目管理费或间接费	借:单位管理费用 贷:预提费用——项目管理费或间接费

续表

序号	业务和事项内容		账务处理	
			预算会计	财务会计
（3）	实际缴纳企业所得税		借：非财政拨款结余——累计盈余 　贷：资金结存——货币资金	借：其他应交税费——单位应交所得税 　贷：银行存款
（4）	年末冲销本科目有关明细科目余额		借：非财政拨款结余——年初余额调整/项目管理费或间接费/结转转入 　贷：非财政拨款结余——累计结余 借：非财政拨款结余——累计结余 　贷：非财政拨款结转——年初余额调整	—
（5）	将留归本单位使用的非财政拨款剩余资金转入非财政拨款结余		借：非财政拨款结转——累计结转 　贷：非财政拨款结转——结转转入	—
（6）	年末结转	事业单位年末结转	借：非财政拨款结余分配 　贷：非财政拨款结余——累计结余 或做反方向会计分录	—
		行政单位年末结转	借：其他结余 　贷：非财政拨款结余——累计结余 或做反方向会计分录	—

【工作实例 10-5】某事业单位本年发生与非财政拨款结余有关的经济业务如下：

（1）本年度实际缴纳企业所得税 50 000 元。

（2）收回上年预付的购货款（属于非财政拨款结余资金）92 000 元，存入银行。

（3）按照科研项目预算收入 10% 计提的项目管理费 200 000 元。

（4）结转已完工程项目留归单位结余资金 256 000 元。

（5）年末将"非财政拨款结余"科目所属明细科目"年初余额调整""项目间接费用或管理费""结转转入"余额结转入"非财政拨款结余——累计结余"科目。

（6）将"非财政拨款结余分配"科目余额 751 000 元转入"非财政拨款结余——累计结余"科目。

任务处理如下：

（1）本年度实际缴纳企业所得税时

　　借：非财政拨款结余——累计结余　　　　　　　　　　　　50 000
　　　　贷：资金结存——货币资金　　　　　　　　　　　　　　　　50 000

同时财务会计作：

　　借：其他应交税费——单位应交所得税　　　　　　　　　　50 000
　　　　贷：银行存款　　　　　　　　　　　　　　　　　　　　　　50 000

（2）收回上年预付的购货款存入银行时

借：资金结存——货币资金　　　　　　　　　　　　　　　92 000
　　贷：非财政拨款结余——年初余额调整　　　　　　　　　　92 000
同时财务会计作：
借：银行存款　　　　　　　　　　　　　　　　　　　　　92 000
　　贷：以前年度盈余调整　　　　　　　　　　　　　　　　92 000
（3）计提教科研项目管理费时
借：非财政拨款结转——项目管理费或间接费　　　　　　　200 000
　　贷：非财政拨款结余——项目管理费或间接费　　　　　　200 000
同时财务会计作：
借：单位管理费用　　　　　　　　　　　　　　　　　　　200 000
　　贷：预提费用——项目管理费　　　　　　　　　　　　　200 000
（4）计算结转已完工程项目留归单位结余资金时
借：非财政拨款结转——累计结转　　　　　　　　　　　　256 000
　　贷：非财政拨款结余——结转转入　　　　　　　　　　　256 000
（5）年末，将"非财政拨款结余"科目所属明细科目余额转入该科目的"累计结余"明细科目时
借：非财政拨款结余——年初余额调整　　　　　　　　　　 92 000
　　　　　　　　——项目管理费或间接费　　　　　　　　　200 000
　　　　　　　　——结转转入　　　　　　　　　　　　　　256 000
　　贷：非财政拨款结余——累计结余　　　　　　　　　　　548 000
（6）将"非财政拨款结余分配"科目余额转入"非财政拨款结余——累计结余"科目时
借：非财政拨款结余分配　　　　　　　　　　　　　　　　751 000
　　贷：非财政拨款结余——累计结余　　　　　　　　　　　751 000

三、经营结余的核算

（一）经营结余的概念

经营结余是指事业单位本年度经营活动收支相抵后余额弥补以前年度经营亏损后的余额。

（二）经营结余的核算

1. 设置"经营结余"科目

为核算经营结余的增减变化，事业单位应设置"经营结余"科目。该科目贷方反映年末经营预算收入本年发生额转入数，借方反映年末经营支出本年发生额转入数。

年末结转后，如"经营结余"科目为贷方余额，将"经营结余"科目贷方余额转入"非财政拨款结余分配"科目；如"经营结余"科目为借方余额，为经营亏损，不予结转。

年末结账后，"经营结余"科目一般无余额；如为借方余额，反映事业单位累计发生的经营亏损。

2. 经营结余的主要账务处理

（1）年末，将经营预算收入本年发生额转入本科目，借记"经营预算收入"科目，贷记"经营结余"科目；将经营支出本年发生额转入本科目，借记"经营结余"科目，贷记"经营支出"科目。

（2）年末，完成上述（1）结转后，如"经营结余"科目为贷方余额，将本科目贷方余额转入"非财政拨款结余分配"科目，借记"经营结余"科目，贷记"非财政拨款结余分配"科目；如"经营结余"科目为借方余额，为经营亏损，不予结转。

"经营结余"主要业务和事项账务处理如表10-11所示。

表10-11　　　　　　　　　　　　"经营结余"的账务处理

序号	业务和事项内容		账务处理	
			预算会计	财务会计
(1)	年末，经营收支结转	借：经营预算收入 　贷：经营结余	借：经营预算收入 　贷：经营结余	—
		借：经营结余 　贷：经营支出	借：经营结余 　贷：经营支出	—
(2)	年末结转	借：经营结余 　贷：非财政拨款结余分配	借：经营结余 　贷：非财政拨款结余分配	—
		不予结转，保留期末余额	不予结转，保留期末余额	—

【小思考10-6】为什么事业单位出现经营亏损时，不允许将"经营结余"转入到"非财政补助结余分配"账户？

【工作实例10-6】某事业单位12月31日年终结账前有关经营活动收支科目的余额为："经营收入"科目贷方余额500 000元，"经营支出"科目借方余额220 000元。

预算会计任务处理如下：

（1）将"经营收入"账户余额转入"经营结余"账户时：

借：经营预算收入　　　　　　　　　　　　　　　　　　　　　500 000
　　贷：经营结余　　　　　　　　　　　　　　　　　　　　　　500 000

（2）将"经营支出"余额转入"经营结余"账户时：

借：经营结余　　　　　　　　　　　　　　　　　　　　　　　220 000
　　贷：经营支出　　　　　　　　　　　　　　　　　　　　　　220 000

（3）当年"经营结余"账户贷方余额贷方余额结转到"非财政补助结余分配"科目。

借：经营结余　　　　　　　　　　　　　　　　　　　　　　　280 000
　　贷：非财政补助结余分配　　　　　　　　　　　　　　　　　280 000

四、其他结余的核算

（一）其他结余的概念

其他结余是指单位本年度除财政拨款收支、非同级财政专项资金收支和经营收支以外各项收支相抵后的余额。

（二）其他结余的核算

1. 设置"其他结余"科目

为核算其他结余的增减变化，单位应设置"其他结余"科目。该科目贷方反映各项收入本年发生额中的非专项资金收入以及投资预算收益本年发生额转入数，借方反映行政支出、事业支出、其他支出本年发生额中的非同级财政、非专项资金支出，以及上缴上级支出、对附属单位补助支出、投资支出、债务还本支出本年发生额转入数。年末，完成上述结转后，行政单位将本科目余额转入"非财政拨款结余——累计结余"科目；事业单位将本科目余额转入"非财政拨款结余分配"科目。年末结账后，本科目应无余额。

2. 其他结余的主要账务处理

（1）年末，将事业预算收入、上级补助预算收入、附属单位上缴预算收入、非同级财政拨款预算收入、债务预算收入、其他预算收入本年发生额中的非专项资金收入以及投资预算收益本年发生额转入"其他结余"科目，借记"事业预算收入""上级补助预算收入""附属单位上缴预算收入""非同级财政拨款预算收入""债务预算收入""其他预算收入"科目下各非专项资金收入明细科目和"投资预算收益"科目，贷记"其他结余"科目（"投资预算收益"科目本年发生额为借方净额时，借记"其他结余"科目，贷记"投资预算收益"科目）。

（2）年末，将行政支出、事业支出、其他支出本年发生额中的非同级财政、非专项资金支出，以及上缴上级支出、对附属单位补助支出、投资支出、债务还本支出本年发生额转入"其他结余"科目，借记"其他结余"科目，贷记"行政支出""事业支出""其他支出"科目下各非同级财政、非专项资金支出明细科目和"上缴上级支出""对附属单位补助支出""投资支出""债务还本支出"科目。

（3）年末，完成上述（1）（2）结转后，行政单位将"其他结余"科目余额转入"非财政拨款结余——累计结余"科目；事业单位将"其他结余"科目余额转入"非财政拨款结余分配"科目。当"其他结余"科目为贷方余额时，借记"其他结余"科目，贷记"非财政拨款结余——累计结余"或"非财政拨款结余分配"科目；当"其他结余"科目为借方余额时，借记"非财政拨款结余——累计结余"或"非财政拨款结余分配"科目，贷记"其他结余"科目。

【小思考10-7】为什么行政单位和事业单位在年末对"其他结余"科目结转去向不同？

"其他结余"主要业务和事项账务处理如表10-12所示。

【工作实例10-7】某事业单位年末除了财政拨款预算收入以外的非专项资金收入和支出余额如表10-13所示。

表 10-12　"其他结余"的账务处理

序号	业务和事项内容		账务处理	
			预算会计	财务会计
(1)	年末，相关收支结转	结转预算收入（除财政拨款收入、非同级财政专项收入、经营收入以外）	借：事业预算收入/上级补助预算收入/非同级财政拨款收入/债务预算收入/其他预算收入（非专项资金收入部分）/投资预算收益（贷方余额时） 贷：其他结余	—
		结转预算支出（除同级财政拨款支出、非同级财政专项支出、经营支出以外）	借：其他结余 贷：行政支出/事业支出/其他支出（非财政、非专项资金支出部分）/上缴上级支出/对附属单位补助支出/投资支出/债务还本支出/投资预算收益（贷方余额时）	—
(2)	行政单位转入非财政拨款结余	年末，其他结余为贷方余额	借：其他结余 贷：非财政拨款结余——累计结余	—
		年末，其他结余为借方余额	借：非财政拨款结余——累计结余 贷：其他结余	—
(3)	事业单位转入非财政拨款结余分配	年末，其他结余为贷方余额	借：其他结余 贷：非财政拨款结余分配	—
		年末，其他结余为借方余额	借：非财政拨款结余分配 贷：其他结余	—

表 10-13　预算收入和预算支出年末余额表

预算收入和预算支出科目名称	借方余额	贷方余额
事业预算收入		6 350 000
上级补助预算收入		300 000
附属单位上缴预算收入		230 000
经营预算收入		255 000
债务预算收入		370 000
其他预算收入		415 000
事业支出	6 130 000	
经营支出	138 000	
其他支出	350 000	
债务还本支出	290 000	

任务处理如下：

(1) 结转各项预算收入时

借：事业预算收入　　　　　　　　　　　　　　　　　　　　　　　　6 350 000

上级补助预算收入	300 000
附属单位上缴预算收入	230 000
债务预算收入	370 000
其他预算收入	415 000
贷：其他结余	7 665 000

（2）结转各项预算收入时

借：其他结余	6 950 000
贷：事业支出	6 130 000
经营支出	180 000
其他支出	350 000
债务还本支出	290 000

（3）年末，结转"其他结余"到"非财政拨款结余分配"时

借：其他结余	715 000
贷：非财政拨款结余分配	715 000

五、非财政拨款结余分配的核算

（一）非财政拨款结余分配的概念

非财政拨款结余分配是指事业单位对非财政拨款结余按规定进行的分配。为了充分发挥事业单位的职能，调动事业单位创收积极性，会计制度规定，事业单位对于经营结余和其他结余有盈余的单位，允许计提职工福利基金、校长基金等专项基金，作为改善职工待遇，扩大事业职能。

（二）非财政拨款结余分配的核算

1. 设置"非财政拨款结余分配"科目

为核算事业单位本年度非财政拨款结余分配的情况和结果，事业单位应设置"非财政拨款结余分配"科目。该科目贷方反映年末"其他结余"科目余额以及"经营结余"科目贷方余额转入数，借方反映根据有关规定提取专用基金数。年末，按照规定完成上述处理后，将本科目余额转入"非财政拨款结余——累计结余"科目。年末结账后，本科目应无余额。

2. 非财政拨款结余分配的主要账务处理如下：

（1）年末，将"其他结余"科目余额转入"非财政拨款结余分配"科目，当"其他结余"科目为贷方余额时，借记"其他结余"科目，贷记"非财政拨款结余分配"科目；当"其他结余"科目为借方余额时，借记"非财政拨款结余分配"科目，贷记"其他结余"科目。

（2）年末，将"经营结余"科目贷方余额转入时，借记"经营结余"科目，贷记"非财政拨款结余分配"科目。

（3）根据有关规定提取专用基金的，按照提取的金额，借记"非财政拨款结余分配"科目，贷记"专用结余"科目。

（4）年末，按照规定完成上述（1）至（3）处理后，将本科目余额转入非财政拨款结余。当本科目为借方余额时，借记"非财政拨款结余——累计结余"科目，贷记"非财政

拨款结余分配"科目；当本科目为贷方余额时，借记"非财政拨款结余分配"科目，贷记"非财政拨款结余——累计结余"科目。年末结账后，本科目应无余额。

"非财政拨款结余分配"主要业务和事项账务处理如表10-14所示。

表10-14　　　　　　　　"非财政拨款结余分配"的账务处理

序号	业务和事项内容		账务处理	
			预算会计	财务会计
（1）	年末，事业单位其他结余和经营结余转入	年末，其他结余为贷方余额	借：其他结余 　贷：非财政拨款结余分配	—
		年末，其他结余为借方余额	借：非财政拨款结余分配 　贷：其他结余	—
		年末，经营结余为贷方余额	借：经营结余 　贷：非财政拨款结余分配	—
（2）	计提专用基金	从非财政拨款结余中提取	借：非财政拨款结余分配 　贷：专用结余	借：本年盈余分配 　贷：专用基金
（3）	事业单位转入非财政拨款结余	年末，非财政拨款结余分配为贷方余额	借：非财政拨款结余分配 　贷：非财政拨款结余——累计结余	—
		年末，非财政拨款结余分配为借方余额	借：非财政拨款结余——累计结余 　贷：非财政拨款结余分配	—

【工作实例10-8】某事业单位12月31日年终结账前有关账户余额如下：

（1）"经营结余"科目贷方余额280 000元。

（2）"其他结余"科目贷方余额715 000元。

（3）按规定，单位按照经营结余和其他结余的30%计提职工福利基金。

（4）年末，将非财政拨款结余分配余额转入到非财政拨款结余账户。

任务处理如下：

（1）将"经营结余"账户贷方余额贷方余额结转到"非财政补助结余分配"科目。

借：经营结余　　　　　　　　　　　　　　　　　　　　　　　280 000
　　贷：非财政补助结余分配　　　　　　　　　　　　　　　　　　280 000

（2）将"其他结余"账户贷方余额贷方余额结转到"非财政补助结余分配"科目。

借：其他结余　　　　　　　　　　　　　　　　　　　　　　　715 000
　　贷：非财政补助结余分配　　　　　　　　　　　　　　　　　　715 000

（3）计提职工福利基金时

借：非财政拨款结余分配　　　　　　　　　　　　　　　　　　298 500
　　贷：专用结余　　　　　　　　　　　　　　　　　　　　　　　298 500

同时财务会计作：

借：本年盈余分配　　　　　　　　　　　　　　　　　　　　　298 500
　　贷：专用基金　　　　　　　　　　　　　　　　　　　　　　　298 500

(4) 年末，将"非财政拨款结余分配"科目余额转入到"非财政拨款结余"账户

借：非财政拨款结余分配　　　　　　　　　　　　　　　　　　　696 500
　　贷：非财政拨款结余——累计结余　　　　　　　　　　　　　　696 500

六、专用结余的核算

（一）专用结余的概念

专用结余是指事业单位按照规定从非财政拨款结余中提取的具有专门用途的资金结余。

（二）专用结余的核算

为了核算事业单位按照规定从非财政拨款结余中提取的具有专门用途的资金的变动和滚存情况，事业单位应设置"专用结余"科目。该科目贷方反映根据有关规定提取的专用基金数，借方反映根据规定使用专用基金数。期末贷方余额，反映事业单位从非同级财政拨款结余中提取的专用基金的累计滚存数额。"专用结余"科目年末贷方余额，反映事业单位从非同级财政拨款结余中提取的专用基金的累计滚存数额。

专用结余的主要账务处理：

（1）根据有关规定从本年度非财政拨款结余或经营结余中提取基金的，按照提取金额，借记"非财政拨款结余分配"科目，贷记"专用结余"科目。

（2）根据规定使用从非财政拨款结余或经营结余中提取的专用基金时，按照使用金额，借记"专用结余"科目，贷记"资金结存——货币资金"科目。

"专用结余"主要业务和事项账务处理如表 10-15 所示。

表 10-15　　　　　　　　　　"专用结余"的账务处理

序号	业务和事项内容		账务处理	
			财务会计	预算会计
(1)	计提专用基金	从预算收入中按一定比例提取基金并计入费用	—	借：业务活动费用等 　　贷：专用基金
		从本年非财政拨款结余或经营结余中提取基金	借：非财政拨款结余分配 　　贷：专用结余	借：本年盈余分配 　　贷：专用基金
		根据有关规定设置的其他专用基金	—	借：银行存款等 　　贷：专用基金
(2)	按照规定使用提取的专用基金		使用从非财政拨款结余或经营结余中计提的专用基金： 借：专用结余 　　贷：资金结存——货币资金 使用从收入中提取并列入费用的专用基金： 借：事业支出等 　　贷：资金结存——货币资金	借：专用基金 　　贷：银行存款等 如果购置固定资产、无形资产的： 借：固定资产/无形资产 　　贷：银行存款等 同时： 借：专用基金 　　贷：累计盈余

【工作实例 10－9】 某事业单位年末计算出经营结余 220 000 元，其他结余 780 000 元。按规定，单位按照经营结余和其他结余的 30% 计提职工福利基金。本年从职工福利基金中支付 248 000 元用于职工集体福利项目。

任务处理如下：

（1）计提职工福利基金时

借：非财政拨款结余分配　　　　　　　　　　　　300 000
　　　贷：专用结余　　　　　　　　　　　　　　　　　300 000

同时财务会计作：

借：本年盈余分配　　　　　　　　　　　　　　　　300 000
　　　贷：专用基金　　　　　　　　　　　　　　　　　300 000

（2）从职工福利基金中支付用于职工集体福利项目

借：专用结余　　　　　　　　　　　　　　　　　　248 000
　　　贷：资金结存——货币资金　　　　　　　　　　　248 000

同时财务会计作：

借：专用基金　　　　　　　　　　　　　　　　　　248 000
　　　贷：银行存款　　　　　　　　　　　　　　　　　248 000

项目小结

本项目介绍政府预算会计的预算结余的核算。

预算结余包括资金结存、财政拨款结转和结余、非财政拨款结转和结余、专用结余、经营结余、其他结余和非财政拨款结余分配等项目。为了加强对单位预算结余的管理与核算，应设置"资金结存""财政拨款结转""财政拨款结余""非财政拨款结转""非财政拨款结余""专用结余""经营结余""其他结余"和"非财政拨款结余分配"等账户进行核算，提供各项预算结余的增减变化及其结果的会计信息。

复习思考题

1. 行政单位的结转和结余应该设置账户进行核算？
2. 事业单位的结转和结余应该设置账户进行核算？
3. "财政拨款结转"和"财政拨款结余"账户核算的内容有何联系？
4. "非财政拨款结转"和"非财政拨款结余"账户核算的内容有何联系？
5. 年末，事业单位的"经营结余"期末余额应如何结转？
6. "资金结存"账户应该设置哪些明细科目进行核算？
7. "专用基金"形成途径有哪些？
8. "非财政拨款结余分配"如果有期末余额，应如何结转？
9. "非财政拨款结余分配"账户与哪些账户存在着对应关系？
10. 为什么"经营结余"年末未借方余额不进行结转？

习题与实训

一、单项选择题

1. 下列项目中，不影响政府单位资金结存的是（　　）。
   A. 从银行提取现金　　　　　　　　B. 收到零余额账户用款额度
   C. 银行存款购买固定资产　　　　　D. 下年初，恢复零余额账户用款额度

2. 下列项目中，不属于"资金结存——货币资金"科目核算内容的是（　　）。
   A. 库存现金　　　　　　　　　　　B. 银行存款
   C. 其他货币资金　　　　　　　　　D. 零余额账户用款额度

3. 年末，"财政拨款结转"所属明细科目可能有余额的是（　　）。
   A. 财政拨款结转——年初余额调整　　B. 财政拨款结转——累计结转
   C. 财政拨款结转——归集上缴　　　　D. 财政拨款结转——本年收支结转

4. 下列项目中，属于"非财政拨款结转"科目的所属明细科目的是（　　）。
   A. 缴回资金　　　　　　　　　　　B. 归集调入
   C. 归集上缴　　　　　　　　　　　D. 归集调出

5. 下列项目中，属于"非财政拨款结余"科目的所属明细科目的是（　　）。
   A. 缴回资金　　　　　　　　　　　B. 结转转入
   C. 归集上缴　　　　　　　　　　　D. 归集调出

6. 下列项目中，不影响"其他结余"科目的是（　　）。
   A. 上缴上级支出　　　　　　　　　B. 财政拨款预算收入
   C. 投资支出　　　　　　　　　　　D. 其他预算收益

7. 年末，"其他结余"科目余额结转到（　　）。
   A. "非财政拨款结余"　　　　　　　B. 财政拨款结转——累计结转
   C. "非财政拨款结余分配"　　　　　D. 非财政拨款结转——本年收支结转

8. 专用结余是指事业单位按照规定从（　　）中提取的具有专门用途的资金的变动和滚存情况。
   A. 财政拨款结余　　　　　　　　　B. 财政拨款结转
   C. 非财政拨款结余　　　　　　　　D. 非财政拨款结转

9. 按照规定从科研项目预算收入中提取项目管理费或间接费时，应借记（　　）科目，贷记"非财政拨款结余"科目。
   A. 财政拨款结余　　　　　　　　　B. 财政拨款结转
   C. 非财政拨款结余分配　　　　　　D. 非财政拨款结转

10. 下列财政拨款结余所属明细科目中，用来核算因发生会计差错更正、以前年度支出收回等原因，需要调整财政拨款结余金额的是（　　）。
    A. "年初余额调整"　　　　　　　　B. "结转转入"
    C. "累计结余"　　　　　　　　　　D. "单位内部调剂"

二、多项选择题

1. 下列项目中，影响政府单位预算结余的有（　　）。
   A. 行政支出　　　　　　　　　　B. 事业支出
   C. 资金结存　　　　　　　　　　D. 专用基金

2. 下列项目中，影响政府单位资金结存的有（　　）。
   A. 从银行提取现金　　　　　　　B. 收到零余额账户用款额度
   C. 银行存款购买固定资产　　　　D. 年末注销零余额账户账户用款额度

3. 下列项目中，属于"资金结存"科目下设的二级科目的有（　　）。
   A. 零余额账户用款额度　　　　　B. 货币资金
   C. 财政应返还额度　　　　　　　D. 其他货币资金

4. 年末，"财政拨款结转"所属明细科目无余额的有（　　）。
   A. 财政拨款结转——归集调入　　B. 财政拨款结转——归集调出
   C. 财政拨款结转——归集上缴　　D. 财政拨款结转——本年收支结转

5. 下列项目中，影响"财政拨款结转"科目的有（　　）。
   A. 财政拨款预算收入　　　　　　B. 行政支出——财政拨款支出
   C. 事业支出　　　　　　　　　　D. 经营支出

6. 下列项目中，属于与年末财政拨款结转业务相关的明细科目有（　　）。
   A. 年初余额调整　　　　　　　　B. 单位内部调剂
   C. 本年收支结转　　　　　　　　D. 累计结转

7. 年末，"财政拨款结余"所属明细科目无余额的有（　　）。
   A. 财政拨款结余——归集调入　　B. 财政拨款结余——单位内部调剂
   C. 财政拨款结余——归集上缴　　D. 财政拨款结余——结转转入

8. 下列项目中，属于"非财政拨款结转"科目的所属明细科目的有（　　）。
   A. 年初余额调整　　　　　　　　B. 缴回资金
   C. 项目间接费用或管理费　　　　D. 本年收支结转

9. 下列项目中，属于"非财政拨款结余"科目的所属明细科目的有（　　）。
   A. 年初余额调整　　　　　　　　B. 结转转入
   C. 累计结余　　　　　　　　　　D. 项目间接费用或管理费

10. 在政府预算会计中，下设"年初余额调整"明细科目的总分类科目的有（　　）。
    A. 财政拨款结转　　　　　　　　B. 财政拨款结余
    C. 非财政拨款结转　　　　　　　D. 非财政拨款结余

三、判断题

1. 财政拨款结转是政府单位调整、结转和滚存的同级财政拨款结转资金。（　　）
2. 非财政拨款结转是指政府单位调整、结转和滚存的财政拨款收支、经营收支以外各非同级财政拨款专项资金留存的专项资金。（　　）
3. 专用结余是指事业单位按照规定从非财政拨款结余中提取的具有专门用途的资金结余。（　　）

4. "经营结余"年末如为借方余额,为经营亏损,不予结转。（   ）
5. 非财政拨款结余是指单位历年滚存的非限定用途的同级财政拨款结余资金。（   ）
6. 非财政拨款结转是指除财政拨款收支、经营收支以外各非同级财政拨款专项资金的调整、结转和滚存的资金。（   ）
7. "经营结余"科目的年末贷方余额应转入"非财政拨款结余分配"科目。（   ）
8. 其他结余是指单位本年度除财政拨款收支、非同级财政专项资金收支和经营收支以外各项收支相抵后的余额。（   ）
9. "经营结余"科目的年末余额应转入"非财政拨款结余"科目。（   ）
10. "非财政拨款结余"核算单位历年滚存的限定用途的非同级财政拨款结余资金。
（   ）

四、实训题

实训一

1. 目的：练习事业单位资金结存的核算。
2. 资料：某事业单位本年发生与资金结存有关的业务如下：
（1）年初，使用上年财政直接支付额度购买业务材料 85 000 元。
（2）年初，收到上年末未下达的零余额账户账户用款额度的 68 000 元。
（3）收到开户银行转来的"授权支付到账通知书"本年下达零余额账户用款额度 5 900 000 元。
（4）委托开户银行开出一张面值为 500 000 元的银行汇票，用于采用物资。
（5）从零余额账户用款额度提取现金 28 000 元。
（6）以库存现金购买零星办公用品 4 500 元。
（7）销售商品一批，价款和税款共计 55 000 元存入银行。
（8）使用从非财政拨款结余中提取的专用基金购买一批固定资产，价值 180 000 元。
（9）接受外单位捐款 80 000 元存入银行。
（10）年末根据计算确认未下达的零余额账户用款额度 250 000 元。
3. 要求：根据以上经济业务，编制财务会计和预算会计相关会计分录。

实训二

1. 目的：练习行政单位结转和结余的核算。
2. 资料：某行政单位有关资料如下：
（1）1 月 1 日"财政拨款结转"科目和"非财政拨款结余"贷方余额分别为 80 000 元和 140 000 元。"财政拨款结余"科目和"非财政拨款结转"科目无余额。
（2）本年各项预算收入和预算支出发生额如表 10-16 所示。

表 10-16

预算收支会计科目名称	借方余额	贷方余额
财政拨款预算收入		43 210 000
其中：项目支出——办公楼修缮		678 000
基本支出		42 532 000

续表

预算收支会计科目名称	借方余额	贷方余额
非同级财政拨款收入		326 000
其中：专项资金收入——办公楼修缮		120 000
其他预算收入		2 080 000
其中：专项资金收入——办公楼修缮		200 000
行政支出	43 600 000	
其中：财政拨款支出——项目支出——办公楼修缮	620 000	
——基本支出	41 550 000	
非财政专项资金支出——办公楼修缮	120 000	
——其他资金支出	1 310 000	
其他支出	700 000	
其中：专项资金收入——办公楼修缮	200 000	
其他资金支出	500 000	

（3）办公楼修缮已经完成，财政结余资金上缴财政。

3. 要求：

（1）年末，结转财政拨款预算收入到"财政拨款结转"科目。

（2）结转行政支出中的财政拨款支出到"财政拨款结转"科目。

（3）将完工的办公楼修缮财政拨款结转资金结转到"财政拨款结余"科目。

（4）年末将"财政拨款结转"有关明细科目余额结转到"累计结转"明细科目。

（5）年末，将"财政拨款结转——累计结转"转入"财政拨款结余"科目

（6）年末，将非财政拨款预算收入、其他预算收入专项资金结转到"非财政拨款结转"科目。

（7）将行政支出、其他支出本年发生额中的非财政拨款专项资金支出结转到"非财政拨款结转"科目。

（8）将其他预算收入、其他支出本年发生额中的非专项资金支出结转到"其他结余"科目。

（9）将其他结余结转到"非财政拨款结余——累计结余"科目。

（10）计算确定"财政拨款结转""财政拨款结余""非财政拨款结转"和"非财政拨款结余"科目的年末余额。

项目十一 预算会计报告的编制

> **职业能力目标**
>
> 通过本项目的学习，熟悉政府预算会计报表的编制要求，掌握预算收入支出表、预算结转结余变动表和财政拨款预算收入支出表的编制原理和编制方法，按期办理年度转账、编制决算，提供会计报表。

> **典型工作任务**
>
> 预算会计报告的认知；预算收入支出表的编制；预算结转结余变动表的编制；财政拨款预算收入支出表的编制等。

任务一 预算会计报告的认知

一、预算会计报告的基本知识

（一）预算会计报告的概念、目标和种类

1. 预算会计报告的概念

预算会计报告，也称政府决算报告，是综合反映政府会计主体年度预算收支执行结果的文件。预算会计报告应当包括决算报表和其他应当在决算报告中反映的相关信息和资料。

2. 预算会计报告的目标

预算会计报告的目标是向决算报告使用者提供与政府预算执行情况有关的信息，综合反映政府会计主体预算收支的年度执行结果，有助于决算报告使用者进行监督和管理，并为编制后续年度预算提供参考和依据。预算会计报告使用者包括各级人民代表大会及其常务委员会、各级政府及其有关部门、政府会计主体自身、社会公众和其他利益相关者。

3. 预算会计报表的种类

预算会计报表包括预算收入支出表、预算结转结余变动表和财政拨款预算收入支出表等。

预算收入支出表是反映单位在某一会计年度内各项预算收入、预算支出和预算收支差额情况的报表。

预算结转结余变动表是反映单位在某一会计年度内预算结转结余的变动情况的报表。

财政拨款预算收入支出表是反映单位本年财政拨款预算收入、支出及相关变动的具体情况的报表。

预算会计报表的经济内容分类和编制时间参见表 11-1 所示。

表 11-1　　　　　　　　预算会计报表的经济内容分类和编制时间分类

编号	报表名称	编制期
会政预 01 表	预算收入支出表	年度
会政预 02 表	预算结转结余变动表	年度
会政预 03 表	财政拨款预算收入支出表	年度

二、预算会计报表的编制要求

政府单位编制预算会计报表应遵循以下要求：

（1）预算会计报表的编制主要以收付实现制为基础，以单位预算会计核算生成的数据为准。

（2）预算会计报表至少应包括预算收入支出表、预算结转结余变动表和财政拨款预算收入支出表。

（3）政府单位应当至少按照年度编制预算会计报表。

（4）政府单位应当根据《政府单位会计制度》规定编制真实、完整的的预算会计报表。

（5）单位不得违反该制度规定随意改变预算会计报表的编制基础、编编制依据、编编制原则和方法，不得随意改变该制度规定的预算会计报表有关数据的会计口径。

（6）预算会计报表应当根据登记完整、核对无误的预算会计账簿记录和其他有关资料编制，做到数字真实、计算准确、内容完整、编报及时。

（7）预算会计报表应当由单位负责人和主管会计工作的负责人、会计机构负负责人（会计主管人员）签名并盖章。

任务二　预算会计报告的编制

一、预算收入支出表的编制

（一）预算收入支出表的概念

预算收入支出表是反映政府单位在某一会计年度内各项预算收入、预算支出和预算收支差额情况的报表，是政府单位主要预算会计报表之一，属于动态报表。通过预算收入支出表，可以提供政府单位在某一会计期间内的各项预算收入实现、预算支出的耗费以及预算收支差额情况。预算收入支出表只按照年度编制。

(二) 预算收入支出表的结构

预算收入支出表应当按照本年预算收入、本年预算支出和本年预算收支差额分项列示。

本年预算收入主要反映财政拨款预算收入、事业预算收入、上级补助预算收入、附属单位上缴预算收入、经营预算收入、债务预算收入、非同级财政拨款预算收入、投资预算收益、其他预算收入、捐赠预算收入、租金预算收入。

本年预算支出主要反映行政支出、事业支出、经营支出、上缴上级支出、对附属单位补助支出、投资支出、债务还本支出和其他支出。

本年预算收支差额是本年预算收入减去本年预算支出后的差额。

预算收入支出表各项分为"本年数"和"上年数"两栏填列,其目的在于使报表使用者通过比较不同时期的预算收入、预算支出和预算收支差额情况,判断政府单位预算情况的未来发展趋势。

预算收入支出表"本年数"栏反映各项目的本年实际发生数。本表"上年数"栏反映各项目上年度的实际发生数,应当根据上年度预算收入支出表中"本年数"栏内所列数字填列。如果本年度预算收入支出表规定的项目的名称和内容同上年度不一致,应当对上年度预算收入支出表项目的名称和数字按照本年度的规定进行调整,将调整后金额填入本年度预算收入支出表的"上年数"栏。

(三) 预算收入支出表"本年数"栏各项目的内容和填列方法

1. 本年预算收入

(1) "本年预算收入"项目,反映单位本年预算收入总额。本项目应当根据本表中"财政拨款预算收入""事业预算收入""上级补助预算收入""附属单位上缴预算收入""经营预算收入""债务预算收入""非同级财政拨款预算收入""投资预算收益""其他预算收入"项目金额的合计数填列。

(2) "财政拨款预算收入"项目,反映单位本年从同级政府财政部门取得的各类财政拨款。本项目应当根据"财政拨款预算收入"科目的本年发生额填列。

"政府性基金收入"项目,反映单位本年取得的财政拨款收入中属于政府性基金预算拨款的金额。本项目应当根据"财政拨款预算收入"相关明细科目的本年发生额填列。

(3) "事业预算收入"项目,反映事业单位本年开展专业业务活动及其辅助活动取得的预算收入。本项目应当根据"事业预算收入"科目的本年发生额填列。

(4) "上级补助预算收入"项目,反映事业单位本年从主管部门和上级单位取得的非财政补助预算收入。本项目应当根据"上级补助预算收入"科目的本年发生额填列。

(5) "附属单位上缴预算收入"项目,反映事业单位本年收到的独立核算的附属单位按照有关规定上缴的预算收入。本项目应当根据"附属单位上缴预算收入"科目的本年发生额填列。

(6) "经营预算收入"项目,反映事业单位本年在专业业务活动及其辅助活动之外开展非独立核算经营活动取得的预算收入。本项目应当根据"经营预算收入"科目的本年发生额填列。

(7) "债务预算收入"项目,反映事业单位本年按照规定从金融机构等借入的、纳入部门预算管理的债务预算收入。本项目应当根据"债务预算收入"的本年发生额填列。

（8）"非同级财政拨款预算收入"项目，反映单位本年从非同级政府财政部门取得的财政拨款。本项目应当根据"非同级财政拨款预算收入"科目的本年发生额填列。

（9）"投资预算收益"项目，反映事业单位本年取得的按规定纳入单位预算管理的投资收益。本项目应当根据"投资预算收益"科目的本年发生额填列。

（10）"其他预算收入"项目，反映单位本年取得的除上述收入以外的纳入单位预算管理的各项预算收入。本项目应当根据"其他预算收入"科目的本年发生额填列。此外，该项目还应该按照"利息预算收入""捐赠预算收入"和"租金预算收入"分项列示。其中：

"利息预算收入"项目，反映单位本年取得的利息预算收入。本项目应当根据"其他预算收入"科目的明细记录分析填列。单位单设"利息预算收入"科目的，应当根据"利息预算收入"科目的本年发生额填列。

"捐赠预算收入"项目，反映单位本年取得的捐赠预算收入。本项目应当根据"其他预算收入"科目明细账记录分析填列。单位单设"捐赠预算收入"科目的，应当根据"捐赠预算收入"科目的本年发生额填列。

"租金预算收入"项目，反映单位本年取得的租金预算收入。本项目应当根据"其他预算收入"科目明细账记录分析填列。单位单设"租金预算收入"科目的，应当根据"租金预算收入"科目的本年发生额填列。

2. 本年预算支出

（1）"本年预算支出"项目，反映单位本年预算支出总额。本项目应当根据本表中"行政支出""事业支出""经营支出""上缴上级支出""对附属单位补助支出""投资支出""债务还本支出"和"其他支出"项目金额的合计数填列。

（2）"行政支出"项目，反映行政单位本年履行职责实际发生的支出。本项目应当根据"行政支出"科目的本年发生额填列。

（3）"事业支出"项目，反映事业单位本年开展专业业务活动及其辅助活动发生的支出。本项目应当根据"事业支出"科目的本年发生额填列。

（4）"经营支出"项目，反映事业单位本年在专业业务活动及其辅助活动之外开展非独立核算经营活动发生的支出。本项目应当根据"经营支出"科目的本年发生额填列。

（5）"上缴上级支出"项目，反映事业单位本年按照财政部门和主管部门的规定上缴上级单位的支出。本项目应当根据"上缴上级支出"科目的本年发生额填列。

（6）"对附属单位补助支出"项目，反映事业单位本年用财政拨款收入之外的收入对附属单位补助发生的支出。本项目应当根据"对附属单位补助支出"科目的本年发生额填列。

（7）"投资支出"项目，反映事业单位本年以货币资金对外投资发生的支出。本项目应当根据"投资支出"科目的本年发生额填列。

（8）"债务还本支出"项目，反映事业单位本年偿还自身承担的纳入预算管理的从金融机构举借的债务本金的支出。本项目应当根据"债务还本支出"科目的本年发生额填列。

（9）"其他支出"项目，反映单位本年除以上支出以外的各项支出。本项目应当根据"其他支出"科目的本年发生额填列。此外，该项目还应该按照"利息支出""捐赠支出"分项列示。其中：

"利息支出"项目，反映单位本年发生的利息支出。本项目应当根据"其他支出"科目明细账记录分析填列。单位单设"利息支出"科目的,应当根据"利息支出"科目的本年发生额填列。

"捐赠支出"项目,反映单位本年发生的捐赠支出。本项目应当根据"其他支出"科目明细账记录分析填列。单位单设"捐赠支出"科目的,应当根据"捐赠支出"科目的本年发生额填列。

3. 本年预算收支差额

"本年预算收支差额"项目,反映单位本年各项预算收支相抵后的差额。本项目应当根据本表中"本期预算收入"项目金额减去"本期预算支出"项目金额后的金额填列;如相减后金额为负数,以"-"号填列。

【工作实例11-1】新华机电职业学院2019年有关收入和费用的本年累计发生额如表11-2所示。

表11-2 新华机电职业学院2019年有关预算收入和预算支出的本年累计发生额

收入科目名称	贷方发生额	费用科目名称	借方发生额
财政拨款预算收入	242 600 000	事业支出	400 923 000
事业预算收入	189 908 000	经营支出	515 900
上级补助预算收入	500 000	上缴上级支出	245 600
附属单位上缴预算收入	850 000	对附属单位补助支出	180 000
经营预算收入	780 000	投资支出	450 000
非同级财政拨款预算收入	912 000	债务还本支出	128 000
投资预算收益	56 000	其他支出	86 800
其他预算收入	267 900	其中:利息支出	30 000
其中:捐赠预算收入	88 000	捐赠支出	80 000
利息预算收入	23 000		
租金预算收入	156 900		

根据上述资料,编制预算收入支出表如表11-3所示。

表11-3 预算收入支出表

会政预01表

编制单位:新华机电职业学院　　　　2019年　　　　单位:元

项　目	本年数	上年数
一、本年预算收入	435 873 900	
(一)财政拨款预算收入	242 600 000	
其中:政府性基金收入		
(二)事业预算收入	189 908 000	
(三)上级补助预算收入	500 000	
(四)附属单位上缴预算收入	850 000	
(五)经营预算收入	780 000	
(六)债务预算收入		

续表

项 目	本年数	上年数
（七）非同级财政拨款预算收入	912 000	
（八）投资预算收益	56 000	
（九）其他预算收入	267 900	
其中：利息预算收入	88 000	
捐赠预算收入	23 000	
租金预算收入	156 900	
二、本年预算支出	402 639 300	
（一）行政支出		
（二）事业支出	400 923 000	
（三）经营支出	515 900	
（四）上缴上级支出	245 600	
（五）对附属单位补助支出	180 000	
（六）投资支出	450 000	
（七）债务还本支出	128 000	
（八）其他支出	86 800	
其中：利息支出	30 000	
捐赠支出	80 000	
三、本年预算收支差额	33 234 600	

（四）本年盈余与预算结余的差异情况说明

为了反映政府单位财务会计和预算会计因核算基础和核算范围不同产生的本年盈余数与本年预算结余数之间的差异，政府单位应当按照重要性原则，对本年度发生的各类影响收入（预算收入）和费用（预算支出）的业务进行适度归并和分析，披露将年度预算收入支出表中"本年预算收支差额"调节为年度收入费用表中"本期盈余"的信息。有关披露的内容与形式如表11-4所示。

表11-4　　　　　　　预算结余与本年盈余的差异情况披露内容与形式

项　　目	金　　额
一、本年预算结余（本年预算收支差额）	
二、差异调节	
（一）重要事项的差异	
加：1. 当期确认为收入但没有确认为预算收入	
（1）应收款项、预收账款确认的收入	
（2）接受非货币性资产捐赠确认的收入	
2. 当期确认为预算支出但没有确认为费用	
（1）支付应付款项、预付账款确认的支出	

续表

项 目	金 额
（2）为取得存货、政府储备物资等计入物资成本的支出	
（3）为购建固定资产等的资本性支出	
（4）偿还借款本息支出	
减：1. 当期确认为预算收入但没有确认为收入	
（1）收到应收款项、预收账款确认的预算收入	
（2）取得借款确认的预算收入	
2. 当期确认为费用但没有确认为预算支出	
（1）应付款项、预付账款确认的费用	
（2）发出存货、政府储备物资等确认的费用	
（3）计提的折旧费和摊销费用	
（4）确认的支出处置费用	
（二）其他事项差异	
三、本年盈余（本年收入与费用的差额）	

二、预算结转结余变动表的编制

（一）预算结转结余变动表的概念

预算结转结余变动表是反映单位在某一会计年度内预算结转结余的变动情况的报表，是政府单位主要会计报表之一，属于动态报表。预算结转结余变动表只编制年度报表。

（二）预算结转结余变动表的结构

预算结转结余变动表按照年初预算结转结余、年初余额调整、本年变动金额、年初预算结转结余分项列示。本表中"年末预算结转结余"项目金额等于"年初预算结转结余""年初余额调整"和"本年变动金额"3个项目的合计数。

此外，为了使报表使用者通过比较不同年度预算结转结余变动表的数据，掌握政府单位预算结转结余各项目变动情况及发展趋势，政府单位需要提供比较预算结转结余变动表，预算结转结余变动表还就各项目再分为"本年数"和"上年数"两栏分别填列。

预算结转结余变动表"本年数"栏反映各项目的本年实际发生数。本表"上年数"栏反映各项目的上年实际发生数，应当根据上年度预算结转结余变动表中"本年数"栏内所列数字填列。如果本年度预算结转结余变动表规定的项目的名称和内容同上一年度不一致，应当对上年度预算结转结余变动表项目的名称和数字按照本年度的规定进行调整，将调整后金额填入本年度预算结转结余变动表的"上年数"栏。

预算结转结余变动表的基本格式如表11-5所示。

（三）预算结转结余变动表的填列方法

预算结转结余变动表"本年数"栏各项目的内容和填列方法如下：

1. "年初预算结转结余"项目

本项目反映单位本年预算结转结余的年初余额。本项目应当根据本项目下"财政拨款结转结余""其他资金结转结余"项目金额的合计数填列。

（1）"财政拨款结转结余"项目，反映单位本年财政拨款结转结余资金的年初余额。本项目应当根据"财政拨款结转""财政拨款结余"科目本年年初余额合计数填列。

（2）"其他资金结转结余"项目，反映单位本年其他资金结转结余的年初余额。本项目应当根据"非财政拨款结转""非财政拨款结余""专用结余"和"经营结余"科目本年年初余额的合计数填列。

2. "年初余额调整"项目

本项目反映单位本年预算结转结余年初余额调整的金额。本项目应当根据本项目下"财政拨款结转结余""其他资金结转结余"项目金额的合计数填列。

（1）"财政拨款结转结余"项目，反映单位本年财政拨款结转结余资金的年初余额调整金额。本项目应当根据"财政拨款结转""财政拨款结余"科目下"年初余额调整"明细科目的本年发生额的合计数填列；如调整减少年初财政拨款结转结余，以"－"号填列。

（2）"其他资金结转结余"项目，反映单位本年其他资金结转结余的年初余额调整金额。本项目应当根据"非财政拨款结转——财政拨款结余"科目下"年初余额调整"明细科目的本年发生额的合计数填列；如调整减少年初其他资金结转结余，以"－"号填列。

3. "本年变动金额"项目

本项目反映单位本年预算结转结余变动的金额。本项目应当根据本项目下"财政拨款结转结余""其他资金结转结余"项目金额的合计数填列。

（1）"财政拨款结转结余"项目，反映单位本年财政拨款结转结余资金的变动。本项目应当根据本项目下"本年收支差额""归集调入""归集上缴或调出"项目金额的合计数填列。

①"本年收支差额"项目，反映单位本年财政拨款资金收支相抵后的差额。本项目应当根据"财政拨款结转"科目下"本年收支结转"明细科目本年转入的预算收入与预算支出的差额填列；差额为负数的，以"－"号填列。

②"归集调入"项目，反映单位本年按照规定从其他单位归集调入的财政拨款结转资金。本项目应当根据"财政拨款结转"科目下"归集调入"明细科目的本年发生额填列。

③"归集上缴或调出"项目，反映单位本年按照规定上缴的财政拨款结转结余资金及按照规定向其他单位调出的财政拨款结转资金。本项目应当根据"财政拨款结转""财政拨款结余"科目下"归集上缴"明细科目，以及"财政拨款结转"科目下"归集调出"明细科目本年发生额的合计数填列，以"－"号填列。

（2）"其他资金结转结余"项目，反映单位本年其他资金结转结余的变动。本项目应当根据本项目下"本年收支差额""缴回资金""使用专用结余""支付所得税"项目金额的合计数填列。

①"本年收支差额"项目，反映单位本年除财政拨款外的其他资金收支相抵后的差额。本项目应当根据"非财政拨款结转"科目下"本年收支结转"明细科目、"其他结余"科目、"经营结余"科目本年转入的预算收入与预算支出的差额的合计数填列；如为负数，以"－"号填列。

②"缴回资金"项目，反映单位本年按照规定缴回的非财政拨款结转资金。本项目应

当根据"非财政拨款结转"科目下"缴回资金"明细科目本年发生额的合计数填列,以"-"号填列。

③"使用专用结余"项目,反映本年事业单位根据规定使用从非财政拨款结余或经营结余中提取的专用基金的金额。本项目应当根据"专用结余"科目明细账中本年使用专用结余业务的发生额填列,以"-"号填列。

④"支付所得税"项目,反映有企业所得税缴纳义务的事业单位本年实际缴纳的企业所得税金额。本项目应当根据"非财政拨款结余"明细账中本年实际缴纳企业所得税业务的发生额填列,以"-"号填列。

4."年末预算结转结余"项目

本项目反映单位本年预算结转结余的年末余额。本项目应当根据本项目下"财政拨款结转结余""其他资金结转结余"项目金额的合计数填列。

(1)"财政拨款结转结余"项目,反映单位本年财政拨款结转结余的年末余额。本项目应当根据本项目下"财政拨款结转""财政拨款结余"项目金额的合计数填列。本项目下"财政拨款结转""财政拨款结余"项目,应当分别根据"财政拨款结转""财政拨款结余"科目的本年年末余额填列。

(2)"其他资金结转结余"项目,反映单位本年其他资金结转结余的年末余额。本项目应当根据本项目下"非财政拨款结转""非财政拨款结余""专用结余""经营结余"项目金额的合计数填列。

本项目下"非财政拨款结转""非财政拨款结余""专用结余""经营结余"项目,应当分别根据"非财政拨款结转""非财政拨款结余""专用结余""经营结余"科目的本年年末余额填列。

表 11-5　　　　　　　　　　预算结转结余变动表

会政预 02 表

编制单位:　　　　　　　　　　　　　年　　　　　　　　　　　　单位:元

项　目	本年数	上年数
一、年初预算结转结余		
(一)财政拨款结转结余		
(二)其他资金结转结余		
二、年初余额调整(减少以"-"号填列)		
(一)财政拨款结转结余		
(二)其他资金结转结余		
三、本年变动金额(减少以"-"号填列)		
(一)财政拨款结转结余		
1.本年收支差额		
2.归集调入		
3.归集上缴或调出		
(二)其他资金结转结余		
1.本年收支差额		

续表

项 目	本年数	上年数
2. 缴回资金		
3. 使用专用结余		
4. 支付所得税		
四、年末预算结转结余		
（一）财政拨款结转结余		
1. 财政拨款结转		
2. 财政拨款结余		
（二）其他资金结转结余		
1. 非财政拨款结转		
2. 非财政拨款结余		
3. 专用结余		
4. 经营结余		

三、财政拨款预算收入支出表

（一）财政拨款预算收入支出表的概念

财政拨款预算收入支出表是反映行政单位在某一会计期间财政拨款收入、支出、结转及结余情况的报表，是政府单位主要会计报表之一，属于动态报表。财政拨款预算收入支出表只编制年度报表。

（二）财政拨款预算收入支出表的结构

财政拨款预算收入支出表是上级主管部门和财政部门考核单位财政拨款收入和预算支出发生情况的依据。本表"项目"栏内各项目，应当根据单位取得的财政拨款种类分项设置；其中"项目支出"下，根据每个项目设置；单位取得除一般公共财政预算拨款和政府性基金预算拨款以外的其他财政拨款的，应当按照财政拨款种类增加相应的资金项目及其明细项目。

财政拨款预算收入支出表"项目"栏内各项目分别填列"年初财政拨款结转结余""调整年初财政拨款结转结余""本年归集调入""本年归集上缴或调出""单位内部调剂""本年财政拨款收入""本年财政拨款支出"和"年末财政拨款结转结余"八栏数据。

财政拨款收入支出表格式如表11-6所示。

（三）财政拨款预算收入支出表的编制说明

（1）"年初财政拨款结转结余"栏中各项目，反映单位年初各项财政拨款结转和结余的金额。各项目应当根据"财政拨款结转""财政拨款结余"及其明细科目的年初余额填列。本栏目中各项目的数额，应当与上年度财政拨款收入支出表中"年末财政拨款结转结余"栏中各项目的数额相等。

（2）"调整年初财政拨款结转结余"栏中各项目，反映单位对年初财政拨款结转结余的调整金额。各项目应当根据"财政拨款结转""财政拨款结余"科目中"年初余额调整"科目及其所属明细科目的本年发生额填列。如调整减少年初财政拨款结转结余,以"-"号填列。

(3)"本年归集调入"栏中各项目,反映单位本年按规定从其他单位调入的财政拨款结转资金的金额。各项目应当根据"财政拨款结转"科目中"归集调入"科目及其所属明细科目的本年发生额填列。

(4)"本年归集上缴或调出"栏中各项目,反映单位按规定实际上缴的财政拨款结转结余资金金额,及按规定向其他单位调出的财政拨款结转资金金额。各项目应当根据"财政拨款结转""财政拨款结余"科目中"归集上缴"科目和"财政拨款结转"科目下"归集调出"明细科目,及其所属明细科目的本年发生额填列,以"-"号填列。

(5)"单位内部调剂"栏中各项目,反映单位本年财政拨款结转结余资金在单位内部不同项目之间的调剂金额。各项目应当根据"财政拨款结转"和"财政拨款结余"科目中的"单位内部调剂"明细科目及其所属明细科目的本年发生额填列。对单位内部调剂减少的财政拨款结转结余项目,以"-"号填列。

(6)"本年财政拨款收入"栏中各项目,反映单位本年从同级财政部门取得的各类财政预算拨款金额。各项目应当根据"财政拨款收入"科目及其所属明细科目的本年发生额填列。

(7)"本年财政拨款支出"栏中各项目,反映单位本年发生的财政拨款支出金额。各项目应当根据"行政支出""事业支出"等科目及其所属明细科目的本年发生额中的财政拨款支出的合计数填列。

(8)"年末财政拨款结转结余"栏中各项目,反映单位年末财政拨款结转结余的金额。各项目应当根据"财政拨款结转""财政拨款结余"科目及其所属明细科目的年末余额填列。

表 11-6 财政拨款预算收入支出表

会政预 03 表

编制单位: 年 单位:元

项 目	年初财政拨款结转结余		调整年初财政拨款结转结余	本年归集收入	本年归集上缴或调出	单位内部调剂		本年财政拨款收入	本年财政拨款支出	年末财政拨款结转结余	
	结转	结余				结转	结余			结转	结余
一、一般公共预算财政拨款											
(一)基本支出											
1. 人员经费											
2. 日常公用经费											
(二)项目支出											
1. ××项目											
2. ××项目											
……											

续表

项 目	年初财政拨款结转结余		调整年初财政拨款结转结余	本年归集收入	本年归集上缴或调出	单位内部调剂		本年财政拨款收入	本年财政拨款支出	年末财政拨款结转结余	
	结转	结余				结转	结余			结转	结余
二、政府性基金预算财政拨款											
（一）基本支出											
1. 人员经费											
2. 日常公用经费											
（二）项目支出											
1. ××项目											
2. ××项目											
……											
总　　计											

项目小结

预算会计报告是综合反映政府会计主体年度预算收支执行结果的文件，包括预算收入支出表、预算结转结余变动表和财政拨款预算收入支出表等。这些报表都属于动态报表，均按照年度编制。各项报表应按照政府会计制度规定的报表格式和要求填报。

复习思考题

1. 预算会计报告的目标是什么？
2. 预算会计报表包括哪些报表？
3. 收入费用表和预算收入支出表有没有勾稽关系？
4. 本年预算结余和本期盈余在金额上是否相等？
5. 预算结转结余变动表有哪些栏次进行反映？
6. 财务会计的"净资产变动表"与预算会计的"预算结转结余变动表"有没有关系？

习题与实训

一、单项选择题

1. 下列项目中，不属于预算结转结余变动表"其他资金结转结余"项目分项列示的是（　　）。
   A. 非财政拨款结转　　　　　　　　B. 财政拨款结余
   C. 专用结余　　　　　　　　　　　D. 经营结余
2. 下列项目中，属于预算会计报表的是（　　）。

A. 资产负债表 B. 收入费用表
C. 财政拨款预算收入支出表 D. 净资产变动表

3. 预算会计报表的编制期间是（　　）。
A. 按月编制 B. 按季编制
C. 按半年编制 D. 按年编制

4. 反映政府单位在某一会计年度内各项预算收入、预算支出和预算收支差额的情况的报表是（　　）。
A. 资产负债表 B. 收入费用表
C. 财政拨款预算收入支出表 D. 净资产变动表

5. 财政拨款预算收入支出表中分项列示具体收入项目的是（　　）。
A. 财政拨款预算收入 B. 事业预算收入
C. 非同级财政拨款预算收入 D. 其他预算收入

6. 下列项目中，属于预算结转结余变动表的"财政拨款结转结余"填制项目的是（　　）。
A. 财政拨款结转 B. 非财政拨款结转
C. 专用结余 D. 经营结余

7. 在预算收入支出表中，属于行政单位必须填写的收入项目的是（　　）。
A. 财政拨款预算收入 B. 事业预算收入
C. 投资预算收入 D. 其他预算收入

8. 在预算收入支出表中，属于行政单位必须填写的支出项目的是（　　）。
A. 行政支出 B. 事业支出
C. 上缴上级支出 D. 对附属单位补助支出

二、多项选择题

1. 下列报表中，属于政府单位的预算会计报表的有（　　）。
A. 预算结转结余变动表 B. 预算收入支出表
C. 财政拨款预算收入支出表 D. 净资产变动表

2. 下列项目中，属于"单位其他预算收入"项目分项列示的有（　　）。
A. 财政拨款收入 B. 利息预算收入
C. 捐赠预算收入 D. 租金预算收入

3. 下列项目中，属于预算结转结余变动表分项列示的有（　　）。
A. 年初预算结转结余 B. 年初余额调整
C. 本年变动金额 D. 年初预算结转结余

4. 下列项目中，属于预算结转结余变动表"其他资金结转结余"项目分项列示的有（　　）。
A. 非财政拨款结转 B. 非财政拨款结余
C. 专用结余 D. 经营结余

5. 下列项目中，属于预算结转结余变动表"本年变动金额"项目中的"其他资金结转结余"分项列示的有（　　）。
A. 本年收支差额 B. 缴回资金

C. 使用专用结余　　　　　　　　D. 支付所得税

6. 在预算收入支出表中，属于事业单位可能填写的收入项目的是（　　）。
A. 财政拨款预算收入　　　　　　B. 事业预算收入
C. 投资预算收入　　　　　　　　D. 其他预算收入

7. 在预算收入支出表中，属于事业单位可能填写的支出项目的是（　　）。
A. 行政支出　　　　　　　　　　B. 事业支出
C. 上缴上级支出　　　　　　　　D. 对附属单位补助支出

8. 在预算结转结余变动表中，"年末预算结转结余"项目金额应等于（　　）项目的合计数。
A. "年初预算结转结余"　　　　　B. "年初余额调整"
C. "本年变动金额"　　　　　　　D. "其他资金结转结余"

三、判断题

1. 政府预算会计报告的编制主要以收付实现制为基础。（　　）
2. 政府单位预算会计报告均按照年度编制。（　　）
3. 政府决算报告的目标和政府财务报告的目标是一致的。（　　）
4. 政府决算报告和政府财务报告的编报主体是一致的。（　　）
5. 政府单位既可以按月度编制预算会计报表，也可以按照年度编制预算会计报表。（　　）
6. 预算收入支出表是反映政府单位在某一会计年度内各项预算收入、预算支出和预算收支差额的情况的报表。（　　）
7. 预算收入支出表各项则分为"本年数"和"上年数"两栏填列。（　　）
8. 预算结转结余变动表只编制年度报表。（　　）
9. 政府单位预算会计报表均是动态报表。（　　）
10. 财政拨款预算收入支出表是反映行政单位在某一会计期间财政拨款收入、支出、结转及结余情况的报表。（　　）

四、实训题

实训一

1. 目的：实训行政单位预算收入支出表的编制。
2. 资料：某市环保局 2019 年有关预算收入和预算支出的本年累计发生额如表 11-7 所示。

表 11-7　　　　2019 年有关预算收入和预算支出的本年累计发生额

收入科目名称	贷方发生额	费用科目名称	借方发生额
财政拨款预算收入	78 560 000	行政支出	79 400 000
非同级财政拨款预算收入	892 000	其他支出	263 000
其他预算收入	276 000	其中：捐赠支出	263 000
其中：捐赠预算收入	276 000		

3. 要求：根据上述资料，编制预算收入支出表如表 11-8 所示。

表 11-8　　　　　　　　　　　　　　预算收入支出表

会政预 01 表

编制单位：　　　　　　　　　　　　　　　年　　　　　　　　　　　　　　　单位：元

项　目	本年数	上年数
一、本年预算收入		
（一）财政拨款预算收入		
其中：政府性基金收入		
（二）事业预算收入		
（三）上级补助预算收入		
（四）附属单位上缴预算收入		
（五）经营预算收入		
（六）债务预算收入		
（七）非同级财政拨款预算收入		
（八）投资预算收益		
（九）其他预算收入		
其中：利息预算收入		
捐赠预算收入		
租金预算收入		
二、本年预算支出		
（一）行政支出		
（二）事业支出		
（三）经营支出		
（四）上缴上级支出		
（五）对附属单位补助支出		
（六）投资支出		
（七）债务还本支出		
（八）其他支出		
其中：利息支出		
捐赠支出		
三、本年预算收支差额		

实训二

1. 目的：实训事业单位预算收入支出表的编制。

2. 资料：江城商贸职业技术学院 2019 年有关预算收入和预算支出的本年累计发生额如表 11-9 所示。

表 11 – 9   2019 年有关预算收入和预算支出的本年累计发生额

收入科目名称	贷方发生额	费用科目名称	借方发生额
财政拨款预算收入	312 900 000	事业支出	512 411 000
事业预算收入	225 200 000	经营支出	200 000
上级补助预算收入	1 800 000	债务还本支出	1 300 000
附属单位上缴预算收入	240 000	其他支出	3 880 000
经营预算收入	270 000	其中：利息支出	789 000
债务预算收入	4 800 000	捐赠支出	1 600 000
非同级财政拨款预算收入	175 000		
投资预算收益	36 000		
其他预算收入	458 000		
其中：利息预算收入	7 800		
捐赠预算收入	180 000		
租金预算收入	120 000		

3. 要求：根据上述资料，编制预算收入支出表如表 11 – 10 所示。

表 11 – 10   预算收入支出表

会政预 01 表

编制单位：　　　　　　　　　　　　　　年　　　　　　　　　　　　　　单位：元

项　　目	本年数	上年数
一、本年预算收入		
（一）财政拨款预算收入		
其中：政府性基金收入		
（二）事业预算收入		
（三）上级补助预算收入		
（四）附属单位上缴预算收入		
（五）经营预算收入		
（六）债务预算收入		
（七）非同级财政拨款预算收入		
（八）投资预算收益		
（九）其他预算收入		
其中：利息预算收入		
捐赠预算收入		
租金预算收入		
二、本年预算支出		
（一）行政支出		
（二）事业支出		
（三）经营支出		

续表

项 目	本年数	上年数
（四）上缴上级支出		
（五）对附属单位补助支出		
（六）投资支出		
（七）债务还本支出		
（八）其他支出		
其中：利息支出		
捐赠支出		
三、本年预算收支差额		

第四篇
民间非营利组织会计

　　民间非营利组织的会计核算与政府会计的会计核算不同，只采用权责发生制为核算基础，不同时采用权责发生制和收付实现制。民间非营利组织的会计核算如果采用收付实现制，不利于真实、完整地反映其财务状况、业务活动情况和现金流量，难以向会计信息使用者提供足够的对其决策有用的信息。而采用权责发生制作为核算基础，有助于反映民间非营利组织资产负债和业务活动全貌，有助于实现民间非营利组织的会计目标，满足会计信息使用者的信息需要。由于民间非营利组织会计核算基础与企业会计相同，因而会计核算的基本前提与会计核算原则也完全相同。

　　民间非营利组织的会计核算应当以民间非营利组织的交易或者事项为对象，记录和反映该组织本身的各项业务活动。其具体内容包括资产、负债、净资产、收入和费用五个会计要素。其中，反映财务状况的会计要素包括资产、负债和净资产，其会计等式为：资产－负债＝净资产；反映业务活动情况的会计要素包括收入和费用，其会计等式为：收入－费用＝净资产变动额。

项目十二 认知民间非营利组织会计

职业能力目标

通过本项目的学习,熟悉非营利组织的概念、民间非营利组织会计的核算前提、核算原则、会计要素和会计等式;熟悉民间非营利组织会计科目和会计报表,为学习民间非营利组织会计核算奠定基础。

典型工作任务

认知民间非营利组织会计制度、认知民间非营利组织会计科目和报表。

任务一 认知民间非营利组织会计制度

一、民间非营利组织会计的概念

美国将非营利组织的主要特征归纳为:①大部分资源来源于资财的供给者,他们不期望收回或据以取得经济上的利益;②业务运营的目的主要不是为了获取利润或利润同等物而提供产品或劳务;③没有明确界定的所有者权益及其出售、转让或赎回,以及凭借所有权在组织清算解散时分享一定份额的剩余资财。

我国台湾的会计界将非营利组织称为"非营利事业",他们认为,非营利事业具有三个重要特点:①该事业不以营利为目的;②事业的一切资财和权益均为事业所有,对于任何特定的个人,不能以任何方式给予特殊利益;③不进行损益计算和利润的分配。

2004年我国《民间非营利组织会计制度》界定了民间非营利组织是"依照国家法律、行政法规登记的社会团体、基金会、民办非企业单位和寺院、宫观、清真寺、教堂等"。本制度适用于在中华人民共和国境内依法成立的各类民间非营利组织(简称非营利组织,下同),包括社会团体、基金会和民办非企业单位。这些非营利组织应符合以下三个条件:

（1）不以营利为目的；

（2）任何单位或个人不因为出资而拥有非营利组织的所有权；收支结余不得向出资者分配；

（3）非营利组织一旦进行清算，清算后的剩余财产应按规定继续用于社会公益事业。

也就是说，我国非营利组织实际存在公立和私立两种。公立非营利组织通常被视为是政府的组成部门，是一种特殊的事业单位，如公立学校、公立医院等。私立非营利组织则被视为是一种民间组织，如民间团体、民办非企业单位等。

据此，我们可以将我国的非营利组织定义为：不以营利为目的，资源提供者不图回报，资源提供者不享有该组织的所有权益。

二、会计核算前提

会计核算前提也称会计假设，它是组织会计核算工作必须具备的前提条件。非营利组织会计的基本前提包括会计主体、持续运行、会计分期和货币计量。

（一）会计主体

会计主体是指会计为之服务的特定单位或组织，它决定了会计核算和监督的空间范围，也界定了会计信息的主体范围。因此，各项会计工作，不论是日常的会计确认、记录、计量和计算，还是定期编制的财务报告，都必须在确定的会计主体范围之内进行。

（二）持续运行

持续运行是指会计主体的经济业务活动将无限期地持续下去，是针对由于某些因素可能导致会计主体终止经济业务活动的非正常情况而言的。它要求会计人员以会计主体持续、正常的经济业务活动为前提进行会计核算。

（三）会计分期

会计分期，是将会计主体的持续运行的经济业务活动，划分为一系列相互联系的间隔相等的期间，以便分期结算账目，编制会计报表，向有关方面提供会计信息。会计期间的划分，界定了组织会计核算、提供会计报表的时间范围，对会计实务和会计理论都有着重要的影响。

按照会计惯例，会计期间通常以年度为单位。我国非营利组织会计制度规定会计期间分为年度和月度。年度、月度的起讫日期均采用公历日期，与国家计划年度、财政年度相一致。

会计分期前提与持续运行前提一样，都是为非营利组织会计的正常活动作出了时间上的规定。会计分期前提依赖于持续运行前提，持续运行前提需要会计分期前提，两者互相补充，不可分离。

（四）货币计量

货币计量是指会计主体的会计核算应采用统一的货币单位作为计量标准，以便综合、全面、系统、完整地反映会计主体的经济活动。

货币计量前提是假定币值是稳定不变的，除非在发生恶性通货膨胀时，才对这一假定作某些修正。

非营利组织会计核算应当以人民币作为记账本位币。如果发生外币收支，应当按照中国人民银行当日公布的人民币外汇汇率折算为人民币。对于业务收支以外币为主的非营利组织，也可以选定某种外币作为记账本位币进行会计核算。但在编制会计报表时，应当按照编表当日的人民币外汇汇率折算为人民币予以反映。

三、会计核算的一般原则

为使政府与非营利组织会计管理科学化、规范化和明晰化，现行民间非营利组织会计制度专门对会计核算的一般原则集中作了规定。

1. 真实性原则

真实性原则是指非营利组织的会计核算应当以实际发生的经济业务为依据，如实反映其财务状况收支结余和现金流量。

2. 实质重于形式原则

实质重于形式原则是指非营利组织应当按照经济业务的经济实质进行会计核算，而不应当仅仅按照它们的法律形式作为会计核算的依据。

3. 相关性原则

相关性原则是指非营利组织提供的会计信息应当能够真实、完整地反映其财务状况、收支结余和现金流量，以满足会计信息使用者的需要。

4. 一贯性原则

一贯性原则是指会计处理方法应当前后各期保持一致，不得随意变更，如确有必要变更，应将变更的情况、原因和对单位财务收支情况及其结果的影响在会计报表附注中说明。

5. 可比性原则

可比性原则是指非营利组织应当按照规定的会计处理方法进行会计核算，会计指标应当口径一致、相互可比。

6. 及时性原则

及时性原则是指会计核算应当及时进行，不得提前或滞后。

7. 明晰性原则

明晰性原则是指会计记录和会计报表应当清晰明了，数字和文字说明应当一目了然，简明、清晰，以便于使用者利用。

8. 权责发生制为基础原则

权责发生制为基础是指非营利组织的会计核算一般以权责发生制为基础。凡是当期已经实现的收入和已经发生或应当负担的费用，不论款项是否收付，都应当作为当期的收入和费用；凡是不属于当期的收入和费用，即使款项已在当期收付，也不应当作为当期的收入和费用。

9. 配比原则

配比原则是指非营利组织在进行会计核算时，收入与其成本、费用应当相互配比，同一会计期间内的各项收入和与其相关的成本、费用，应当在该会计期间内确认。

10. 实际成本原则

实际成本原则是指非营利组织的各项财产在取得时应当按照实际成本计量。其后,各项财产发生减值,应当按照制度规定计提相应的减值准备。除法律、行政法规和国家统一的会计制度另有规定者外,非营利组织一律不得自行调整其账面价值。

11. 谨慎性原则

谨慎性原则是指非营利组织的会计核算应当遵循谨慎性原则,不得多计资产或收益,也不得少计负债或费用。

12. 划分费用支出与资本性支出原则

划分费用支出与资本性支出原则是指非营利组织发生支出的效益仅与本年度相关的,应当作为收益性支出;支出的效益与几个会计年度相关的,应当作为资本性支出。

13. 重要性原则

重要性原则是指非营利组织的会计核算应当遵循重要性原则,对资产、负债、收入和费用等有较大影响,进而影响财务会计报告使用者据以作出合理判断的重要会计事项,必须按照规定的会计方法和程序进行处理,并在财务会计报告中予以充分的披露;对于次要的会计事项,在不影响会计信息真实性和不至于误导会计信息使用者作出正确判断的前提下,可适当简化处理。

四、会计要素与会计等式

(一) 会计要素

1. 资产

资产是指过去的交易或者事项形成并由民间非营利组织拥有或者控制的资源,该资源预期会给民间非营利组织带来经济利益或者服务潜力。资产应当按其流动性分为流动资产、长期投资、固定资产、无形资产和受托代理资产等。

流动资产是指预期可在1年内(含1年)变现或者耗用的资产,主要包括现金、银行存款、短期投资、应收款项、预付账款、存货、待摊费用等。

长期投资是指除短期投资以外的投资,包括长期股权投资和长期债权投资等。

固定资产是指同时具有以下特征的有形资产:为行政管理、提供服务、生产商品或者出租目的而持有的;预计使用年限超过1年;单位价值较高。

无形资产是指民间非营利组织为开展业务活动、出租给他人或为管理目的而持有的、没有实物形态的、非货币性长期资产,包括专利权、非专利技术、商标权、著作权、土地使用权等。

受托代理资产,是指民间非营利组织因从事受托代理交易而从委托方取得的资产。

2. 负债

负债是指过去的交易或者事项形成的现时义务,履行该义务预期会导致含有经济利益或者服务潜力的资源流出民间非营利组织。负债应当按其流动性分为流动负债、长期负债和受托代理负债等。

流动负债是指将在1年内(含1年)偿还的负债,包括短期借款、应付款项、应付工资、应交税金、预收账款、预提费用和预计负债等。

长期负债是指偿还期限在1年以上(不含1年)的负债,包括长期借款、长期应付款和其他长期负债。

受托代理负债是指民间非营利组织因从事受托代理交易、接受受托代理资产而产生的负债。

3. 净资产

民间非营利组织的净资产，是指资产减去负债后的余额，包括限定性净资产和非限定性净资产。

如果资产或者资产所产生的经济利益（如资产的投资收益和利息等）的使用受到资产提供者或者国家有关法律法规所设置的时间限制或（和）用途限制，则由此形成的净资产即为限定性净资产；除此之外的其他净资产，即为非限定性净资产。

4. 收入

收入是指民间非营利组织开展业务活动取得的、导致本期净资产增加的经济利益或者服务潜力的流入，包括捐赠收入、会费收入、提供服务收入、政府补助收入、投资收益、商品销售收入等主要业务活动收入和其他收入等。

捐赠收入是指民间非营利组织接受其他单位或者个人捐赠所取得的收入。

会费收入是指民间非营利组织根据章程等的规定向会员收取的会费收入。

提供服务收入是指民间非营利组织根据章程等的规定向其服务对象提供服务取得的收入，包括学费收入、医疗费收入、培训收入等。

政府补助收入是指民间非营利组织因为政府拨款或者政府机构给予的补助而取得的收入。

商品销售收入是指民间非营利组织销售商品（如出版物、药品等）等所形成的收入。

投资收益是指民间非营利组织因对外投资取得的投资净损益。

其他收入是指除上述主要业务活动收入以外的其他收入，如固定资产处置净收入、无形资产处置净收入等。

5. 费用

费用是指民间非营利组织为开展业务活动所发生的、导致本期净资产减少的经济利益或者服务潜力的流出，包括业务活动成本、管理费用、筹资费用和其他费用等。

业务活动成本是指民间非营利组织为了实现其业务活动目标、开展其项目活动或者提供服务所发生的费用。

管理费用是指民间非营利组织为组织和管理其业务活动所发生的各项费用。

筹资费用是指民间非营利组织为筹集业务活动所需资金而发生的费用。

其他费用是指民间非营利组织发生的、无法归属到上述业务活动成本、管理费用或者筹资费用中的费用，包括固定资产处置净损失、无形资产处置净损失等。

（二）会计等式

由于政府会计要素与民间非营利组织的会计要素唯一差别在于将支出改为费用，所以其会计等式差别不大。在某一时点下，资产与负债和净资产是恒等的，即：

资产 = 负债 + 净资产

民间非营利组织在业务活动过程中，必然会取得一定数额的收入，同时也必然会发生一定数额的费用。收支相抵后的余额为净资产。用公式表示：

收入 − 费用 = 净资产

同样，我们可以将上述两个公式合并为：

资产 = 负债 + 净资产 +（收入 - 费用）

任务二　认知民间非营利组织会计科目和报表

一、民间非营利组织的会计科目

（一）会计科目表

民间非营利组织应当按照《民间非营利组织会计制度——会计科目和会计报表》的规定，设置和使用会计科目。在不影响会计核算要求和会计报表指标汇总，以及对外提供统一的财务会计报告的前提下，可以根据实际情况自行增设、减少或合并某些会计科目。其会计科目如表 12-1 所示。

表 12-1　　民间非营利组织会计科目表

编号	科目名称	编号	科目名称
一、资产类		二、负债类	
1001	现金	2101	短期借款
1002	银行存款	2201	应付票据
1009	其他货币资金	2202	应付账款
1101	短期投资	2203	预收账款
1102	短期投资跌价准备	2204	应付工资
1111	应收票据	2206	应交税金
1121	应收账款	2209	其他应付款
1122	其他应收款	2301	预提费用
1131	坏账准备	2401	预计负债
1141	预付账款	2501	长期借款
1201	存货	2502	长期应付款
1202	存货跌价准备	2601	受托代理负债
1301	待摊费用	三、净资产类	
1401	长期股权投资	3101	非限定性净资产
1402	长期债权投资	3102	限定性净资产
1421	长期投资减值准备	四、收入费用类	
1501	固定资产	4101	捐赠收入
1502	累计折旧	4201	会费收入
1505	在建工程	4301	提供服务收入
1506	文物文化资产	4401	政府补助收入
1509	固定资产清理	4501	商品销售收入
1601	无形资产	4601	投资收益
1701	受托代理资产	4901	其他收入
		5101	业务活动成本
		5201	管理费用
		5301	筹资费用
		5401	其他费用

（二）会计科目使用说明

（1）上表列示的统一规定会计科目的编号，以便于编制会计凭证，登记账簿，查阅账目，实行会计电算化。民间非营利组织不得随意打乱重编。某些会计科目之间留有空号，供增设会计科目之用。

（2）民间非营利组织应当按照制度的规定，设置和使用会计科目。在不影响会计核算要求和会计报表指标汇总，以及对外提供统一的财务会计报告的前提下，可以根据实际情况自行增设、减少或合并某些会计科目。

明细科目的设置，除本制度已有规定者外，在不违反统一会计核算要求的前提下，民间非营利组织可以根据需要自行确定。

（3）对于会计科目名称，民间非营利组织可以根据本组织的具体情况，在不违背会计科目使用原则的基础上，确定适合于本组织的会计科目名称。

（4）民间非营利组织在填制会计凭证、登记会计账簿时，应当填列会计科目的名称，或者同时填列会计科目的名称和编号，不得只填科目编号，不填列科目名称。

二、民间非营利组织的会计报告

财务会计报告是反映民间非营利组织财务状况、业务活动情况和现金流量等的书面报告。财务会计报告分为年度财务会计报告和中期财务会计报告。以短于一个完整的会计年度的期间（如半年度、季度和月度）编制的财务会计报告称为中期财务会计报告。年度财务会计报告则是以整个会计年度为基础编制的财务会计报告。

民间非营利组织编制的会计报表情况如表12-2所示。

表12-2　　　　　　民间非营利组织编制的会计报表一览表

编号	会计报表名称	编制期
会民非01表	资产负债表	中期报告、年度报告
会民非02表	业务活动表	中期报告、年度报告
会民非03表	现金流量表	年度报告

民间非营利组织应当根据会计制度有关财务会计报告的编制基础、编制依据、编制原则和方法的要求，对外提供真实、完整的财务会计报告。民间非营利组织不得违反规定，随意改变财务会计报告的编制基础、编制依据、编制原则和方法，不得随意改变会计制度规定的财务会计报告有关数据的会计口径。

民间非营利组织的年度和中期财务会计报告，至少应当反映两个年度或两个相关会计期间的比较数据。

■ 复习思考题

1. 什么是非营利组织？非营利组织包括哪些类型？
2. 《民间非营利组织会计制度》是哪一年发布的？适用于哪些单位？
3. 民间非营利组织会计核算基础是权责发生制还是收付实现制？

4. 民间非营利组织会计核算原则与政府会计核算原则有什么不同？
5. 民间非营利组织会计的会计要素有哪些？它们之间有何联系？
6. 民间非营利组织的会计报表有哪些？月度报表一般编制什么报表？

习题与实训

一、单项选择题

1. 我国《民间非营利组织会计制度》颁布的年份是（　　）。
   A. 2004 年　　　　　　　　　　　B. 2009 年
   C. 2016 年　　　　　　　　　　　D. 2019 年
2. 下列项目中，不属于民间非营利组织会计的会计核算前提的是（　　）。
   A. 会计主体　　　　　　　　　　B. 持续经营
   C. 会计分期　　　　　　　　　　D. 货币计量
3. 会计核算应当以实际发生的经济业务为依据，如实反映其财务状况收支结余和现金流量，这属于会计核算的（　　）。
   A. 真实性原则　　　　　　　　　B. 实际成本原则
   C. 明晰性原则　　　　　　　　　D. 配比原则
4. 下列会计核算原则中，属于民间非营利组织会计特有，而政府会计不存在的是（　　）。
   A. 真实性原则　　　　　　　　　B. 实际成本原则
   C. 明晰性原则　　　　　　　　　D. 配比原则
5. 下列项目中，不属于民间非营利组织会计的会计要素的是（　　）。
   A. 资产　　　　　　　　　　　　B. 支出
   C. 净资产　　　　　　　　　　　D. 收入
6. 民间非营利组织为筹集业务活动所需资金而发生的费用称为（　　）。
   A. 管理费用　　　　　　　　　　B. 财务费用
   C. 其他费用　　　　　　　　　　D. 筹资费用

二、多项选择题

1. 非营利组织应具备的条件有（　　）。
   A. 不以营利为目的
   B. 收支结余不得向出资者分配
   C. 非营利组织的所有权不以出资而拥有
   D. 破产清算后的剩余财产应继续用于社会公益事业
2. 下列项目中，属于民间非营利组织会计的编制财务会计报告的有（　　）。
   A. 资产负债表　　　　　　　　　B. 业务活动表
   C. 现金流量表　　　　　　　　　D. 利润表
3. 为非营利组织会计的正常活动作出了时间上的规定，包括（　　）。
   A. 会计分期前提　　　　　　　　B. 货币计量前提

C. 会计主体前提   D. 持续运行前提

4. 下列项目中，属于民间非营利组织会计的会计要素的有（　　）。

A. 资产   B. 费用

C. 净资产   D. 收入

5. 下列项目中，属于民间非营利组织会计的资产的有（　　）。

A. 流动资产   B. 长期投资

C. 净资产   D. 固定资产

6. 民间非营利组织会计的净资产包括（　　）。

A. 实收资本   B. 盈余公积

C. 限定性净资产   D. 非限定性净资产

7. 民间非营利组织会计的其他收入包括（　　）。

A. 会费收入   B. 固定资产处置净收入

C. 捐赠收入   D. 无形资产处置净收入

8. 民间非营利组织会计的其费用包括（　　）。

A. 业务活动成本   B. 管理费用

C. 筹资费用   D. 其他费用

三、判断题

1. 会计分期前提与持续运行前提一样，都是为非营利组织会计的正常活动作出了时间上的规定。（　　）

2. 非营利组织会计核算应当以人民币作为记账本位币。（　　）

3. 配比原则是指非营利组织在进行会计核算时，收入与其成本、费用应当相互配比，同一会计期间内的各项收入和与其相关的成本、费用，应当在该会计期间内确认。（　　）

4. 实际成本原则是指非营利组织的各项财产在取得时应当按照实际成本计量。其后，非营利组织一律不得自行调整其账面价值。（　　）

5. 受托代理资产是指民间非营利组织因从事受托代理交易而从受托方取得的资产。（　　）

6. 民间非营利组织的净资产，包括限定性净资产和非限定性净资产。（　　）

7. 民间非营利组织的年度和中期财务会计报告，至少应当反映两个年度或两个相关会计期间的比较数据。（　　）

8. 业务活动成本是指民间非营利组织为组织和管理其业务活动所发生的各项费用。（　　）

项目十三 民间非营利组织资产的核算

 职业能力目标

通过本项目学习，熟悉民间非营利组织资产的核算范围，能够正确地进行流动资产、长期投资、固定资产、无形资产、受托代理的核算，提供资产核算信息。

 典型工作任务

流动资产的核算；长期投资的核算；固定资产的核算；无形资产的核算；受托代理资产的核算。

任务一 流动资产的核算

一、货币资金的核算

货币资金是以货币形态存在的资产，是流动性最强的资产。货币资金按其存放地点和用途不同，分为现金、银行存款和其他货币资金。

民间非营利组织应当设置现金和银行存款日记账。按照业务发生顺序逐日逐笔登记。有外币现金和存款的民间非营利组织，还应当分别按人民币和外币进行明细核算。现金的核算应当做到日清月结，其账面余额必须与库存数相符；银行存款的账面余额应当与银行对账单定期核对，并与按月编制的银行存款余额调节表调节相符。

民间非营利组织每日终了结算现金收支、财产清查等发现的现金短缺或溢余，应当及时查明原因，并根据管理权限，报经批准后，在期末结账前处理完毕。如为现金短缺，属于应由责任人或保险公司赔偿的部分，借记"其他应收款"科目，贷记"现金"科目；属于无法查明的其他原因的部分，借记"管理费用"科目，贷记"现金"科目。如为现金溢余，属于应支付给有关人员或单位的部分，借记"现金"科目，贷记"其他应付款"科目；属于无法查明的其他原因的部分，借记"现金"科目，贷记"其他收入"科目。

民间非营利组织收到的存款利息，借记"银行存款"科目，贷记"其他应收款""筹资费用"等科目。但是，收到的属于在借款费用应予资本化的期间内发生的与购建固定资产专门借款有关的存款利息，借记"银行存款"科目，贷记"其他应收款""在建工程"科目。

二、应收及预付账款的核算

应收款项是指民间非营利组织在日常业务活动过程中发生的各项应收未收债权，包括应收票据、应收账款和其他应收款等。

应收票据是民间非营利组织因销售商品、提供服务等而收到的商业汇票，包括银行承兑汇票和商业承兑汇票。应收账款是指民间非营利组织因销售商品、提供服务等主要业务活动，应向会员、购买单位或接受服务单位等收取的、但尚未实际收到的款项。其他应收款是指除应收票据、应收账款以外的其他各项应收、暂付款项，包括应收股利、应收利息、应向职工收取的各种垫付款项、职工借款、应收保险公司赔款等。

应收款项应当按照实际发生额入账，并按照往来单位或个人等设置明细账，进行明细核算。期末，应当分析应收款项的可收回性，对预计可能产生的坏账损失计提坏账准备，确认坏账损失并计入当期费用。

预付账款是指民间非营利组织预付给商品供应单位或者服务提供单位的款项。预付账款应当按照实际发生额入账，并按照往来单位或个人等设置明细账，进行明细核算。

三、存货的核算

存货是指民间非营利组织在日常业务活动过程中持有以备出售或捐赠的，或者为了出售或捐赠仍处在生产过程中的，或者将在生产、提供服务或日常管理过程中耗用的材料、物资、商品等，包括材料、库存商品、委托加工材料，以及达不到固定资产标准的工具、器具等。

（一）取得存货的核算

1. 存货成本的确定

存货在取得时，应当以其实际成本入账。存货成本包括采购成本、加工成本和其他成本。其中，采购成本一般包括实际支付的采购价款、相关税费、运输费、装卸费、保险费以及其他可直接归属于存货采购的费用。加工成本包括直接人工以及按照合理方法分配的与存货加工有关的间接费用。其他成本是指除采购成本、加工成本以外的，使存货达到目前场所和状态所发生的其他支出。

接受捐赠的存货应当按照以下方法确定其入账价值：

（1）如果捐赠方提供了有关凭据（如发票、报关单、有关协议等）的，应当按照凭据上标明的金额，作为入账价值。如果凭据上表明的金额与受赠资产公允价值相差较大的，受赠资产应当以其公允价值作为其实际成本。

（2）如果捐赠方没有提供有关凭据的，受赠资产应当以其公允价值作为入账价值。所谓公允价值是指在公平交易中，熟悉情况的交易双方，自愿进行资产交换或者债务清偿的金额。公允价值的确定顺序如下：如果同类或者类似资产存在活跃市场的，应当按照同类或者类似资产的市场价格确定公允价值；如果同类或类似资产不存在活跃市场，或者无法找到同类或者类似资产的，应当采用合理的计价方法确定资产的公允价值。

通过非货币性交易换入的存货，应当以换出资产的账面价值，加上应支付的相关税费，作为换入存货的入账价值。

2. 取得存货的账务处理

民间非营利组织外购存货时，按照采购成本，借记"存货"科目，贷记"银行存款""应付账款"等科目。民间非营利组织也可以根据需要在"存货"科目下设置"材料""库存商品"等明细科目。

民间非营利组织自行或委托加工存货时，根据其采购成本、加工成本和其他成本，借记"存货"科目，贷记"银行存款""应付账款""应付工资"等科目。民间非营利组织也可以根据实际情况，在"存货"科目下设置"生产成本"等明细科目，归集相关成本。

民间非营利组织接受捐赠的存货，按照所确定的成本，借记"存货"科目，贷记"捐赠收入"科目。

【工作实例 13-1】某民间非营利组织下设一个义卖中心，专门用于出售接受捐赠的相关资产。2019年4月7日，该组织收到某企业捐赠的一批食品，该企业开具的凭证上标明的价格为10万元。账务处理如下：

借：存货　　　　　　　　　　　　　　　　　　　　　　　100 000
　　贷：捐赠收入　　　　　　　　　　　　　　　　　　　　　100 000

【小思考 13-1】如果上例中的捐赠企业没有提供有关凭据，应如何确定该批食品的入账价值？

(二) 发出存货的核算

存货在发出时，应当根据实际情况采用个别计价法、先进先出法、加权平均法等，确定发出存货的实际成本。

民间非营利组织领用材料用于生产产品的，应当按照所确定的发出材料的成本，将其转入产品的生产成本，借记"存货——生产成本"科目，贷记"存货——材料"科目。产品生产完工后，再由"存货——生产成本"科目转入"存货——产成品"科目。

业务活动过程中领用存货，按照确定的成本，借记"管理费用"等科目，贷记"存货"科目。

对外出售或捐赠存货，按照确定的出售存货成本，借记"业务活动成本"等科目，贷记"存货"科目。

【工作实例 13-2】接工作实例 13-1，该民间非营利组织将该批食品对外出售，销售款共计12万元，款项已收存银行。假设不考虑相关税费。账务处理如下：

借：银行存款　　　　　　　　　　　　　　　　　　　　　120 000
　　贷：商品销售收入　　　　　　　　　　　　　　　　　　　120 000
借：业务活动成本　　　　　　　　　　　　　　　　　　　　100 000
　　贷：存货　　　　　　　　　　　　　　　　　　　　　　　100 000

（三）存货清查的核算

存货应当定期进行清查盘点，每年至少盘点一次。对于发生的盘盈、盘亏以及变质、毁损等存货，应当及时查明原因，并根据民间非营利组织的管理权限，经理事会、董事会或类似权力机构批准后，在期末结账前处理完毕。

如为存货盘盈，按照其公允价值，借记"存货"科目，贷记"其他收入"科目。如为存货盘亏或者毁损，按照存货账面价值扣除残料价值、可以收回的保险赔偿和过失人的赔偿等后的金额，借记"管理费用"科目，按照可以收回的保险赔偿和过失人的赔偿等，借记"现金""银行存款""其他应收款"等科目，按照存货的账面余额，贷记"存货"科目。

（四）存货的期末计价

民间非营利组织应当定期或者至少于每年年度终了，对存货是否发生了减值进行检查。

如果存货的可变现净值低于其账面价值，按照可变现净值低于账面价值的差额，借记"管理费用——存货跌价损失"科目，贷记"存货"科目。这里的可变现净值，是指在正常业务活动中，以存货的估计售价减去至完工将要发生的成本以及销售所必需的费用后的金额。

如果存货的期末可变现净值高于其账面价值，按照可变现净值高于账面价值的差额，在原已计提跌价准备的范围内借记"存货"科目，贷记"管理费用——存货跌价损失"科目。

四、短期投资的核算

投资是指民间非营利组织为通过分配来增加财富，或为谋求其他利益，而将资产让渡给其他单位所获得的另一项资产。民间非营利组织在进行投资核算时，一般按照投资目的与期限，将投资分为短期投资和长期投资两类。

短期投资是指民间非营利组织持有的能够随时变现并且持有时间不准备超过1年（含1年）的投资，包括股票、债券投资等。短期投资应当按照投资种类设置明细账，进行明细核算。

（一）取得短期投资的核算

1. 短期投资初始投资成本的确定

短期投资在取得时应当按照投资成本计量。短期投资取得时的投资成本按以下方法确定：以现金购入的短期投资，按照实际支付的全部价款，包括税金、手续费等相关税费作为其投资成本。实际支付的价款中包含的已宣告但尚未领取的现金股利或已到付息期但尚未领取的债券利息，应当作为应收款项单独核算，不构成短期投资成本。接受捐赠的短期投资以及通过非货币性交易换入的短期投资，按照前述资产计量的规定确定其成本。

2. 取得短期投资的账务处理

以现金购入的短期投资，按照所确定的投资成本，借记"短期投资"科目，贷记"银行存款"等科目。如果实际支付的价款中包含已宣告但尚未领取的现金股利或已到付息期但尚未领取的债券利息，则按照实际支付的全部价款减去其中已宣告但尚未领取的现金股利或已到付息期但尚未领取的债券利息后的金额作为短期投资成本，借记"短期投资"科目，按照应领取的现金股利或债券利息,借记"其他应收款"科目,按照实际支付的全部价款,贷记"银行存款"等科目。

接受捐赠的短期投资,按照所确定的投资成本,借记"短期投资"科目,贷记"捐赠收入"科目。

(二) 取得短期投资利息或现金股利的核算

短期投资的利息或现金股利应当于实际收到时冲减投资的账面价值,但在购买时已计入应收款项的现金股利或者利息除外。

取得短期投资利息或现金股利的账务处理为:收到被投资单位发放的利息或现金股利,按照实际收到的金额借记"银行存款"等科目,贷记"短期投资"科目。但是,实际收到在购买时已记入"其他应收款"科目的利息或现金股利时,借记"银行存款"等科目,贷记"其他应收款"科目。

持有股票期间所获得的股票股利,不作账务处理,但应在辅助账簿中登记所增加的股份。

(三) 短期投资的期末计价

在期末,民间非营利组织应当对短期投资是否发生了减值进行检查。如果短期投资的市价低于其账面价值,应当按照市价低于账面价值的差额计提短期投资跌价准备,确认短期投资跌价损失并计入当期费用。如果短期投资的市价高于其账面价值,应当在该短期投资期初已计提跌价准备的范围内转回市价高于账面价值的差额,冲减当期费用。

短期投资跌价准备的主要账务处理为:如果短期投资的期末市价低于账面价值,按照市价低于账面价值的差额,借记"管理费用——短期投资跌价损失"科目,贷记"短期投资跌价准备"科目。如果以前期间已计提跌价准备的短期投资的价值在当期得以恢复,即短期投资的期末市价高于账面价值,按照市价高于账面价值的差额,在原已计提跌价准备的范围内,借记"短期投资跌价准备"科目,贷记"管理费用——短期投资跌价损失"科目。

(四) 短期投资处置的核算

民间非营利组织在处置短期投资时,应当将实际取得价款与短期投资账面价值的差额确认当期投资损益。

处置短期投资的账务处理为:出售短期投资或到期收回债券本息,按照实际收到的金额,借记"银行存款"科目,按照已计提的减值准备,借记"短期投资跌价准备"科目,按照所出售或收回短期投资的账面余额,贷记"短期投资"科目,按照未领取的现金股利或利息,贷记"其他应收款"科目,按照其差额,借记或贷记"投资收益"科目。

【工作实例13-3】甲民间非营利组织2018年至2019年发生如下与股票投资有关的业务:

(1) 2018年4月1日,用银行存款购入A上市公司(以下简称A公司)的股票4 000股作为短期投资,每股买入价为18元,其中0.5元为已宣告但尚未分派的现金股利。另支付相关税费360元。

(2) 2018年4月18日,收到A公司分派的现金股利。

（3）2018 年 12 月 31 日，该股票的每股市价下跌至 16 元。

（4）2019 年 2 月 3 日，出售持有的 A 公司股票 3 000 股，实得价款 52 000 元。假定已售股票的跌价准备也同时结转。

（5）2019 年 4 月 15 日，A 公司宣告分派现金股利，每股派发 0.1 元。

（6）2019 年 4 月 30 日，收到派发的现金股利。

（7）2019 年 12 月 31 日，A 公司的股票市价为 17 元。

甲民间非营利组织账务处理如下：

（1）2018 年 4 月 1 日

借：短期投资　　　　　　　　　　　　　　　　　　　　　　70 360
　　其他应收款——应收股利　　　　　　　　　　　　　　　 2 000
　　　贷：银行存款　　　　　　　　　　　　　　　　　　　　72 360

（2）2018 年 4 月 18 日

借：银行存款　　　　　　　　　　　　　　　　　　　　　　 2 000
　　　贷：其他应收款——应收股利　　　　　　　　　　　　　 2 000

（3）2018 年 12 月 31 日

应计提的短期投资跌价准备 = 70 360 - 4 000 × 16 = 6 360（元）

借：管理费用——短期投资跌价损失　　　　　　　　　　　　 6 360
　　　贷：短期投资跌价准备　　　　　　　　　　　　　　　　 6 360

（4）2019 年 2 月 3 日

应冲减的短期投资成本 = 70 360 ÷ 4 000 × 3 000 = 52 770（元）

应冲减的短期投资跌价准备 = 6 360 ÷ 4 000 × 3 000 = 4 770（元）

借：银行存款　　　　　　　　　　　　　　　　　　　　　　52 000
　　短期投资跌价准备　　　　　　　　　　　　　　　　　　 4 770
　　　贷：短期投资　　　　　　　　　　　　　　　　　　　　52 770
　　　　　投资收益　　　　　　　　　　　　　　　　　　　　 4 000

（5）2018 年 4 月 15 日无分录

（6）2019 年 4 月 30 日

借：银行存款　　　　　　　　　　　　　　　　　　　　　　　 100
　　　贷：短期投资　　　　　　　　　　　　　　　　　　　　　 100

（7）2019 年 12 月 31 日

应转回短期投资跌价准备 = 17 000 - 15 900 = 1 100（元）

借：短期投资跌价准备　　　　　　　　　　　　　　　　　　 1 100
　　　贷：管理费用——短期投资跌价损失　　　　　　　　　　 1 100

【小思考 13-2】如果上例中的 2019 年 12 月 31 日，A 公司的股票市价为 18 元，则转回的短期投资跌价准备金额是多少？

任务二 长期投资的核算

一、长期股权投资的核算

长期股权投资是指民间非营利组织持有时间准备超过1年（不含1年）的各种股权性质的投资，包括长期股票投资和其他长期股权投资。为了核算长期股权投资业务，民间非营利组织应设置"长期股权投资"科目，并按照被投资单位设置明细账，进行明细核算。

（一）取得长期股权投资的核算

1. 长期股权投资初始投资成本的确定

长期股权投资在取得时，应当按照取得时的实际成本作为初始投资成本，具体按以下方法确定：以现金购入的长期股权投资，按照实际支付的全部价款，包括税金、手续费等相关费用作为其初始投资成本。如果实际支付的价款中包含已宣告但尚未领取的现金股利，则按照实际支付的全部价款减去其中已宣告但尚未领取的现金股利后的金额作为其初始投资成本。

2. 取得长期股权投资的账务处理

以现金购入的长期股权投资，按照实际支付的全部价款，包括税金、手续费等相关费用作为其初始投资成本，借记"长期股权投资"科目，贷记"银行存款"等科目。如果实际支付的价款中包含已宣告但尚未领取的现金股利，则按照实际支付的全部价款减去其中已宣告但尚未领取的现金股利后的金额作为其初始投资成本，借记"长期股权投资"科目，按照应领取的现金股利，借记"其他应收款"科目，按照实际支付的全部价款，贷记"银行存款"等科目。

（二）长期股权投资核算的成本法

1. 成本法及其适用范围

成本法是指投资按成本计价的方法。在成本法下，长期股权投资以取得时的初始投资成本计价；其后，除非追加（或收回）投资或者发生减值，长期股权投资的账面价值一般保持不变。

2. 成本法的账务处理

被投资单位宣告发放现金股利或利润时，按照宣告发放的现金股利或利润中属于民间非营利组织应享有的部分，确认当期投资收益，借记"其他应收款"科目，贷记"投资收益"科目。

实际收到现金股利或利润时，按照实际收到的金额，借记"银行存款"等科目，贷记"其他应收款"科目。

被投资单位宣告分派的股票股利，不作账务处理，但应当设置辅助账，进行数量登记。

（三）长期股权投资核算的权益法

1. 权益法及其适用范围

权益法，是指长期股权投资最初以投资成本计价，以后根据被投资单位当期净损益中民间非营利组织应享有或分担的份额，以及被投资单位宣告分派的现金股利或利润中属于民间非营利组织应享有的份额进行调整的方法。

民间非营利组织对被投资单位具有控制、共同控制或重大影响时，长期股权投资应采用权益法核算。控制，是指有权决定被投资单位的财务和经营政策，并能据以从该单位的经济活动中获得利益；共同控制，是指按合同约定对某项经济活动所共有的控制；重大影响，是指对被投资单位的财务和经营政策有参与决策的权力，但并不决定这些政策。

2. 权益法的账务处理

采用权益法核算时，长期股权投资的账面价值应当根据被投资单位当期净损益中民间非营利组织应享有或分担的份额，以及被投资单位宣告分派的现金股利或利润中属于民间非营利组织应享有的份额进行调整。

期末，民间非营利组织按照应当享有或应当分担的被投资单位当年实现的净利润或发生的净亏损的份额，调整长期股权投资账面价值，如被投资单位实现净利润，借记"长期股权投资"科目，贷记"投资收益"科目，如被投资单位发生净亏损，借记"投资收益"科目，贷记"长期股权投资"科目，但以长期股权投资账面价值减记至零为限。

被投资单位宣告分派利润或现金股利时，按照宣告分派的现金股利或利润中属于民间非营利组织应享有的份额，调整长期股权投资账面价值，借记"其他应收款"科目，贷记"长期股权投资"科目。在实际收到现金股利或利润时，借记"银行存款"等科目，贷记"其他应收款"科目。

被投资单位宣告分派的股票股利，不作账务处理，但应当设置辅助账，进行数量登记。

【工作实例13-4】甲民间非营利组织有长期股权投资的业务如下：2018年1月2日以每股10元的价格购入乙公司股票200万股，另支付费用20万元，占乙公司发行股票的25%，且准备长期持有。2018年乙公司实现净利润800万元。2019年4月5日乙公司宣布分派现金股利500万元，2019年5月15日收到现金股利，2019年乙公司全年亏损200万元。

甲民间非营利组织账务处理如下：

(1) 2018年1月2日

借：长期股权投资——乙公司　　　　　　　　　　　　　　　　2 020
　　贷：银行存款　　　　　　　　　　　　　　　　　　　　　　　2 020

(2) 2018年12月31日

借：长期股权投资——乙公司　　　　　　　　　　　　　　　　 200
　　贷：投资收益　　　　　　　　　　　　　　　　　　　　　　　 200

(3) 2019年4月5日

借：其他应收款——应收股利　　　　　　　　　　　　　　　　 125
　　贷：长期股权投资——乙公司　　　　　　　　　　　　　　　　125

(4) 2019年5月15日

借：银行存款　　　　　　　　　　　　　　　　　　　　　　　 125

　　　　贷：其他应收款——应收股利　　　　　　　　　　　　　　　　125
　　（5）2019 年 12 月 31 日
　　借：投资收益（200×25%）　　　　　　　　　　　　　　　　　　50
　　　　贷：长期股权投资——乙公司　　　　　　　　　　　　　　　50

【小思考 13-3】如果上例中的甲民间非营利组织所持有的股份占乙公司发行股票的 5%，且准备长期持有，则上述会计事项应如何核算？

（四）长期股权投资的期末计价

期末，民间非营利组织应当对长期股权投资是否发生了减值进行检查。如果长期股权投资的可收回金额低于其账面价值，应当按照可收回金额低于账面价值的差额计提长期投资减值准备。如果长期股权投资的可收回金额高于其账面价值，应当在该长期股权投资期初已计提减值准备的范围内转回可收回金额高于账面价值的差额。

长期股权投资减值准备的账务处理为：如果长期投资的期末可收回金额低于账面价值，按照可收回金额低于账面价值的差额，借记"管理费用"科目，贷记"长期投资减值准备"科目。如果以前期间已计提减值准备的长期投资价值在当期得以恢复，即长期投资的期末可收回金额高于账面价值，按照可收回金额高于账面价值的差额，在原计提减值准备的范围内，借记"长期投资减值准备"科目，贷记"管理费用"科目。

（五）长期股权投资处置的核算

处置长期股权投资时，按照实际取得的价款，借记"银行存款"等科目，按照已计提的减值准备，借记"长期投资减值准备"科目，按照所处置长期股权投资的账面余额，贷记"长期股权投资"科目，按照尚未领取的已宣告发放的现金股利或利润，贷记"其他应收款"科目，按照其差额，借记或贷记"投资收益"科目。

二、长期债权投资的核算

长期债权投资是指民间非营利组织购入的在 1 年内（不含 1 年）不能变现或不准备随时变现的债券和其他债权投资。民间非营利组织应设置"长期债权投资"科目，并在该科目下设置"债券投资""可转换公司债券""其他债权投资"明细科目，在"债券投资"明细科目下设置"面值""溢价""折价""应收利息""债券费用"等三级明细科目进行核算。

（一）取得长期债权投资的核算

1. 长期债权投资初始投资成本的确定

长期债权投资在取得时，应当按取得时的实际成本作为初始投资成本，具体按以下方法确定：以现金购入的长期债权投资，按照实际支付的全部价款，包括税金、手续费等相关费用，作为初始投资成本。如果实际支付的价款中包含的已到付息期但尚未领取的债券利息，应当作为应收款项单独核算，不构成初始投资成本。

2. 取得长期债权投资的账务处理

以现金购入的长期债权投资，按照实际支付的全部价款，包括税金、手续费等相关费用作为其初始投资成本，借记"长期债权投资"科目，贷记"银行存款"等科目。如果实际支付的价款中包含已到付息日但尚未领取的债券利息，则按照实际支付的全部价款减去其中已到付息日但尚未领取的债券利息后的金额作为其初始投资成本，借记"长期债权投资"科目，按照应领取的利息，借记"其他应收款"科目，按照实际支付的全部价款，贷记"银行存款"等科目。

接受捐赠的长期债权投资，按照所确定的初始投资成本，借记"长期债权投资"科目，贷记"捐赠收入"科目。

（二）长期债权投资利息的核算

长期债权投资持有期间，应当按照票面价值与票面利率按期计算确认利息收入，如为到期一次还本付息的债券投资，借记"长期债权投资"科目"债券投资（应收利息）"明细科目，贷记"投资收益"科目，如为分期付息、到期还本的债权投资，借记"其他应收款"科目，贷记"投资收益"科目。

长期债权投资的初始投资成本与债券面值之间的差额，应当在债券存续期间，按照直线法于确认相关债券利息收入时摊销，如初始投资成本高于债券面值，按照应当分摊的金额，借记"投资收益"科目，贷记"长期债权投资"科目"债券投资（溢价）"明细科目，如初始投资成本低于债券面值，按照应当分摊的金额，借记"长期债权投资"科目，贷记"投资收益"科目"债券投资（折价）"明细科目。

【工作实例13-5】 A民间非营利组织于2019年1月1日购入B企业2019年1月1日发行的五年期债券，票面年利率为10%，债券面值1 000元。A民间非营利组织按1 030元的价格溢价购入80张。该债券每年付息一次，最后一年还本金并付最后一次利息。假设A民间非营利组织按年计算利息。

A民间非营利组织账务处理如下：

（1）2019年1月2日

初始投资成本（80×1 030）	82 400元
减：债券面值（80×1 000）	80 000元
债券溢价	2 400元

借：长期债权投资——债券投资（面值）　　　　　　　　80 000
　　　　　　　　　——债券投资（溢价）　　　　　　　　2 400
　　贷：银行存款　　　　　　　　　　　　　　　　　　　82 400

（2）年度终了计算利息并摊销溢价

每年溢价摊销额=2 400÷5=480（元）
每年应收利息=80 000×10%=8 000（元）
每年投资收益=8 000-480=7 520（元）

借：其他应收款——应收利息　　　　　　　　　　　　　8 000
　　贷：投资收益　　　　　　　　　　　　　　　　　　　7 520
　　　　长期债权投资——债券投资（溢价）　　　　　　　480

（3）各年收到债券利息（除最后一次付息外）

借：银行存款　　　　　　　　　　　　　　　　　　　　8 000

　　　　贷：其他应收款——应收利息　　　　　　　　　　　　　　　　　　8 000
　（4）到期还本并收到最后一次利息
　　借：银行存款　　　　　　　　　　　　　　　　　　　　　　　　　88 000
　　　　贷：长期债权投资——债券投资（面值）　　　　　　　　　　　　80 000
　　　　　　其他应收款——应收利息　　　　　　　　　　　　　　　　　8 000

　（三）长期债权投资的期末计价

　　期末，民间非营利组织应当对长期债权投资是否发生了减值进行检查，其减值准备的计提、转回的处理与长期股权投资减值准备的账务处理相同。

　（四）长期债权投资处置的核算

　　处置长期债权投资时，按照实际取得的价款，借记"银行存款"等科目，按照已计提的减值准备，借记"长期投资减值准备"科目，按照所处置长期债权投资的账面余额，贷记"长期债权投资"科目，按照未领取的债券利息，贷记"长期债权投资"科目"债券投资（应收利息）"明细科目或"其他应收款"科目，按照其差额，借记或贷记"投资收益"科目。

任务三　固定资产的核算

　　固定资产是指同时具有以下特征的有形资产：①为行政管理、提供服务、生产商品或者出租目的而持有的；②预计使用年限超过 1 年；③单位价值较高。

　　民间非营利组织应当根据固定资产定义，结合本组织的具体情况，制定适合于本组织的固定资产目录、分类方法、每类或每项固定资产的折旧年限、折旧方法，作为进行固定资产核算的依据。

一、取得固定资产的核算

　（一）固定资产取得成本的确定

　　固定资产在取得时，应当按取得时的实际成本入账。取得时的实际成本包括买价、包装费、运输费、交纳的有关税金等相关费用，以及为使固定资产达到预定可使用状态前所必要的支出。固定资产取得时的实际成本应当根据以下具体情况分别确定：

　　外购的固定资产，按照实际支付的买价、相关税费以及为使固定资产达到预定可使用状态前所发生的可直接归属于该固定资产的其他支出（如运输费、安装费、装卸费等）确定其成本。如果以一笔款项购入多项没有单独标价的固定资产，按各项固定资产公允价值的比例对总成本进行分配，分别确定各项固定资产的成本。

　　自行建造的固定资产，按照建造该项资产达到预定可使用状态前所发生的全部必要支出确定其成本。自行建造的固定资产，应先通过在建工程核算。对于自营工程，按照直接材料、直接人工、直接机械使用费等确定其成本；对于出包工程，按照应支付的工程价款等确定其成本。

融资租入的固定资产，按照租赁协议或者合同确定的价款、运输费、途中保险费、安装调试费以及融资租入固定资产达到预定可使用的状态前发生的借款费用等确定其成本。

接受捐赠的固定资产以及通过非货币性交易换入的固定资产，按照前述资产计量的规定确定其成本。

（二）取得固定资产的账务处理

1. 外购固定资产的账务处理

外购的固定资产，按照所确定的成本，借记"固定资产"科目，贷记"银行存款""应付账款"等科目。购入需要安装的固定资产，先记入"在建工程"科目，待安装完毕达到预定可使用状态时再转入"固定资产"科目。

2. 自行建造固定资产的账务处理

自行建造固定资产时，按照所确定的工程成本，借记"在建工程"科目，贷记"存货""应付工资""银行存款"等科目。

3. 融资租入固定资产的账务处理

融资租入的固定资产，按照所确定的成本，借记"固定资产"科目"融资租入固定资产"明细科目，贷记"长期应付款"科目。

4. 接受捐赠固定资产的账务处理

接受捐赠的固定资产，按照所确定的成本，借记"固定资产"科目，贷记"捐赠收入"科目。

二、固定资产的折旧

（一）固定资产折旧的概念

固定资产折旧是指在固定资产预期使用寿命内，按照确定的方法对应计折旧额进行的系统分摊。应计折旧额等于固定资产的原值减去预计残值。如果固定资产已计提减值准备，则减值准备部分也不属于应计提折旧额的范围。

民间非营利组织应当对固定资产计提折旧，在固定资产的预计使用寿命内系统地分摊固定资产的成本。民间非营利组织应当根据固定资产的性质和消耗方式，合理地确定固定资产的预计使用年限和预计净残值。在确定固定资产预期使用寿命时，主要应当考虑下列因素：

（1）该资产的预计生产能力或实物产量。

（2）该资产的有形损耗和无形损耗。

（3）有关资产使用的法律或者类似的限制。

计提融资租入固定资产折旧时，应当采用与自有应折旧固定资产相一致的折旧政策。能够合理确定租赁期届满时将会取得租入固定资产所有权的，应当在租入固定资产尚可使用年限内计提折旧；无法合理确定租赁期届满时能够取得租入固定资产所有权的，应当在租赁期与租入固定资产尚可使用年限两者中较短的期间内计提折旧。

（二）固定资产折旧方法

民间非营利组织应当按照固定资产所含经济利益或者服务潜力的预期实现方式选择折旧方法，可选用的折旧方法包括年限平均法、工作量法、双倍余额递减法和年数总和法。折旧方法一经确定，不得随意变更。如果由于固定资产所含经济利益或者服务潜力预期实现方式发生重大改变而确实需要变更的，应当在会计报表附注中披露相关信息。

1. 年限平均法

年限平均法又称直线法，是将固定资产的折旧均衡地分摊到各期的一种方法。采用这种方法计算的每期折旧额是相等的。其基本计算公式为：

年折旧率 =（1 - 预计净残值率）/ 预计使用年限 × 100%

月折旧率 = 年折旧率 ÷ 12

月折旧额 = 固定资产原价 × 月折旧率

【工作实例13-6】某社会团体有一台设备，原价为200 000元，预计可使用5年，预计净残值率为4%。如采用直线法计算折旧，则折旧率和折旧额计算如下：

年折旧率 =（1 - 4%）÷ 5 × 100% = 19.2%

月折旧率 = 19.2% ÷ 12 = 1.6%

月折旧额 = 200 000 × 1.6% = 3 200（元）

2. 工作量法

工作量法是根据固定资产的应计折旧总额和预计其在使用期间的工作量来计提折旧额的一种方法。在企业中，有些固定资产在各期的使用程度是不均衡的。例如，汽车在各个会计期间的货运量可能有很大差别。这些固定资产折旧与固定资产各个期间的工作量大小相联系，每期所提取的折旧额与固定资产在该期间的工作量成正比。企业采用年限平均法计提折旧显然是不妥的。而采用工作量法则能比较客观地反映固定资产损耗程度，使各期的收入与费用配比。其计算公式为：

每单位工作量折旧额 = 固定资产原值 ×（1 - 净残值率）÷ 预计总工作量

月折旧额 = 该项固定资产当月工作量 × 每单位工作量折旧额

【工作实例13-7】某社会团体有一辆运输货车，原价为120 000元，预计可使用5年，在其可使用年限内可以行驶500 000吨公里，预计净残值率为5%。本月行驶6 000吨公里。如采用工作量法计算折旧，则月折旧额计算如下：

单位里程折旧额 = 120 000 ×（1 - 5%）÷ 500 000 = 0.228（元/吨公里）

本月折旧额 = 6 000 × 0.228 = 1 368（元）

3. 双倍余额递减法

双倍余额递减法是在不考虑固定资产净残值的情况下，根据每期期初固定资产账面价值和双倍的直线法折旧率计算固定资产折旧的一种方法。其计算公式为：

年折旧率 = 2 ÷ 预计的折旧年限 × 100%

月折旧率 = 年折旧率 ÷ 12

月折旧额 = 固定资产账面净值 × 月折旧率

实行双倍余额递减法计提折旧，并非按此法一直使用下去，也不考虑预计净残值，按现行制度规定，实行双倍余额递减法计提折旧的固定资产，应在其固定资产折旧年限到期以前两年内，将固定资产账面净值扣除预计净残值后的余额平衡摊销。

倒数第一、二年的折旧额 =（倒数第二年年初的固定资产净值 - 预计净残值）/ 2

【工作实例13-8】某社会团体有一台设备，原价为100 000元，预计可使用5年，预计净残值率为5%。如采用双倍余额递减法计算折旧，则折旧率和折旧额计算如下：

双倍直线折旧率 = 2 ÷ 5 × 100% = 40%
第一年折旧额 = 100 000 × 40% = 40 000（元）
第二年折旧额 = 100 000 × （1 - 40%） × 40% = 24 000（元）
第二年折旧额 = 100 000 × （1 - 40%） × （1 - 40%） × 40% = 14 400（元）
从第四年起改按直线法计提折旧。
第四年、第五年的年折旧 = （100 000 - 40 000 - 24 000 - 14 400 - 100 000 × 5%） ÷ 2 = 8 400（元）

4. 年数总和法

年数总和法是将固定资产的原值减去预计净残值后的净额乘以一个逐年递减的分数计算每年的折旧额。其计算公式为：

年折旧率 = （预计使用年限 - 已使用年限）/ [预计使用年限 × （预计使用年限 + 1） ÷ 2]
月折旧率 = 年折旧率 ÷ 12
月折旧额 = 固定资产应计折旧额 × 月折旧率

【工作实例13 - 9】某社会团体2018年12月取得一项固定资产并投入使用，原值为150 000元，预计净残值率为5%，可使用5年。如采用年数总和法计算折旧，则各年的折旧率和折旧额计算如表13 - 1所示：

表13 - 1

年份	原值 - 净残值	年折旧率	年折旧额	月折旧额	年累计折旧
1	142 500	5/15	47 500	3 958	47 500
2	142 500	4/15	38 000	3 167	85 500
3	142 500	3/15	28 500	2 375	114 000
4	142 500	2/15	19 000	1 583	133 000
5	142 500	1/15	9 500	791.7	142 500

【小思考13 - 4】如果上例中的固定资产为2019年6月份投入使用，则从2019年至2024年每年应计折旧额分别是多少？

(三) 固定资产折旧的账务处理

民间非营利组织一般应当按月提取折旧，当月增加的固定资产，当月不提折旧，从下月起计提折旧；当月减少的固定资产，当月照提折旧，从下月起不提折旧。固定资产提足折旧后，无论能否继续使用，均不再提取折旧；提前报废的固定资产，也不再补提折旧。

民间非营利组织按月计提折旧时，应当根据所计提折旧的固定资产的用途，进行账务处理。如果固定资产是用于行政管理的，应当将所计提折旧计入管理费用，借记"管理费用"科目，贷记"累计折旧"科目；如果固定资产是用于生产存货的，应当将所计提折旧计入存货制造成本，借记"存货——生产成本"科目，贷记"累计折旧"科目。

三、固定资产的后续支出

固定资产在其使用过程中，由于各个组成部分耐用程度不同或者使用的条件不同，因而往往发生固定资产的局部损坏，为了保持固定资产的正常运转和使用，充分发挥其使用效能，就必须对其进行必要的修理或改扩建或改良。为此发生的支出即为固定资产的后续支出。

与固定资产有关的后续支出，如果使可能流入民间非营利组织的经济利益或者服务潜力超过了原先的估计，如延长了固定资产的使用寿命，或者使服务质量实质性提高，或者使商品成本实质性降低，则应当计入固定资产账面价值，但其增计后的金额不应当超过该固定资产的可收回金额。其他后续支出，应当计入当期费用。

发生后续支出时，按照应当计入固定资产账面价值的金额，借记"在建工程""固定资产"科目，贷记"银行存款"等科目，按照应当计入当期费用的金额，借记"管理费用"等科目，贷记"银行存款"等科目。

四、固定资产处置的核算

民间非营利组织在日常业务活动中，对那些不适用或不需用的固定资产，可以出售转让；对那些由于使用而不断磨损直至最终报废，或由于技术进步等原因发生提前报废，或由于遭受自然灾害等非常损失发生毁损的固定资产，应及时进行清理。

民间非营利组织所处置固定资产转入清理时，按照所处置固定资产的账面价值，借记"固定资产清理"科目，按照已提取的折旧，借记"累计折旧"科目，按照固定资产账面余额，贷记"固定资产"科目。清理过程中发生的费用和相关税金，按照实际发生额，借记"固定资产清理"科目，贷记"银行存款"等科目。收回所处置固定资产的价款、残料价值和变价收入等，借记"银行存款"等科目，贷记"固定资产清理"科目；应当由保险公司或过失人赔偿的损失，借记"现金""银行存款""其他应收款"等科目，贷记"固定资产清理"科目。固定资产清理后的净收益，借记"固定资产清理"科目，贷记"其他收入"科目；固定资产清理后的净损失，借记"其他费用"科目，贷记"固定资产清理"科目。

五、固定资产清查的核算

民间非营利组织对固定资产应当定期或者至少每年实地盘点一次。对盘盈、盘亏的固定资产，应当及时查明原因，写出书面报告，并根据管理权限经董事会、理事会或类似权力机构批准后，在期末结账前处理完毕。

如为固定资产盘盈，按照其公允价值，借记"固定资产"科目，贷记"其他收入"科目。如为固定资产盘亏，按照固定资产账面价值扣除可以收回的保险赔偿和过失人的赔偿等后的金额，借记"管理费用"科目，按照可以收回的保险赔偿和过失人赔偿等，借记"现金""银行存款""其他应收款"等科目，按照已提取的累计折旧，借记"累计折旧"科目，按照固定资产的账面余额，贷记"固定资产"科目。

六、文物文化资产的核算

民间非营利组织用于展览、教育或研究等目的的历史文物、艺术品以及其他具有文化或者历史价值并作长期或者永久保存的典藏等，作为固定资产核算，单设"文物文化资产"科目予以反映。考虑到这些资产的价值一般并不随着时间的推移而减少，也就是说，它们一般不存在像其他固定资产那样的损耗问题，所以对于文物文化资产，不必计提折旧。

为加强对文物文化资产的管理，民间非营利组织应当设置文物文化资产登记簿和文物文化资产卡片，按文物文化资产类别等设置明细账，进行明细核算。

（一）取得文物文化资产的账务处理

文物文化资产在取得时，应当按照取得时的实际成本入账。取得时的实际成本包括买价、包装费、运输费、交纳的有关税金等相关费用，以及为使文物文化资产达到预定可使用状态前所必要的支出。

外购的文物文化资产，按照所确定的成本，借记"文物文化资产"科目，贷记"银行存款""应付账款"等科目。如果以一笔款项购入多项没有单独标价的文物文化资产，按照各项文物文化资产公允价值的比例对总成本进行分配，分别确定各项文物文化资产的入账价值。接受捐赠的文物文化资产，按照所确定的成本，借记"文物文化资产"科目，贷记"捐赠收入"科目。

（二）处置文物文化资产的账务处理

出售文物文化资产，文物文化资产毁损或者以其他方式处置文物文化资产时，按照所处置文物文化资产的账面余额，借记"固定资产清理"科目，贷记"文物文化资产"科目。

（三）文物文化资产清查的账务处理

民间非营利组织对文物文化资产应当定期或者至少每年实地盘点一次。对盘盈、盘亏的文物文化资产，应当及时查明原因，并根据管理权限，报经批准后，在期末前结账处理完毕：如为文物文化资产盘盈，按照其公允价值，借记"文物文化资产"科目，贷记"其他收入"科目；如为文物文化资产盘亏，按照固定资产账面余额扣除可以收回的保险赔偿和过失人的赔偿等后的金额，借记"管理费用"科目，按照可以收回的保险赔偿和过失人赔偿等，借记"现金""银行存款""其他应收款"等科目，按照文物文化资产的账面余额，贷记"文物文化资产"科目。

任务四　无形资产的核算

一、取得无形资产的核算

（一）无形资产取得成本的确定

无形资产在取得时，应当按照取得时的实际成本入账。无形资产取得时的实际成本应当根据以下具体情况分别确定：

购入的无形资产，按照实际支付的价款确定其实际成本。

自行开发并按法律程序申请取得的无形资产，按依法取得时发生的注册费、聘请律师费等费用，作为无形资产的实际成本。依法取得前，在研究与开发过程中发生的材料费用、直接参与开发人员的工资及福利费、开发过程中发生的租金、借款费用等直接计入当期费用。

（二）取得无形资产的账务处理

购入的无形资产，按照所确定的成本，借记"无形资产"科目，贷记"银行存款"等科目。

接受捐赠的无形资产，按照所确定的成本，借记"无形资产"科目，贷记"捐赠收入"科目。

自行开发并按法律程序申请取得的无形资产，按照所确定的成本，借记"无形资产"科目，贷记"银行存款"等科目。依法取得前，在研究与开发过程中发生的材料费用、直接参与开发人员的工资及福利费、开发过程中发生的租金、借款费用等直接计入当期费用，借记"管理费用"等科目，贷记"银行存款"等科目。

二、无形资产摊销的核算

无形资产应当自取得当月起在预计使用年限内分期平均摊销，计入当期费用。如预计使用年限超过了相关合同规定的受益年限或法律规定的有效年限，该无形资产的摊销年限按如下原则确定：

合同规定了受益年限但法律没有规定有效年限的，摊销期不应超过合同规定的受益年限；

合同没有规定受益年限但法律规定了有效年限的，摊销期不应超过法律规定的有效年限；

合同规定了受益年限，法律也规定了有效年限的，摊销期不应超过受益年限和有效年限两者之中较短者；

如果合同没有规定受益年限，法律也没有规定有效年限的，摊销期不应超过10年。

无形资产每月摊销时，按照应提取的摊销金额，借记"管理费用"科目，贷记"无形资产"科目。

三、无形资产处置的核算

民间非营利组织出售或以其他方式处置无形资产，应当将实际取得的价款与该项无形资产的账面价值之间的差额，计入当期收入或者费用。按照实际取得的价款，借记"银行存款"等科目，按照该项无形资产的账面余额，贷记"无形资产"科目，按照其差额，贷记"其他收入"科目或借记"其他费用"科目。

任务五　受托代理的核算

一、受托代理业务的概念

所谓受托代理业务，是指民间非营利组织只是从委托方收到受托资产，并按照委托人的意愿将资产转赠给指定的其他组织或者个人，或者按照有关规定将资产转交给指定的其他组织或者个人的行为。民间非营利组织本身只是在交易过程中起中介作用，无权改变受托代理资产的用途或者受益人。

二、受托代理的科目设置

民间非营利组织应当对受托代理资产比照接受捐赠资产的原则进行确认和计量原则。但在确认一项受托代理资产时，不应当确认收入，因为受托代理交易不会增加民间非营利组织的净资产，而是应当同时确认一项受托代理负债。因此，民间非营利组织需要设置两个会计科目，即"受托代理资产"与"受托代理负债"科目，分别核算民间非营利组织接受委托方委托从事受托代理业务而收到的资产与民间非营利组织因从事受托代理业务、接受受托代理资产而产生的负债。民间非营利组织还应当设置"受托代理资产登记簿"，并根据具体情况设置明细账，进行明细核算。

三、受托代理的核算

民间非营利组织收到受托代理资产时，按照应确认的入账金额，借记"受托代理资产"科目，贷记"受托代理负债"科目。转赠或者转出受托代理资产，按照转出受托代理资产的账面余额，借记"受托代理负债"科目，贷记"受托代理资产"科目。

民间非营利组织收到的受托代理资产如果为现金、银行存款或其他货币资金，可以不通过"受托代理资产"科目核算，而在"现金""银行存款""其他货币资金"科目下设置"受托代理资产"明细科目进行核算。即在取得这些受托代理资产时，借记"现金——受托代理资产""银行存款——受托代理资产""其他货币资金——受托代理资产"科目，贷记"受托代理负债"科目；在转赠或者转出受托代理资产时，借记"受托代理负债"科目，贷记"现金——受托代理资产""银行存款——受托代理资产""其他货币资金——受托代理资产"科目。

【工作实例13-10】2019年6月16日，甲民间非营利组织与某电脑公司签订一份捐赠协议，协议规定：该电脑公司将通过甲民间非营利组织向5家指定的学校捐赠电脑100台，每台电脑的价值为5 000元。2012年6月21日，100台电脑运抵甲民间非营利组织，该组织于2019年6月28日按照协议将电脑捐赠给了指定的学校。

甲民间非营利组织的账务处理如下：

（1）2019年6月21日

借：受托代理资产——电脑　　　　　　　　　　　　　　　　500 000
　　贷：受托代理负债　　　　　　　　　　　　　　　　　　　　500 000

（2）2019年6月28日

借：受托代理负债　　　　　　　　　　　　　　　　　　　　500 000
　　贷：受托代理资产——电脑　　　　　　　　　　　　　　　　500 000

项目小结

民间非营利组织的资产，是指过去的交易或者事项形成并由民间非营利组织拥有或者控制的资源，该资源预期会给民间非营利组织带来经济利益或者服务潜力。资产应当按其流动性分为流动资产、长期投资、固定资产、无形资产和受托代理资产等。资产在取得时应当按照实际成本计量，但对于一些特殊的交易事项，如捐赠等，可按照公允价值等其他计量基础进行计量。民间非营利组织应当定期或者至少于半年年度终了，对短期投资、应收款项、存货、长期投资等资产是否发生了减值进行检查，如果这些资产发生了减值，应当计提减值准备，确认减值损失，并计入当期费用。

■ 复习思考题

1. 民间非营利组织的资产有哪些特点？
2. 民间非营利组织的资产如何计量？
3. 对于接受捐赠的非现金资产，其成本如何计量？
4. 如何核算受托代理业务？
5. 民间非营利组织发出存货的计价方法有哪些？
6. 民间非营利组织的固定资产为什么也可以采用加速折旧法？
7. 民间非营利组织资产发生减值应该如何处理？
8. 民间非营利组织的无形资产包括哪些项目？

■ 习题与实训

一、单项选择题

1. 属于无法查明原因的现金溢余，应贷记（　　）科目。
   A. 其他应收款　　　　　　　　B. 其他应付款
   C. 其他收入　　　　　　　　　D. 管理费用

2. 业务活动过程中领用存货，按照确定的成本，借记（　　）科目，贷记"存货"科目。
   A. 业务活动成本　　　　　　　B. 管理费用
   C. 筹资费用　　　　　　　　　D. 其他费用

3. 收到被投资单位发放的短期投资利息或现金股利，按照实际收到的金额借记"银行存款"等科目，贷记（　　）科目。
   A. 投资收益　　　　　　　　　B. 短期投资
   C. 应收利息　　　　　　　　　D. 应收股利

4. 如为固定资产盘盈，按照其（　　），借记"固定资产"科目，贷记"其他收入"科目。
   A. 历史成本　　　　　　　　　B. 公允价值
   C. 账面价值　　　　　　　　　D. 账面余额

5. 收到受托代理资产时，按照应确认的入账金额，借记"受托代理资产"科目，贷记（　　）科目。
   A. 捐赠收入　　　　　　　　　B. 其他收入

C. 提供服务收入　　　　　　　　D. 受托代理负债

二、多项选择题

1. 民间非营利组织发生现金短缺，应借记（　　）科目。
   A. 其他应收款　　　　　　　　B. 其他应付款
   C. 其他收入　　　　　　　　　D. 管理费用

2. 收到被投资单位发放的短期投资利息或现金股利，按照实际收到的金额借记"银行存款"等科目，贷记（　　）科目。
   A. 投资收益　　　　　　　　　B. 短期投资
   C. 其他应收款　　　　　　　　D. 其他收入

3. 长期股权投资的期末计价核算涉及（　　）科目。
   A. 长期股权投资　　　　　　　B. 长期投资减值准备
   C. 资产减值损失　　　　　　　D. 管理费用

4. 固定资产折旧费一般计入（　　）科目。
   A. 管理费用　　　　　　　　　B. 生产成本
   C. 存货　　　　　　　　　　　D. 制造费用

5. 自行开发并按法律程序申请取得的无形资产，按依法取得时发生的（　　）等费用，作为无形资产的实际成本。
   A. 注册费　　　　　　　　　　B. 聘请律师费
   C. 研发费用　　　　　　　　　D. 借款费用

三、判断题

1. 接受捐赠的资产在取得时可按照公允价值等其他计量基础进行计量。　　　　（　　）
2. 对外捐赠存货，按照确定的出售存货成本，借记"营业外支出"科目，贷记"存货"科目。　　　　（　　）
3. 短期投资的利息或现金股利应当于实际收到时计入投资收益，但在购买时已计入应收款项的现金股利或者利息除外。　　　　（　　）
4. 如长期债券投资的初始投资成本高于债券面值，按照应当分摊的金额，借记"长期债权投资"科目"债券投资（溢价）"明细科目，贷记"投资收益"科目。　　　　（　　）
5. 文物文化资产不必计提折旧。　　　　（　　）

四、实训题

实训一

1. 目的：实训民间非营利组织流动资产的核算
2. 资料：某民间非营利组织发生如下业务：
（1）月末突击盘点现金，溢余50元，无法查明原因。
（2）接受捐赠工艺挂毯一批，捐赠人提供的凭据上表明的金额为150 000元，捐赠当日这批的挂毯市场价格为100 000元。
（3）对外出售上述工艺挂毯，销售款共计120 000元，款项已收存银行。假设不考虑相关税费。

(4) 附设的印刷部为印制一批公益宣传手册，从仓库领用一批纸张，成本为 3 000 元。

(5) 用银行存款购入股票 1 000 股作为短期投资，每股买入价为 30 元，其中 1 元为已宣告但尚未分派的现金股利。另支付相关税费 300 元。

(6) 年末，上述股票的市价为每股 25 元。

3. 要求：根据以上资料，逐题编制会计分录。

实训二

1. 目的：实训民间非营利组织长期投资的核算

2. 资料：某民间非营利组织发生如下业务：

2019 年 1 月 2 日购入某企业 2012 年 1 月 1 日发行的三年期债券，票面年利率为 10%，债券面值 1 000 元。A 民间非营利组织按 1 030 元的价格溢价购入 100 张。该债券每年付息一次，最后一年还本金并付最后一次利息。假设该民间非营利组织按年计算利息。

3. 要求：根据以上资料，编制该民间非营利组织购入债券、每年计息、每年收息（除最后一次付息外）、到期收回本金及最后一次利息的会计分录

实训三

1. 目的：实训民间非营利组织固定资产的核算

2. 资料：某民间非营利组织发生如下业务：

(1) 购入一台需要安装的设备，价款为 234 000 元，支付的运输费为 2 000 元，款项已支付。

(2) 安装上述设备时，消耗材料 11 700 元，应付本单位员工安装劳务报酬 4 000 元。

(3) 设备安装完毕，达到预定可使用状态。

(4) 计提本月行政管理用固定资产折旧 5 000 元，附设印刷部的生产用固定资产折旧 4 000 元。

3. 要求：根据以上资料，逐题编制会计分录。

实训四

1. 目的：实训民间非营利组织受托代理业务的核算

2. 资料：某基金会发生如下业务：

(1) 2019 年 6 月 16 日，基金会与甲企业签订一份捐赠协议，协议规定：甲企业将通甲基金会向指定的 10 家学校捐款 200 000 元。

(2) 2019 年 6 月 21 日，基金会收到该笔款项。

(3) 2012 年 6 月 28 日，基金会按照协议将款项汇至指定的 10 家学校的账户。

3. 要求：根据以上资料，逐题编制会计分录。

项目十四 民间非营利组织负债和净资产的核算

职业能力目标

通过本项目的学习，熟悉民间非营利组织负债的核算范围，能够正确地进行短期借款、应付票据、应付工资、应交税金、其他应付款、预计负债、长期借款、长期应付款、受托代理负债等的核算，提供负债核算信息，熟悉民间非营利组织净资产的内容，能够正确地进行限定性净资产和非限定性净资产的核算。

典型工作任务

短期借款的核算；应交税金的核算；长期借款的核算；限定性净资产的核算；非限定性净资产的核算。

任务一 民间非营利组织负债的核算

民间非营利组织的负债是指过去的交易或者事项形成的现时义务，履行该义务预期会导致含有经济利益或者服务潜力的资源流出民间非营利组织。

负债通常按其流动性分为流动负债、长期负债和受托代理负债等。

流动负债是指将在1年内（含1年）偿还的负债，包括短期借款、应付款项、应付工资、应交税金、预收账款、预提费用和预计负债等。

一、短期借款的核算

短期借款是指民间非营利组织向银行或其他金融机构等借入的期限在1年以下（含1年）的各种借款。

民间非营利组织借入各种短期借款时，按照实际借得的金额，借记"银行存款"科目，贷记"短期借款"科目。发生短期借款利息时，借记"筹资费用"科目，贷记"预提费用""银行存款"等科目。归还借款时，借记"短期借款"科目，贷记"银行存款"科目。

二、应付款项及预收账款的核算

应付款项及预收账款，是指民间非营利组织在日常业务活动过程中发生的各项债务，包括应付票据、应付账款、其他应付款和预收账款等。

应付票据是指民间非营利组织购买材料、商品和接受服务供应等而开出、承兑的商业汇票，包括银行承兑汇票和商业承兑汇票。应付账款是指民间非营利组织因购买材料、商品和接受服务供应等而应付给供应单位的款项。其他应付款是指民间非营利组织应付、暂收其他单位或个人的款项，如应付经营租入固定资产的租金等。预收账款是指民间非营利组织向服务和商品购买单位预收的各种款项。

三、应付工资的核算

应付工资是指民间非营利组织应付未付的员工工资。民间非营利组织应当按照相关规定，根据考勤记录、工时记录、工资标准等，编制"工资单"，计算各种工资，并应当将"工资单"进行汇总，编制"工资汇总表"。

民间非营利组织支付工资时，借记"应付工资"科目，贷记"现金""银行存款"等科目。从应付工资中扣还的各种款项（如代垫的房租、家属药费、个人所得税等），借记"应付工资"科目，贷记"其他应收款""应交税金"等科目。

民间非营利组织在期末，应当将本期应付工资进行分配，如：行政管理人员的工资，借记"管理费用"科目，贷记"应付工资"科目；应当记入各项业务活动成本的人员工资，借记"业务活动成本""存货——生产成本"科目，贷记"应付工资"科目；应当由在建工程负担的人员工资，借记"在建工程"等科目，贷记"应付工资"科目。

四、应交税金的核算

应交税金是指民间非营利组织应交未交的各种税费，如营业税、增值税、所得税、房产税、个人所得税等。

（一）应交增值税的核算

增值税是对在中国境内销售货物或者提供加工、修理修配劳务，以及进口货物的单位和个人征收的一种税。

根据现行增值税暂行条例实施细则的有关规定，年应税销售额超过小规模纳税人标准的个人、非企业性单位、不经常发生应税行为的企业，视同小规模纳税人纳税。因此，民间非营利组织如果发生了增值税纳税义务，通常被认定为小规模纳税人。

小规模纳税人货物无论是否取得增值税专用发票，其支付的增值税额均不计入进项税额，不得从销项税额中抵扣，而计入货物的成本。小规模纳税人的销售货物或提供应税劳务，实行简易办法计算应纳税额，其销售收入应按不含税价格计算。

【工作实例14-1】某民间非营利组织在2019年5月9日对外销售商品一批，共取得收入款80 000元。假设根据现行税法的规定，该民间非营利组织为小规模纳税人，适用的增值税税率为3%。

该民间非营利组织有关账务处理如下：

不含税价格 = 80 000 ÷ （1 + 3%） = 77 669.90（元）
应交增值税 = 77 669.90 × 3% = 2 330.10（元）
借：银行存款　　　　　　　　　　　　　　　　　　　80 000
　　贷：商品销售收入　　　　　　　　　　　　　　　　77 669.90
　　　　应交税金——应交增值税　　　　　　　　　　　2 330.10

（二）应交所得税的核算

民间非营利组织如果发生了所得税纳税义务时，按照应交纳的所得税，借记"其他费用"科目，贷记"应交税金——应交所得税"科目。交纳所得税时，借记"应交税金——应交所得税"科目，贷记"银行存款"科目。

五、预计负债的核算

预计负债是指民间非营利组织对因或有事项所产生的现时义务而确认的负债。民间非营利组织比较常见的预计负债主要有因对外提供担保、商业承兑票据贴现、未决诉讼等确认的负债。

（一）预计负债的确认

或有事项是指过去的交易或者事项形成的一种状况，其结果须通过未来不确定事项的发生或不发生予以证实。如果与或有事项相关的义务同时符合以下条件，应当将其确认为负债：

（1）该义务是民间非营利组织承担的现时义务而非潜在义务。

（2）该义务的履行很可能（概率超过50%但小于或等于95%）导致含有经济利益或者服务潜力的资源流出民间非营利组织。

（3）该义务的金额能够可靠地计量。

（二）预计负债的计量

预计负债应以清偿该负债所需支出的最佳估计数予以计量：

（1）如果所需支出存在一个金额范围，则最佳估计数应按该范围的上、下限金额的平均数确定。

（2）如果所需支出不存在一个金额范围，则最佳估计数应按如下方法确定：或有事项涉及单个项目时，最佳估计数按最可能发生金额确定；或有事项涉及多个项目时，最佳估计数按各种可能发生额及其发生概率计算确定。

（3）如果清偿因或有事项而确认的负债所需支出全部或部分预期由第三方或其他方补偿，则补偿金额只能在基本确定能收到时，作为资产单独确认，且确认的补偿金额不应超过所确认负债的账面价值。

（三）预计负债的账务处理

民间非营利组织确认预计负债时，按照应确认的预计负债金额，借记"管理费用"等科目，贷记"预计负债"科目。实际偿付负债时，借记"预计负债"科目，贷记"银行存款"等科目。转回预计负债时,借记"预计负债"科目,贷记"管理费用"等科目。

六、长期借款的核算

长期借款是指民间非营利组织向银行或其他金融机构等借入的期限在 1 年以上(不含 1 年)的各种借款。

长期借款应当按照实际发生额入账。长期借款的借款费用应当在发生时计入当期费用。但是,为购建固定资产而发生的专门借款的借款费用在规定的允许资本化的期间内,应当按照专门借款的借款费用的实际发生额予以资本化,计入在建工程成本。

民间非营利组织借入长期借款时,按照实际借入额,借记"银行存款"等科目,贷记"长期借款"科目。发生的借款费用,借记"筹资费用"科目,贷记"长期借款"科目。如为购建固定资产而发生的专门借款的借款费用,在允许资本化的期间内,按照专门借款的借款费用的实际发生额,借记"在建工程"科目,贷记"长期借款"科目。归还长期借款时,借记"长期借款"科目,贷记"银行存款"科目。

七、长期应付款

长期应付款主要是指民间非营利组织融资租入固定资产发生的应付租赁款。

民间非营利组织发生长期应付款时,借记有关科目,贷记"长期应付款"科目。支付长期应付款项时,借记"长期应付款"科目,贷记"银行存款"科目。

任务二 民间非营利组织净资产的核算

一、民间非营利组织的净资产的内容

民间非营利组织的净资产是指资产减去负债后的余额。由于民间非营利组织一般既没有所有权属于出资者的投入资本,也没有针对出资者的分配,所以,民间非营利组织的净资产来源基本上都为其所获得的收入扣减相应的费用后的余额。

民间非营利组织的这种组织特征决定了它对于净资产的分类与列报与企业有明显不同,其净资产应当按照其是否受到限制,分为限定性净资产和非限定性净资产。

(一)限定性净资产

如果民间非营利组织的资产或者资产所产生的经济利益(如资产的投资收益和利息等)的使用受到资产提供者或者国家有关法律行政法规所设置的时间限制或(和)用途限制,则由此形成的净资产即为限定性净资产;国家有关法律行政法规对净资产的使用直接设置限制的,该受限制的净资产亦为限定性净资产。

这里所称的时间限制,是指资产提供者或者国家有关法律行政法规要求民间非营利组织在收到资产后的特定时期之内或特定日期之后使用该项资产,或者对资产的使用设置了永久限制。这里所称的用途限制,是指资产提供者或者国家有关法律、行政法规要求民间非营利

组织将收到的资产用于某一特定的用途。民间非营利组织的董事会、理事会或类似机构对净资产的使用所作的限定性决策、决议或拨款限额等，属于民间非营利组织内部管理上对资产使用所作的限制，不属于本制度所界定的限定性净资产。

（二）非限定性净资产

非限定性净资产是指本民间非营利组织净资产中除限定性净资产之外的其他净资产。需要说明的是，所谓非限定性净资产并不意味着这项净资产的使用没有任何约束，只是没有资产提供者和国家有关法律法规设置的时间限制或用途限制。

二、限定性净资产的核算

（一）期末结转限定性收入

民间非营利组织应在期末，将各收入类科目所属"限定性收入"明细科目的余额转入"限定性净资产"科目。由于民间非营利组织的限定性收入主要是限定性捐赠收入和政府补助收入，所以账务处理一般为：借记"捐赠收入——限定性收入""政府补助收入——限定性收入"等科目，贷记"限定性净资产"科目。

（二）限定性净资产重分类

如果限定性净资产的限制已经解除，应当对净资产进行重新分类，将限定性净资产转为非限定性净资产。当存在下列情况之一时，可以认为限定性净资产的限制已经解除：①所限定净资产的限制时间已经到期；②所限定净资产规定的用途已经实现（或者目的已经达到）；③资产提供者或者国家有关法律行政法规撤销了所设置的限制。

如果限定性净资产受到两项或两项以上的限制，应当在最后一项限制解除时，才能认为该项限定性净资产的限制已经解除。

如果资产提供者或者国家有关法律、行政法规要求民间非营利组织在特定时期之内或特定日期之后将限定性净资产或者相关资产用于特定用途，该限定性净资产应当在相应期间之内或相应日期之后按照实际使用的相关资产金额或者实际发生的相关费用金额转为非限定性净资产。

将限定性净资产转为非限定性净资产时，借记"限定性净资产"科目，贷记"非限定性净资产"科目。

（三）调整以前期间收入、费用项目

如果因调整以前期间收入、费用项目而涉及调整限定性净资产的，应当就需要调整的金额，借记或贷记有关科目，贷记或借记"限定性净资产"科目。

三、非限定性净资产的核算

（一）期末结转非限定性收入和费用

民间非营利组织应在期末，将各收入类科目所属"非限定性收入"明细科目的余额转入"非限定性净资产"科目，借记"捐赠收入——非限定性收入""会费收入——非限定性收入""提供服务收入——非限定性收入""政府补助收入——非限定性收入""商品销售收入——非限定性收入""投资收益——非限定性收入""其他收入——非限定性收入"科目,贷记"非限定性净资产"科目。同时,将各费用类科目的余额转入"非限定性净资产"科目,借记"非限定性净资产"科目,贷记"业务活动成本""管理费用""筹资费用""其他费用"科目。

(二)限定性净资产重分类

如果限定性净资产的限制已经解除,应当对净资产进行重新分类,将限定性净资产转为非限定性净资产,借记"限定性净资产"科目,贷记"非限定性净资产"科目。

(三)调整以前期间收入、费用项目

如果因调整以前期间收入、费用项目而涉及调整非限定性净资产的,应当就需要调整的金额,借记或贷记有关科目,贷记或借记"非限定性净资产"科目。

【工作实例14-2】2019年6月3日,甲民间非营利组织获得捐款30万元,捐赠人要求该款项用于资助失学女童重返校园。2012年6月28日,甲民间非营利组织将20万元转赠给了第一批资助对象。2019年7月16日,甲民间非营利组织将剩余的10万元转赠给了第二批资助对象。

甲民间非营利组织的账务处理如下:

(1)2019年6月3日,按照收到的捐赠金额确认捐赠收入

借:银行存款　　　　　　　　　　　　　　　　　　300 000
　　贷:捐赠收入——限定性收入　　　　　　　　　　　　300 000

(2)2019年6月28日,转赠捐款

借:业务活动成本　　　　　　　　　　　　　　　　200 000
　　贷:银行存款　　　　　　　　　　　　　　　　　　200 000

部分限定性捐赠收入在确认收入的当期得以解除,将其转为非限定性捐赠收入时

借:捐赠收入——限定性收入　　　　　　　　　　　200 000
　　贷:捐赠收入——非限定性收入　　　　　　　　　　200 000

(3)2019年6月30日,期末结转

借:捐赠收入——限定性收入　　　　　　　　　　　100 000
　　贷:限定性净资产　　　　　　　　　　　　　　　　100 000

借:捐赠收入——非限定性收入　　　　　　　　　　200 000
　　贷:非限定性净资产　　　　　　　　　　　　　　　200 000

借:非限定性净资产　　　　　　　　　　　　　　　200 000
　　贷:业务活动成本　　　　　　　　　　　　　　　　200 000

(4)2019年7月16日,转赠捐款

借:业务活动成本　　　　　　　　　　　　　　　　100 000
　　贷:银行存款　　　　　　　　　　　　　　　　　　100 000

限定性净资产的限制已经解除,应当对净资产进行重新分类

借:限定性净资产　　　　　　　　　　　　　　　　100 000
　　贷:非限定性净资产　　　　　　　　　　　　　　　100 000

项目小结

民间非营利组织的负债是指过去的交易或者事项形成的现时义务，履行该义务预期会导致含有经济利益或者服务潜力的资源流出民间非营利组织。负债应当按其流动性分为流动负债、长期负债和受托代理负债等。

民间非营利组织的净资产是指资产减去负债后的余额。净资产应当按照其是否受到限制，分为限定性净资产和非限定性净资产等。如果限定性净资产的限制已经解除，应当对净资产进行重新分类，将限定性净资产转为非限定性净资产。

为了核算民间非营利组织的负债，应设置"短期借款""应付票据""应付工资""应交税金""其他应付款""预计负债""长期借款""长期应付款""受托代理负债""非限定性净资产"和"限定性净资产"等账户进行核算。

复习思考题

1. 民间非营利组织的负债核算与企业会计负债的核算有何区别？
2. 预计负债在什么条件下进行确认负债？
3. 长期借款的利息应计入哪些账户？
4. 民间非营利组织主要应交纳哪些税金？
5. 什么叫净资产？民间非营利组织的净资产如何分类？
6. 为什么要对限定性净资产、非限定性净资产进行重新分类？

习题与实训

一、单项选择题

1. 民间非营利组织发生短期借款利息时，应借记（　　）科目。
   A. 管理费用　　　　　　　　　　B. 筹资费用
   C. 财务费用　　　　　　　　　　D. 其他费用

2. 民间非营利组织应按照应交纳的印花税、土地使用税、房产税等税金时，应借记（　　）科目，贷记"应交税金——应交营业税"科目。
   A. 业务活动成本　　　　　　　　B. 管理费用
   C. 筹资费用　　　　　　　　　　D. 其他费用

3. 民间非营利组织如果发生了所得税纳税义务时，按照应交纳的所得税，借记（　　）科目，贷记"应交税金——应交所得税"科目。
   A. 业务活动成本　　　　　　　　B. 管理费用
   C. 筹资费用　　　　　　　　　　D. 其他费用

4. 民间非营利组织确认预计负债时，按照应确认的预计负债金额，借记（　　）等科目，贷记"预计负债"科目。

A. 业务活动成本 B. 管理费用
C. 筹资费用 D. 其他费用

5. 某民间非营利组织在对外销售商品一批，共取得收入款 800 000 元，该民间非营利组织为小规模纳税人，适用的增值税税率为 6%，则应交增值税为（　　）元。

A. 48 000 B. 45 283
C. 116 239 D. 136 000

6. 民间非营利组织应在期末，将各收入类科目所属"限定性收入"明细科目的余额转入（　　）科目。

A. 本年利润 B. 净资产
C. 限定性净资产 D. 非限定性净资产

7. 民间非营利组织应在期末，将各收入类科目所属"非限定性收入"明细科目的余额转入（　　）科目。

A. 本年利润 B. 净资产
C. 限定性净资产 D. 非限定性净资产

8. 民间非营利组织应在期末，将各费用类科目的余额转入（　　）科目。

A. 本年利润 B. 净资产
C. 限定性净资产 D. 非限定性净资产

9. 限定性净资产中的用途限制，是指（　　）要求民间非营利组织将收到的资产用于某一特定的用途。

A. 民间非营利组织的董事会 B. 民间非营利组织的理事会或类似机构
C. 民间非营利组织的股东大会 D. 资产提供者或者国家有关法律法规

10. 如果限定性净资产的限制已经解除，应当对（　　）进行重新分类。

A. 本年利润 B. 净资产
C. 限定性净资产 D. 非限定性净资产

二、多项选择题

1. 民间非营利组织负债通常按其流动性分为（　　）。

A. 流动负债 B. 长期负债
C. 预计负债 D. 受托代理负债

2. 应当记入各项业务活动成本的人员工资，在期末应借记（　　）科目。

A. 主营业务成本 B. 业务活动成本
C. 存货——生产成本 D. 生产成本

3. 民间非营利组织比较常见的预计负债主要有（　　）确认的负债。

A. 因对外提供担保 B. 商业承兑票据贴现
C. 银行承兑票据贴现 D. 未决诉讼

4. 民间非营利组织发生长期借款利息时，应借记（　　）科目。

A. 筹资费用 B. 财务费用
C. 其他费用 D. 在建工程

5. 民间非营利组织的长期负债包括（　　）。

A. 长期借款 B. 长期应付款
C. 预计负债 D. 受托代理负债

6. 将限定性净资产转为非限定性净资产时，应借记（   ）科目，贷记（   ）科目。

A. 本年利润 B. 净资产
C. 限定性净资产 D. 非限定性净资产

7. 如果民间非营利组织的资产或者资产所产生的经济利益（如资产的投资收益和利息等）的使用受到（   ），则由此形成的净资产即为限定性净资产。

A. 资产提供者或者国家有关法律行政法规所设置的时间限制
B. 资产提供者或者国家有关法律行政法规所设置的用途限制
C. 民间非营利组织的董事会、理事会或类似机构所设置的时间限制
D. 民间非营利组织的董事会、理事会或类似机构所设置的用途限制

8. 当存在（   ）时，可以认为限定性净资产的限制已经解除。

A. 所限定净资产的限制时间已经到期
B. 所限定净资产规定的用途已经实现（或者目的已经达到）
C. 资产提供者或者国家有关法律行政法规撤销了所设置的限制
D. 民间非营利组织的董事会撤销了原对净资产的使用所作的限定性决策

三、判断题

1. 民间非营利组织发生短期借款利息时，应借记"财务费用"科目。（   ）
2. 民间非营利组织发生营业税纳税义务时，应按照应交纳的营业税，借记"业务活动成本——业务活动税金及附加"科目，贷记"应交税金——应交营业税"科目。（   ）
3. 民间非营利组织如果发生了增值税纳税义务，通常被认定为小规模纳税人。（   ）
4. 预计负债应以清偿该负债所需支出的最佳估计数予以计量，如果所需支出存在一个金额范围，则最佳估计数应按该范围的上限金额确定。（   ）
5. 民间非营利组织如果发生了所得税纳税义务时，应按照应交纳的所得税，借记"所得税费用"科目，贷记"应交税金——应交所得税"科目。（   ）
6. 非限定性净资产的使用没有任何约束。（   ）
7. 如果限定性净资产受到两项或两项以上的限制，应当在最后一项限制解除时，才能认为该项限定性净资产的限制已经解除。（   ）
8. 将限定性净资产转为非限定性净资产时，应借记"非限定性净资产"科目，贷记"限定性净资产"科目。（   ）

四、实训题

实训一

1. 目的：实训民间非营利组织流动负债的核算。
2. 资料：某民间非营利组织发生如下业务：

（1）偿还到期的短期借款本金 60 000 元，支付借款利息 2 160 元，前已预提利息 1 800 元。

（2）本月应付员工工资 100 000 元，其中行政管理人员工资 80 000 元，附设的印刷部工

人的工资 20 000 元。

（3）某企业在本单位印刷的公益宣传手册上刊登广告，本单位收取了该企业的广告费，按税法规定计算，应交纳营业税 600 元。

（4）对外销售商品一批，共取得收入款 15 900 元，本单位为小规模纳税人，适用的增值税税率为 6%。

（5）本单位涉及一项法律诉讼，至年底法院尚未审结。预计本单位很可能败诉。如败诉，估计需要支付赔偿款 40 000 元。

3. 要求：根据以上资料，逐题编制会计分录。

实训二

1. 目的：实训民间非营利组织长期负债的核算。

2. 资料：某民间非营利组织发生如下业务：

2019 年 1 月 1 日开工修建办公楼，向银行专门借款 5 000 000 元，期限 2 年，到期一次还本付息，年利率 6%。该办公楼于 2012 年 12 月 31 日完工，并达到预定可使用状态。

3. 要求：根据以上资料，编制银行借款、2019 年按月计息、2020 年按月计息、到期还本付息的会计分录。

实训三

1. 目的：实训民间非营利组织净资产的核算。

2. 资料：某民间非营利组织发生如下业务：

（1）2019 年 8 月 6 日，本单位与乙企业签订一份捐赠协议，协议规定：乙企业将向本单位捐赠 200 000 元，用于本市贫困儿童助学。2019 年 8 月 16 日，本单位收到该笔款项。

（2）2019 年 8 月 28 日，本单位按照协议将 80 000 元转赠给了第一批受助对象。

（3）2019 年 8 月 31 日，期末结转。

（4）2019 年 9 月 15 日，本单位将剩余的 120 000 元转赠给了第二批受助对象。

3. 要求：根据以上资料，逐题编制会计分录。

项目十五 民间非营利组织收入和费用的核算

 职业能力目标

通过本项目学习，熟悉民间非营利组织收入的分类，能够正确地进行非交换交易收入、交换交易收入、费用的核算，提供收入、费用核算信息。

 典型工作任务

捐赠收入的核算；提供服务收入的核算；商品销售收入的核算；业务活动成本的核算；期间费用的核算。

任务一 民间非营利组织收入的核算

一、收入的内容

收入是指民间非营利组织开展业务活动取得的、导致本期净资产增加的经济利益或者服务潜力的流入。按照不同的分类标准，收入可以有不同的分类。民间非营利组织的收入主要有三种分类：

（一）按照收入的来源分类

民间非营利组织的收入按照其来源不同分为捐赠收入、会费收入、提供服务收入、政府补助收入、投资收益、商品销售收入等主要业务活动收入和其他收入等。

（1）捐赠收入是指民间非营利组织接受其他单位或者个人捐赠所取得的收入。
（2）会费收入是指民间非营利组织根据章程等的规定向会员收取的会费收入。
（3）提供服务收入是指民间非营利组织根据章程等的规定向其服务对象提供服务取得的收入，包括学费收入、医疗费收入、培训收入等。
（4）政府补助收入是指民间非营利组织接受政府拨款或者政府机构给予的补助而取得

的收入。

（5）商品销售收入是指民间非营利组织销售商品（如出版物、药品等）等所形成的收入。

（6）投资收益是指民间非营利组织因对外投资取得的投资净损益。

（7）其他收入是指除上述主要业务活动收入以外的其他收入，如确实无法支付的应付款项、存货盘盈、固定资产盘盈、固定资产处置净收入、无形资产处置净收入等。

（二）按照收入的使用是否存在限制分类

民间非营利组织的各项收入按照其使用是否存在限制分为限定性收入和非限定性收入。

如果资产提供者对资产的使用设置了时间限制或者（和）用途限制，则所确认的相关收入为限定性收入；除此之外的其他所有收入，为非限定性收入。

（三）按照收入的性质分类

民间非营利组织的各项收入按照其性质的不同分为交换交易收入和非交换交易收入。

交换交易收入是指交换交易所形成的收入。非交换交易收入是指非交换交易所形成的收入。

需要说明的是，对收入的各种分类是相互交叉的。在多数情况下，各种收入的分类交叉如表15-1所示。

表15-1 各种收入的交叉分类表

按照来源分类	按照使用是否存在限制分类		按照性质分类	
	限定性收入	非限定性收入	交换交易收入	非交换交易收入
捐赠收入	√	√		√
会费收入	√	√		√
提供服务收入		√	√	
政府补助收入	√	√		√
投资收益		√		
商品销售收入		√	√	
其他收入		√	√	

二、非交换交易收入的核算

（一）非交换交易收入的概念

非交换交易收入是指非交换交易所形成的收入。其中，非交换交易是指除交换交易之外的交易。在非交换交易中，某一主体取得资产、获得服务或者解除债务时，不必向交易对方支付等值或者大致等值的现金，或者提供等值或者大致等值的货物、服务等；或者某一主体在对外提供货物、服务等时，没有收到等值或者大致等值的现金、货物等。如捐赠、政府补助等属于非交换交易。

（二）非交换交易收入的确认

对于因非交换交易所形成的收入，应当在同时满足下列条件时予以确认：

第一，与交易相关的经济利益或者服务潜力的资源能够流入民间非营利组织并为其所控制，或者相关的债务能够得到解除；

第二，交易能够引起净资产的增加；

第三，收入的金额能够可靠地计量。

一般情况下，对于无条件的捐赠或政府补助，应当在捐赠或政府补助收到时确认收入；对于附条件的捐赠或政府补助，应当在取得捐赠资产或政府补助资产控制权时确认收入，但当民间非营利组织存在需要偿还全部或部分捐赠资产（或者政府补助资产）或者相应金额的现时义务时，应当根据需要偿还的金额同时确认一项负债和费用。

（三）捐赠收入的核算

民间非营利组织应设置"捐赠收入"科目核算接受其他单位或者个人捐赠所取得的收入。捐赠收入应当按照是否存在限定区分为非限定性收入和限定性收入设置明细科目，进行明细核算。

接受的捐赠，按照应确认的金额，借记"现金""银行存款""短期投资""存货""长期股权投资""长期债权投资""固定资产""无形资产"等科目，贷记"捐赠收入"科目"限定性收入"或"非限定性收入"明细科目。对于接受的附条件捐赠，如果存在需要偿还全部或部分捐赠资产或者相应金额的现时义务时（比如因无法满足捐赠所附条件而必须将部分捐赠款退还给捐赠人时），按照需要偿还的金额，借记"管理费用"科目，贷记"其他应付款"等科目。

如果限定性捐赠收入的限制在确认收入的当期得以解除，应当将其转为非限定性捐赠收入，借记"捐赠收入"科目"限定性收入"明细科目，贷记"捐赠收入"科目"非限定性收入"明细科目。

期末，将"捐赠收入"科目各明细科目的余额分别转入限定性净资产和非限定性净资产，借记"捐赠收入"科目"限定性收入"明细科目，贷记"限定性净资产"科目，借记"捐赠收入"科目"非限定性收入"明细科目，贷记"非限定性净资产"科目。

【工作实例15-1】2019年5月26日，甲民间非营利组织与乙企业签订了一份捐赠协议，协议规定，乙企业将向甲民间非营利组织捐赠30万元用于资助失学女童重返校园，款项将在协议签订10日内汇至甲民间非营利组织银行账户。2019年6月3日，甲民间非营利组织收到了乙企业捐赠的30万元。2019年6月28日，甲民间非营利组织将10万元转赠给了第一批资助对象。

甲民间非营利组织的账务处理如下：

（1）2019年5月26日，不满足捐赠收入的确认条件，不做账务处理

（2）2019年6月3日，按照收到的捐赠金额确认捐赠收入

借：银行存款　　　　　　　　　　　　　　　　　　　　　　300 000
　　贷：捐赠收入——限定性收入　　　　　　　　　　　　　　　300 000

（3）2019年6月28日，转赠捐款

借:业务活动成本 100 000
　　贷:银行存款 100 000
部分限定性捐赠收入在确认收入的当期得以解除,将其转为非限定性捐赠收入:
借:捐赠收入——限定性收入 100 000
　　贷:捐赠收入——非限定性收入 100 000

【小思考 15-1】如果上例中的捐赠未指定用途,则应如何进行会计核算?

【工作实例 15-2】2019 年 4 月 6 日,甲民间非营利组织与乙企业签订了一份捐赠协议,协议规定,乙企业将向甲民间非营利组织捐赠 20 万元,用于甲民间非营利组织开展的一项社会公众健康调研活动,款项将在协议签订 10 日内汇至甲民间非营利组织银行账户,甲民间非营利组织应在款项收到 3 个月内相应提供 20 万元的配套资金。如果甲民间非营利组织未能在 3 个月内足额提供配套资金,乙企业有权要求甲民间非营利组织偿还 20 万元的捐赠款项。2019 年 4 月 12 日,甲民间非营利组织收到了乙企业捐赠的 20 万元。当日,甲民间非营利组织认为能在 3 个月内足额提供配套资金。但截至 2019 年 7 月 12 日,甲民间非营利组织因故未能按协议规定提供配套资金。

甲民间非营利组织的账务处理如下:
(1) 2019 年 4 月 6 日,不满足捐赠收入的确认条件,不做账务处理
(2) 2019 年 4 月 12 日,按照收到的捐赠金额确认捐赠收入
借:银行存款 200 000
　　贷:捐赠收入——限定性收入 200 000
(3) 2019 年 7 月 12 日,甲民间非营利组织因无法提供配套资金而承担了偿还捐赠款的现时义务
借:管理费用 200 000
　　贷:其他应付款 200 000

(四) 会费收入的核算

民间非营利组织应设置"会费收入"科目核算其根据章程等的规定向会员收取的会费收入。一般情况下,民间非营利组织的会费收入为非限定性收入,除非相关资产提供者对资产的使用设置了限制。该科目应当按照会费种类(如团体会费、个人会费等)设置明细账,进行明细核算。

向会员收取会费,在满足收入确认条件时,借记"现金""银行存款""应收账款"等科目,贷记"会费收入"科目"非限定性收入"明细科目,如果存在限定性会费收入,应当贷记"会费收入"科目"限定性收入"明细科目。

期末,将"会费收入"科目的余额转入非限定性净资产,借记"会费收入"科目"非限定性收入"明细科目,贷记"非限定性净资产"科目。如果存在限定性会费收入,则将其金额转入限定性净资产,借记"会费收入"科目"限定性收入"明细科目,贷记"限定性净资产"科目。

（五）政府补助收入的核算

民间非营利组织应设置"政府补助收入"科目核算其因为政府拨款或者政府机构给予的补助而取得的收入。该科目应当按照是否存在限定区分为非限定性收入和限定性收入设置明细科目，进行明细核算。

接受的政府补助，按照应确认的金额，借记"现金""银行存款"等科目，贷记"政府补助收入"科目"限定性收入"或"非限定性收入"明细科目。对于接受的附条件政府补助，如果民间非营利组织存在需要偿还全部或部分政府补助资产或者相应金额的现时义务时（比如因无法满足政府补助所附条件而必须退还部分政府补助时），按照需要偿还的金额，借记"管理费用"科目，贷记"其他应付款"等科目。

如果限定性政府补助收入的限制在确认收入的当期得以解除，应当将其转为非限定性捐赠收入，借记"政府补助收入"科目"限定性收入"明细科目，贷记"政府补助收入"科目"非限定性收入"明细科目。

期末，将"政府补助收入"科目各明细科目的余额分别转入限定性净资产和非限定性净资产，借记"政府补助收入"科目"限定性收入"明细科目，贷记"限定性净资产"科目，借记"政府补助收入"科目"非限定性收入"明细科目，贷记"非限定性净资产"科目。

三、交换交易收入的核算

民间非营利组织对于各项收入应当按是否存在限定区分为非限定性收入和限定性收入进行核算。如果资产提供者对资产的使用设置了时间限制或者（和）用途限制，则所确认的相关收入为限定性收入；除此之外的其他所有收入，为非限定性收入。按照《民间非营利组织会计制度——会计科目和会计报表》的规定："民间非营利组织的捐赠收入应当按照是否存在限定区分为非限定性收入和限定性收入设置明细科目，进行明细核算。"因此，上述第一笔捐赠收入应记入"捐赠收入——限定性收入"账户，而第二笔捐赠收入应记入"捐赠收入——非限定性收入"账户。

（一）交换交易收入的概念

交换交易收入是指交换交易所形成的收入。其中，交换交易是指按照等价交换原则所从事的交易，即当某一主体取得资产、获得服务或者解除债务时，需要向交易对方支付等值或者大致等值的现金，或者提供等值或者大致等值的货物、服务等的交易。如按照等价交换原则销售商品、提供劳务等均属于交换交易。在非交换交易中，某一主体取得资产、获得服务或者解除债务时，不必向交易对方支付等值或者大致等值的现金，或者提供等值或者大致等值的货物、服务等；或者某一主体在对外提供货物、服务等时，没有收到等值或者大致等值的现金、货物等。如按照等价交换原则销售商品、提供劳务等均属于交换交易。

（二）交换交易收入的确认

1. 商品销售收入的确认

对于因交换交易所形成的商品销售收入，应当在下列条件同时满足时予以确认：①已将商品所有权上的主要风险和报酬转移给购货方；②既没有保留通常与所有权相联系的继续管理权，也没有对已售出的商品实施控制；③与交易相关的经济利益能够流入民间非营利组织；④相关的收入和成本能够可靠地计量。

2. 提供劳务收入的确认

对于因交换交易所形成的提供劳务收入，应当按以下规定予以确认：①在同一会计年度内开始并完成的劳务，应当在完成劳务时确认收入；②如果劳务的开始和完成分属不同的会计年度，可以按完工进度或完成的工作量确认收入。

3. 让渡资产使用权收入的确认

对于因交换交易所形成的因让渡资产使用权而发生的收入应当在下列条件同时满足时予以确认：①与交易相关的经济利益能够流入民间非营利组织；②收入的金额能够可靠地计量。

（三）商品销售收入的核算

民间非营利组织应设置"商品销售收入"科目核算其销售商品（如出版物、药品）等所形成的收入。一般情况下，民间非营利组织的提供服务收入为非限定性收入，除非相关资产提供者对资产的使用设置了限制。该科目应当按照商品的种类设置明细账，进行明细核算。

1. 销售商品的核算

销售商品取得收入时，按照实际收到或应当收取的价款，借记"现金""银行存款""应收票据""应收账款"等科目，按照应当确认的商品销售收入金额，贷记"商品销售收入"科目"非限定性收入"明细科目（如果存在限定性商品销售收入，应当贷记"商品销售收入"科目"限定性收入"明细科目），按照预收的价款，贷记"预收账款"科目。在以后期间确认商品销售收入时，借记"预收账款"科目，贷记"商品销售收入"科目"非限定性收入"明细科目，如果存在限定性商品销售收入，应当贷记"商品销售收入"科目"限定性收入"明细科目。

2. 销售退回的核算

销售退回，是指民间非营利组织售出的商品，由于质量、品种不符合要求等原因而发生的退货。销售退回应当分别情况处理：

（1）未确认收入的已发出商品的退回，不需要进行账务处理。

（2）已确认收入的销售商品退回，一般情况下直接冲减退回当月的商品销售收入、商品销售成本等：按照应当冲减的商品销售收入，借记"商品销售收入"科目，按照已收或应收的金额，贷记"银行存款""应收账款""应收票据"等科目，按照退回商品的成本，借记"存货"科目，贷记"业务活动成本"科目。如果该项销售发生现金折扣，应当在退回当月一并处理。

3. 现金折扣的核算

现金折扣，是指民间非营利组织为了尽快回笼资金而发生的理财费用。现金折扣在实际发生时直接计入当期筹资费用：按照实际收到的金额，借记"银行存款"等科目，按照应给予的现金折扣，借记"筹资费用"科目，按照应收的账款，贷记"应收账款""应收票据"等科目。购买方实际获得的现金折扣，冲减取得当期的筹资费用：按照应付的账款，借记"应付账款""应付票据"等科目,按照实际获得的现金折扣,贷记"筹资费用"科目,按照实际支付的价款,贷记"银行存款"等科目。

4. 销售折让的核算

销售折让,是指在商品销售时直接给予购买方的折让。销售折让应当在实际发生时直接从当期实现的销售收入中抵减。

5. 期末结转的核算

期末将"商品销售收入"科目的余额转入非限定性净资产,借记"商品销售收入"科目,贷记"非限定性净资产"科目。如果存在限定性商品销售收入,则将其金额转入限定性净资产,借记"商品销售收入"科目,贷记"限定性净资产"科目。

【工作实例15-3】某民间非营利组织2019年12月19日销售商品200件,单价50元,单位成本40元。合同规定现金折扣条件为2/10,1/20,n/30。2019年12月28日买方因商品质量原因退回了10件商品,并支付了190件商品的款项。

(1) 2019年12月19日销售商品时

借:应收账款　　　　　　　　　　　　　　　　　　　　　10 000
　　贷:商品销售收入——非限定性收入　　　　　　　　　　　　10 000
借:业务活动成本——商品销售成本　　　　　　　　　　　　　8 000
　　贷:存货　　　　　　　　　　　　　　　　　　　　　　　　8 000

(2) 2019年12月28日,按照实际发生的销售退回,冲减退回当月的销售收入和销售成本

借:商品销售收入——非限定性收入　　　　　　　　　　　　　500
　　贷:应收账款　　　　　　　　　　　　　　　　　　　　　　500
借:存货　　　　　　　　　　　　　　　　　　　　　　　　　400
　　贷:业务活动成本——商品销售成本　　　　　　　　　　　　400

(3) 买方按照190件商品价款9 500元的2%享受现金折扣时

借:银行存款　　　　　　　　　　　　　　　　　　　　　　9 310
　　筹资费用　　　　　　　　　　　　　　　　　　　　　　　190
　　贷:应收账款　　　　　　　　　　　　　　　　　　　　　9 500

(四) 提供服务收入的核算

民间非营利组织应设置"提供服务收入"科目核算其根据章程等的规定向其服务对象提供服务取得的收入,包括学杂费收入、医疗费收入、培训收入等。一般情况下,民间非营利组织的提供服务收入为非限定性收入,除非相关资产提供者对资产的使用设置了限制。该科目应当按照提供服务的种类设置明细账,进行明细核算。

提供服务取得收入时,按照实际收到或应当收取的价款,借记"现金""银行存款""应收账款"等科目,按照应当确认的提供服务收入金额,贷记"提供服务收入"科目,按照预收的价款,贷记"预收账款"科目。在以后期间确认提供服务收入时,借记"预收账款"科目,贷记"提供服务收入"科目"非限定性收入"明细科目,如果存在限定性提供服务收入,应当贷记"提供服务收入"科目"限定性收入"明细科目。

期末,将"提供服务收入"科目的余额转入非限定性净资产,借记"提供服务收入"

科目"非限定性收入"明细科目，贷记"非限定性净资产"科目。如果存在限定性提供服务收入，则将其金额转入限定性净资产，借记"提供服务收入"科目"限定性收入"明细科目，贷记"限定性净资产"科目。

民间非营利组织发生各项劳务成本时，借记"存货——劳务成本"科目，贷记"银行存款""应付工资"等科目；结转完成劳务的成本时，借记"业务活动成本——提供服务成本"科目，贷记"存货——劳务成本"科目。

【工作实例 15–4】 某民间非营利组织于 2019 年 4 月 8 日至 30 日举办培训班，培训费为每人 400 元，款项在 4 月 8 日培训现场交纳。4 月 8 日，共有 150 人参加培训班并交纳了培训费。4 月 30 日，该民间非营利组织支付了本次培训的场地租金及相关费用 10 000 元。

（1）2019 年 4 月 8 日时

借：现金　　　　　　　　　　　　　　　　　　　　　　60 000
　　贷：预收账款　　　　　　　　　　　　　　　　　　　　　60 000

（2）2019 年 4 月 30 日时

借：预收账款　　　　　　　　　　　　　　　　　　　　60 000
　　贷：提供服务收入　　　　　　　　　　　　　　　　　　　60 000
借：存货——劳务成本　　　　　　　　　　　　　　　　10 000
　　贷：银行存款　　　　　　　　　　　　　　　　　　　　　10 000
借：业务活动成本——提供服务成本　　　　　　　　　　10 000
　　贷：存货——劳务成本　　　　　　　　　　　　　　　　　10 000

【小思考 15–2】 如果上例中的培训时间为 2019 年 12 月 18 日至 2013 年 1 月 10 日，则应如何进行会计核算？

（五）其他收入的核算

民间非营利组织应设置"其他收入"科目核算民间非营利组织除捐赠收入、会费收入、提供服务收入、商品销售收入、政府补助收入、投资收益等主要业务活动收入以外的其他收入，如确实无法支付的应付款项、存货盘盈、固定资产盘盈、固定资产处置净收入、无形资产处置净收入等。一般情况下，民间非营利组织的其他收入为非限定性收入，除非相关资产提供者对资产的使用设置了限制。该科目应当按照其他收入种类设置明细账，进行明细核算。

民间非营利组织取得其他收入时，借记有关科目，贷记"其他收入"科目"非限定性收入"明细科目，如果存在限定性其他收入，应当贷记"其他收入"科目"限定性收入"明细科目。期末，将"其他收入"科目的余额转入非限定性净资产，借记"其他收入"科目，贷记"非限定性净资产"科目。如果存在限定性的其他收入，则将其金额转入限定性净资产，借记"其他收入"科目，贷记"限定性净资产"科目。

任务二　民间非营利组织费用的核算

一、费用的分类

费用是指民间非营利组织为开展业务活动所发生的、导致本期净资产减少的经济利益或者服务潜力的流出。民间非营利组织的费用通常按下列标准分类：

（一）按照费用的功能分类

费用按照其功能分为业务活动成本和期间费用。业务活动成本，是指民间非营利组织为了实现其业务活动目标、开展其项目活动或者提供服务所发生的费用。期间费用通常是指民间非营利组织发生的、不能合理地归属于具体项目或对象，而只能按照一定会计期间归集的费用。期间费用包括管理费用、筹资费用和其他费用等。

（二）按照费用的性质分类

民间非营利组织为了加强其内部管理，还可以按照费用的性质将费用分为：人员费用、物料费用、资产减值损失、日常费用、税费等。

二、业务活动成本的核算

（一）业务活动成本的概念

业务活动成本，是指民间非营利组织为了实现其业务活动目标、开展其项目活动或者提供服务所发生的费用。

如果民间非营利组织从事的项目、提供的服务或者开展的业务比较单一，可以将相关费用全部归集在"业务活动成本"项目下进行核算和列报。而如果民间非营利组织从事的项目、提供的服务或者开展的业务种类较多，民间非营利组织应当在"业务活动成本"项目下分别项目、服务或者业务大类进行核算和列报。主要的明细项目包括销售商品成本、提供服务成本、会员服务成本、捐赠项目成本、业务活动税金及附加、业务活动费等。

销售商品成本，核算当期所出售商品的实际成本，以及与销售商品有关的其他费用。

提供服务成本，核算当期所提供服务的实际成本，以及与提供服务有关的其他费用。

会员服务成本，核算当期免费提供给会员的杂志等商品的实际成本、免费向会员提供的培训、咨询等服务或活动的实际成本等，以及与会员服务有关的其他费用。

捐赠项目成本，核算对外捐赠款项、捐出物品的实际成本等，以及与捐赠项目有关的其他费用。

业务活动税金及附加，核算业务活动应负担的营业税、城市维护建设税、教育费附加等。

业务活动费，核算为业务活动发生的、无法合理分摊至某项或某类业务活动的间接费用。

（二）业务活动成本的核算

民间非营利组织应设置"业务活动成本"科目核算其为了实现其业务活动目标、开展其项目活动或者提供服务所发生的费用。

民间非营利组织发生的业务活动成本，借记"业务活动成本"科目，贷记"现金""银行存款""存货""应付账款"等科目。期末，将"业务活动成本"科目的余额转入非限定性净资产，借记"非限定性净资产"科目，贷记"业务活动成本"科目。

三、期间费用的核算

（一）管理费用的核算

管理费用，是指民间非营利组织为组织和管理其业务活动所发生的各项费用。包括民间非营利组织董事会（或者理事会或者类似权力机构）经费和行政管理人员的工资、奖金、津贴、福利费、住房公积金、住房补贴、社会保障费、离退休人员工资与补助，以及办公费、水电费、邮电费、物业管理费、差旅费、折旧费、修理费、无形资产摊销费、存货盘亏损失、资产减值损失、因预计负债所产生的损失、聘请中介机构费和应偿还的受赠资产等。

民间非营利组织应设置"管理费用"科目核算其为组织和管理其业务活动所发生的各项费用。该科目应当按照管理费用种类设置明细账，进行明细核算。民间非营利组织还可以根据具体情况编制管理费用明细表，以满足内部管理等有关方面的信息需要。

民间非营利组织发生的管理费用，借记"管理费用"科目，贷记有关科目。期末，将"管理费用"科目的余额转入非限定性净资产，借记"管理费用"科目，贷记"非限定性净资产"科目。

【工作实例15-5】2019年6月5日，某民间非营利组织计算本月应付职工工资16万元，其中行政管理人员工资6万元，从事项目调研人员工资10万元。

该民间非营利组织的账务处理如下：

借：管理费用　　　　　　　　　　　　　　　60 000
　　业务活动成本　　　　　　　　　　　　　100 000
　　贷：应付工资　　　　　　　　　　　　　　　　160 000

（二）筹资费用

筹资费用，是指民间非营利组织为筹集业务活动所需资金而发生的费用，包括民间非营利组织为了获得捐赠资产而发生的费用以及应当计入当期费用的借款费用、汇兑损失（减汇兑收益）等。民间非营利组织为了获得捐赠资产而发生的费用包括举办募款活动费、准备、印刷和发放募款宣传资料费以及其他与募款或者争取捐赠资产有关的费用。

民间非营利组织应设置"筹资费用"科目核算其为筹集业务活动所需资金而发生的费用。该科目应当按照筹资费用种类设置明细账，进行明细核算。

民间非营利组织发生的筹资费用，借记"筹资费用"科目，贷记"预提费用""银行存款""长期借款"等科目。发生的应冲减筹资费用的利息收入、汇兑收益，借记"银行存款""长期借款"等科目，贷记"筹资费用"科目。期末，将"筹资费用"科目的余额转入非限定性净资产，借记"非限定性净资产"科目，贷记"筹资费用"科目。

【工作实例15-6】4月，某民间非营利组织为募集捐赠款共发生印刷和发放募款宣传资料费1 000元。

借：筹资费用　　　　　　　　　　　　　　　　　　　　1 000
　　贷：银行存款　　　　　　　　　　　　　　　　　　　　1 000

（三）其他费用

其他费用，是指民间非营利组织发生的、无法归属到业务活动成本、管理费用或者筹资费用中的费用，包括固定资产处置净损失、无形资产处置净损失等。

民间非营利组织应设置"其他费用"科目核算其发生的、无法归属到业务活动成本、管理费用或者筹资费用中的费用。该科目应当按照费用种类设置明细账，进行明细核算。

民间非营利组织发生的固定资产处置净损失，借记"其他费用"科目，贷记"固定资产清理"科目。发生的无形资产处置净损失，按照实际取得的价款，借记"银行存款"等科目，按照该项无形资产的账面余额，贷记"无形资产"科目，按照其差额，借记"其他费用"科目。期末，将"其他费用"科目的余额转入非限定性净资产，借记"非限定性净资产"科目，贷记"其他费用"科目。

项目小结

民间非营利组织的收入是指民间非营利组织开展业务活动取得的、导致本期净资产增加的经济利益或者服务潜力的流入。民间非营利组织在确认收入时，应当区分交换交易所形成的收入和非交换交易所形成的收入。对于各项收入应当按是否存在限定区分为非限定性收入和限定性收入进行核算。

民间非营利组织的费用是指民间非营利组织为开展业务活动所发生的、导致本期净资产减少的经济利益或者服务潜力的流出。民间非营利组织发生的业务活动成本、管理费用、筹资费用和其他费用，应当在实际发生时按其发生额计入当期费用。

为了核算民间非营利组织的收入何费用，应设置"捐赠收入""会费收入""提供服务收入""政府补助收入""商品销售收入""投资收益""其他收入""业务活动成本""管理费用""筹资费用"和"其他费用"等账户。

复习思考题

1. 什么叫收入？民间非营利组织的收入主要有哪些分类？
2. 如何确认非交换交易收入？
3. 交换交易收入和非交换交易收入有何区别？
4. 什么叫费用？民间非营利组织的收费用包括哪些内容？
5. 民间非营利组织的筹资费用核算哪些内容？
6. 民间非营利组织如何核算捐赠收入？

习题与实训

一、单项选择题

1. 下列属于交换交易收入的是（　　）。
   A. 捐赠收入　　　　　　　　B. 会费收入
   C. 提供服务收入　　　　　　D. 政府补助收入
2. 对于接受的附条件捐赠，如果存在需要偿还全部或部分捐赠资产或者相应金额的现时义务时，按照需要偿还的金额，借记（　　）科目，贷记"其他应付款"等科目。
   A. 捐赠收入　　　　　　　　B. 管理费用
   C. 其他费用　　　　　　　　D. 限定性净资产
3. 民间非营利组织的存货盘亏损失应计入（　　）。
   A. 业务活动成本　　　　　　B. 管理费用
   C. 其他费用　　　　　　　　D. 营业外支出
4. 民间非营利组织的举办募款活动费应计入（　　）。
   A. 业务活动成本　　　　　　B. 管理费用
   C. 筹资费用　　　　　　　　D. 其他费用
5. 民间非营利组织的无形资产处置净损失应计入（　　）。
   A. 业务活动成本　　　　　　B. 管理费用
   C. 其他费用　　　　　　　　D. 营业外支出

二、多项选择题

1. 一般情况下，会费收入属于（　　）。
   A. 限定性收入　　　　　　　B. 非限定性收入
   C. 交换交易收入　　　　　　D. 非交换交易收入
2. 下列属于非交换交易收入的有（　　）。
   A. 捐赠收入　　　　　　　　B. 会费收入
   C. 提供服务收入　　　　　　D. 政府补助收入
3. 下列属于其他收入的有（　　）。
   A. 捐赠收入　　　　　　　　B. 存货盘盈
   C. 固定资产处置净收入　　　D. 政府补助收入
4. 业务活动成本包括（　　）。
   A. 销售商品成本　　　　　　B. 提供服务成本
   C. 会员服务成本　　　　　　D. 捐赠项目成本
5. 下列属于管理费用的有（　　）。
   A. 存货盘亏损失　　　　　　B. 固定资产处置净损失
   C. 无形资产摊销费　　　　　D. 资产减值损失

三、判断题

1. 捐赠收入属于限定性收入。（   ）
2. 对于捐赠或政府补助，应当在捐赠或政府补助收到时确认收入。（   ）
3. 民间非营利组织的资产减值损失应计入管理费用。（   ）
4. 民间非营利组织准备、印刷和发放募款宣传资料费应计入管理费用。（   ）
5. 民间非营利组织的固定资产处置净损失属于其他费用。（   ）

四、实训题

实训一

1. 目的：实训民间非营利组织收入的核算。
2. 资料：某民间非营利组织发生如下业务：

（1）2019年6月16日，本单位与乙企业签订一份捐赠协议，协议规定：乙企业将向本单位捐赠200 000元，用于本市贫困儿童助学。2019年6月21日，本单位收到该笔款项。

（2）2019年8月28日，本单位按照协议将100 000元转赠给了第一批受助对象。

（3）收到某政府部门的款项100 000元，用于资助某项科学研究，研究成果归本单位所有。

（4）本月举办了一次培训班，培训收入共计30 000元，款已收存银行。

（5）处置一台设备，账面余额8 000元，已提折旧6 000元，收到变卖设备款3 000元。

3. 要求：根据以上资料，逐题编制会计分录。

实训二

1. 目的：实训民间非营利组织费用的核算。
2. 资料：某民间非营利组织发生如下业务：

（1）结转本月销售商品的成本2 600元。

（2）存货盘点短缺1 800元，将向相关责任人收取赔偿款1 000元，其余由单位核销。

（3）为募集捐赠款共发生宣传资料费1 000元。

（4）处置一台设备，账面余额8 000元，已提折旧6 000元，收到变卖设备款1 000元。

3. 要求：根据以上资料，逐题编制会计分录。

项目十六 民间非营利组织会计报告的编制

 职业能力目标

通过本项目学习,熟悉民间非营利组织财务会计报告的内容,能够正确编制资产负债表和业务活动表。

 **典型工作任务**

资产负债表的编制;业务活动表的编制。

任务一 民间非营利组织资产负债表的编制

一、财务会计报告的基本知识

(一)财务会计报告的概念

财务会计报告是反映民间非营利组织财务状况、业务活动情况和现金流量等的书面报告。

财务会计报告分为年度财务会计报告和中期财务会计报告。以短于一个完整的会计年度的期间(如半年度、季度和月度)编制的财务会计报告称为中期财务会计报告。年度财务会计报告则是以整个会计年度为基础编制的财务会计报告。

(二)财务会计报告的构成

财务会计报告由会计报表、会计报表附注和财务情况说明书组成。

(1)会计报表。民间非营利组织财务会计报告中的会计报表至少应当包括以下三张报表:资产负债表、业务活动表、现金流量表。

(2)会计报表附注。

(3)财务情况说明书。民间非营利组织的财务情况说明书至少应当对下列情况做出说明:①民间非营利组织的宗旨、组织结构以及人员配备等情况;②民间非营利组织业务活动基本情况，年度计划和预算完成情况，产生差异的原因分析，下一会计期间业务活动计划和预算等；③对民间非营利组织运作有重大影响的其他事项。

（三）财务会计报告的编报要求

民间非营利组织会计报表的填列，以人民币"元"为金额单位，"元"以下填至"分"。

民间非营利组织对外提供的财务会计报告应当依次编定页数，加具封面，装订成册，加盖公章。封面上应当注明：组织名称、组织登记证号、组织形式、地址、报表所属年度或者中期、报出日期，并由单位负责人和主管会计工作的负责人、会计机构负责人（会计主管人员）签名并盖章；设置总会计师的单位，还应当由总会计师签名并盖章。

民间非营利组织的年度财务会计报告至少应当于年度终了后4个月内对外提供。如果民间非营利组织被要求对外提供中期财务会计报告的，应当在规定的时间内对外提供。

民间非营利组织对外投资，而且占对被投资单位资本总额50%以上（不含50%），或者虽然占该单位资本总额不足5%但具有实质上的控制权的，或者对被投资单位具有控制权的，应当编制合并会计报表。

二、资产负债表

（一）资产负债表的内容与格式

资产负债表是反映民间非营利组织在某一特定日期财务状况的报表。它反映反映民间非营利组织在某一特定日期所拥有或控制的经济资源、所承担的现时义务和净资产的构成情况。

民间非营利组织的资产负债表采用账户式结构，左方列示资产项目，右方列示负债与净资产项目。资产项目按照流动性从强到弱排列，具体包括流动资产、长期投资、固定资产、无形资产和受托代理资产。负债项目按照偿付紧迫程度列报，具体包括流动负债、长期负债和受托代理负债。净资产项目区分是否受到限制进行列报，具体包括非限定性净资产和限定性净资产。资产负债表的基本格式如表 16-1 所示。

表 16-1　　　　　　　　　　　　　　资产负债表

会民非 01 表

编制单位：　　　　　　　　　　　　　年　月　日　　　　　　　　　　　　　　单位：元

资　产	行次	年初数	期末数	负债和净资产	行次	年初数	期末数
流动资产：				流动负债：			
货币资金				短期借款			
短期投资				应付款项			
应收款项				应付工资			
预付账款				应交税金			
存　货				预收账款			
待摊费用				预提费用			
一年内到期的长期债权投资				预计负债			
其他流动资产				一年内到期的长期负债			
流动资产合计				其他流动负债			

续表

资　产	行次	年初数	期末数	负债和净资产	行次	年初数	期末数
				流动负债合计			
长期投资：							
长期股权投资				长期负债：			
长期债权投资				长期借款			
长期投资合计				长期应付款			
				其他长期负债			
固定资产：				长期负债合计			
固定资产原价							
减：累计折旧				受托代理负债：			
固定资产净值				受托代理负债			
在建工程							
文物文化资产				负债合计			
固定资产清理							
固定资产合计							
无形资产：							
无形资产				净资产：			
				非限定性净资产			
受托代理资产：				限定性净资产			
受托代理资产				净资产合计			
资产总计				负债和净资产总计			

（二）资产负债表的编制

1. 资产负债表的资料来源

通常，资产负债表的各项目均需填列"年初数"和"期末数"两栏。

资产负债表"年初数"栏内各项数字，应当根据上年年末资产负债表"期末数"栏内数字填列。如果本年度资产负债表规定的各个项目的名称和内容同上年度不相一致，应对上年年末资产负债表各项目的名称和数字按照本年度的规定进行调整，填入本表"年初数"栏内。

资产负债表各项目"期末数"的数据来源，主要通过以下几种方式取得：

（1）直接根据总账科目的余额填列。这些项目有：预付账款、待摊费用、固定资产原价、累计折旧、在建工程、固定资产清理、文物文化资产、无形资产、短期借款、预收账款、应付工资、应交税金、预提费用、预计负债、非限定性净资产、限定性净资产。

（2）根据几个总账科目的余额计算填列。如"货币资金"项目，根据"现金""银行存款""其他货币资金"科目的期末余额合计分析填列。

（3）根据有关资产科目与其备抵科目抵销后的净额填列。如"短期投资"项目，根据"短期投资"科目的期末余额减去"短期投资跌价准备"科目的期末余额后的金额填列。

2. 资产负债表各项目的填列方法

资产负债表中一些特殊项目的填列方法如下：

（1）"货币资金"项目。本项目应当根据"现金""银行存款""其他货币资金"科目的期末余额合计填列。

（2）"短期投资"项目。本项目应当根据"短期投资"科目的期末余额，减去"短期投资跌价准备"科目的期末余额后的金额填列。

（3）"应收款项"项目。本项目应当根据"应收票据""应收账款""其他应收款"科目的期末余额合计，减去"坏账准备"科目的期末余额后的金额填列。

（4）"存货"项目。本项目应当根据"存货"科目的期末余额，减去"存货跌价准备"科目的期末余额后的金额填列。

（5）"一年内到期的长期债权投资"项目。本项目应当根据"长期债权投资"科目的期末余额中将在1年内（含1年）到期的长期债权投资余额，减去"长期投资减值准备"科目的期末余额中1年内（含1年）到期的长期债权投资减值准备余额后的金额填列。

（6）"长期股权投资"项目。本项目应当根据"长期股权投资"科目的期末余额，减去"长期投资减值准备"科目的期末余额中长期股权投资减值准备余额后的金额填列。

（7）"长期债权投资"项目。本项目应当根据"长期债权投资"科目的期末余额，减去"长期投资减值准备"科目的期末余额中长期债权投资减值准备余额，再减去本表"一年内到期的长期债权投资"项目金额后的金额填列。

（8）"受托代理资产"项目。本项目应当根据"受托代理资产"科目的期末余额填列。如果民间非营利组织的受托代理资产为现金、银行存款或其他货币资金且通过"现金""银行存款""其他货币资金"科目核算，还应当加上"现金""银行存款""其他货币资金"科目中"受托代理资产"明细科目的期末余额。

（9）"应付款项"项目。本项目应当根据"应付票据""应付账款""其他应付款"科目的期末余额合计填列。

（10）"一年内到期的长期负债"项目。本项目应当根据有关长期负债科目的期末余额中将在1年内（含1年）到期的金额分析填列。

（11）"长期借款"项目。本项目应当根据"长期借款"科目的期末余额减去其中将于1年内（含1年）到期的长期借款余额后的金额填列。

（12）"长期应付款"项目。本项目应当根据"长期应付款"科目的期末余额减去其中将于1年内（含1年）到期的长期应付款余额后的金额填列。

（13）"受托代理负债"项目。本项目应当根据"受托代理负债"科目的期末余额填列。

任务二　民间非营利组织业务活动表的编制

一、业务活动表的内容与格式

业务活动表是反映民间非营利组织在某一会计期间内开展业务活动实际情况的报表。

业务活动表主要包括四个部分：一是民间非营利组织在一定会计期间所获得的收入情况，包括各收入来源及其构成、各项收入的使用限定情况等；二是民间非营利组织在一定会计期间所发生的费用情况,包括业务活动成本、管理费用、筹资费用和其他费用;三是民间非营利组织在一定会计期间内由限定性净资产转为非限定性净资产的金额情况;四是民间非营利组织在一定会计期间净资产的变动额。业务活动表采用矩阵式结构,其基本格式如表16-2所示。

表16-2　　　　　　　　　　　　　业　务　活　动　表

编制单位:＿＿＿　　　　　　　　　　＿年＿月　　　　　　　　　　　会民非02表
　　　　　　　　　　　　　　　　　　　　　　　　　　　　　　　　　单位:元

项　目	行次	本月数			本年累计数		
		非限定性	限定性	合计	非限定性	限定性	合计
一、收　入							
其中:捐赠收入	1						
会费收入	2						
提供服务收入	3						
商品销售收入	4						
政府补助收入	5						
投资收益	6						
其他收入	9						
收入合计	11						
二、费　用							
(一)业务活动成本	12						
其中:	13						
	14						
	15						
	16						
(二)管理费用	21						
(三)筹资费用	24						
(四)其他费用	28						
费用合计	35						
三、限定性净资产转为非限定性净资产	40						
四、净资产变动额(若为净资产减少额,以"-"号填列)	45						

二、业务活动表的编制

(一)业务活动表各栏目的填列方法

业务活动表"本月数"栏反映各项目的本月实际发生数;在编制季度、半年度等中期财务会计报告时,应当将本栏改为"本季度数""本半年度数"等本期数栏,反映各项目本期的实际发生数。在提供上年度比较报表时，应当增设可比期间栏目，反映可比期间各项目的实际发生数。如果本年度业务活动表规定的各个项目的名称和内容同上年度不相一致，应对上年度业务活动表各项目的名称和数字按照本年度的规定进行调整，填入本表上年度可比期间栏目内。

业务活动表"本年累计数"栏反映各项目自年初起至报告期末止的累计实际发生数。

业务活动表"非限定性"栏反映本期非限定性收入的实际发生数、本期费用的实际发生数和本期由限定性净资产转为非限定性净资产的金额；本表"限定性"栏反映本期限定性收入的实际发生数和本期由限定性净资产转为非限定性净资产的金额（以"－"号填列）。在提供上年度比较报表项目金额时，限定性和非限定性栏目的金额可以合并填列。

（二）业务活动表各项目的填列方法

（1）各收入项目应根据相应科目的发生额区分"限定性"和"非限定性"分别填列。

（2）各费用项目应根据相应科目的发生额分析填列。其中，"业务活动成本"项目还应当按照"业务活动成本"科目中各明细科目的发生额，在业务活动表第12行至第21行之间填列业务活动成本的各组成部分。

（3）"限定性净资产转为非限定性净资产"项目应当根据"限定性净资产""非限定性净资产"科目的发生额分析填列。

（4）"净资产变动额"项目应当根据本表"收入合计"项目的金额，减去"费用合计"项目的金额，再加上"限定性净资产转为非限定性净资产"项目的金额后填列。

项目小结

财务会计报告是反映民间非营利组织财务状况、业务活动情况和现金流量等的书面报告。财务会计报告由会计报表、会计报表附注和财务情况说明书组成。其中，会计报表至少应当包括以下三张报表：资产负债表、业务活动表、现金流量表。

资产负债表是反映民间非营利组织在某一特定日期财务状况的报表。

业务活动表是反映民间非营利组织在某一会计期间内开展业务活动实际情况的报表。

现金流量表是反映民间非营利组织在某一会计期间内现金和现金等价物流入和流出信息的报表。

复习思考题

1. 民间非营利组织的财务会计报告由哪些内容组成？
2. 民间非营利组织的资产负债表包括哪些内容？
3. 民间非营利组织会计与企业会计、政府会计的财务会计报告的区别？
4. 民间非营利组织的业务活动表？表中包括哪些内容？
5. 民间非营利组织的资产负债表和业务活动表有没有关联？

习题与实训

一、单项选择题

1. 下列不属于民间非营利组织会计报表的是（　　）。
   A. 资产负债表　　　　　　　　B. 利润表
   C. 现金流量表　　　　　　　　D. 业务活动表
2. 可直接根据总账科目的余额填列的资产负债表项目是（　　）。
   A. 货币资金　　　　　　　　　B. 短期投资
   C. 文物文化资产　　　　　　　D. 存货
3. 业务活动表采用（　　）结构。
   A. 账户式　　　　　　　　　　B. 报告式
   C. 矩阵式　　　　　　　　　　D. 多步式

二、多项选择题

1. 民间非营利组织财务会计报告由（　　）组成。
   A. 会计报表　　　　　　　　　B. 会计报表附注
   C. 财务情况说明书　　　　　　D. 收入支出表
2. 下列属于资产负债表资产项目的有（　　）。
   A. 长期投资　　　　　　　　　B. 固定资产
   C. 无形资产　　　　　　　　　D. 受托代理资产
3. 业务活动表能反映民间非营利组织（　　）。
   A. 一定会计期间所获得的收入情况　　B. 一定会计期间所发生的费用情况
   C. 一定会计期间现金流量的变动额　　D. 一定会计期间净资产的变动额

三、判断题

1. 民间非营利组织财务会计报告中的会计报表至少应当包括资产负债表、利润表、现金流量表。（　　）
2. 资产负债表的净资产项目应区分是否受到限制进行列报。（　　）
3. 业务活动表的"限定性"栏反映本期限定性收入的实际发生金额。（　　）

四、实训题

实训一

1. 目的：实训民间非营利组织资产负债表的编制。
2. 资料：某基金会的宗旨是帮助孤儿。
   （1）2019 年初资产负债表有关资料如下：

   银行存款 300 000 元；固定资产原价 100 000 元；累计折旧 20 000 元；非限定性净资产 130 000 元；限定性净资产 250 000 元。

（2）2019 年发生如下业务：

①3 月 5 日，收到某企业捐赠的药品一批，该企业提供的凭据上标明价值 400 000 元，当日市场价格为 250 000 元。

②4 月 16 日，基金会在其组织的"手拉手"活动中，收到青年志愿者缴纳的现金 216 000 元并存交银行，基金会受托把这些现金转交给志愿者指定的孤儿。

③5 月 1 日，基金会将上述款项中的 150 000 元转交给指定的孤儿。

④6 月 1 日，基金会收到某个人现金捐赠 200 000 元，捐赠人要求：其中 100 000 元必须用于四川地震孤儿。

⑤8 月 10 日，基金会收到某出版社捐赠的价值 80 000 元的图书。

⑥9 月 1 日，基金会将图书赠送给几所希望小学。

⑦12 月 1 日，由于时间限制到期，原来的限定性净资产 250 000 元转入非限定性净资产。

⑧12 月 31 日，计提固定资产（行政管理费用）折旧 10 000 元。

⑨12 月 31 日，结转收入、费用。

3. 要求：不考虑其他因素，请编制根据以上资料，编制会计分录，并编制 2012 年 12 月 31 日资产负债表。

实训二

1. 目的：实训民间非营利组织业务活动表的编制。
2. 资料：同实训一。
3. 要求：编制 2019 年度业务活动表。

主要参考法规与文献

[1] 财政部会计资格评价中心：《中级会计实务》[M]．北京：经济科学出版社，2019．

[2] 财政部会计资格评价中心：《初级会计实务》[M]．北京：经济科学出版社，2019．

[3] 中国注册会计师协会：《会计》[M]．北京：经济科学出版社，2019．

[4] 丁增稳．《政府与非营利组织会计》[M]．2版．北京：中国财政经济出版社，2016．

[5] 邢俊英：《政府会计》[M]．大连：东北财经大学出版社，2018年1月．

[6] 《政府会计准则——基本准则》，(2015年10月23日财政部令第78号)．

[7] 《政府会计准则第1号——存货》，(2016年7月6日财政部发布)．

[8] 《政府会计准则第2号——投资》，(2016年7月6日财政部发布)．

[9] 《政府会计准则第3号——固定资产》，(2016年7月6日财政部发布)．

[10] 《〈政府会计准则第3号——固定资产〉应用指南》，(2017年2月21日财政部发布)．

[11] 《政府会计准则第4号——无形资产》，(2016年7月6日财政部发布)．

[12] 《政府会计准则第5号——公共基础设施》，(2017年4月17日财政部发布)．

[13] 《政府会计准则第6号——政府储备物资》，(2017年7月28日财政部发布)．

[14] 《政府会计准则第7号——会计调整》，(2018年10月21日财政部发布)．

[15] 《政府会计准则第8号——负债》，(2018年11月9日财政部发布)．

[16] 《政府会计制度——行政事业单位会计科目和报表》，(2017年10月24日财政部发布)．

[17] 《〈政府会计制度——行政事业单位会计科目和报表〉与〈行政单位会计制度〉有关衔接问题的处理规定》，(2018年2月1日财政部发布)．

[18] 《〈政府会计制度——行政事业单位会计科目和报表〉与〈事业单位会计制度〉有关衔接问题的处理规定》，(2018年2月1日财政部发布)．